新编社会学系列教材

青少年社会工作实务

王玉香 主编
孙艳艳 副主编

Social Work Practice
With Adolescents

北京大学出版社
PEKING UNIVERSITY PRESS

图书在版编目(CIP)数据

青少年社会工作实务/王玉香主编;孙艳艳副主编.—北京:北京大学出版社,2021.11

新编社会学系列教材

ISBN 978-7-301-32713-5

Ⅰ.①青… Ⅱ.①王… ②孙… Ⅲ.①青少年—社会工作—中国—高等学校—教材 Ⅳ.①D432.6

中国版本图书馆CIP数据核字(2021)第226144号

书　　　名	青少年社会工作实务
	QINGSHAONIAN SHEHUI GONGZUO SHIWU
著作责任者	王玉香　主编　孙艳艳　副主编
责 任 编 辑	董郑芳
标 准 书 号	ISBN 978-7-301-32713-5
出 版 发 行	北京大学出版社
地　　　址	北京市海淀区成府路205号　100871
网　　　址	http://www.pup.cn
新 浪 微 博	@北京大学出版社　　@未名社科-北大图书
微信公众号	北京大学出版社　　北大出版社社科图书
电 子 邮 箱	编辑部 ss@pup.cn　　总编室 zpup@pup.cn
电　　　话	邮购部 010-62752015　　发行部 010-62750672
	编辑部 010-62753121
印 刷 者	天津和萱印刷有限公司
经 销 者	新华书店
	730毫米×980毫米　16开本　26.25印张　470千字
	2021年11月第1版　2024年5月第2次印刷
定　　　价	66.00元

未经许可,不得以任何方式复制或抄袭本书之部分或全部内容。

版权所有,侵权必究

举报电话:010-62752024　电子邮箱:fd@pup.cn

图书如有印装质量问题,请与出版部联系,电话:010-62756370

目 录

导 论 ………………………………………………………………… 001

第一编　青少年社会工作实务的知识基础

第一章　认识青少年 ………………………………………………… 017
　　第一节　青春期的发展阶段主要特征 ……………………………… 018
　　第二节　青少年发展问题 …………………………………………… 029
　　第三节　青少年与社会环境 ………………………………………… 049

第二章　青少年社会工作的理论与价值基础 ……………………… 060
　　第一节　青少年社会工作的相关理论 ……………………………… 060
　　第二节　青少年社会工作的价值观与伦理 ………………………… 082
　　第三节　青少年社会工作者的职业角色 …………………………… 093
　　第四节　青少年社会工作相关的法律与政策 ……………………… 095

第三章　青少年社会工作的实务模式 ……………………………… 106
　　第一节　分析性治疗模式与实务应用 ……………………………… 106
　　第二节　行为治疗模式与实务应用 ………………………………… 112
　　第三节　支持性治疗模式与实务应用 ……………………………… 118

第四节　理性情绪治疗模式与实务应用 ·················· 122
第五节　家庭治疗模式与实务应用 ······················ 127
第六节　游戏治疗模式与实务应用 ······················ 133
第七节　艺术治疗模式与实务应用 ······················ 138

第二编　青少年社会工作实务的通用模式

第四章　接　案 ·· 149
第一节　接案的主要任务 ······························· 150
第二节　接案的步骤 ··································· 154
第三节　会谈的方法和技巧 ····························· 161
第四节　接案中的常见问题 ····························· 176

第五章　预　估 ·· 181
第一节　预估的目标与任务 ····························· 182
第二节　预估的原则 ··································· 184
第三节　预估的基本步骤 ······························· 186
第四节　预估的主要方法 ······························· 190
第五节　青少年社会工作预估的案例练习 ················ 200

第六章　计　划 ·· 213
第一节　计划的目标与任务 ····························· 214
第二节　制订计划的原则 ······························· 217
第三节　计划的主要内容 ······························· 219
第四节　青少年社会工作计划的案例练习 ················ 225

第七章　介　入 ·· 234
第一节　介入的目标与任务 ····························· 235

第二节　介入的分类和策略 ………………………………… 240
　　第三节　介入的注意事项 …………………………………… 244
　　第四节　青少年社会工作介入的案例练习（一）…………… 246
　　第五节　青少年社会工作介入的案例练习（二）…………… 252

第八章　评　估 ………………………………………………… 259
　　第一节　评估及其目的、类型与原则 ………………………… 260
　　第二节　评估的方法 ………………………………………… 272
　　第三节　青少年社会工作评估的案例练习 ………………… 283

第九章　结　案 ………………………………………………… 290
　　第一节　结案的主要目的和任务 …………………………… 290
　　第二节　结案的主要方法和技巧 …………………………… 297
　　第三节　结案中的主要挑战和应对 ………………………… 302
　　第四节　后续跟进服务 ……………………………………… 310

第三编　青少年社会工作服务项目规划与管理

第十章　青少年社会工作服务项目规划 ……………………… 319
　　第一节　社会工作服务项目规划概述 ……………………… 319
　　第二节　青少年社会工作服务项目的定位规划 …………… 323
　　第三节　青少年社会工作服务项目的实施规划 …………… 341

第十一章　青少年社会工作服务项目管理 …………………… 372
　　第一节　青少年社会工作服务项目管理的界定 …………… 372
　　第二节　青少年社会工作服务项目管理的过程 …………… 377
　　第三节　青少年社会工作服务项目管理的内容 …………… 382

后　记 …………………………………………………………… 411

导 论

实务是针对理论而言的实践。社会工作专业自出现以来,就存在着理论与实务的区分,两者相互促进、共同发展。社会工作理论的建构与发展,与实务需求、应用密不可分;社会工作实务的展开,需要相关理论的指导与支持。实际上,在专业社会工作实务领域,我们无法真正将理论与实践决然分离,而是将其有机地整合在一起,形成社会工作者的现实专业选择(行为)。无论是理论的建构还是实务的探索,最终皆为了解决实践中的问题、追求良好服务效果,表现为对现实场域中服务对象的专业帮扶与良好社会支持系统的建构、完善。

新时代,青少年社会工作面临本土化与数字化的双重挑战。培养"怀抱梦想又脚踏实地,敢想敢为又善作善成,立志做有理想、敢担当、能吃苦、肯奋斗的新时代好青年"[①],也是中国特色青少年社会工作实务的目标与任务。青少年社会工作者应该以社会主义核心价值观与"助人自助"社会工作价值理念为指导,遵循青少年身心发展规律,关切青少年发展的需要,在现实的青少年社会工作实务场域,自觉运用专业理论与方法,积极进行专业服务的探讨与创新。

本书聚焦于青少年社会工作实务,主要分为青少年社会工作实务的知

---

① 《党的二十大文件汇编》,党建读物出版社2022年版,第53—54页。

识基础、实务的通用模式与项目规划与管理三大部分,并且选用一定的案例,采用经验性的描述,以期使相关从业者能够很好地把握青少年社会工作实务的基本知识与方法,明确项目规划与管理的基本要求。

一、社会工作实务的含义

社会工作实务是社会工作价值、原则、方法和技能在现实服务中的专业性应用。实务过程不是专业价值、伦理原则、方法技巧的简单应用过程,而是社会工作者在实践中不断面对、解决服务问题的能动过程。实务的这种动态性特征,要求社会工作者能够很好地应用专业理论或知识,创造性地应对或解决现实服务问题,同时还会产生相应的实践成果,即生产专业经验与知识。社会工作界常常把从实务活动中获得的知识称作"实践智慧"。这种实践智慧是在处理大量相同或相通问题的实践过程中形成,通过向有经验的同行请教或接受督导等途径而增进的知识。一般而言,实践智慧往往指那些还没有被业界完全概念化或正式整合进理论体系的实务知识,是有待在实践中进一步验证和发展的经验性知识;其主要来自在职服务、培训和实践,但也不可避免地受到已有理论、研究和生活经验的影响。社会工作专业界对实践智慧的普遍认可反映出实务活动对专业发展具有不可或缺的作用。

人们在实务过程中所应用的专业理论与方法,往往是将具有学理性的、相对抽象的专业理论与方法内化为个体认知结构的有机组成部分,构成一种混合式的理论方法模式,形成个体所独有的面对与处理社会工作现实服务问题的视角、方式和风格。有人认为,社会工作专业知识可以归为五种类型,即理论知识、经验知识、程序知识、实践智慧和个人知识;这些知识相对独立,也相互交叉;不同社会工作者依赖和使用的知识类型有所不同(参见图0-1)①,在实务过程中采用的路径与方法也会有别。实际上,在

---

① Julie Drury Hudson, "A Model of Professional Knowledge for Social Work Practice," *Australian Social Work*, Vol. 50, No. 3, 1997, pp. 35-44.

社会工作专业服务过程之中,社会工作者所运用的知识是由这五种知识构成的整体性知识。就实践智慧而言,社会工作者既要学习、借鉴已有的实践智慧并使之发扬光大,又要在实务过程中发现和积累新的实践智慧。程序知识是指政策、法规和组织规章以及专业运作的指南。社会工作通用过程模式是一种典型的程序知识。现阶段,中国青少年社会工作实务处于起步时期,了解和掌握具体的通用过程模式对达致服务目标、保证服务质量具有重要作用。理论知识是专业知识形成的基础,经验知识与个人知识都会对专业知识的把握与应用产生直接的影响。我们必须明确的是,在社会工作实务中,社会工作者进行专业判断与选择的支撑往往是这五种类型知识的有机统一,但因为他们所处的文化知识背景、个体经验的累积、已储备的知识基础、所受到的专业训练不同,他们在实务过程中的认知、判断、选择及行为表现出一定的差异性,形成了一定的个性化特色。

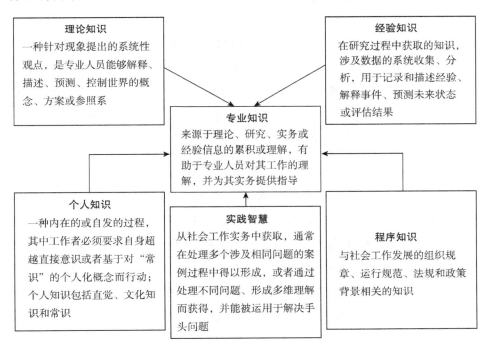

图 0-1 专业知识形式(结构)模型

二、社会工作实务的特征

社会工作实务是具体的社会工作专业实践,具有专业性、实践性、标准性、在地性等特征。

(一)专业性

专业性是指社会工作者在实务领域能够以专业价值观为指导,采用专业性方法从事社会工作服务与管理。专业性在实务中要兼具两点:一是具有或遵从社会工作专业价值观,二是掌握并运用社会工作的专业方法。需要强调的是,在长期的专业社会工作实践中所形成的成果——实践智慧,有的已被概念化与系统化,成为社会工作的实务知识,即社会工作统一理论体系的有机组成部分,体现出鲜明的专业性;更多的仍然处于一种经验性的未被概念化与系统化的状态,但是被经验丰富的实践者所掌握,具有一定的专业性特点。作为一种职业性活动,社会工作需要实务工作者接受相应的专业性训练、掌握必要的专业技能或者被社会认可。在现实中,专业性的明显标志之一是实务工作者的资格认证(被颁发执照,成为注册的社会工作专业人员);同时,专业性体现为实务工作者对专业价值观念、伦理守则的遵从,对专业理论视角的应用,以及专业组织在实务过程中督导作用的发挥、实践智慧的传承等。

(二)实践性

实践性是社会工作实务的基础性特征,但是与专业性有机地结合在一起,构成了社会工作实务与其他服务的本质区别。帕特里克·B.福赛思(Patrick B. Forsyth)和托马斯·J.丹尼西维奇(Thomas J. Danisiewicz)通过对社会工作职业化、专业化过程的分析指出,社会工作取得专业地位的先决条件之一是实务工作者的排他性,即对服务任务所具有的垄断控制。[1] 这种"垄断控制"是指实务工作者在从事服务、完成任务过程中的实践控制

---

[1] Patrick B. Forsyth, and Thomas J. Danisiewicz, "Toward a Theory of Professionalization," *Work and Occupations*, Vol. 12, No. 1, 1985, pp. 59-76.

和专业性保证。与社会学、政治学等基础性社会科学学科不同,社会工作的终极目标不是理论建构,而是理论应用。社会工作者通过具体的实践和教育培训深化理论知识,促进特定个体和环境的变化,参与服务对象及其系统的转变过程,成为支持者、陪伴者与倡导者。服务对象作为服务使用者也参与对现实生活境遇和权力模式的调整、改变,成为自我与环境改变的主体。社会工作者与其他跨专业团队成员共同协作,成为服务的行动系统,他们相互分享实务经验等。实务过程的动态性互动,要求社会工作者具有资源整合、建构合作关系的基本能力,以保证把握过程环节与取得良好的服务效果。

(三)标准性

社会工作实务的标准性是其发展到相对成熟阶段的必然产物,它是统一的规范性、专业性的基本要求,具体表现在社会工作实务的基本方法、流程、服务质量等方面的统一标准。这些标准是服务对象预期的基准,反映了最新的实务趋势。国家标准是基础性的标准,是从事社会工作实务基本性的遵循。从2014年12月到2017年12月,民政部先后发布六项推荐性行业标准:《儿童社会工作服务指南》《社会工作服务项目绩效评估指南》《老年社会工作服务指南》《社区社会工作服务指南》《社会工作方法 个案工作》和《社会工作方法 小组工作》,为社会工作实务标准提供了重要指引。2019年6月我国社会工作领域第一个国家级标准《青少年社会工作服务指南》发布,对青少年社会工作的原则、内容、方法、流程、管理等做了规定,为青少年社会工作实务提供了基本规范与专业要求。这反映了我国本土社会工作标准化发展的程度和实务发展的专业性水平,也是保证社会工作实务专业化的基础。

(四)在地性

社会工作实务总是在一定的社群、区域中展开,如果不与所在服务地的文化、服务对象的需要、购买服务者的要求有机结合,则无法取得实效。在地性要求实务工作者不与在地民众的价值观念相悖逆,尊重在地的风俗习惯、人情世故,能够融入在地的文化与话语体系;能够有效地处理专业理论与现实服务的张力问题,处理专业价值伦理在现实应用中的矛盾与冲突问题,实现专业性的本土性迁移,从而促"境"美好。

三、社会工作实务的类型

社会工作实务从不同的角度可以划分为不同的类型,具有不同的结构。

(一)微观、中观与宏观社会工作实务

从服务层次的角度,社会工作实务通常分为微观社会工作实务、中观社会工作实务与宏观社会工作实务。① 微观层次涉及最基本的服务对象,指服务对象本人及其直接环境的社会工作服务;中观层次涉及一个相对综融的系统,反映多个微观系统之间的互动,如青少年服务对象与整个家庭、同伴群体的互动,表现为家庭、学校、社区有机联动的社会工作服务;宏观层次涉及间接影响个人的更广阔的体系,如法律、政策、文化等,表现为政策与法律的倡导与研究、文化氛围的营造等社会工作服务。

(二)综融与专科社会工作实务

从服务领域的角度,社会工作实务分为综融(或全科)实务(generalist practice)与专科实务(specialist practice)。综融的社会工作实务使用多种或广泛的专业角色、方法和技能协助服务对象,以促成不同条件下有计划的变化过程。专科的社会工作实务主要选择或侧重某些特定领域的服务;专科实务工作者通常把时间和精力集中于特定的服务对象和问题,具备特定服务专长,其工作过程通常更为流程化。如从世界范围内青少年社会工作服务领域的发展看,针对聋哑青少年的专科社会工作等服务在不断增加。

(三)直接与间接社会工作实务

从服务方法应用的角度,社会工作实务可分为直接社会工作实务与间接社会工作实务。一般而言,社会工作实务主要指直接社会工作实务,是社会工作者直接面对服务对象的服务,即社会工作者直接将社会工作的理

---

① Michael J. Austin, Mary Coombs and Ben Barr, "Community-Centered Clinical Practice," *Journal of Community Practice*, Vol. 13, No. 4, 2005, pp. 9-30.

论和方法运用于解决或预防服务对象(个人、家庭和群体)的心理或社会问题。社会行政(社会工作行政)、督导、研究、教育和政策发展等方面的活动则属于间接社会工作实务。

临床社会工作实务是直接社会工作实务,也属于微观实务,通常集中于专门实务领域的预估、诊断、干预(治疗)和预防,这些实务领域包括精神健康、情感和其他行为失调等。个案、小组和家庭治疗是最普遍的处遇模式。临床社会工作者通常需要具备临床实务相关的注册资格(执照)或培训证书。

当然我们还可以从性质或功能的角度,将社会工作实务分为发展性、预防性与矫治性社会工作实务。一般而言,社会工作实务是直接服务与间接服务,综融服务与专科服务,微观服务与中观、宏观服务等的有机结合。比如,青少年社会工作实务发生在青少年生活的各种场域和机构环境中,包括家庭、学校、社区、医院、游乐场(游戏室)、拘留所等。中国青少年社会工作临床实务已经引入了针对个人问题的各种处遇模式,包括分析性治疗模式、行为治疗模式、支持性治疗模式、认知治疗模式、家庭治疗模式、游戏治疗模式和艺术治疗模式等。中观、宏观实务更多涉及社区工作、行政管理和政策实务,属于间接社会工作实务。

区分不同的类型是为了更好地把握不同层面社会工作实务类型的模式和技巧,但在实务开展过程中,社会工作者要有更为宽广的视域、系统性的视角和应用整合性方法的能力。

四、社会工作实务能力及其结构

(一)社会工作实务能力

社会工作实务能力是指社会工作者从事社会工作服务实践(为服务对象提供专业社会工作服务)的能力,包括现实问题与政策的研究能力,政策应用、资源整合、志愿指导、组织培育的支持能力,个案辅导、小组活动、社区发动等专业服务能力,项目策划、实施、督导与评估的项目规划与管理能力等。

社会工作行业组织和教育机构通常会对从业者和学生的实务能力要

求做出具体的规定。按照美国社会工作者协会的规定,社会工作实务涉及对社会工作价值、原则和技能的专业应用,以达到以下某个或多个目的:帮助人们获得有形的服务,为个人、家庭和团体提供咨询和心理治疗,为社区(团体)提供或改善社会和卫生服务,参与立法进程等;社会工作实务需要掌握有关人的发展和行为,社会、经济和文化机构以及所有这些因素的相互作用等方面的知识。①

社会工作价值理念、批判性思维、多元文化意识和跨专业合作等方面的实务能力被普遍认为是社会工作者最核心的实务能力。社会工作临床实务经常涉及跨专业合作,在跨专业合作实务活动中,不同专业人员运用相同(通)的或特定的知识、技能提供服务,社会工作者则侧重资源链接与支持性服务。

专业实务能力来源于高等教育机构实务教学的专业培养。美国社会工作者认证协会(Academy of Certified Social Workers,ACSW)是美国社会工作者协会下属的认证机构,旨在评估和认定具有高等教育学位的社会工作者的实务能力。获得该学会成员资格的社会工作者需要:从具备教育认证资格的高校获得社会工作专业硕士、专业博士或哲学博士学位;具有经过专业督导的两年全职或3000小时半职实务经验;提供遵守专业伦理守则和继续教育标准的证明或协议;通过社会工作者认证协会的考试。

在美国,学校社会工作一直是专业社会工作的一个重要部分。美国社会工作者协会1992年颁发的第一个实地特许证书就是学校社会工作师证书,授予在公立和私立学校、学前机构、特殊教育学校和居民学校服务的资深学校社会工作者,其基本资格要求包括:具有社会工作硕士学位;具有两年或2160小时以上的全职授薪并接受督导的学校社会工作经验;具有社会工作从业执照或注册证书;符合全国专业伦理守则和继续教育的标准。②

---

① National Association of Social Worker(NASW),"Practice,"https://www.socialworkers.org/practice(2021-01-22),2021年7月2日访问。
② National Association of Social Worker(NASW),"Certified School Social Work Specialist(C-SSWS),"2021,https://www.socialworkers.org/Careers/Credentials-Certifications/Apply-for-NASW-Social-Work-Credentials/Certified-School-Social-Work-Specialist,2021年1月22日访问。

目前,我国要求社会工作者应是社会工作专业毕业生(专科及以上)或社会工作职业资格证书持有者。社会工作专业毕业生受过不同程度的专业社会工作训练,而社会工作职业资格证书持有者中相当多的人只是考试合格,并没有受过专业社会工作训练。总体而言,社会工作者实务能力偏低、专业基础相对薄弱,且因为地域发展的不同存在明显的差异,这是我们需要面对的现实。社会工作是一种实务性强的专业与职业,社会工作者要提高实务能力,须在学中练、做中学,不断将理论与实践有机结合。本书同样适用于那些缺少专业实务经验或相应基础知识的从业者,以使其了解、认知青少年社会工作实务所需要掌握的基本知识与技能。

(二)社会工作实务能力结构

从直接服务的角度,不同的社会工作者拥有不同的实务能力结构,不同的实务能力结构主要来自社会工作者不同的专业认知结构。社会工作实务能力是由实务模式、知识、伦理和技能等不同结构要素构成的整体性知识与能力系统。在关于儿童保护服务中,有学者把实务能力结构要素区分为原则、专业知识、价值/伦理和实务技巧四个方面(参见图0-2)。[①]

其中专业知识是一个复合系统,包括组织知识、理论知识、调查研究知识、个人知识、实践经验/智慧以及服务对象知识。组织知识是指与实务相关的法律法规、政策、儿童安全实践手册等规范性知识;理论知识是指心理学、社会学及与之相关的综合性知识;调查研究知识是指通过研讨会、调查等渠道或者通过期刊等文献资料所获取的知识;个人知识是指由社会工作者自身的特定经历形成的知识,如特定社区生活中形成的家庭网络和社区动力知识,出身或生活于特定社会群体而形成的文化、价值与信仰;实践经验/智慧是在实务过程中经过自我反思、自我觉察等形成的经验性知识;服务对象知识是有关儿童服务对象群体或个体的特征、偏好、需求及其家庭与护理者的素质、观念,和各主体相互之间关系等的认识与理解。

---

① Greenland Government, *Practice Framework and Maps* (*Child Safety Practice Manual*), 2008, www.communities.qld.gov.au/resources/childsafety/practice-manual/cspm-pracmaps.pdf,2021年9月23日访问。

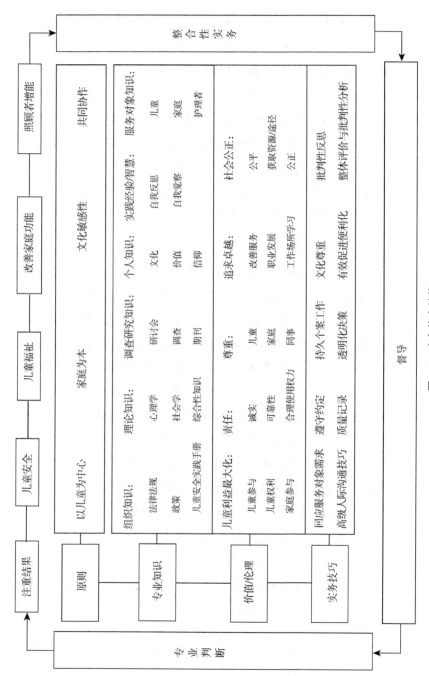

图0-2 实务能力结构

这些知识要素共同构成社会工作者的专业知识。社会工作者在实务中要运用自己所拥有的专业知识进行认识、理解、判断与处理问题，所以即使受过相同专业教育的社会工作者也会拥有不同的专业知识，在相同实务问题中有不同的处理范式，形成不同水平的专业技能。在实务中，原则是社会工作者的基本性遵循；价值/伦理体现专业性的核心，决定社会工作者认知服务对象的视角，以及服务应该遵循的立场、态度与行为；专业知识和实务技巧主要表现在社会工作者处理现实问题的技巧和方法，尤其是对社会工作通用过程模式基本规范和伦理原则的遵循上。

对社会工作者而言，原则、专业知识、价值/伦理与实务技巧有机地融为一体，共同构成社会工作者所特有的从事社会工作实务的素质与能力，形成社会工作者在实务过程中的专业意识、判断与处遇方式，即能够捕捉到隐而难见的信息，具有专业的敏感性；采用适宜的面对与解决问题的方式方法，形成专业判断与准确选择；能够遵循社会工作通用过程模式基本规范和伦理原则，同时针对性地处理问题等。当然，实务能力结构将随着社会工作者专业能力的提升与实务经验的积累不断优化。

五、青少年社会工作实务的原则

青少年群体的特殊性要求社会工作者在实务中既要遵循社会工作实务的一般原则，又要观照这一群体的特殊性；以社会主义核心价值观与专业价值伦理为指导，因地制宜、因时而动、因人而异地采用相应的方式与方法，以较好地回应他们发展的需求与问题，协助他们正向发展与健康成长。

（一）系统性的原则

青少年社会工作实务绝不只涉及简单的社会工作者与青少年服务对象之间的关系。它要求社会工作者以生态系统理论为指导，具有系统地看待与解决问题的能力。社会工作者面对的是以青少年为核心的服务对象系统，而青少年发展中的问题更多是因家庭、学校、同伴群体等影响的结果；多角度地了解青少年的需求与问题，有利于形成准确、客观的专业判断。服务过程中，社会工作者需要有针对性地整合相应的资源，协助青少年服务对象建构、修复与完善社会支持系统；善于整合同事、机构的资源，有效地调配与建构良好的社会工作者系统资源，发挥社会工作者系统的优势；善于整合相关政府部门、群团组织、街道社区、学校等多方资源，形成协同的工作机制。就方法而言，青少年社会工作者要根据现实情况而定，而不是简单地应用个案工作、小组工作、社区工作等具体方法，应采用整合性或综融性的方法。面对现实的青少年问题，社会工作者首先要掌握相关的政策，在政策的框架下采用适宜的方法，有机整合社会行政、个案工作、小组工作与社区工作等方法，并统一直接服务与间接服务。

（二）发展性的原则

青少年群体正处于生理、心理和社会性发展的关键时期，往往面临诸多成长的烦恼与发展的困惑。社会工作者必须了解这一群体的特殊性，以优势视角理论为指导，以发展性的眼光看待他们发展中的问题，观照他们自主性渐进提升的需求与特点，了解他们与环境之间的互动状态、他们心理的变化与行动的特点，且以此作为相应服务方案设计与实施的依据；针对他们发展中的问题提供预防性、发展性的社会工作服务。对于出现偏差行为的"问题青少年"，社会工作者不能标签化，不能以刻板印象来看待他们的问题及其未来的发展，要以发展性、系统性的观点去分析问题原因所在，聚焦优势，整合相应的资源（包括青少年自身及其社会资源），积极协助干预与矫正问题；帮助他们形成正确看待自我问题的意识、正向发展的信心与能力；协助他们建构、修缮社会支持系统，避免出现社会排斥的现象，以恢复与发展其社会功能。

（三）主体性的原则

青少年群体是特殊的人群，他们的各种能力正处于发展的关键时期。这一时期的青少年问题往往是源于生理、心理与社会性发展的不平衡，社会工作者不能简单地归因为他们进入了逆反心理的阶段，而应该理解为自主性渐进提升的时期。青少年的自主性发展需要培育、激励、引导、促进与支持。社会工作者要从青少年本体的角度出发，了解他们发展的需要与特点,尊重、接纳他们可能出现的特立独行,给予他们发挥自主能力的机会与平台,从兴趣点入手,与他们协商、对话、沟通,满足他们被尊重的需要,挖掘他们的内在潜能,以形成其客观的自我认知与面对困境的抗逆能力。尤其对于那些困境之中的青少年,除了协助他们建构良好的社会支持系统,社会工作者更要协助他们形成自我建构支持系统的能力,树立自立自强的信心与勇气,正确认识自己所面对的现实,将之作为提升自己的抗逆力、学会担当的机遇。所有青少年活动的设计都要嵌入发展性的内容,以引发兴趣、引导参与;所有活动的实施都要与青少年一起商讨,以发挥优长,激发潜能。

总之,观照青少年群体的特殊性,采用适宜的专业支持手段,与青少年服务对象共同成长,是青少年社会工作实务开展的基本要求。

本章小结

1. 社会工作实务是社会工作者将专业价值伦理、理论知识与方法技巧应用于社会工作服务的实践,是社会工作者不断面对与解决服务问题的能动过程。其要求社会工作者能够创造性地应对与解决现实服务问题,同时还要生产专业经验与知识,积累与发展实践智慧。社会工作实务中社会工作者所运用的专业知识是理论知识、经验知识、程序知识、实践智慧和个人知识构成的整体性知识。

2. 社会工作实务具有专业性、实践性、标准性与在地性等特征。其可以分为不同类型:从服务层次的角度,可以分为微观、中观、宏观社会工作实务;从服务领域的角度,可以分为综融、专科社会工作实务;从服务方法应用的角度,可以分为直接、间接社会工作实务。区分实务类型是为了更好地把握相关模式与技巧,但在真实的社会工作实务中,往往是综融服务与专科服务、直接服务与间接服务等不同模式的有机结合。

3. 社会工作实务能力是指社会工作者从事社会工作服务实践的能力,或为服务对象提供专业社会工作服务的能力,包括现实问题与政策的研究能力、政策应用、资源整合、志愿指导、组织培育的支持能力，个案辅导、小组活动、社区发动等直接专业服务能力，项目策划、实施、督导与评估的项目规划与管理的能力。国际社会普遍认为，社会工作的最核心实务能力包括社会工作价值理念、批判性思维、多元文化意识和跨专业合作等。社会工作者的素质与能力是由专业原则、专业知识、价值/伦理与实务技巧等要素构成的整体性知识与能力系统，其中专业知识也是复合性知识系统，构成社会工作者在实务过程中专业意识、判断与处遇方式。实务能力结构会随着社会工作者实务经验的积累不断优化。

4. 除了要遵循社会工作实务的一般原则，在青少年社会工作实务中还要根据青少年群体的特殊性遵循系统性、发展性、主体性的原则。

主要概念

实务能力（practice competence）

实践智慧（practice wisdom）

思 考 题

1. 如何推进社会工作实务本土化发展？
2. 如何提升青少年社会工作实务能力？

参考文献

王思斌主编：《社会工作导论（第二版）》，高等教育出版社2013年版。

王玉香主编：《青少年社会工作》，山东人民出版社2012年版。

第一编

青少年社会工作实务的知识基础

青少年社会工作是社会工作的重要领域，是社会工作基本理论与方法在青少年服务领域中的具体应用。具体而言，"青少年社会工作是在社会工作专业价值观的指导下，运用社会工作的专业理论、方法与技巧，协助与促进青少年健康成长的一种服务性的专业工作"①。作为特定群体的专业社会工作服务者，必须要了解青少年尤其是处于青春期青少年发展的特征，观照这一群体的特殊性，掌握有关青少年及其社会工作的理论，形成聚焦优势与系统性的视角与观点，了解和掌握青少年社会工作价值伦理困境的特殊性、原则以及青少年社会政策，明确青少年社会工作者的角色定位，掌握青少年社会工作的实务模式及相关理论支撑，为青少年社会工作实务的开展提供理论与范式的前提与基础。

---

① 王玉香主编：《青少年社会工作》，山东人民出版社2012年版，第2页。

第一章 认识青少年

案例 1-1

我们家小朵最近变得很神秘,以前什么事情都和我说,最近好锁抽屉和房门。我真的担心,不知道这孩子到底怎么了,她到底有啥秘密连我都不让知道?

俺们家的小宝最近可好顶撞人了,我被顶得真难受,有时真的特想揍他。前两天家长会,老师和我说他好在课堂上起哄,都愁死我了。你们说这孩子怎么这样啊,我和他爸都是非常老实本分的人,不知道这孩子像谁。①

案例 1-1 中的家长在谈论子女的变化并分享了自己的观察与感受。他们子女的年龄在 9—13 岁。显然,家长对子女所出现的状况感到不可理解,对如何应对这种变化有些手足无措。项目社会工作者则感觉很正常,认为这是在青春期启动期与早期青少年容易出现的现象。

---

① 案例来源于济南山青社会工作服务中心"暖家友邻"困难家庭综合社会工作服务项目中一次亲子平行小组活动。本书案例来源皆有标明,如无标明来源则是作者原创案例;其中人名已做处理。

第一节 青春期的发展阶段主要特征

自青春期心理学之父斯坦利·霍尔(Stanley Hall)于1904年提出"青春期"概念至今,青春期已经成为人们高度关注的重要人生阶段,往往被界定为由儿童到成年转变的过渡期。这一时期,个体因生理发育变化带来了心理与社会性发展的一系列变化。这些变化是悄然而又显在的。青少年处于自我探索与认知的过程,面临着诸多成长的烦恼与发展的困惑;有些父母不适应青少年的变化,处于一种无力或焦虑的应对之中。从青少年的角度来看,这是一个自主性与存在感获得的时期;从父母或成人的角度来看,这是一个青少年逆反心理严重的时期;从教育层面来看,这是个体人生观、价值观与世界观形成的关键时期;从社会层面来看,这是一个人接受社会规范要求的重要社会化时期。青春期确实是一个特殊而重要的成长期,这一时期的青少年是青少年社会工作的主要服务对象。

与传统社会中儿童到成年时举行成年礼不同,在现代社会,"青春期"是一个被大大延长了的人生阶段,是青少年由不成熟到逐渐成熟的过渡期:身体发育年龄提前,社会独立时间延迟。但目前不同学科与领域对青春期的界定不统一,主要是因为对青少年的关注点不同,如生理学家更关注身体发育的启动与成熟的时间节点,法学家更关注法律规定中相关的重要年龄界限,教育工作者往往更关注年级差异;而不同个体的青春期的开始与结束也会有别。显然,青春期的生理发育与心理、社会性发展之间具有不同步的特点,存在生理发育提前与心理、社会性发展滞后的矛盾。青春期不单纯是身体发育的时期,更是心理发展、人格形成的重要阶段,因此界定青春期需要综合性考量。国际上一般粗略地将人生命过程的第二个十年定为青春期,即10—20岁。根据青少年的生理、心理与社会性发展,及其接受教育的时段与社会工作介入等多种维度,本书大致将10—22岁定为青春期。但青春期有着明显的阶段性差异与渐进成熟的特征,我们将之分为青春期早期、中期、后期三个阶段。

一、青春期早期及其主要特征

本书将 10—14 岁界定为青春期早期,也是传统意义上的少年期。这是青春期启动与初始阶段,涵盖小学高年级与初级中学学段。这一时期青少年生理产生突变性发展,身高体重明显增长,第一性征、第二性征发展迅速,女孩子的曲线美、男孩子的男子特征开始显现,带来其心理与社会性发展变化。

(一)关注自我,自我意识增强

★ 案例 1-2

小花最近发现自己有变化,特别愿意照镜子,只要一有机会就拿出小镜子欣赏自己,怎么看都看不够。她在家里做作业照镜子时,被妈妈发现了。妈妈批评她太臭美、没有将心思用在学习上,还没收了小镜子。小花特别伤心,认为妈妈不理解自己。

自我意识是对自己身心活动的觉察,即自己对自己的认识,具体包括认识自己的生理状况、心理特征以及与他人的关系等,是由自我认知、自我体验和自我调节(或自我控制)三个系统构成。

如案例 1-2 所示,在青春期早期,身体开始发育,青少年感受到自己的变化,开始将视线转向自身,照镜子就是自我观察的一种方式,也是自我欣赏的一种手段。同时,他们开始观察同伴所发生的变化;在比较之中发现与认知自我的变化;当发现自己与同伴身体发育不一致时,往往会产生复杂的心理感受。如有的女孩的第二性征发育明显,当她周围的女孩还没有这样的体貌特征时,她就会承受较大的心理压力,甚至故意含胸驼背,以与他人保持一致;当其他女孩第二性征发育明显,还没有出现这样体貌特征的女孩也会承受较大的心理压力,认为自己发育不正常。这时的青少年特别在意别人的眼光与看法,非常注重自己的外部形象,讲究穿着打扮,喜欢对别人品头论足,甚至相互起"绰号"。对同伴的观察与比较是为了更好地了解与认识自己。

(二)成人感增强,出现模仿行为

案例 1-3

这是我的日记、我的东西,我不愿意让别人碰,我之所以把房门锁起来,就是因为没有我的允许,谁也不能看,包括爸爸和妈妈。我长大了,我有这样的权利。

我妈妈太不尊重我了,好多次想看我的日记都被我拒绝了,她经常说:你有什么秘密啊,还不让看?有次趁我上学,她偷看了我的日记,我特别伤心,从此再也不写日记了,也不愿意理妈妈……①

在案例 1-3 中,前一段文字的内容是一个十二岁男孩子的分享,后一段文字的内容是一个十一岁女孩子的哭诉。成人感的增强使这些处于青春期早期的青少年具有隐私意识与较强的边界感。认识到隐私权,也是他们喜欢用带锁日记本的原因。他们希望自己能够得到他人的尊重,希望父母能够把自己当成大人而不是小孩子。同时,他们往往会通过一些成人的方式来昭示自己的成熟,如尝试抽烟、喝酒,称呼同伴"老张""老李"等,甚至在穿着打扮与行为方式上模仿心目中的偶像,希望成为理想中的自己。

(三)与父母关系疏离,注重同伴友谊

案例 1-4

我们家辉不知道怎么了,最近对我和他爸爸爱答不理的,可是看他和同学打电话那个高兴啊,有说不完的话,还关上房门。你说他们同学天天在一起,放学了怎么还有说不完的话?②

案例 1-4 是一位妈妈不了解孩子变化而产生的苦恼。在青春期早期,

---

① 案例来源于济南山青社会工作服务中心"花 young 年华·家校护航"青少年社会工作服务项目中的一次小组活动分享。

② 案例来源于济南山青社会工作服务中心"花 young 年华·青春起航"青少年社会工作服务项目中的一次家长访谈。

青少年不再像儿童期那样依恋父母，而是与父母保持一定的距离，甚至顶撞父母、拒绝与父母对话和交流，因此相当多的父母无法理解与接受这种变化。此时，青少年与同伴保持了密切的联系，他们的爱好、观念、行为甚至穿着打扮表现出明显的趋同性。趋同是为了避免与众不同的心理压力，是获得他人认可与友谊的需要。同伴友谊要求相互之间的亲密、对等与忠诚，表现出明显的性别差异。女孩之间注重亲密性，共享秘密、相互表白，甚至具有排他性，是一种亲密特征的友谊。男孩之间则是一种忠诚特征的友谊，要肝胆相照、两肋插刀，会有意识地帮助朋友掩饰过错，不问是非，以维护朋友利益为立场；一旦友谊出现裂缝，他们会感到受伤害，甚至反目成仇。

（四）情绪激荡，情感体验渐深

★ 案例 1-5

小乐与小东是好朋友，经常一起玩。小乐特别喜欢某一明星，小东也经常拿这一明星开小乐的玩笑。一次小东只是说了一句不是十分严重的贬低该明星的话，小乐就愤然翻脸，要与小东拼命，在众人的劝说之下两人的矛盾才得以缓和。小乐气愤地说："你怎么说我都行，但是我绝不允许你说他一句坏话，不允许！"

如案例 1-5 所示，在青春期早期，青少年容易出现情绪的剧烈波动，一点小的刺激就可能引起较大的情绪反应。显然，这种情绪波动一般都事出有因，或是触碰了青少年的心理底线，或是触动了其心灵的敏感之处，如小乐对偶像崇拜到了不允许他人有分毫批评的地步。可以说，这并不是简单的个案，而是这一时期青少年容易出现的现象。他们自尊心特别强，非常希望得到尊重，如果被伤到了自尊，则会出现强烈的情绪反应，甚至有可能选择自残等极端行为。

这一时期，青少年的情感丰富、情绪强烈，充满激情，喜欢节奏感强、明朗的音乐与舞蹈，容易被影视剧情等感染。他们情绪体验迅速，容易出现两极性摇摆，细微的事情常会引起强烈的情绪反应。可能会因为现实中取得了一点小的成绩而骄傲自大、喜形于色,也可能因为一次小的过失而苦恼悲观、垂头丧气;可能一会儿充满了理想主义的情怀,一会儿又表现出利己主义,摇摆不定。在青春期早期,青少年幸福感锐减,诸如"笨拙""紧张""被忽视""难堪"等消极情绪体验明显增加,这与他们关注自我与内在体验增强有直接的关系。

(五)行为的控制力较弱

案例 1-6

欣欣在升入初中后的第一次考试中考得不好,下决心一定好好学习,争取下一次考出好的成绩。放学后,同班的几个同学叫他一起去玩游戏,他推脱说家里有事情不能参加,自己回家写作业,可怎么也静不下心来,想着他们几个肯定玩得很开心,后悔没有一起去玩,后来实在写不下去了,干脆冲出去找同学玩了。

在案例 1-6 中,欣欣的表现是青春期早期青少年容易出现的行为特点,不是缺乏决心,而是缺乏坚持;不是不明事理,而是缺乏意志力。这一时期,青少年期望做事情速战速决,立竿见影,容易出现浅尝辄止的"三分钟热度"现象,如果遇到一定的困难,往往表现为克服困难的毅力与勇气不足,心理承受力较弱,缺乏行动的自觉性。

(六)对异性好奇,易产生性冲动

案例 1-7

升入初中以后,小凡越来越渴望与班上女生交往,但是每当与女生相处时,他又感到特别紧张,不知道如何是好。最近一段时间,他觉得自己可能是不受欢迎的,班里有个女生总是针对他找各种麻烦,有时候还会无缘无故地欺负他,他感觉十分困惑和苦恼。

在案例 1-7 中,小凡的表现反映了青春期早期青少年性意识的特点。这个时期,青少年逐渐摆脱了童年晚期性别隔离的状态,开始有了性冲动,十分渴望了解性知识;在与异性交往过程中,会感受到一种相互吸引的力量;在异性面前表现出好奇和爱慕、紧张和兴奋。一方面,他们希望在异性面前表现出色;另一方面,这种强烈的冲动使得他们往往过于紧张和兴奋,以至于行为上显得笨拙和失态。中学刚开始时,他们对异性的兴趣则以一种相反的方式表达出来,比如明明非常关注却表现得漠不关心,甚至以攻击的方式引起对方的注意。随着性心理的逐渐发展,他们对异性的好感才逐渐以正面方式表达出来。

但需要注意的是,这个时期的异性交往极其敏感,双方容易冲动,常常表现为激情,而青少年由于认知、道德观念尚未完善以及意志力比较薄弱,容易出现越轨行为。因此,我们需要特别重视该阶段青少年的性生理和心理健康教育。

二、青春期中期及其主要特征

本书将14—18岁界定为青春期中期,是传统意义上的青年初期,基本上处于高级中学阶段。

(一)自我意识分化和渐进成熟

案例1-8

小强升入高中以后,对自我和事物逐渐有了自己的观点和看法,与父母发生分歧时也能够进行友好沟通。但是他对自己的未来有着不切实际的幻想,自认为聪明过人,爱在别人面前炫耀;一旦考试成绩不好,他又会感到十分郁闷,对自己完全失去信心,认为自己一无是处。

青春期中期是一个人明确自己个性的重要时期,但似乎所有问题都是以"自我"为核心而展开的,尤其是出现了分化的自我与对自我同一性的追求。这一时期,青少年自我意识的发展特点为:首先,自我意识的独立意向发展。与青春期早期的直接反抗不同,这一时期的独立性建立在与成人和睦相处的基础上,绝大多数青少年都能与成人保持一种肯定和尊重的关系,并通过这种关系对自我进行更深层的探索。其次,自我意识的分化。

他们在心理上把自我分成理想自我和现实自我,有时会出现理想自我的成就感,有时又会有现实自我的自卑感,如案例1-8中小强的表现。当两种自我产生矛盾时,当他人的评价与自我认知不一致时,他们往往会缺失主见,出现对自我的困惑与不理解。最后,自我评价逐渐成熟。他们开始从多个角度看待自己并开始学会独立评价自己,评价的动机和效果趋向一致。

(二)强烈的自我中心主义

案例1-9

小玲是高二学生。她认为自己在文学方面有天赋,比同龄人知识渊博,老师讲的许多东西自己都知道,非常喜欢在课堂上做出过于积极的回应。她知道抢老师的话不是好习惯,但控制不了自己的行为;每次事后都会懊悔,但下次还是忍不住那样做;总觉得这样做能使同学们佩服自己,内心较敏感,很在乎别人对自己的看法。

案例1-9中小玲的表现反映了青春期中期青少年自我中心主义的特点。这一时期,青少年认知和情绪的变化经常占据中心位置,他们往往非常在意他人的看法与印象,认为自己的外表和行为是其他人非常关注的。戴维·埃尔金德(David Elkind)认为,这一时期的青少年构想了"假想观众",他们之所以嘈杂喧哗,是因为感觉这些假想观众一直在关注和评价自己,自己是独特而与众不同的人;他们建构了"个人神话",认为自己是独一无二的幸运者,那些不好的事情不会发生在自己的身上,他人无法理解自己的行为,由此可能引发一定的孤独感、特立独行的行为甚至是冒险行为。[1] 例如,当研究者要女生列出不使用避孕药具的原因时,"我觉得怀孕这种事情不会发生在我身上"的解释是较常见的。[2]

对于"假想观众"和"个人神话"出现的原因,学术界一般认为是形式

---

[1] 〔美〕约翰·桑特洛克:《青少年心理学(第11版)》,寇彧等译,人民邮电出版社2013年版,第152—153页。

[2] J. Arnett, "Contraceptive Use, Sensation Seeking, and Adolescent Egocentrism," *Journal of Youth and Adolescence*, Vol. 19, No. 2, 1990, p. 172.

思维发展的结果。让·皮亚杰（Jean Piaget）认为，随着形式运算思维的发展，青少年开始出现这一时期所特有的心理系统与特征。个体又一次出现了自我中心状态，即反省思考上的自我中心。他们认为，反省思考是全能的，这种自我中心主义主要表现为脱离实际的思想建构。他们运用概念建构了理想世界，往往沉湎于对未来的幻想，更多关心世界的应然状态。这不仅容易造成他们的现实我与理想我的冲突，也容易受到有关理论的误导。当青少年无法直接区别自己思考和他人思考的东西时，会出现"假想观众"观念；当他们努力区分二者而感受到或者认识到与他人的明显不同和差别时，又会认为自己是与众不同的，无所不能的"个人神话"观念随之产生。

丹尼尔·拉普斯利（Daniel Lapsley）等人于1993年提出了一个关于"假想观众"和"个人神话"的新的解释框架。[1] 他们认为，这种假想观众和个人神话有助于青少年从心理上脱离父母，完成青少年期重要的发展任务——分离和个体化过程，即个体在建立家庭关系之外自我的同时，保持与家庭成员的亲密关系。

（三）情绪发展的丰富性和延续性

★ 案例1-10

晓明是一个高中生，在最近的一次考试中成绩特别好，这让他高兴了很长时间。他在别人面前越来越能控制自己的情绪，有的同学向他表示祝贺，他会压抑自己的喜悦和激动，表现出若无其事、很淡定的样子；他会主动安慰考得不好的同学。但是有时候他能明显感到自己情绪的激烈变化。他在日记中这样写道："当我情绪高涨时，我就像一座喷发的火山，心花怒放，充满着豪情壮志；而当我情绪低落时，我又好像是一座冰山，对什么都失去了兴趣，我会感到命运乃至周围所有的人都在和我作对……"

---

[1] Daniel K. Lapsley, "Toward an Integrated Theory of Adolescent Ego Development: The 'New Look' at Adolescent Egocentrism," *American Journal of Orthopsychiatry*, Vol. 63, No. 4, 1993, p. 565.

在案例1-10中,晓明的表现反映出青春期中期青少年情绪发展的特点,尽管心花怒放,却掩饰得不动声色,表明他的情绪控制能力明显增强。这一时期,青少年的认知能力、意识水平有较大提高,其情绪体验出现内隐性特点。青少年出现激情的频率下降,心境的延续时间加长,情绪体验更加丰富稳定,情绪控制能力增强。他们更多考虑情绪表达的情境适切性,形成了表情与内在体验的不一致,即外在情绪表现具有一定的文饰性。值得注意的是,尽管青少年自我情绪控制能力有所提升,但由于心理发展尚未成熟,情绪表达的两极性仍然存在。

(四)人际交往的选择性和策略性

案例1-11

小峰进入高中以后,越来越反感母亲替他买衣服,希望能按照自己的审美安排每日穿着。同时,他渴望他人,特别是同学对他的穿着表示关注和赞同。在交朋友时,他更加看重双方是否有共同的穿着品味和兴趣爱好。

在案例1-11中,小峰的表现反映了这一阶段青少年在人际交往上变化的特点,一方面,他们渴望独立、摆脱成人的监护与管教,按照自己的意愿安排生活和学习;另一方面,表现出强烈的交友愿望,渴望与人交流,希望得到他人的理解、关心与肯定。由于心理交友的迫切性,这一阶段也是青少年广交朋友的时期,他们尝试与不同领域的人交往。在网络不发达的过去,他们会交笔友,通过书信的方式寻求理解与心理支持;在网络发达的今天,他们可能通过"扫一扫"添加好友等多种方式交"网"友。

这一时期,青少年开始有选择性地与他人交往,讲究交往的策略与技巧。例如在同伴交往中,他们会有意识地选择朋友,能明确认识到朋友双方深刻的联系,不仅要互相理解,而且在意与对方的心理品质以及心理特征的一致性。同时,他们开始注重选择不同的话题与不同的个体进行交往,能注意讲话的情境要求。

三、青春期后期及其主要特征

本书将 18—22 岁界定为青春期后期,属于传统意义上的青年中期,基本上处于大学阶段。

(一)自我意识和自主性增强

案例 1-12

小宇是一个大三的学生,他对自己有比较独立和客观的看法,他认为自己是一个积极阳光的大男孩。由于学习成绩一般,他每天早起去自习室为考研努力奋斗。宿舍里的同学有时说他说话办事不注意细节,他能坦然接受和努力改善,他认为那些缺点也是自己的一部分。

在案例 1-12 中,小宇的表现是青春期后期青少年自我意识趋于成熟的反映。这一时期,青少年个体的自我意识从分化、矛盾走向统一,不再像以前那样以理想的自我看待自己,而能够较为现实地认识与评价自我,既不像青春期早期的趋同,也不像青春期中期的张扬,而是相对理性与客观,其自我认知、自我体验、自我控制逐步协调一致。由于各类知识增多,生活经验丰富,感性认识与理性认识趋于成熟,大多数青少年对自己的分析、评价逐渐变得客观、全面;自主性明显增强,能够多角度地评价自己与征求他人意见,明晰自我选择,明确追求方向,有"走自己的路,让别人说去吧"的坚定信念。

(二)情绪文饰性增强,内在体验加深

案例 1-13

晓晨是一个大一的学生。当自己在学生干部选举中落选,他会掩饰自己的失落,说重在参与和锻炼自己。当有些同学的行为严重地影响了他,他也会压抑自己的不满,对同学说没关系。但他内心总是感到很郁闷、失落。

在案例1-13中,晓晨的表现是青春期后期青少年情绪发展的反映。本来他很在乎学生干部评选,对于落选很难受,却做出了符合情境要求的情绪表现:理性、有气度、有涵养。这一时期,青少年个体的情绪控制能力有了较大提高,能够比较理性地认识与处理现实中遇到的一些问题,会考虑自己情绪表达与外在情境的适切性,所以常常隐藏或掩饰自己的情绪,表现为外在表现和内在体验的不一致;同时出现情绪的延迟性反应和复杂性心理体验。这与他们情绪情感控制能力的提高有关,他们的情绪情感发展出现了复杂性与深刻性的特点。

(三)人际交往多元化

案例1-14

大三的大林已不像初中时那样,要求朋友与自己保持一致,因为不一致而感到很受伤;也不像高中时那样没有几个朋友。现在,他不仅与自己学院的很多同学是朋友,而且结交了一些外院甚至外校的朋友。他很善于解决一些交友的问题,大家认为他人缘极佳。

在案例1-14中,大林的表现反映了青春期后期青少年交往的特点,对朋友的认识较为深刻,不再吹毛求疵,不再苛刻地要求朋友和自己保持高度一致;交往观念发生明显变化,呈现出多元化交往的特点,能够遵守求同存异的交友原则。这时,青少年不仅能够较好地与周围的人相处,而且具有处理与解决人际矛盾与冲突的能力。据调查,59%的大学生主张广交朋友。① 他们认为友谊不仅是两个人思想的分享,而且可扩展为更多人的默契和信赖;朋友分为多种类型,既存在"见面点头一笑""在某一方面谈得来"的朋友,更存在"思想默契"的朋友;尽管对某些事情已有定论,但还是会礼貌地征求父母等他人的意见与建议,表现出对他人的尊重和他人意见的重视。

---

① 刘红艳:《大学生人际交往动机的心理分析》,《阜阳师范学院学报(社会科学版)》2001年第1期,第104页。

（四）性意识的完善与恋爱尝试

案例 1-15

大学生木木来自一个偏远的山区。他成绩较好，口才不错，算得上一个帅小伙。在一次学生活动中，他认识了其他学院的一个女生琳琳，她是城市人。琳琳认为木木就是自己心目中完美男性形象的代表，并主动向他表示了好感。没过多长时间，两人就成为众人眼里甜蜜的情侣。然而，两人时有吵闹，例如琳琳对木木家住农村、经济条件较差，有很大的意见，总觉得他不够潇洒……

在案例1-15中，木木的经历反映了青春期后期青少年恋爱的特点和困惑。在青春期后期，青少年生理发育已基本完成，性意识进一步明朗；个体一般有充分的机会与异性接触，因而，性意识的发展和恋爱问题是青少年心理发展过程中的一项重要内容。性意识的发展一方面带来强烈的按照性别特征塑造个性和形象的精神向往；另一方面带来了对异性的倾慕与追求行为。如果这一时期青少年还不善于处理异性关系，或者他们的经济地位与心理成熟度不足以应付这种问题和矛盾，就会出现种种不安和烦恼。

第二节　青少年发展问题

虽然青少年期会出现各种各样的问题，但并不像有些大众媒体渲染得那样极端与常见。但一部分人常常接受"问题青少年"的设定，甚至认为"青少年等于各种问题"。如何认识与对待青少年发展中的问题显得尤为重要。

一、青少年发展问题的一般特征

青少年发展问题是青少年生理、心理与社会性发展中容易出现的问题。

(一)大多数发展问题具有暂时性

(1)偶尔的尝试行为不同于持续的行为。偶尔的尝试行为往往是青少年出于好奇或一些偶发因素,不能简单地归结为品性问题,或者被看作持续的行为。比如,某个男孩十二岁时可能会出现扰乱课堂的冲动行为,到了十四岁时可能变得固执和独断,但不会再扰乱课堂秩序。一般来说,偶尔的行为问题发生的概率要远远高于持续的行为问题。比如,有些青少年会在高中毕业前尝试饮酒,但很少会出现饮酒问题或因此影响学业和人际关系。因此,青少年尝试一些有风险的行为是比较正常的,大多是因为好奇,而不是出于不良动机。有研究表明,偶尔尝试危险行为的青少年的生活质量与不尝试危险行为的青少年并无差异。①

(2)许多发展问题是暂时的。许多青少年发展问题是在发展过程中容易出现的普遍性问题,如顶撞父母、上课起哄等,只要给予相应的支持与干预,或随着时间的推移就可以解决。只有少数问题会长期持续,比如酒精滥用、违法行为和进食障碍等,这些持续的行为问题需要矫治干预。

(二)青少年发展问题不等于始于青少年期

(1)发展问题表现出不同时段的特性。有些青少年发展问题很可能只出现在一个发展阶段,而不出现在其他发展阶段。比如,恐惧在儿童早期最为常见;抑郁、逃学与药物滥用问题在大龄青少年中相对增多;吵架、欺凌问题则在低龄青少年中更为普遍。

(2)发展问题并非源于青少年期。许多在青少年期出现的抑郁等问题在童年期也同样出现过,比如过度焦虑,三分之一的青少年在十八岁之前都会有不同程度的焦虑障碍②,但实际上他们几乎都在童年期就表现出了不同程度的焦虑症状。

(3)发展问题并不只是青春期生理变化直接导致的。青春期激素的

---

① 〔美〕劳伦斯·斯坦伯格:《青少年心理学(原书第10版)》,梁君英等译,机械工业出版社2015年版,第293页。

② 郭玥、杨光远、徐汉明:《儿童青少年焦虑障碍的家庭关系研究》,《中国学校卫生》2017年第12期,第1912页。

发育对青少年发展问题有一定的作用,但并不强烈。不少人认为,青少年进入青春期就不可避免地逆反,是因为生理激素释放的必然结果,而实际上,关于"愤怒"的激素导致异常行为问题的理论越来越受到研究者的质疑。越来越多人认同,青春期的叛逆实际上是非典型的现象,大多数青少年会和长辈保持良好的关系,顺利度过青春期;而所谓的叛逆是他们反对权威的表现或者自我认同危机所致。

（三）发展问题具有积极的潜在功能

人们一般聚焦于青少年发展问题的消极作用,实际上,要想全面了解青少年问题,必须同时考虑其积极因素,即此类问题在青少年发展中的作用。这种积极的潜在功能的挖掘,将有助于青少年适应环境和自我发展。比如,沉迷网络游戏是一种问题行为,该行为的消极作用显而易见,但从某种意义上说,适当玩网络游戏对于缓解学习压力、提高合作能力等具有积极意义。

二、青少年发展问题的一般分类

一般而言,青少年发展问题是指青少年的心理-社会问题(psycho-social problems in adolescence),是青少年在发展中表现出来的不符合或违反社会准则与行为规范,或者不能良好地适应社会生活,从而给社会、他人或自身造成不良影响甚至危害的问题。

青少年发展问题可分为发展和适应性问题、障碍性问题两类。发展和适应性问题主要是指伴随生理发展和交际范围扩大而出现的问题,其产生的主要原因为不适应。这类问题较为多见,包括自我意识、人际交往、亲子冲突、学业动力、偶像崇拜等。障碍性问题则属于心理疾患,涉及人数较少,却更为严重。临床研究者（社会工作者、心理医生和精神科医生等）通常将其分为三种:成瘾问题、外化性问题和内化性问题。在我国,成瘾问题一般涉及吸烟成瘾和网络成瘾。外化性问题主要是反社会行为和青少年犯罪等行为中的问题,比如欺凌行为。内化性问题是指青少年通过向内转化并表现出的情感或者认知方面的问题,比如抑郁和焦虑。虽然外化性问题和内化性问题不同，但它们在很多青少年身上表现出共发性，例如，做出违法行为的青少年可能同时患有抑郁症。这种共发性在女性青少年群体中表现更为明显，主要是因为不同性别对行为问题的意义理解存在较大差异。男性的外化性行为（比如攻击）可能被认为是"正常的"，而女性的此类行为可能与社会认知有所不同（一般认为女性不具有攻击性）。因此，有此类外化性问题的女性青少年常常感到困扰，更多表现出焦虑和抑郁。此外，进食障碍也是青少年期常见的障碍性问题。

需要指出的是，发展和适应性问题如果得不到及时解决，有可能成为障碍问题。有些心理障碍问题有程度的差别，是动态的，经过积累，遇到特殊情况或诱因就可能会突然爆发。

（一）发展和适应性问题

1. 自我意识问题

青少年期是自我意识发展的重要阶段。该阶段的青少年在日常生活和学习中将更多的时间用于对自我的思考，经常内省"我是谁""我是怎样的人"等重要问题。

由于他们身心均处于急剧的变化过程中，生理发育日趋成熟，而思维的成熟度不足，因此突然高涨的自我意识可能使他们出现言行问题，比如言行不一、自以为是、过于在乎自我形象、感觉他人尖刻挑剔、怀疑被他人议论、感觉自己被嘲笑等，这样纠结的想法使得他们感到压抑、孤独和神经过敏。

自我意识发展中一个非常重要的问题就是自我整合，爱利克·埃里克森（Erik Erikson）将其称为自我同一性。詹姆斯·马西娅（James Marcia）根据个体的经历探索和投入程度的高低，划分出四种同一性状态：同一性获得（identity achievement）、同一性延缓（identity moratorium）、过早自认（identity foreclosure）和同一性混乱（identity diffusion）。[①] 其中，同一性混乱是青少

---

① 〔美〕Robert J. Sternberg、Wendy M. Williams：《教育心理学》，张厚粲译，中国轻工业出版社2003年版，第77—78页。

自我意识发展中容易出现的适应性问题。同一性混乱主要表现为：

（1）缺乏自我认知，没有形成统一的自我意识。不能进行恰如其分的自我评价；缺乏兴趣和热情，常处于冷漠状态；缺乏理想和目标，处于对未来不抱期待的无力状态。

（2）缺乏处理各种矛盾和适应环境的能力。难以接受自己在新团体中的位置，回避责任和选择，无法维持正常的学习状态，自主性低、易受到外界的影响。

（3）缺乏对社会和环境的认知，价值判断混乱。对社会缺乏正确的了解和认识，不能从周围的环境中获取对自己有用的信息，也不愿去探索；人际关系混乱，被人孤立；对事物价值判断混乱，缺乏判断是非善恶的标准与主见。

2. 人际交往问题

随着年龄的增长、生理的发育以及自我意识的高涨，青少年在人际交往方面发生了很大的变化，容易出现交往问题。

（1）不能平等地与长辈交往。相当数量的青少年对父母和老师缺乏理解，认为学校中以学习为中心，与老师的情感沟通较少；虽然尊敬老师，但缺乏交往动力。随着成人感日趋高涨，他们要求父母尊重自己，将自己看作成人；迫切希望建立平等的新型亲子关系，但有时处理不当，容易对父母的约束产生强烈的反抗情绪，甚至出现冲突、对立，如可能会出现家庭暴力、离家出走或犯罪等严重后果。

（2）交往动力不足。青少年对同伴交往和友谊有着非常强烈的渴望，但是当遇到矛盾时，往往不能主动采取缓解措施，而是消极等待以淡化矛盾或掩盖问题。此外，部分青少年可能不再寻求长辈的认同，尤其当发现自己的观点被忽视时，他们就会漠视长辈的意见或者消极抵抗。

（3）交往中缺乏真诚的沟通。青少年存在着理想化的交往需求和不成熟的交往认知。他们希望进行平等交流，获得理解、信任和支持，但当与他人关系不良时，他们会表现出不信任，在心理上逐渐与对方疏离、不愿向对方表达自己的真实想法，或者言行不一，产生戒备心理与孤独感。

（4）异性交往存在困惑。随着生理发育和心理发展，青少年表现出更多异性交往的需求，但缺乏相应的交往经验和技能。例如，中学生对异性的好感常通过议论、起哄或者取笑等形式表现出来，这导致部分学生选择疏远异性或者拒绝交往。有的青少年不能把握与异性交往的尺度，可能过于密切，甚至以与异性交往作为炫耀的资本，获取心理上的满足。

互联网确实为一些现实生活中交往面窄的青少年提供了人际交往的机会，也锻炼了他们的交往能力，但调查表明，青少年一般容易"网恋"上瘾，沉湎于对美好恋情的遐想而不能自拔。[①] 这不仅严重影响学习，而且影响与老师、同学之间的交流和集体活动的参与，甚至变得性格孤僻。对有的青少年而言，"网恋"的欺骗性更是沉重的打击。

失恋使人处于丧失爱情的综合表现状态，是青少年时期比较常见的挫折形式，甚至是"永远的痛"。失恋后的反应会因个体人格特征、投入程度、挫折的承受力、社会支持系统等因素而不同。

3. 亲子冲突问题

亲子冲突是指亲子之间由于认知、情感、行为和态度等不相容而产生的心理或外显行为的对抗状态。人们普遍认为，青少年和父母存在截然不同的价值观和态度，即存在"代沟"，这是导致亲子冲突的主要因素。然而，代沟的矛盾和冲突不可避免或者改变的说法，只是人们的刻板印象而已。大多数青少年与父母对于工作的意义、成就和职业期待等价值观有很高的相似性。只有少数青少年与父母之间有较高水平的冲突，而且大多数的冲突处于中等或者较低水平。[②]

（1）青少年期亲子冲突的特点

第一，亲子冲突的一般特点。虽然在核心价值观上，青少年与父母不存在明显的代沟，但在个人品位和休闲方式等方面，双方的差异显而易见。

[①] 陶国富、冯凌：《当代大学生网恋心理探析》，《山西青年管理干部学院学报》2004年第3期，第12页。

[②] Viktor Gecas, and Monica A. Seff, "Families and Adolescents: A Review of the 1980s," *Journal of Marriage and Family*, Vol. 52, No. 4, 1990, p. 942.

青少年亲子冲突的频率和强度呈倒 U 形关系,在青少年中期的比例大大上升,经过持续几年的较高水平,到青少年晚期降低。母子冲突的比例远远高于父子冲突。①

需要注意的是,青少年早期的亲子冲突问题可能源于青春期之前。在儿童期,父母具有权威,能够压制子女的反抗行为。到了青春期,由于身体的发育、力量的增强和成人感的高涨,子女开始挑战父母的权威。

第二,亲子冲突的焦点。亲子冲突总是源于一定的焦点事件。一般来说,当青少年认为某一事件属于道德与安全问题时,他们愿意接受父母的意见,但当面临个人问题(比如穿衣)时,他们很少愿意接受父母的观点。他们将大量在儿童期时认为父母有权管理的事件(比如睡觉时间)当作个人选择的事件,即亲子冲突的焦点在于父母和子女在事件定义上的矛盾。如子女应保持房间干净,这是父母享有的权利范围;而青少年却将卧室看作自己的个体空间,保持干净与否是个人选择。当然,他们也会根据父母对不同问题的态度强硬程度进行区分。那些父母享有更多权威的家庭较少出现亲子冲突。

研究发现,青少年期亲子冲突可能集中在社会生活和习俗、责任感、学校、家庭关系、价值观和道德五个方面。② 在社会生活和习俗方面,亲子冲突主要表现在朋友或恋人的选择、可以外出的时间与地点、衣服和发型的选择等。在责任感方面,父母容易在青少年做出不负责任行为时与其发生冲突。在学校方面,父母特别关注青少年的学习成绩和水平、出勤情况、对学校和老师的态度以及在校表现,尤其学习方面的问题成为亲子之间最主要的冲突。在家庭关系方面,青少年的不成熟行为、对父母的尊重程度不够、与亲戚关系相关的内容等容易引起亲子冲突。在价值观和道德方面,父母尤其关心青少年的酗酒、抽烟、说谎、性行为和违纪等问题。

(2) 亲子冲突对青少年的影响

亲子冲突是破坏性还是建设性的,取决于冲突处理策略。有效的冲突

---

① 司继伟主编:《青少年心理学》,中国轻工业出版社 2010 年版,第 189 页。
② 雷雳、张雷:《青少年心理发展(第二版)》,北京大学出版社 2015 年版,第 122—123 页。

处理策略有助于形成良好的亲子关系,促进人际适应,对青少年的生理、社会和认知发展是十分必要的。

第一,消极影响。亲子间的持续冲突是青少年心理压力的主要来源,甚至导致他们产生堕落感和自杀意念。频繁经历亲子冲突的青少年表现出更多的躯体和心理症状,冲突的水平与他们的反社会行为或亲社会行为都有很高的关联。我国相关研究也得出同样的结论:亲子冲突与青少年的问题行为、犯罪、吸毒、性行为、学习成绩等之间显著相关。[1]

第二,积极影响。霍尔和西格蒙德·弗洛伊德(Sigmund Freud)都将青少年期的亲子冲突看作青少年成长中不可避免的产物,是个体发展中的一个正常过程,它反映了青少年寻求独立自主、向有别于父母的方向发展的倾向。对大多数青少年来说,低水平的亲子冲突并不会影响正常的亲子关系。实际上,通过有效的冲突处理策略,亲子冲突有利于发展青少年的同一性和社会性,提高他们处理问题和控制情绪的能力,对良性亲子关系的建立、个性的发展和社会适应能力的提高、家庭生活质量的改善具有积极意义。

(3)青少年期亲子冲突的原因

关于影响青少年亲子冲突的因素,近年的研究表现出遵循生理-心理-社会因素模式的分析趋势,即从青春期青少年的心理和生理发展变化及其与家庭环境、社会文化环境的交互作用来分析。

第一,青少年的性激素水平对亲子冲突的影响。研究发现,雄性激素水平高的男性在青少年期有更多的攻击性行为,而雌性激素水平高的男性则具有较高的抑郁水平。[2] 亲子冲突对性激素水平具有反馈调节作用,高频率、高强度的亲子冲突会导致性激素分泌失调,从而造成青少年的情绪问题或外显行为问题,这些问题又导致了不同程度的亲子冲突。然而,目前尚不能确定,青少年早期发生的亲子冲突是由生理成熟所致,还是由性

---

[1] 转引自方晓义、张锦涛、孙莉、刘钊:《亲子冲突与青少年社会适应的关系》,《应用心理学》2003年第4期,第14页。

[2] Alan Booth, et al., "Testosterone and Child and Adolescent Adjustment: The Moderating Role of Parent-Child Relationships," *Developmental Psychology*, Vol. 39, No. 1, 2003, p. 85.

成熟所引发的一系列变化联合作用的结果。

第二,青少年心理变化对亲子冲突的影响。首先,青少年认知的发展水平与成熟度和父母认知的不一致是引发冲突的重要原因。心理学家罗伯特·塞尔曼(Robert Selman)认为,亲子关系的改变是由于青少年对自身和他人关系理解能力的发展,特别是对亲子关系实质认识的改变。[①] 年幼的儿童认为父母是万能的,能满足自己所有的需要;而青少年却认识到,父母的观点可能只是一种且不是唯一正确的观点。其次,青少年情绪的特点是导致冲突的影响因素。一方面,青少年的情绪是不稳定的,他们容易冲动和走极端;另一方面,他们的情绪具有文饰性,其内心的情绪体验和外显行为不总是一致的,有时他们不愿意把引发情绪的原因表达出来。最后,亲子间性格的兼容性、社会性变化和期望也会引发亲子冲突。

第三,家庭因素对亲子冲突的影响。如果家庭的适应性高、凝聚力强或者沟通功能良好,亲子间就可能达成较高的一致性,即使出现冲突,也会很好地解决。相反,如果一个家庭的适应性低或者沟通功能不良,在这种压力情境下产生的冲突就会对亲子关系产生长期的影响。其中,父母的教养方式、家庭环境、中年危机遇到青春期等是亲子冲突的主要因素。

4. 学业动力问题

学业动力不足,甚至厌学是青少年学业问题中最突出的问题,主要表现为:不愿学习、逃避学习。有的青少年会采用各种办法逃避一切与学习相关的事情,上课不认真听讲、不能按时完成作业、不愿意参加考试,甚至装病、逃学,为躲避学习离家出走、自残自杀等。

学业动力不足与青少年对学习的认知和体验密切相关。有的青少年是迫于父母和老师的压力不得不学,觉得学习是别人要求的、不是自己需要的。不少青少年体验不到学习的快乐,对学习感到枯燥乏味,认为学习是一种痛苦、一个苦差、一件毫无乐趣的事情。

[①] 司继伟主编:《青少年心理学》,中国轻工业出版社 2010 年版,第 193 页。

5. 偶像崇拜问题

青少年偶像崇拜是指青少年对崇拜人物夸大了社会认知而产生"光环效应"(halo effect),即青少年将偶像的言行举止加以神圣化并神秘化。①

(1) 偶像崇拜的必然性。青少年期是偶像崇拜的高发期,偶像崇拜的核心是心理认同和情感依附(emotional attachment)。青少年正处于自我意识形成和发展的重要阶段,他们通过对一些偶像人物(包括成年人和同龄人)的价值观、行为模式及外表形象的认同来确认自我价值。从某种程度上说,偶像崇拜是青少年发展过程的"附属品",是青少年期所特有的心理特征,具有突出的年龄性和过渡性,是否有偶像崇拜及其程度是衡量年轻与否的标志之一。但是,由于青少年认知发展不稳定、不成熟,他们的偶像崇拜往往具有片面、盲目、幼稚的特点,经常表现为一种短视、猎奇和虚荣心理,对其心理发展和行为有较大的消极影响。

(2) 崇拜的偶像类型。青少年崇拜的偶像主要集中在娱乐体育界(明星崇拜)、学术界和政经界(杰出人物崇拜)。一般而言,明星崇拜是一种较为感性、直观的方式,主要崇拜偶像的身体形象(如容貌、身材、发型等)、流行特征(如服装、动作等)、财富、知名度等。明星崇拜易促使青少年获得某种超现实的自我情感体验,向往明星的人格、形象和生活方式,可能忽视甚至逃离现实生活,对个体的身心发展产生不良影响。杰出人物崇拜是一种较为理性的心理认同方式,主要崇拜偶像的人格(如性格、意志等)和社会成就特征,易促使青少年将偶像作为模仿学习的对象,从而产生替代学习效应。

(3) 偶像崇拜的年龄效应。有研究指出,青少年偶像崇拜有显著的年龄效应,年龄在选择偶像上发挥了实质性的影响作用。具体表现为:小学生阶段(6—12岁),青少年并无明显的明星崇拜现象,其主要崇拜对象为老师或长辈。中学阶段(12—18岁),青少年偶像崇拜现象开始出现,主要以明星崇拜为主,崇拜行为在14—16岁达到高峰;16岁后,杰出人物崇拜

---

① 岳晓东、严飞:《青少年偶像崇拜系列综述(之一)——偶像崇拜的年龄差异》,《青年研究》2007年第3期,第8页。

现象有增长的趋势。大学阶段,表现出非常明显的由明星崇拜向杰出人物崇拜的过渡特征。①

(4) 偶像崇拜的性别效应。大量的研究表明,男女青少年具有不同的偶像选择和崇拜方式。一项以加拿大大学生为被试的研究表明,在杰出人物崇拜中,男性青少年倾向选择男性偶像。② 女生较多选择异性偶像,而男生更倾向选择同性偶像。而一项关于挪威高中生的研究发现,男生往往更崇拜偶像的才能,女生更重视偶像的社会特征。③

国内有研究发现了偶像性别选择与崇拜方式上同样的性别效应。④ 女性青少年比男性青少年具有更高比例的偶像崇拜现象;女性青少年倾向欣赏明星偶像,男性青少年倾向欣赏杰出人物偶像。

(二) 障碍性问题

障碍性问题是指青少年发展过程中出现的心理与行为问题,其有程度上的区别,严重的为心理疾病和偏差行为,需要矫治;轻度的则为一般性的心理问题与轻微的偏差行为,可以通过心理辅导、人际支持等积极干预方式解决。障碍性问题主要包括如下问题。

1. 成瘾问题

(1) 吸烟成瘾

吸烟行为在青少年中时有发生。在我国,9—12 岁儿童中吸烟者占 10%—15%,12—15 岁青少年中吸烟者占 35%以上,16 岁以上青少年中吸烟者占被调查者的 75%。⑤ 当前青少年吸烟状况主要有三个特点:一是男生吸烟比例比较高。初一学生吸烟比例约四分之一,而到高一年级则超过

---

① 岳晓东、严飞:《青少年偶像崇拜系列综述(之一)——偶像崇拜的年龄差异》,《青年研究》2007年第3期,第10页。

② Courtney Bennett, "FAN CLUB CONFESSIONS: Teens Underestimate Influence of Celebrity Idols," *Psychology Today*, Vol. 35, No. 1, 2002, p. 18.

③ K. H. Teigen, et al., "Who Would You Most Like to Like? Adolescents' Ideals at the Beginning and the End of the Century," *Scandinavian Journal of Educational Research*, Vol. 44, No. 1, 2000, p. 13.

④ 岳晓东、严飞:《青少年偶像崇拜系列综述(之二)——偶像崇拜的性别差异》,《青年研究》2007年第4期,第16页。

⑤ 尹怡璇等:《吸烟青少年的心理状况分析》,《中国饮食卫生与健康》2005年第4期,第30页。

了三分之一。在职业类学校的吸烟比例更高。二是女生吸烟的比例在上升。三是开始吸烟的年龄逐渐变小,甚至小学生已开始吸烟。①

虽然大多数青少年都知道吸烟是有害的,但是他们仍然会吸烟,主要原因有:一是对吸烟的父母或者其他成年人的模仿。值得注意的是,与父亲吸烟相比,母亲吸烟与低龄青少年特别是女性吸烟之间存在更为密切的关系;老师的吸烟行为与学生是否吸烟没有直接的关系,但是吸烟的老师一般很少干预或制止青少年吸烟或者拥有香烟。二是为了满足成人感、独立意识、好奇心等心理需求。三是受外界环境因素,如社会风气、媒体、同伴的影响。

(2) 网络成瘾

网络成瘾是指由于过度迷恋网络而导致上网者社会、心理功能明显受到损害的一种现象。

第一,青少年网络成瘾症状表现与标准。①对网络使用有强烈的渴求或冲动感。②减少或停止上网时会出现周身不适、烦躁、易激惹、注意力不集中、睡眠障碍等戒断反应。③下述内容中至少符合一项:A.为达到满足感而不断增加使用网络的时间和投入的程度;B.使用网络的时间难以控制;C.固执于使用网络而不顾其明显的危害性后果;D.减少或放弃了其他的兴趣、娱乐或社交活动;E.将使用网络作为一种逃避问题或缓解不良情绪的途径。②

网络成瘾的病程标准为平均每日连续使用网络时间达到或超过六个小时,且符合症状标准达到或超过三个月。

第二,青少年迷恋网络的原因。青少年迷恋网络主要是由于形成了心理依赖。首先,青少年可以通过网络满足现实中难以实现的心理需要,如归属与爱和被别人尊重的需要。网络游戏技能等不断提高能使他们获得自我超越的感受。其次,网络可以缓解心理压力。很多青少年由于人际交

---

① 林崇德主编:《发展心理学(第二版)》,人民教育出版社2008年版,第361页。
② 陶然等:《网络成瘾临床诊断标准的制定》,《解放军医学杂志》2008年第10期,第1190页。

往不利,如受到老师或家长指责、不能融入群体等,通过上网发泄心中的不满,或者通过游戏暂时忘却烦恼,从而沉迷于网络。

2. 外化性问题:欺负或欺凌

托马斯·阿肯巴克(Thomas Achenbach)将青少年病理性行为问题分为内化性问题和外化性问题。外化性问题(externalizing problem)主要是指反社会性行为问题,大多数是指向他人并对他人产生影响的行为,表现为违抗、攻击、欺负和破坏等社会化不足的特点。值得注意的是,有些研究者将反社会性行为问题称为冒险行为,但冒险行为还包括吸烟、酗酒、吸毒等药物成瘾问题。由于本书将成瘾问题单列为一类,故不采用冒险行为来界定外化性行为问题。

近年来校园欺负已经成为一个严重的社会问题。欺负现象开始于童年期,到青少年早期达到顶峰,在青少年后期大幅减少。欺负特别是校园欺负是一个世界性问题,各国普遍存在。一项对 28 个国家超过 100 000 名青少年的研究表明,大多数国家欺负行为发生比例在 10%—20%,立陶宛男生中的比例最高、达 41%。[1] 在我国的调查中,小学中欺负者和受欺负者的比例分别为 6.2% 和 22.2%,而到了中学两者的比例分别为 2.6% 和 12.4%。[2]

★ 案例 1-16

2016 年,一个"网曝**女初中生打架"的视频在网络中广泛传播。视频中,多名初中生模样的女孩对着另一跪着的女孩连扇耳光,不时用脚踹其身体,殴打时间长达五分钟。

此次涉事女生有九人,其中小学生有两人,中学生四人,另三人已辍学,年龄在 12—26 岁之间。涉案人员刘某被刑拘。[3]

---

[1] P. Due, et al., "Bullying and Symptoms Among School-Aged Children: International Comparative Cross Sectional Study in 28 Countries," *European Journal of Public Health*, Vol. 15, No. 2, 2005, p. 130.

[2] 张文新:《学校中的欺负问题——我们所知道的一些基本事实》,《山东师范大学学报(人文社会科学版)》2001 年第 3 期,第 5 页。

[3] 《15 岁女生被女同学群殴一小时 盘点 2016 年校园欺凌暴》,搜狐网,https://m.sohu.com/a/115151952_485740,2021 年 1 月 26 日访问。

(1) 欺负行为的一般特点

欺负行为(bullying behavior)是一种特殊的攻击行为,是指力量相对较强的一方对处于弱势的一方进行的攻击行为。欺负行为通常用打、推、勒索、孤立、辱骂和嘲笑等方式有意地伤害别人的身体或心理。欺负行为是青少年同伴排斥的一种极端形式,一般具有攻击性(身体或言语上的为主)、重复性(不是一个突发或偶然事件,而是在任何时间都是一个模式)和权力失衡(欺负者的同伴地位高于受欺负者)三个主要特征。当欺负行为发生时,很少有人帮助受欺负者,而围观者实际上起到了"鼓励"作用,一部分围观者甚至也会参与欺负行为。

(2) 欺负行为对青少年的影响

欺负对青少年的成长会产生很多消极影响。受欺负者可能会产生身体问题,比如头疼、背疼以及入睡困难;产生心理问题,比如感到孤独、无助和焦虑等。这些可能是短期的,但也可能导致长期的障碍。从短期来看,他们可能会变得抑郁、对学习失去兴趣甚至厌学或者逃学。这种影响甚至会持续到其成年。一项追踪研究的结果显示,在儿童期受过欺负的男生在二十岁以后比未受过欺负的男生更为抑郁、低自尊。① 欺负者也会出现比较严重的心理问题与人际关系问题。

(3) 受欺负者和欺负者的特征

在同伴地位上,受欺负者通常是被同伴拒绝、不受欢迎、地位较低的青少年,他们很难得到其他青少年的支持和保护。欺负者的社会地位很复杂,有些地位较高的青少年把欺负他人作为维护自己地位的手段;有些处于中间地位的欺负者,只是跟随地位较高者欺负他人,以避免自身遭受欺负;有些地位较低者会欺负地位更低的青少年。

受欺负者的父母可能对子女有过多的控制,但是对子女需求的反应较为迟钝。此外,亲子关系的亲密程度与男孩的受欺负地位有关。欺负者的父母可能更为拒绝或容忍儿子的攻击行为;而受欺负者的父母可能更为焦虑和过分保护子女。那些有内化性问题(比如焦虑、抑郁)、身体羸弱或肥

---

① 雷雳、张雷:《青少年心理发展(第二版)》,北京大学出版社2015年版,第143页。

胖、遭到同伴拒绝的青少年,更可能受到欺负。

(4) 欺负行为的新关注点

近年来,女性青少年的欺负行为越来越受到关注。传统观点认为,男性青少年更容易出现身体攻击的欺负行为,而女性青少年更多进行"关系攻击"。关系攻击是指非身体性的攻击,通过人际关系操纵、社会排斥和谣言传播等方式攻击或欺负他人,主要包括嘲笑、讽刺、造谣、漠视和排斥等行为。女性青少年倾向关系攻击,是因为她们的社会性别角色要求其不能表现出分歧和冲突,当她们感到不满时,就倾向使用更隐蔽和间接的欺负行为。此外,关系攻击也是女性青少年确立自身群体地位的一种方式,群体中地位高的女性青少年比其他人更容易出现关系攻击行为。但近年来,在我国女性青少年群体中,身体攻击和欺负的现象越来越多,如案例1-16,即女性青少年的欺负现象和男性青少年出现了同质性。

随着互联网的发展,欺负行为中出现了"网络欺负"(cyberbullying)这一新形式,主要表现为通过社交软件、电子邮件等进行欺负行为。这一形式与传统的欺负行为的发展趋势类似,即其发生频次在青少年早期达到顶峰,然后逐渐减少。它与传统欺负行为最关键的差异是,受欺负者往往不知道欺负者的真实身份,欺负者具有匿名性。

(5) 欺负行为的干预

我国有学者提出了欺负行为三级干预目标,对预防和干预欺负行为具有一定的指导作用。

干预的一级目标是减少所有个体的行为。辅导的对象为整个社会或者整个学校,以降低所有个体在今后出现欺负行为的可能性,促进个体学会管理行为和情绪。

二级目标是辅导有潜在问题的个体。他们不一定有严重的暴力性,但是将来有可能出现直接的欺负行为。

三级目标是针对已经发生严重欺负行为的青少年。主要为他们提供个体治疗或团体治疗,帮助他们改过自新。[1]

---

[1] 李洋、雷雳:《校内欺负行为的干预策略》,《首都师范大学学报(社会科学版)》2005年第2期,第115页。

3. 内化性问题

内化性问题（internalizing problem）是指向个体心理内部的问题，即青少年经历和存在的一些不愉快或消极情绪，主要表现为焦虑和抑郁。内化性问题通常比较隐蔽，不易被他人察觉，也不会对他人构成直接的威胁，但对个体心理健康具有显著的消极影响。由于青春期生理发育、认知过渡、环境变化等同时发生，青少年早期成为内化性问题产生的高危时期，同时该问题会扩展到整个青少年期甚至是成年期，可能导致个体的学业失败、失业、成人后患抑郁症、自杀及犯罪等不良后果。

（1）焦虑问题与性别焦虑问题

焦虑是指个体担心不能达到目标或者不能克服困难而产生的自尊心受挫、自信心不足而带来的紧张不安的心理状态。主要表现为紧张不安、忧心忡忡、极度敏感，躯体症状为心跳加快、过度出汗、尿频尿急、睡眠障碍等。实际上，每个人或多或少在不同的社会情境中都会体验到焦虑。但如果焦虑影响了正常生活或者使人们丧失了生活的乐趣，那么这时焦虑就成为一个问题。焦虑问题分为轻度、中度与严重三个层次，症状表现也有程度区别。

性别焦虑是青春期青少年容易出现的、因性别认同所致的心理问题。性别认同的重要内容有：把自己看作男性或者女性、认识自己的性取向和建立自己的性依恋。传统意义上，性别认同障碍一般被视为生理心理障碍。但在2013年美国精神医学学会（American Psychiatric Association，APA）出版的《精神障碍诊断与统计手册（第五版）》（DSM-5）中，"性别焦虑"作为一个新的术语替代了"性别认同障碍"，标志着跨性别的去病化和去污名化。该书强调，对生理性别产生不适感本身并不是一种疾病，应该用性别焦虑来指代。

青少年性别焦虑的发生是多种因素共同作用的结果，既受先天遗传因素的影响，又有后天环境因素的作用。

第一，生物因素。早期研究者认为，性别焦虑是由于脑发育敏感期的遗传性别和性激素水平不一致造成的。胎儿期和青春期都是有机体对性激素做出反应的敏感期。胎儿期 4—7 个月是性别分化和发展的重要阶段。性激素特别是雄性激素水平的差异造成了男性化和女性化的心理及生物倾向。此阶段性激素水平异常可能导致性别认同障碍。到了青春期，性激素分泌的增多会激活这种预先决定的倾向。此外研究者发现，这也可能与颞叶异常、H-Y 抗原异常等因素有关。[1] 近年来，有研究者认为性别认同是由基因决定的，并随着基因组的变异而发展。[2]

第二，社会因素。一是家庭教养的影响。婴儿一出生，父母和他人会根据生殖器的外观来判断孩子的性别。例如，一个生理上被标签为"女孩"的婴儿被当作女孩抚养，那么她在 2.5—3 岁时就会形成女孩的性别认同。但有些父母按照自己的性别愿望打扮孩子，并对其类似异性的相貌和行为予以赞赏，结果可能影响儿童的性别行为和对性别的心理选择，引发孩子的性别焦虑。此外，如果儿童缺乏父爱或母爱，未能顺利完成对自己的性别认同，或儿童与异性父母关系过密，对同性父母的印象模糊、较难认同，也可能造成其产生性别焦虑。二是同伴群体的影响。儿童在十岁左右就倾向根据性别进行群体划分，并表现出性别隔离。进入青春期后，他们更多从同伴群体身上寻得与性别角色有关的信息，同伴的偏好可能在鼓励青少年的性别角色形成方面具有特别的效力，也会引发相应的性别焦虑。三是大众媒介的影响。书刊、电视、电影、网络等媒介对青少年性别认同的形成也起着重要的作用，如其展现的男女两性的角色分化、职业分工、态度、性格和语言等，无不成为青少年效仿的角色模式，对他们的性别认知和发展有着不可忽视的影响。

第三，个性心理因素。青少年本身的个性因素也是性别焦虑的重要诱因，例如害羞、胆怯和拘谨等个性特征以及受到不良诱惑等会导致个体性心理发育异常。

课外延伸

---

[1] 邢新、郭恩覃：《异性癖的病因研究》，《中国神经精神疾病杂志》1995 年第 2 期，第 122—123 页。
[2] 新浪科技：《同性恋、易性癖乃天生——性别认同由基因决定》，《中国性科学》2003 年第 4 期，第 18 页。

（2）抑郁问题

抑郁是目前所知最严重的内化性障碍问题，是以持续心境低落为特征的精神性问题。其主要症状表现为：情绪低落（比如沮丧、快乐行为减少和低自尊）、认知迟缓（比如悲观和无助感）、动机缺失（比如冷漠和厌烦）以及生理抑制（比如食欲下降、睡眠障碍和活力减退）。

抑郁的原因首先是，青春期压力事件的增加、青少年认知发展所产生的对自身的反省和思考。其次，可能与多巴胺系统的变化有关。有研究者认为，青春期青少年对浪漫爱情的渴望导致多巴胺系统的增强，当渴望无法实现时，更容易变得丧气和抑郁。①

抑郁还存在较为明显的性别差异。在青春期开始之初，男性在某种程度上更多表现出抑郁状态；从青春期开始，女性抑郁症状开始增加；但在青春期发育之后，抑郁的性别差异又变得不明显。从青春期初期到成年末期，女性抑郁患者数是男性的两倍。抑郁症状在成年后减退，这种减退在女性中尤其明显。

课外延伸

4. 进食障碍

进食障碍（eating disorder，ED）是以饮食行为异常为显著特征的一组综合征，包括神经性厌食症和贪食症两种主要形式。值得注意的是，近年来肥胖症和超重也引起人们越来越多的关注。

（1）神经性厌食症

担心自己肥胖可能比真实的超重更能引发严重的问题。由于青春期身体脂肪的增多，很多女性青少年对自己的体型越来越不满意；男性青少年由于肌肉发达，往往对体型相对满意。一项跨文化（16个国家）研究表明，一半以上的女性青少年会节食或认为自己应该节食。过分的控制体重

---

① 〔美〕劳伦斯·斯坦伯格：《青少年心理学（原书第10版）》，梁君英等译，机械工业出版社2015年版，第315页。

和关注身体形象可能是神经性厌食症的先兆。①

神经性厌食症(anorexia nervosa, AN)是一种通过忍受饥饿来疯狂追求变瘦的进食障碍,其主要特征为显著的体重减轻。若不及时治疗,这种进食障碍在很大程度上会影响青少年的身心健康与发育,严重时可能导致死亡。神经性厌食症的发病年龄及性别特征在国内外基本一致:主要见于13—20岁的年轻女性,其发病的两个高峰期为13—14岁和17—18岁或20岁。②

第一,神经性厌食症的主要表现。患者年龄在10岁以上,体重减轻20%以上或比同年龄身高标准体重减轻15%以上;患者对体重增加极度恐惧,这种恐惧并不因为体重减轻而得以缓解;患者对体型有歪曲认识,即使已经很瘦,仍然感觉太胖,经常测量体重,对着镜子检查自己的身体部位。

第二,神经性厌食症的影响因素。一是与遗传因素有关。神经性厌食症患者有可能存在导致进食信号减弱的基因突变,脑影像学方面的研究也发现,患者的额叶和顶叶皮层代谢和灌注降低,并推测其局部5-羟色胺功能可能存在紊乱。二是与文化密切相关。"以瘦为美"的审美压力、大量的媒体信息和营销氛围使女孩在早年社会化过程中就认为,苗条的女性更具有吸引力、更成功,这可能会导致神经性厌食症。三是与个性特征相关。神经性厌食症患者在性格上多为内向不稳定型,主要表现为好强、固执、任性、依赖、内向和敏感多疑,对各种刺激反应过于强烈,易产生焦虑紧张和抑郁情绪。

(2)神经性贪食症

神经性贪食症(bulimia nervosa, BN)是以反复发作性暴食,并伴随防止体重增加的补偿性行为及对自身体重和体型过分关注为主要特征的一种进食障碍。神经性贪食症在年轻女性中多见,且多在青少年期起病,起

---

① [美]黛安娜·帕帕拉、萨莉·奥尔兹、露丝·费尔德曼:《发展心理学——从生命早期到青春期(第10版·上册)》,李西营等译,人民邮电出版社2016年版,第450页。
② 陈可玉、张明岛、肖泽萍:《神经性厌食症的社会心理因素》,《上海精神医学》2004年第5期,第298页。

病年龄较神经性厌食症要晚,平均年龄通常在16—18岁。年轻女性的发病率是3%—6%[1],女性与男性的发病比例约为10∶1[2]。神经性贪食症患者体重正常或轻微超重,可能有肥胖史;一般会为自己的进食习惯感到羞愧、自卑或压抑,自尊通常较低。

神经性贪食症的特点是:患者的摄食欲望或行为常呈发作性,一旦产生了进食欲望便难以克制和抵抗,每次进食量都较大;经常过分担心自己的体型和体重,常常在进食后自行催吐,有的以服用泻药或增加运动量等消除暴食后引起的发胖;上述的暴食现象每星期至少发作两次,且至少连续出现三个月。

神经性贪食症主要受以下因素影响:一是遗传因素。与神经性厌食症相比,神经性贪食症的遗传倾向不明显。虽然一般认为中枢神经递质5-羟色胺的水平降低和神经性贪食症相关,但没有证据表明两者存在因果关系。[3] 二是心理和人格。如完美主义、自我概念损害、情感不稳定、冲动、控制能力差;对发育和成熟过程适应能力较差,包括对青春期、婚姻、妊娠以及与家庭成员和父母的关系问题、性问题等。精神分析理论认为,神经性贪食症可能是患者处理上述过程中所遇到的应激事件的一种方式,是为了弥补在爱和被关注方面的缺失。三是社会文化因素。工业化社会能够生产充足的食物,并将之做快食简装处理,这种诱惑与女性"苗条"的社会审美观之间产生了矛盾。

(3)肥胖症和超重

在青少年期,女性每天需要的热量平均约为2200卡路里,男性为2800卡路里。如果每天热量摄入过多,就会造成脂肪堆积,从而导致肥胖。肥胖症在发达国家较为常见。一项研究发现,从1999年到2002年,美国

---

[1] F. R. Smink, D. van Hoeken, and H. W. Hoek, "Epidemiology of Eating Disorders: Incidence, Prevalence and Mortality Rates," *Current Psychiatry Reports*, Vol. 14, No. 4, 2012, p. 408.

[2] American Psychiatric Association, *Diagnostic and Statistical Manual of Mental Disorders* (5th ed.), Arlington, VA: American Psychiatric Publishing, 2013, p. 347.

[3] 桑园、谢玮:《神经性贪食症的成因及治疗》,《校园心理》2010年第6期,第396页。

12—19岁青少年超重或者存在超重风险的比重平均达到31%。① 随着我国生活水平的提高,青少年肥胖问题也日益显现。有研究表明,中国有12%的儿童超重。② 2012年在第一届中国健康生活方式大会上,中国疾病预防控制中心副主任梁晓峰表示,我国18岁以下的肥胖人群已经达到1.2亿人,并且我国儿童肥胖率呈现较快的上升趋势。③

患肥胖症青少年往往健康状况比较差,并且更容易出现各种社会适应问题。青少年期肥胖更可能导致成年后肥胖问题。有调查显示,45%—50%的小学生肥胖者和60%—70%的中学生肥胖者到成年后仍然肥胖。④ 而肥胖是导致许多心血管疾病、糖尿病等代谢疾病的危险因素,它会造成诸多的心理行为问题和社会适应不良。患肥胖症青少年更容易情绪低落,形成自卑心理和自闭性格。

行为矫正技术可以帮助青少年改善饮食习惯、进行适当锻炼,并且已经取得了一定的效果。但要注意的是,节食并不能起到很好的成效。一项超过14 000名青少年参与并持续三年的研究发现,节食的青少年比不节食的青少年体重增加得更多。⑤

第三节 青少年与社会环境

青少年的发展阶段特点以及出现的种种问题,都不是自发产生的,而是与他们成长于其中的社会环境密不可分,尤其是家庭、同伴群体、学校、

---

① 〔美〕黛安娜·帕帕拉、萨莉·奥尔兹、露丝·费尔德曼:《发展心理学——从生命早期到青春期(第10版·上册)》,李西营等译,人民邮电出版社2013年版,第750页。
② 《中国12%儿童超重 管好孩子的嘴》,新浪网,http://baby.sina.com.cn/health/12/1209/2012-09-12/0902212264.shtml,2021年9月25日访问。
③ 《青少年肥胖潜存沉重医疗和经济负担》,中国日报网,http://www.chinadaily.com.cn/dfpd/2012-08/31/content_15722952.htm,2021年1月2日访问。
④ 参见史慧静主编:《儿童青少年卫生学》,复旦大学出版社2014年版,第127页。
⑤ A. E. Field, et al., "Relation Between Dieting and Weight Change Among Preadolescents and Adolescents," *Pediatrics*, Vol. 112, No. 4, 2003, p. 900.

大众传媒等。了解直接影响青少年的社会环境因素,有利于社会工作者认识与了解青少年发展的特点,以及青少年问题产生的根本原因。

一、家庭环境与青少年发展

家庭最重要的功能是照顾年幼者并促使其社会化。社会化是指青少年获得社会中成年人认为重要的并且适宜的信念、动机、价值观以及行为方式的过程。

(一)对家庭的认识

1. 家庭是一个社会系统

当代发展学家认为家庭是一个社会系统。在这个结构中,每一部分都会影响其他部分,也会受到其他部分影响。这意味着,任何两个家庭成员之间的互动都会受到第三个家庭成员的态度和行为影响。例如婚姻关系、父母教养方式和青少年行为之间的相互作用。婚姻幸福且与伴侣有亲密支持关系的母亲,通常能够较为耐心地教养孩子,而婚姻冲突可能降低父母教养的作用,进而影响青少年的行为。当然,青少年也会对父母产生影响,如一个具有攻击性等外化性行为问题的男性青少年,会促使父母采取体罚等强制措施;同样,父母的这种教养措施,会进一步加剧青少年的外化性行为问题。

2. 家庭是一个发展的系统

当前,发展性建构(developmental construction)观点认为,随着个体的成长,个体不断习得与他人的相处模式。每个家庭成员都是一个发展中的个体,夫妻关系、亲子关系等处于发展的建构之中,这种动态的系统发展会影响每个家庭成员。

首先,家庭的动态发展会影响青少年的一系列变化。这些变化包括认知的发展、学校生活的改变、同伴关系的发展等。随着青少年逻辑推理能力的增强,他们越来越不能接受儿童期服从式的父母安排,希望了解被约束的原因;他们日渐理想化的思维也会影响他们与父母的关系,他们将父母与理想中的父母形象进行比较,可能认为真实的父母比不上理想的父母,这种理想化会直接影响他们与父母的相处方式。

其次,家庭的动态发展包括父母的婚姻满意度、经济负担和职业重新规划等,会影响青少年子女的变化。父母可能体验到更多来自家庭、事业、经济等方面的压力,促使他们重新评估自己的职业成就,进行更加切实的职业规划,这也会直接影响亲子关系。

(二)家庭功能与青少年发展

1. 家庭教养方式与青少年发展

美国心理学家戴安娜·鲍姆林德(Diana Baumrind)将父母的教养方式分为权威型(authoritative)、专制型(authoritarian)、放任型(permissive)和不作为型或忽视型(neglectful),但鲍姆林德研究发现,几乎没有父母被划归为不作为型。[①]

权威型教养方式是一种有控制但比较灵活的教养方式。父母对子女提出许多合理的要求,并且注意说明要求遵守的原因,以确保子女遵从规则。这种教养方式有利于培养青少年的高自尊、良好的社会技能、很强的道德或亲社会关怀、高学业成就。专制型教养方式是一种限制性非常强的教养方式。父母会给出很多规则,要求孩子严格遵守,可能导致青少年缺乏主见、性格懦弱内向,或者具有攻击性行为。放任型教养方式是一种接纳而宽松的教养方式。父母在青少年生活照顾中投入很多,但并不加以要求和约束。他们误认为,较多的投入和不加限制的爱能够塑造出有创造性和自信的孩子。但实际上,这种教养方式可能会导致青少年社会胜任能力特别是自控能力较低。忽视型(不作为型)教养方式是一种冷漠式的教养方式。父母对青少年的生活、学习等不闻不问,对他们的外在表现缺少监控,这种教养方式导致青少年出现问题行为,如违法犯罪、过早性行为或者酗酒的可能性更高。

值得注意的是,虽然教养方式会影响青少年发展,但是青少年的发展也会影响父母,因此不能只关注父母的教养方式,还要考虑青少年与父母

---

① [美]David R. Shaffer、Katherine Kipp:《发展心理学——儿童与青少年(第九版)》,邹泓等译,中国轻工业出版社2016年版,第546页。

交互和同步社会化的问题。另外,尽管学界一般认为教养方式要保持一致性,但实际上,在不同的环境和青少年发展的不同阶段,灵活运用不同的教养方式似乎更有效。近年来,父亲参与教养和共同教养的方式越来越引起人们重视。此外,父母在教养方式上存在矛盾、缺乏合作,往往会导致青少年发展危机。

2. 家庭结构的变化与青少年发展

(1) 离异家庭。与一般家庭相比,离异家庭青少年有更多的学业问题和外化性行为问题,较难建立和维持良好的亲密关系,自尊心较低。但有研究揭示,大部分离异家庭青少年并不一定出现上述问题,他们能比较好地应对父母的离婚问题。[①] 不可否认的是,离异家庭青少年面临更多适应与发展的问题,有冲突的婚姻关系或离婚会对青少年产生消极影响。假如有冲突的婚姻关系已经损害了家庭中青少年的健康,离婚无疑能减少这种伤害,对青少年的发展是有利的。如果离婚造成风险因素增多,父母的冲突持续增加,也许选择维持不快乐的婚姻对青少年发展更有利。离异家庭里的原来家庭成员的互动特别重要。假如离婚后父母关系和谐,能够采用较为一致的教养方式,那么青少年的适应状况就会得以改善。

(2) 重组家庭。与离异家庭一样,重组家庭青少年面临类似的适应性问题,多出现在重组家庭之初。因为子女在此阶段要经历搬家、换学校和同伴、了解继父母等一系列的变化。尤其是处于青春期早期的青少年的适应性问题更复杂,他们的自我同一性、性行为和自主性问题将更突显。

二、同伴关系与青少年发展

在童年期向青少年期过渡过程中,女性习惯于独处或交朋友,而男性会用更多的时间独处。到了青少年期,同伴关系成为个体主要的人际关系,同伴群体的影响日益突出。

---

① B. L. Barber, and D. H. Demo, "The Kids Are Alright (at Least, Most of Them): Links Between Divorce and Dissolution and Child Well-Being," In M. A. Fine, and J. H. Harvey (eds.), *Handbook of Divorce and Relationship Dissolution*, Mahwah, NJ: Erlbaum, 2005, pp. 299-301.

（一）同伴群体影响的重要性

青少年期同伴群体的影响十分重要。一方面，青少年的众多问题与同伴群体有直接的关系。同伴群体对青少年发展影响的加剧导致青少年群体与成人疏离。这种疏离产生了一种特立独行而又麻烦不断的青少年文化，与成人主流文化格格不入甚至背道而驰。比如在青少年文化中，运动能力（男性）或美貌（女性）、家庭条件往往是衡量个体受欢迎程度的重要因素，学习成绩优异者不一定能获得同伴的接纳和欢迎。另一方面，随着现代化进程的加速，同伴群体在促进青少年社会化中起到了十分重要的作用，对青少年心理健康发展极为重要。比如在认同问题上，青少年可以从同伴那里获得比成年人更可借鉴和有效的榜样和反馈；可以从同伴交往中发展自主性和表达能力。同伴关系为青少年提供了一个检验决策技巧的舞台。需要指出的是，因为同伴是青少年自我认知的重要参照，他们非常乐意与自己认同的同伴一起做事情，会认为这是最快乐的时光。

（二）同伴群体规模对青少年的影响

一般认为，根据规模的不同，同伴群体分为2—12人构成的小团体和人数更多的大群体。实际上，两者的不同不仅在规模上，其社交网络构成的方式也存在本质的差异。小团体是基于活动和友谊组成的，成员在一定程度上比较稳定。小团体活动是青少年提升社交能力的重要方式。大群体则不同，它并不以人际交流为基础，往往以名声和刻板印象为基础，成员之间甚至不承认彼此为朋友关系，只需要别人对他们有类似的看法。大群体起到一种参照作用，影响青少年对自己以及对他人的看法，使他们置身于一种社会网络中，并促进其认同感和自我意识的发展。

（三）同伴地位对青少年的影响

每个青少年都想成为受欢迎的人，但事实并不总是如此。根据社会测量地位的评定，同伴地位分为五类：

（1）受欢迎青少年：经常被同伴当作最好的朋友，很少被讨厌或不喜欢；

（2）普通青少年：被同伴喜欢和不喜欢的程度相当；

（3）被忽视青少年：一般不会被提名为好朋友，也很少被同伴不喜欢；

（4）被拒绝青少年：经常被同伴讨厌，很少被同伴当作好朋友；

（5）有争议青少年：被有些同伴当作好朋友，但被另一些同伴讨厌。[1]

不受欢迎感会对青少年产生负面影响，往往与抑郁、行为问题和学习问题相关。与被忽视青少年相比，被拒绝青少年会出现更多问题，他们更容易在未来的生活中遭遇严重的适应问题，如辍学、犯罪等。需要指出的是，虽然有些带攻击性的青少年会被同伴拒绝，但是也有一部分很受同伴欢迎。攻击性本身一般不会导致个体不受欢迎，只有当攻击性与人际交往技巧缺乏同时存在时，个体才可能会被拒绝。

友谊对青少年发展十分重要，青少年把忠诚或者信任看作友谊中最为重要的成分。在青少年早期，归属与爱的需求增加，促使青少年去寻找亲密的朋友，如果青少年没有建立友谊，他们就会体验到痛苦的孤独感，并可能降低自我价值。青少年的友谊代表另一种新的人际交往方式，要求他们学习很多建立亲密关系的能力，这促进了青少年观点采择、同理心和社会问题解决策略等能力的发展。

（四）父母在同伴关系发展中的作用

虽然青少年更希望与同伴在一起，但实际上青少年生活在一个与父母和同伴紧密联系的世界。父母对社区、学校和朋友的选择将会直接影响其子女对朋友的选择。

三、学校与青少年发展

学校是影响青少年发展的最大正式机构，青少年长时间在学校学习知识和获得技能。学校教育通过传授知识，促进青少年认知和元认知能力的发展，提升他们解决问题和处理信息的水平。除此之外，学校可以促进青少年文化适应、道德规范养成、与同学合作和亲社会行为等的发展，直接影

---

[1] 张文新主编：《青少年发展心理学》，山东人民出版社2002年版，第177页。

响青少年的社会性和情绪的发展。

（一）学校教育的过渡与青少年发展

对于大多数青少年来说,从小学向中学的过渡是一种正常的体验,但这对于一部分青少年来说也是压力。从小学升入中学后,他们会出现许多令人不愉快的变化,比如较低的自尊心、缺乏学习兴趣以及越来越多的偏差行为等。究其原因主要有:首先,这一过渡阶段伴随着个体的身心的巨大变化,尤其是女性青少年。其次,当向中学过渡时,一些青少年会体验到"跌落现象"(top-dog phenomenon),即从小学阶段的高年级、年龄大、体格最强和最有权力的学生状态,变成中学阶段的低年级、年龄小、体格最弱和最没有权力的初一学生状态。如一项对从小学六年级过渡到初一年级学生的调查发现,青少年对学校生活质量的评价有下降趋势。[1]

在从小学向中学过渡过程中,如果学校能提供更多的支持,就可以促进学生的适应。有研究者提出了"拟合优度"假设,认为不管哪种学制的中学,如果学校和青少年不能很好地匹配,那么青少年升入新学校的过渡可能会非常困难。[2]

（二）学校的社会环境与青少年发展

进入中学后的青少年面对的学校社会环境更为复杂。他们意识到了学校是一个社会系统,并努力适应。学校的规模和氛围是青少年发展的重要社会环境。一般地,较小规模的学校可以为青少年提供更好的教育,小班制比大班制好;缩减班级人数能提高学生的学业成就,当班级人数降低到二十人以下时,学生的学习效果最好。此外,较好的课堂环境对青少年学业很重要;老师的权威型策略对青少年更有效,有助于使他们成为主动和自我管理型的学习者。

---

[1] B. J. Hirsch, and B. D. Rapkin, "The Transition to Junior High School: A Longitudinal Study of Self-Esteem, Psychological Symptomatology, School Life, and Social Support," *Child Development*, Vol. 58, No. 5, 1987, p. 1235.

[2] J. S. Eccles, S. Lord, and C. Midgley, "What Are We Doing to Early Adolescents? The Impact of Educational Contexts on Early Adolescents," *American Journal of Education*, 1991, pp. 521, 538-539.

(三) 父母参与学校教育与青少年发展

父母能够有效参与青少年的学校教育，并及时了解他们在学校的表现，对他们在学校更好地适应与表现具有积极的影响。

乔伊丝·爱泼斯坦(Joyce Epstein)为父母参与学校教育提出如下建议：第一，家庭承担着为青少年提供安全和健康的基本义务。第二，学校有义务与家庭交流学校的计划和青少年个体的进步。第三，父母需要提高对学校事务的参与度。第四，父母参与青少年在家庭中的学习活动值得鼓励。第五，父母参与学校决策。第六，父母应与社区组织进行合作与交流。[1]

四、大众传媒与青少年发展

大众传媒是指在传播线路上用以传达信息的书籍、报纸、杂志、电影、电视、计算机等诸多形式。当前对青少年发展影响较大的大众传媒背景因素当属电视以及计算机了。如观看暴力视频会刺激青少年对暴力内容的兴趣，可能助长青少年现实生活中的攻击行为。媒体改变了家庭成员之间的交往模式，互动交流变少。

计算机的普及对青少年产生了多重影响。一般来说，这可以给青少年发展带来三大好处：第一，有助于青少年完成学校作业和搜寻自己感兴趣的学业任务信息，提高学习成绩。第二，有助于青少年社会性的发展。大多数青少年会在网上社交。第三，使用计算机对健康有好处。许多青少年在遇到与身体和健康有关的私人问题时，感到求助于互联网要比传统的医疗机构更自在。值得注意的是，计算机和互联网也对青少年发展带来一定的消极影响。例如网络成瘾和暴力游戏的消极影响。一般地，网络游戏中的暴力教唆作用可能要比电视大得多。因为青少年在参与网络暴力游戏时，容易被通过暴力获得的成就感强化。

总之，不同的背景因素交互作用影响青少年的发展。父母的教养方

---

[1] A. Booth, and J. Dunn(eds.), *Family-School Links: How Do They Affect Educational Outcomes*, Hillside, NJ: Lawrence Erlbaum Associate, 1996, p. 25.

式、同伴关系、学校和教室的整体环境,家庭系统和学校系统,大众传媒的发展与社会文化的互相作用,都会影响青少年的发展。

总之,父母的教养方式与家庭结构,同伴关系及个体在同伴群体中的地位,学校对新生适应性教育的重视程度,家庭、学校、社会三方面协同的举措,大众传媒与文化等都会直接影响青少年的发展。值得注意的是,这些社会环境因素交互作用,共同影响着青少年的发展。

本章小结

1. 青春期是由儿童到成年转变的过渡期,存在生理发育提前与心理、社会性发展滞后之间的矛盾。根据青少年生理、心理与社会性发展及其接受教育的时段、社会工作介入等多种维度,本书大致将10—22岁定为青春期,分为青春期早期、中期、后期三个阶段。

2. 本书将10—14岁界定为青春期早期,也是传统意义上的少年期。这是青春期启动与初始阶段,涵盖小学高年级与初级中学学段。青少年生理产生突变性发展。其心理与社会性变化和表现为:关注自我,自我意识增强;成人感增强,出现模仿行为;与父母关系疏离,注重同伴友谊;情绪激荡,情感体验渐深;行为的控制力较弱;对异性好奇,易产生性冲动。

3. 本书将14—18岁界定为青春期中期,即传统意义上的青年初期,基本上处于高级中学学段。这一时期青少年的发展变化表现为:自我意识出现了分化,自我评价逐渐成熟;具有强烈的自我中心倾向,容易出现"假想观众"与"个人神话"现象;情绪体验具有内隐性与丰富性,情绪控制能力增强,出现激情的频率下降,心境的延续时间加长;人际交往具有选择性,讲究交往的策略与技巧。

4. 本书将18—22岁界定为青春期后期,属于传统意义上的青年中期,基本上处于大学学段。这一时期青少年发展变化表现为:自我意识和自主性增强;情绪的文饰性增强,外在表现与内在体验不一致,出现情绪的延迟性反应和复杂性心理体验;人际交往多元,能够遵守求同存异的交友原则;性意识的完善,具有按照性别特征塑造个性与形象的精神向往,恋爱问题成为重要的发展内容。

5. 青少年发展问题是青少年生理、心理与社会性发展过程中容易出现的问题。大多数发展问题具有暂时性，发展问题不一定只是在青少年期才出现或由青春期生理发育导致的，要客观考虑青少年问题的消极作用与积极作用。

6. 青少年发展问题可分为发展和适应性问题、障碍性问题两类。发展和适应性问题主要是指青少年伴随生理发展阶段和交际范围扩大而出现的问题，其产生的主要原因为不适应；这类问题主要包括自我意识、人际交往、亲子冲突、学业动力、偶像崇拜等问题。障碍性问题是指青少年发展过程中出现的心理与行为问题，其有程度上的区别，严重的为心理疾病和偏差行为，需要矫治；轻度的则为一般性的心理问题与轻微的偏差行为，可以通过心理辅导、人际支持等积极干预方式解决。通常该问题分为四种：成瘾问题、外化性问题、内化性问题和进食障碍问题。

7. 青少年的发展阶段特点以及出现的种种问题，与他们成长于其中的社会环境密不可分。父母的教养方式与家庭结构，同伴关系及个体在同伴群体中的地位，学校对新生的适应性教育、家庭、学校、社会协同的举措，大众传媒与文化等环境因素交互作用，直接影响青少年的发展。

主要概念

青春期（adolescence）

自我意识（self-consciousness）

青少年的心理-社会问题（psychosolical problems in adolescence）

亲子冲突（parent-adolescent conflicts）

偶像崇拜（idolatry）

网络成瘾（internetaddiction）

外化性问题（externalizing problem）

欺负行为（bullying behavior）

内化性问题（internalizing problem）

思考题

1. 请观察某一青少年或者回想自己的经历,讨论和分析青春期不同发展阶段的主要特征。
2. 分析神经性厌食症和神经性贪食症的影响因素和后果,请提供一些减少进食障碍的方法。
3. 讨论导致青少年内化性问题和外化性问题的原因,并据此评估青少年由此导致自杀的危险性因素,提供相关干预建议。
4. 青少年发展和适应性问题、障碍性问题存在怎样的关系?
5. 如何形成良好的亲子沟通?
6. 如何用生态系统理论分析青少年发展的社会环境?

参考文献

李楠、孟续铎主编:《青少年社会工作》,机械工业出版社2013年版。

林崇德:《中学生心理学》,中国轻工业出版社2013年版。

陆士桢、王玥:《青少年社会工作(第3版)》,社会科学文献出版社2017年版。

〔美〕Paula Allen-Meares:《儿童青少年社会工作》,范志海、李建英译,华东理工大学出版社2013年版。

〔美〕劳伦斯·斯坦伯格:《与青春期和解:理解青少年思想行为的心理学指南》,孙闰松译,人民邮电出版社2019年版。

〔美〕理查德·勒纳、劳伦斯·斯坦伯格主编:《青少年心理学手册(第三版)》,张文新等译,北京师范大学出版社2015年版。

王玉香主编:《青少年社会工作》,山东人民出版社2012年版。

第二章 青少年社会工作的理论与价值基础

青少年社会工作实务需要相关的理论与价值基础。青少年社会工作的理论为青少年社会工作者提供了重要的分析视角，青少年社会工作的价值观与伦理为开展实务提供了指引，为职业角色提供了重要的定位，相关的法律与政策则是青少年社会工作实务的重要体制性资源和工作基础。

第一节 青少年社会工作的相关理论

综合而言，以青少年为主要研究对象、适用于青少年研究的理论都是青少年社会工作的相关理论。它涉及学科多元、内容广泛，有些理论直接与青少年相关，是以青春期为主要研究内容的理论，如自我同一性理论、青春期人际关系理论、文化人类学视角下的青春期研究等；而有些理论虽然并非直接讨论青少年，但对青少年相关现象和问题的解释性、应用性被借鉴于青少年社会工作，如行为主义理论、人本主义理论、系统理论等。

本节主要介绍青春期研究理论、青少年相关理论和社会工作实务理论。为了避免重复，其他相关理论如行为主义理论、人本主义理论等将在第三章补充介绍。

一、青春期研究理论

(一)霍尔:复演理论

斯坦利·霍尔是最先推动青春期心理学获得独立研究地位,并在青春期研究中使用科学方法的心理学家。以达尔文的进化论为基础,他将生物学的发展概念应用于心理学中对青春期进行研究。他在1904年出版的《青春期》一书中提出了复演理论,创造性地提出了"青春期"概念和相关理论。

1. 复演理论的主要内容

复演理论认为,个体在成长期间复演了人类发展历史的不同阶段。个体发展主要分为婴儿期、儿童期、少年期、青年期四个阶段。其中,少年期从八岁到十二岁,也称为前青春期,个体复演的是几千年前"乏味的野蛮生活"。青年期从十二岁开始,结束时间通常为二十二岁到二十五岁,这一时期个体的迷茫、混乱、兴奋等是复演人类社会的现代文明阶段的体现。霍尔将这个时期描述为"疾风骤雨"时期,又称其类似于18世纪文学运动的"狂飙期"(storm-and-stress period)。

霍尔对青春期的个性特点进行了概括,并指出其主要源于个体发展的生物性基础。他认为,青春期是一个充满各种矛盾和冲突的时期,是一个情绪躁动和叛逆的时期,是一个行为极不稳定的时期。抑郁也是青春期非常重要的表现,个体非常容易产生抑郁情绪,一般从十一岁开始出现,在十五岁时到达高峰,至二十三岁逐步缓和。霍尔的研究引发了社会各界对青少年发展问题的关注与重视。

2. 在青少年社会工作实务中的应用

第一,可以帮助认识青少年时期的过渡性。基于复演理论,社会工作者能更好理解青春期的过渡性特点,并引导青少年家长、学校、社会等给予他们更多的包容、指导和支持,使青少年顺利地度过这一特殊发展阶段。

第二,提供了认识青少年情绪特点的依据。基于对青春期"狂飙期"的认识,社会工作者可以理解青少年情绪不稳定是其发展过程中的必然现象,从而可以更开放、坦然地接纳与处理青少年出现的情绪和行为不稳定问题,为制订一系列的预防性、服务性工作方案,开展倡导性工作提供看待青少年问题的积极态度与视角。

第三,可以为服务实践提供指导。理解了霍尔对青春期的描述与分析,社会工作者能更清晰地认识青少年的发展特点,从而有针对性地为青少年开展专业服务,比如可以针对青少年情绪不稳定的特点,设计一些小组工作、社区工作活动,使他们更全面了解自身的青春期发育特点;开展一些认知、情绪及行为方面的训练,提升他们对自身情绪、行为的控制能力等。

(二) 埃里克森:人格发展理论和自我同一性理论

爱利克·埃里克森提出了人类心理-社会发展八阶段理论(见表2-1),并针对青少年阶段的心理发展提出了自我同一性理论,对我们更好地认识青少年发展、制订青少年服务计划具有重要的指引作用。

1. 人类心理-社会发展八阶段理论与自我同一性理论的主要内容

埃里克森把个体的心理-社会发展划分为八个阶段:婴儿期、幼儿期、儿童早期、儿童中期、青少年期、成年早期、成年中期、成年晚期/老年期。他认为每一阶段都有一个主要的心理发展危机,需要完成相应的人生任务,分别为:获得基本信任感、自主感、主动感、勤奋感、同一感、亲密感、创造力感、完美感。每个阶段任务的顺利完成会促使个体自我积极发展,否则就会出现自我发展的不连贯状态,并对其今后的发展产生消极影响。

表2-1 埃里克森的人类心理-社会发展八阶段[①]

发展阶段	主要冲突和任务	形成美德
婴儿期(0—1岁)	基本信任还是基本不信任 重要的联系:照顾者 任务:对周围世界的信任超越不信任	希望

---

① 参见《社会工作综合能力(中级)》,中国社会出版社2007年版,第93页。人的成长阶段是一个连贯的过程,这里的各发展阶段划分都为约数,而非泾渭分明。

（续表）

发展阶段	主要冲突和任务	形成美德
幼儿期（1—3岁）	自主还是羞怯与疑惑 重要的联系：父母 任务：在怀疑和羞怯中发展独立性	意志力
儿童早期（3—6岁）	主动还是内疚 重要的联系：家庭 任务：不断尝试新的任务	目的
儿童中期（6—12岁）	勤奋还是自卑 重要的联系：学校和同伴 任务：学习重要的知识，克服内疚，建立自信心	能力
青少年期（12—20岁）	同一性还是角色混乱 重要的联系：朋辈群体、角色模式 任务：发展自我同一性	忠诚
成年早期（20—40岁）	亲密还是孤独 重要的联系：爱人、伴侣或亲密朋友 任务：对他人做出承诺，建立亲密联系，而非与社会疏离，专注自我	爱
成年中期（40—65岁）	繁殖还是停滞 重要的联系：家庭、同事、社会规范 任务：培养和指导下一代，生产与创造	关怀
成年晚期/老年期（65岁以上）	自我整合还是绝望 重要的联系：所有人类 任务：回顾一生，坦然面对死亡，而非失望、沮丧，对死亡充满恐惧	智慧

埃里克森针对青春期（青少年期）的人生任务提出了自我同一性理论。他认为，对于二十岁之前的青少年而言，建立自我同一性是其重要的人生任务。"同一性"即"identity"，又被译为"身份""认同""自我同一性"，即"自我身份"或"自我认同"，是个体对自身形成的比较稳定、连续、整合的自我观念。在本质上，自我同一性是指个体人格发展的连续性、成熟性和统合感。连续性主要体现为时间维度，即过去我、现在我与未来我的同一；

成熟性主要体现为社会维度,即自我认知、自我定位、自我探索、自我发展的完善性;统合感主要体现为自我维度,即主我与客我、理想自我与现实自我的同一。在现实中,青少年的自我同一性至少包括三个方面的体验。第一,他感到自己是一个独特个体,虽然可能和别人共同完成任务,但他是可以和别人分离的。第二,个体的需要本身是统一的,有一种发展的连续感和同一感。现在的"我"是由童年的"我"发展而来的,将来的"我"会发展,但是"我"还是我。第三,个体自我设想的"我"和自己体察到的社会"我"是一致的,相信自己的目标,为实现目标所采取的手段是被社会承认的。

埃里克森在1950年出版的《童年与社会》中对人格发展和同一性做了系统的理论阐述;在1968年出版的《同一性:青少年与危机》中详细阐述了同一性的形成。埃里克森指出,自我同一性的形成是伴随终生的过程,在青春期容易出现危机。因为个体进入青春期以后,生理发育迅速,身体外形产生了巨大变化,面对这些陌生的身体变化,青少年容易产生个人发展的不连续感,需要重新结合这些身体变化建立"自我概念"。与此同时,青少年的社会交往范围迅速扩大,开始密切关注自我的社会性发展内容,社会自我开始在自我的构成内容中占据重要比例,因此青少年的自我概念需要重新整合,开始思考"我是谁""我能做什么""我未来要做什么"等问题。在思考这些问题并进行自我定位、形成自我概念的过程中,有些青少年会顺利度过该阶段,产生稳定、连续、整合的同一感,并顺利地进入下一个发展阶段,而有些青少年则由于种种原因出现同一性获得失败的问题。

同一性获得失败会给青少年带来许多困扰,如自我定位不明、社会角色混乱、日常生活缺乏方向感等。

★ 案例 2-1

中学生小豪家里共五口人:父母、哥哥、姐姐和他,家庭条件较为优越。父母对他比较溺爱,但是忙于生意与他沟通很少;哥哥姐姐已经成家,与他的沟通也很少。小豪在小学时的学习成绩比较好,但从六年级(十一岁左右)接触网络后成绩开始急剧下降。此后跟随不良群体有过飙车等行为体验。初中时,他的自我认知、理想、职业、价值观等都处于分散、混乱的状态,在学校和不良群体之间经历了认同冲突,甚至出现用烟头烫手臂等自残行为。①

在案例 2-1 中,小豪的自我同一性获得失败,他未能处理好自我同一性危机,面对学校和不良同伴群体带来的认同冲突,自我认知、身份定位出现了分散和混乱,最终在家庭的疏离、学校身份的定位失败、加入不良群体带来的"归属感"中选择认同了不良群体的身份,走上了犯罪道路。

2. 在青少年社会工作实务中的应用

第一,提供了分析与解决青少年问题的理论依据。人格发展八阶段理论可以帮助社会工作者更全面地认识青少年在人生发展阶段中的任务完成情况,分析外在环境对他们自我成长的重要影响,厘清他们面临的问题与其人生任务完成情况的关系,以有效地分析青少年的相关社会现象和社会问题,为更有针对性地开展服务提供基础。比如在为一位高中生提供服务时,社会工作者可以通过了解该高中生的个人发展经历,分析其发展各阶段人生任务的完成情况与现在面临问题的关系,从而全面地进行原因分析与需求评估,以制订相关的服务计划。

第二,提供重要的理论分析视角。自我同一性理论为社会工作者分析青少年的相关社会现象和社会问题提供了重要的理论分析视角。社会工作者可以在自我同一性理论框架下评估和分析青少年的自我发展、同伴交往、职业发展、婚恋关系等。如在案例 2-1 中,小豪出现了飙车等不良行为,社会工作者可以用青少年偏差行为的相关理论进行分析,明确个体、家庭、同伴群体、学校等原因;如果辅之以自我同一性理论分析,则更契合青少年的发展特点和青少年社会工作的价值伦理,体现"以青少年为本""注重青少年发展"等理念和目标。

---

① 周晶:《青少年自我同一性的形成及其影响因素——一个犯罪青少年的个案研究》,《上海青年管理干部学院学报》2008 年第 3 期,第 61—63 页。

第三,为制订社会工作服务计划提供指引。围绕自我同一性理论,根据青少年发展的任务制订社会工作服务活动计划等,不仅能增强青少年对自我同一性发展相关内容的认知水平,而且可以为他们自我同一性发展培育良好的社会文化环境。人格发展八阶段理论中关于成年早期阶段人生任务的分析,有助于社会工作者为进入成年早期的青少年提供专业服务,如围绕该阶段"获得亲密感"的人生任务制定服务目标和服务内容。

(三)沙利文：青春期人际关系理论

哈里·斯塔克·沙利文(Harry Stack Sullivan)是美国新精神分析学派的代表人物。他强调社会因素对个体心理发展的影响,将人际交往关系纳入精神分析,提出了青春期人际关系理论。

1. 青春期人际关系理论的主要内容

沙利文非常重视人际交往关系在形塑个体人格过程中的重要作用。他指出,人的需要主要包括两类:一是生理性需要,它们与身体需求相关,而且寻求满足的对象是固定的;二是社会性需要,其目标是在社会里获得安全感。这两类需要,尤其是社会性需要是个体人格形成的重要推动力。因此,个体的人际关系直接影响其人格的发展,即每一个人拥有的个性和其拥有的人际关系联系紧密。他认为,可以从人际关系的角度来理解和处理个体的人格发展、精神病的诊断和治疗等。人际交往需求的满足程度直接影响个体的发展状态和发展程度。成功的、积极的人际关系会给个体带来幸福快乐感,当个体感受到别人重视自己并认为自己有吸引力和价值时,就会有一种强烈的安全感,即人际关系影响自我认知。同时,自我认知也会影响人际交往关系。一个对自己评价较低和自卑的青少年,可能会拒绝他人的友好,并对他人保持敌意和不信任。

沙利文将个体的发展分成婴儿期、儿童期、少年期、前青年期、青年期、成年期,并分别分析了不同时期人际交往关系的特点及其对个体人格发展的重要影响。与青少年相关的两个时期分别为前青年期和青年期。在前青年期,个体人际交往的重要特征是能与同性建立亲密的友谊关系,并能体会到他人与自己需求的满足同样重要,关系中开始出现慷慨、平等、谅解和互信等人际交往特征。与同性亲密友谊的形成是后期异性恋关系的重要基础,否则个体会形成严重的孤独感或变态行为。青年期个体人际交往关系的发展分为青年早期和青年后期两个阶段。在早期,个体由于生理发育出现性的需求,但因社会文化的约束而无法获得满足,个体必须适应这种状态,并协调、整合有关性的需求和其他人际关系,否则容易导致精神失调。在后期,由于社会文化对性需求满足的约束减少,因此个体与异性可能建立稳固的亲密关系,个体的权利、义务意识逐渐成熟,思维和语言能力发展到较高水平。

2. 在青少年社会工作实务中的应用

第一,认识人际交往关系对青少年成长的重要性。青少年人际交往的范围、内容、层次进一步发展,对青少年成长和发展的影响日益增强。青少年自身及其家长、同学、老师等对人际关系的重视将进一步推动青少年的成长和发展。该理论可以使社会工作者重视青少年的人际关系发展,开展相关服务;倡导并形成良好的青少年人际交往的环境氛围。

第二,提供青少年相关现象和问题分析的人际交往视角。沙利文认为,人际交往需求的满足程度直接影响个体发展。社会工作者可以从人际交往的视角对某些青少年问题进行分析,评估青少年人际交往需求的满足程度,设计相应的服务内容。

第三,为青少年社会工作实务的开展提供重要指引。沙利文指出,前青年期和青年早期是青少年人际关系发展的重要时期,有不同的人际交往任务。社会工作者可以依此设计一系列服务内容,如开展行为教育促使他们形成良好的人际交往模式,发展与同学的友谊关系,正确对待恋爱问题等,促进青少年人际交往关系的发展。

(四)米德:文化人类学视角下的青春期研究

玛格丽特·米德(Margaret Mead)是著名的文化人类学家,她从文化人类学视角下开展的青春期研究是青少年社会工作相关的重要理论。

1. 文化人类学视角下的青春期研究的主要内容

米德关于青春期研究的成果主要体现在《萨摩亚人的成年》一书中。

她强调社会文化背景的重要作用，指出对于不同个体而言，青春期是充满压力、冲突和性别难题的发展阶段，还是充满和谐、愉悦和自由的性体验的发展阶段，主要取决于不同的文化背景。

米德主要以萨摩亚的青少年发展为案例开展研究。她指出，在萨摩亚，男孩和女孩会在六七岁的时候承担一些责任和任务，如男孩学习简单的收渔网和划独木舟的技巧、女孩照顾和训导弟弟妹妹等，承担这些任务使得萨摩亚人在青春期之前便社会化地发展了负责任的能力。但在美国社会，青少年从不负责任地玩耍到负责任地工作的转变过程主要发生在青春期晚期，并且面临由服从到支配的突然转变而产生焦虑、冲突等一系列的青春期问题。如果个体在青春期之前拥有由服从到支配的过渡经验，就会比较顺利地实现这种转变。萨摩亚人就存在一些连续的由服从到支配的调节模式，如七岁的小女孩在照顾弟弟妹妹时发挥了支配作用，但她自己又可能受哥哥姐姐的支配，有了这些前青春期的重要经验，她便能够顺利地完成青春期的权力转变，减少内心的焦虑和冲突。

在《性别与气质》一书中，米德挑战了男子特征和女子特征是建立在生理因素基础上的信仰。她试图解释，孩子的特定性别角色是其所处的社会和文化条件发挥作用的结果。生理因素对性别角色的影响比我们想象的要小得多。

在《文化与承诺》一书中，米德基于文化传递方式的不同，提出了人类文化的三个基本类型：前喻文化、并喻文化、后喻文化。前喻文化是晚辈向长辈学习的文化；并喻文化是晚辈和长辈的学习同时发生在同辈人之间的文化；后喻文化则是长辈反过来向晚辈学习的文化。在后喻文化的时代背景中，社会和技术变化的速度剧增，青少年经常面对许多选择，如果得不到长辈的有效指导，就会陷入许多发展困境，这些困境的出现频率相比原始社会要高得多；同时，青少年的自主性逐渐增强，这对社会发展的影响越来越大。

2. 在青少年社会工作实务中的应用

第一，明确社会文化环境对青少年发展的重要作用。米德关于不同社会文化环境在青少年发展过程中作用的分析，可以使社会工作者在开展实务时，注意到不同文化环境对青少年发展的影响，并以此为基础进行有针对性的服务设计。

第二，根据有关责任权力感的观点，设计目标导向的青少年社会工作服务。如米德关于青少年从儿童过渡到成年人过程中，随着承担事务的增加而形成责任感和权力感的分析，有助于社会工作者在开展青少年相关的社会教育、家庭教育以及团体活动等时参考与借鉴。

第三，可以更好地理解后喻文化时代青少年发展的困境与自主性的特征。在互联网时代，米德关于后喻文化时代青少年面临的发展困境的分析，有助于社会工作者更全面地评估与分析青少年的相关社会现象和社会问题，从而更有效地开展相关专业服务；社会工作者可以更清晰地分析当前背景下青少年发展困境的原因，如长辈有效指导的普遍缺乏等，从而更深入地探究青少年问题，认识青少年在社会发展中的主体性作用。

二、青少年相关理论

（一）弗洛伊德：精神分析理论

精神分析理论是心理学的重要理论流派之一。西格蒙德·弗洛伊德是该理论的重要创始人。他提出的潜意识理论、人格结构理论、性本能理论、心理防御机制等奠定了精神分析理论的基础和框架。

1. 精神分析理论的主要内容

（1）潜意识理论

"潜意识"是精神分析理论的核心概念。弗洛伊德认为，人的精神活动主要包括意识、前意识、潜意识三个层次。意识是个体直接感知到的经验活动；前意识位于意识和潜意识之间，是指与意识具有一定界限，但经过回忆等过程能够进入意识的经验；潜意识是指不能进入或很难进入意识的经验，包括原始的本能冲动或欲望，尤其是性本能，由于其与风俗、道德、法律、规范不相容而被压抑或排挤到意识之外。在正常条件下，人的活动都是有意识的。但是，一切比较复杂的活动都包含部分未被意识到的个别过程，即由潜意识推动产生的行为活动过程。如果将人的心理活动比喻为一座冰山,那么露出海平面的部分是意识,隐藏于海平面之下的则是潜意识。潜意识是个体日常行为活动的重要推动力,对个体潜意识的分析有助于我们更好地理解其行为活动。

(2)人格结构理论

弗洛伊德认为,个体的人格结构包括本我、自我、超我。本我即本能层面的我,遵循"快乐原则";自我即现实层面的我,遵循"现实原则";超我即道德层面的我,追求完美,遵循"道德原则"。个体的自我通常面临三方面的压力:本我的本能压力、外部环境的现实压力和超我的道德压力。自我必须发挥强大的协调功能,才能有效平衡和处理这三方面的压力;当自我不够强大,个体无法处理这些压力时就会出现心理发展障碍或精神问题。

(3)性本能理论

弗洛伊德认为,人类最基础的本能主要包括爱的本能(包括性本能与个体生存本能)和死亡本能(攻击本能)。性本能是影响个体发展的重要力量,个体的一切发展都是围绕性本能开展的。性本能在个体发展的不同时期发挥作用的身体区域不同,个体的性心理发展阶段主要分为口腔期(0—1.5岁)、肛门期(1.5—3岁)、性器期(3—6岁)、潜伏期(6—12岁)、生殖期(12—20岁)。在每个发展阶段,个体都需要完成特定的心理发展任务,如果没有完成或完成不充分,个体该阶段的性本能需求便会被压抑,并在以后的某个发展阶段以另外的形式表现出来,从而给个体的心理发展带来消极影响,从而出现相应的心理问题。其中,潜伏期和生殖期是与青少年有较大相关性的时期。在潜伏期,个体的性本能的发展呈现出停滞和退化现象,由于道德感、美感、羞耻心等心理力量发展,个体的性欲望被压抑到潜意识当中,并延续到青春期。就心理发展的冲突性而言,潜伏期是一个比较平静的时期,个体主要通过游戏和学习形成自信、自强的个性品质。但如果发展任务没有完成或完成不充分,个体就会出现内向、自卑、孤僻的个性特点。生殖期是性能量涌现的时期,个体容易产生性冲动,希望建立两性关系,同时有摆脱父母束缚的成长任务,容易出现一系列同父母、老师等成年人抵触的情绪和冲动行为。

(4) 心理防御机制

心理防御机制是自我的一种防卫功能。在日常生活中,个体的自我由于面临着本我、外部环境、超我的压力而产生三种焦虑:来自本我的压力导致神经性焦虑,来自外部环境的压力导致现实性焦虑,来自超我的压力导致道德性焦虑。面对这些焦虑,个体会使用一系列方法进行自我心理防御,阻止心理冲突。这些方法形成了心理防御机制,主要包括否认、投射、压抑、退行、隔离、抵消、转移、反向、摄入、补偿、合理化、升华、幽默等。一些心理防御机制(如升华、幽默等)有利于个体阻隔心理冲突,度过心理危机;但另一些心理防御机制(如合理化、否认、压抑、退行等)可能带来一定的心理问题和困扰。

2. 在青少年社会工作实务的应用

第一,提供了分析青少年的相关现象和问题的精神分析视角。依据精神分析理论,社会工作者在分析青少年的成长发展过程时,可以更好地理解家庭、同伴群体等对青少年发展的重要影响,明晰青少年的相关现象和问题产生的原因,更有针对性地开展服务设计。

第二,提供了可以借鉴的精神分析与治疗的实务方法。由精神分析理论发展而来的一些治疗方法,如分析性治疗、沙盘游戏治疗、投射测验、梦境分析等可以被广泛应用于青少年社会工作实务。例如,社会工作者可以使用具体的投射测验,如罗夏墨迹测验、主题统觉测验、房树人测验等间接探究青少年的深层心理;可以分析青少年最近的梦境,以更好地了解其目前的情绪状态、心理活动等。

(二)皮亚杰:认知理论

瑞士心理学家让·皮亚杰是认知理论的重要代表人物。他系统论述了认知理论,他的早期研究非常关注婴儿和儿童时期的认知发展,中期研究则关注青春期个体的认知推理特征。

1. 认知理论的主要内容

皮亚杰非常注重从个体与环境的互动中探讨个体发展。他指出,个体认知结构的形成和发展是他们与其他人和环境互动的结果。在阐述认知理论过程中,皮亚杰提出了"图式""同化""顺化"等主要概念。

"图式"(schema 或 scheme)是指个体对世界的知觉、理解和思考的方式,即心理活动框架或组织结构。在皮亚杰看来,图式是认知结构的起点和核心,是人类认识事物的重要基础。"同化"(assimilation)在认知发展理论中指个体对刺激输入的过滤或改变的过程。"顺化"(accommodation)是指有机体调节自己内部结构以适应特定刺激情境的过程。顺化与同化相伴而行,即当个体遇到不能用原有图式来同化新刺激时,便要对原有图式加以修改或重建,以适应环境。生物学的比喻可以更清晰地展现这两个概念的内涵:有机体通过咀嚼、吞咽、粉碎达到消化和吸收食物的目的,在这一过程中,食物被改变了形态以适应有机体的需要,有机体则通过消化食物,使它与自身结构结合,消化食物的过程便是"同化"。在这个过程中,有机体也发生了变化,实现了再建构:更有能量、长大了,这个过程便是"顺化"。因而,同化和顺化是相互补充的两个过程,两者的平衡最终使有机体实现平衡状态。

皮亚杰将个体认知发展阶段区分为感知运动阶段、前运算阶段、具体运算阶段、形式运算阶段。其中在具体运算阶段(7—11岁),个体能够借助具体事物做出一定程度的推理。在形式运算阶段(11岁及以后),个体能够不借助具体事物做出符号形式的推理假设,个体的抽象思维能力、逻辑思维能力等获得一定程度的发展。

2. 在青少年社会工作实务中的应用

第一,提供了认识与分析青少年认知发展的视角与理论依据。皮亚杰的认知理论深入分析了青少年的认知发展过程及其特点,有利于社会工作者更深入地了解青少年,更好地与他们交流,以建立专业关系;结合青少年的认知发展特点开展专业服务,尤其是应用在针对青少年的社区教育、社会教育活动中,会取得较好的效果。

第二,有助于把握青少年的认知发展规律。皮亚杰的认知理论有助于社会工作者认识青少年认知发展的规律及其重要性,引导青少年自身、家庭、学校、社会等共同关注青少年的认知发展,培育良好的认知发展环境,以更好地促进青少年的发展。

(三)科尔伯格:道德认知发展阶段理论

劳伦斯·科尔伯格(Lawrence Kohlberg)是美国心理学家,重点关注个体的道德认知发展问题,提出了道德认知发展阶段理论。

1. 道德认知发展阶段理论的主要内容

科尔伯格利用道德两难故事开展了对个体道德认知发展的研究。道德两难故事即"海因茨偷药"。

> 故事发生在欧洲。海因茨的老婆生了重病,生命垂危,只有一个药剂师新研制出来的药能治好她。这个药剂师配制这种药的成本只有200欧元,但药的售价为2000欧元。海因茨到处借钱,只凑到了1000欧元,他恳求药剂师将药便宜卖给他,或者允许他赊账。但药剂师不答应:"我研制这种药,就是为了赚钱。"海因茨别无他法,便在一个晚上撬开药剂师的仓库把药偷走了。

科尔伯格将这个道德两难故事呈现给实验对象,并让他们回答一系列问题,再根据答案来研究个体的道德判断依据及其道德认知发展水平。通过长时期的研究,科尔伯格最后提出了道德认知发展阶段理论。他指出,个体的道德认知发展是按照一定顺序由低到高逐步发展的过程。这个过程分为三个基本水平、六个发展阶段。三个基本水平即前习俗水平(0—9岁)、习俗水平(9—15岁)、后习俗水平(15岁及以后)。每一个基本水平又被分为两个阶段,总共六个阶段,即避免惩罚的服从、相对功利、寻求认可、顺从权威、法治观念、价值观念阶段。他认为,这些发展阶段反映了人们在面对道德困境时会使用不同推理类型,也代表了道德认知发展的不同水平。随着个体经历一系列顺序阶段的道德思考,其道德认知发展也不断成熟,水平越来越高,道德判断开始逐渐以社会为中心。就个体发展而言,每个人都会以不同的速度经历这六个阶段,并且这些阶段的发展是序列的,不可以跳过任何一个阶段。从年龄来看,青少年时期处于从习俗水平向后习俗水平发展的阶段,也是道德推理发展高级水平的关键时期。他还认为,大多数九岁以下的儿童和犯罪青少年在道德认知上处于前习俗水平。

2. 在青少年社会工作实务中的应用

第一,提供了了解青少年道德认知发展规律的理论基础。科尔伯格的道德认知发展阶段理论能够使社会工作者了解青少年不同阶段道德认知发展的规律与水平,从而有利于认识与把握青少年的行为特征,为服务打下基础。

第二,为针对性地开展认知服务提供了理论指引。有教育行业从业者将科尔伯格的道德认知发展六阶段简化为"我不想惹麻烦——我想要奖赏——我想取悦某人——我要遵守规则——我能体贴别人——我有自己的行为准则并奉行不悖"[①],进而应用于青少年教育工作,产生了较好的教育效果。同样,社会工作者可以在实务工作中依据道德认知发展阶段理论规划与设计相应的服务内容,促进青少年的健康发展。

(四)班杜拉:社会学习理论

阿尔伯特·班杜拉(Albert Bandura)是美国当代著名心理学家、新行为主义的主要代表人物、社会学习理论的创始人。他对传统行为主义进行继承和批判,提出了社会学习理论。

1. 社会学习理论的主要内容

社会学习理论主要包括观察学习、自我效能等内容。班杜拉认为,不仅环境影响人的行为,人的认知能力也影响个体的行为,这种认知能力即观察学习能力。观察学习是人类在社会环境中学习间接经验的一种重要形式,是个体有效而普遍的学习方式。具体而言,观察学习可分为注意、保持、行为再现、动机四个过程或阶段。

班杜拉认为,结果期望和效能期望都是学习者产生学习行为的重要动力因素。结果期望是个人的预估,即正常环境下大多数人对某一具体行动

---

① 〔美〕雷夫·艾斯奎斯:《第56号教室的奇迹》,卞娜娜译,中国城市出版社2009年版,第15—22页。

将导致的某一特定实际结果的期待。效能期望则是一种信念,即个体相信自己有能力成功地完成某一任务,或者个体能够意识到某一行为将导致某种可知的结果。效能期望与自我效能直接相关。自我效能指个体对自己在特定情境中是否有能力得到满意结果的预期,或个体在做事或学习新事物过程中的信心。自我效能是影响个体学习和发展的重要因素,特别是当个体遭遇学习障碍时,自我效能直接决定了他的选择、努力与坚持程度等。影响自我效能形成的因素包括直接的成败经验、替代性经验、言语劝说和情绪唤起。欣赏、感激、认同、奖赏会增强自我效能,而负面回馈则有相反的效果。

依据自我效能理论的分析,许多青少年面对富有挑战性的任务最终选择逃避,不是因为他们不具备完成该任务的能力,而是因为他们怀疑自己的能力,是缺乏自我效能的表现。个体能在多大程度上尝试某一困难或危险的任务、问题,取决于其效能期望。有些青少年充满自信,十分相信自己能够做任何事情,而且勇于尝试,他们自我效能高;有些青少年虽然非常聪明,却羞涩、胆小,经常避免承担任何有难度的事情,他们缺乏自我效能。

2. 在青少年社会工作实务中的应用

第一,应用观察学习理论开展服务。观察学习理论有助于社会工作者通过榜样学习、团体活动、社区教育等形式开展青少年服务。社会工作者可以通过一系列小组活动、社区活动、角色模拟等,用观察和模仿等形式开展青少年行为教育,尤其是对特殊青少年如网瘾青少年、偏差行为青少年等,可以通过同伴群体、榜样人物等塑造他们的正向行为。

第二,利用自我效能理论提升青少年的自我效能感。自我效能是青少年发展潜能、解决问题、应对挫折、培养自信、开展人际交往等的重要能力。低自我效能的青少年会产生更多的自我怀疑,难以接纳自我和适应外界环境的变化,面对人际交往冲突易出现消极退缩等心态或行为,抗挫折能力较差。社会工作者可以根据自我效能理论开展一系列专业社会工作服务,培养和提升青少年的自我效能感,促进他们的心理与社会性发展。

(五）布朗芬布伦纳：生态系统理论

尤瑞·布朗芬布伦纳是美国著名的心理学家，提出了生态系统理论。尽管该理论涵盖了人的整个生命周期，而且很多例证都来自儿童时期，但这一理论对青春期的发展同样具有解释力。

1. 生态系统理论的主要内容

布朗芬布伦纳认为，个人的行为不仅受社会环境中生活事件的直接影响，也受发生在更大范围如社区、国家、世界中事件的间接影响。因此，研究个体发展就必须考察其所处的不同社会生态系统。具体而言，个体的社会生态系统主要包括如下几方面。

微系统。微系统是指与个体直接的、面对面水平上的交流系统，是个体最密切相关的社会环境和最直接接触的物理环境背景。对于大部分青少年而言，家庭是最主要的微系统，随后是学校、朋友及同伴群体。微系统处于永恒的变化状态，在青春期，家庭的重要性减弱而同伴的重要性增强。随着年龄的增长，同伴群体的重要性慢慢减弱，恋爱对象的重要性则增强。

中系统。中系统是指几个微系统之间的交互作用关系。常见且有代表性的中系统包括家庭、同伴群体和学校之间的相互作用。系统分析能够检验微系统之间相互作用的质量、频率和影响，例如个体在家庭中的生活体验和学校的适应能力的相互影响。一般而言，家庭和学校相互作用的影响力比社会经济地位和种族相互作用的影响力大。构成中系统的众多微系统既可能发挥同类作用，彼此强化，也可能存在分歧和差异，例如青少年的家长的价值观和同伴群体的价值观可能融洽相似，也可能相互冲突。

外系统。外系统是指两个或更多环境系统之间的联结与关系，其中某一环境不包含某一个体，但其中发生的事件对该个体的直接环境产生间接影响。尽管青少年不直接参与外系统的决策制定，但他们的生活直接或间接（经由家长或学校）地受到这些决策的影响。外系统的三种最重要的影响包括：父母一方或双方与其工作场所之间的关系、父母的朋友圈、邻居/社区对家庭功能的影响。一般而言，父母一方或双方是否有工作，工作条件、工作角色与职位水平和决策制定过程中的参与都直接影响子女的社会化效果。当青少年真正进入任一外系统参与社区或政治活动,开始在外系统决策中表达自己的意见时,就会强化其个体发展。

宏系统。宏系统是指与个体有关的所有微系统、中系统及外系统的交互作用关系。宏系统包括作为核心的文化、政治、社会、经济等方面的价值观念与公共政策。总体而言,宏系统可被视作整个社会的蓝图,它一般通过法律和经济手段界定青少年的范围、青春期和成人期的区别等。

长期系统。长期系统是指在个体发展过程中的所有社会生态系统随着时间的变化而发生的变化。

2. 在青少年社会工作实务中的应用

第一,提供了分析青少年问题的生态系统视角。生态系统理论使我们认识到,个体家庭(微系统)中的事件可以在家庭与学校、同伴群体与邻居(中系统)、父母的工作背景(外系统)和社会(宏系统)之间的关系中得到更好的理解和处理。在青少年社会工作实务中,当青少年面临生理发育、教育和社会性发展等方面的问题时,社会工作者可以使用生态系统理论对其问题进行全面分析,不仅单独分析一个或两个因素,也考虑到其他的直接或间接影响青少年的外部环境因素,从而更为细致而周到地处理问题。

案例 2-2

小林,十六岁,是初二学生。她在初一时因害怕去学校休学了一年,复学后常从学校跑回家,后来父母怎么劝,她都不肯再去学校。社会工作者经过了解发现,小林小时候非常乖巧,父母对她倍加呵护,导致她的生活能力比同龄人差一些。小学六年级时,她的班主任是一位传统观念很强的老师,见小林经常和男生一起玩,便告诉小林的父母,并希望他们能够严格要求她。之后小林在课余时间经常被父母锁在家里,她渐渐变得孤僻;受到电视节目影响,对与异性的交往感到非常好奇。小林曾给一个男生写了一张自己喜欢他的纸条,让另一个女同学帮忙转交,但那个男生没有任何回应。小林开始没在意,后来觉得那个女同学将自己写纸条的事告诉了别的同学，认为大家都知道了此事，于是看不起自己，不再上学。休学一年后，她转到另一所学校，但依然害怕同学会知道自己以前写纸条的事，不愿去学校，甚至不愿意出门，害怕会在街上遇到熟人，担心他们知道自己写纸条的事。①

在案例 2-2 中，对小林不愿意上学的问题，我们可以从其生态系统的影响因素进行分析。第一，小林的父母、同学、老师等是她的微系统，他们对小林的态度、行为有直接影响。如小林在小学六年级时，班主任对其父母进行劝说后，她经常被父母锁在家中，造成性格孤僻。第二，父母对小林的溺爱导致她生活能力差，进而影响她在学校与同学的相处，这是中系统的作用。第三，父母由于工作繁忙，无暇陪伴小林，她便与电视为伴；父母的工作安排间接影响了她的课余生活，这是外系统产生的影响。第四，小林观看的电视节目对她青春期的性萌动产生了一定的推动作用，这是宏系统的作用。

第二，生态系统图可以直接作为分析工具。生态系统理论启发社会工作者使用生态系统图对青少年服务对象及其外部环境进行分析，以更直观地厘清与呈现青少年与其外部环境的互动关系，有利于制订有针对性的服务计划。

三、社会工作实务理论

（一）优势视角理论

优势视角理论是 20 世纪 80 年代开始逐渐兴起的社会工作理论。"优势视角"是该理论的核心概念，由美国堪萨斯大学社会福利学院教授丹尼斯·萨利贝（Dennis Saleebey）在《优势视角：社会工作实践新模式》一书中提出。后来，由于其积极人性观与社会工作价值理念紧密契合，因此优势视角理论逐渐成为社会工作实务的重要理论基础。

---

① 参见雷湘竹：《一个不愿上学的女孩——心理咨询案例分析》，《广西师范学院学报（哲学社会科学版）》2004 年第 3 期，第 67 页，内容有改动。

1. 优势视角理论的主要内容

（1）主要观点

优势视角理论出现在功能视角和问题视角理论之后，并与二者明显不同。20世纪二三十年代，受结构功能主义理论、精神分析理论等影响，社会工作开始强调从服务对象社会功能的发挥和服务对象问题或困境的原因分析及其消除角度来开展专业工作。20世纪六七十年代后，社会工作开始注重专业关系的建构，发挥服务对象自身的能力和资源，优势视角理论逐渐成为社会工作实践的重要理论基础。

该理论认为，社会工作者应该重点关注服务对象的内在力量和优势资源，与他们建立平等、信任的专业关系，对他们充满信心并提供支持，相信他们即使处于不利处境也具有与生俱来的抗争力；将他们的问题与困境置于环境中去分析，对问题进行外化和悬置；通过开展一系列工作，激发服务对象自身的潜在能力和优势，协助他们进行自我发展，并从挫折和不幸的困扰中挣脱出来，获得进一步的自我成长。

（2）核心理念

从价值理念和具体应用的角度，优势视角理论有四大核心概念。

第一，优势。该理论认为，每个人都拥有自身独特的资源和力量，无论是发展过程中的成功经验，还是在遇到挫折、困难时的失败经历和消极体验，或者在抗争和逆境中发展形成的独特品质或能力等，都是个人拥有的重要财富和资源，都可以在特定的条件下转化为优势。优势理念要求社会工作者从积极人性观出发看待服务对象及其面临的问题，相信他们自身潜藏着解决目前问题的资源和能力，并可以进一步发展。

第二，赋权。该理论认为，社会工作者应该与服务对象建立共同合作的关系，通过使用一系列专业方法技术，协助服务对象发挥能动性、去除歧视性的标签、相信自身具有解决问题的资源和能力；同时，提供机会实现服务对象与外界环境资源的链接。赋权理念主要体现为五个方面：与服务对象之间的合作伙伴关系；强化服务对象的资源和能力等优势；关注个人或家庭与环境之间的互动关系;视服务对象为积极的能动主体;关注受压制的人群。

第三,成员资格。该理论认为,每个人都享有其所属种类的成员身份以及与之相应的自尊、尊严和责任。成员资格是赋权的基本内容。帮助服务对象摆脱"被边缘""被歧视""被抛弃"的群体存在状态,使其拥有所属种类的成员身份、享有参与权和责任等,这是为服务对象赋权的首要内容。

第四,抗逆力。该理论认为,抗逆力是一种面对逆境和磨难时的抗争能力,是人类具有的一种潜能,不仅体现在个体层面,也体现在家庭和社会层面。抗逆力的形成及其作用类似于弹簧在压力之下的反弹力和复原力。社会工作者的重要任务就是采取一系列方法和技术,激发服务对象应对逆境的潜能,并协助他们巩固从中发展出来的反弹(复原)力。

2. 在青少年社会工作实务中的应用

第一,有利于与青少年服务对象建立良好的专业关系。优势视角理论非常适用于社会工作对青少年群体尤其是特殊青少年群体的介入。青少年处于未成年人向成年人的过渡期,特别需要来自外界环境的支持、鼓励、指导和帮助,才能发展自身优势,顺利过渡。社会工作者如果能够基于优势理念与该群体互动,发现与肯定他们的优势与潜能,将有利于获得他们的接纳和信任,建立良好的专业关系,从而有利于开展工作。

第二,为青少年社会工作实务提供了重要的工作内容。优势视角理论的核心理念能够为社会工作者的工作内容提供重要的方向指引。尤其当服务对象是流浪青少年、留守青少年等特殊群体时,社会工作者可以依据这些核心理念规划和设计工作内容,促使他们正向发展与转变。

(二)社会支持网络理论

社会支持网络理论形成于20世纪70年代,是从现代社会系统理论发展出来的分支理论,后不断完善并逐渐被运用于社会工作实践,成为社会工作实践的重要理论基础。

1. 社会支持网络理论的主要内容

(1) 主要观点

社会支持网络理论注重社会交往、社会关系对个体的价值,其主要假设包括:每个人都具有社会性,个体无法绝对独立于社会而存在;每个人的生存都需要与他人共同合作以及依赖他人协助;每个人在其生命发展过程中都会遭遇一些可预期或不可预期的生活事件;在遭遇各种事件时,人们需要获得相应资源以应对问题,这些资源主要分为内在与外在资源,其中社会支持属外在资源,包括有形支持与无形支持。

该理论认为,社会支持网络是由各种有形支持和无形支持构建起来的支持体系。每个人与周围各种社会关系的交往构成了一个相互关联的社会支持网络,个体从中可以获得各种正式或非正式的社会支持,从而获取社会资源。社会工作者应围绕社会支持网络分析服务对象面临的问题或困境,并通过设计一系列服务,构建或恢复他们的社会支持网络,提升他们建立和运用社会支持网络的能力,从而实现相应的服务目标。在实际的介入中,社会工作者首先需要从个体、社区等层面对服务对象的社会支持网络进行评估,然后以此为据拟订工作计划:一方面协助服务对象运用已有社会支持网络中的资源解决问题、摆脱困境,另一方面协助他们对自身拥有的社会支持网络进行修复和拓展。

(2) 核心概念

"社会支持"和"社会网络"是社会支持网络理论中的重要概念。

社会支持是由个体的社区、社会网络和亲密伙伴提供的可感知的和实际的工具性或表达性资源。依据不同的标准,社会支持可以分为不同类别。从内容来看,社会支持包括物质支持、信息支持、情感支持、行为支持等;从内涵来看,社会支持包括工具性支持和表达性支持,其中工具性支持主要体现为物质、经济层面的支持,表达性支持则主要体现为心理、情感层面的支持;从主/客观来看,社会支持包括主观支持和客观支持,其中主观支持是指被支持者主观体验到的支持,客观支持则是指支持者提供的客观层面的具体支持。社会支持具有重要作用：一是社会支持的增加能提升个体心理层面的健康程度；二是当个体处于有压力的环境时，适当的社会支持可以协助其更好地应对压力、解决问题，减轻压力所造成的消极影响，预防或减少危机的发生。

"社会网络"是源于社会学的概念，指人们之间纵横交错的复杂社会关系，是个体获得社会支持和社会资源的重要媒介和平台。在具体的社会工作实务中，社会网络是一个重要的分析工具和工作领域；社会工作者可以通过评估服务对象的社会网络分析他们及其面临的问题，也可以围绕社会网络设计服务内容。

2. 在青少年社会工作实务中的应用

第一，提供了重要的分析问题的理论视角和方向指引。由于青少年发展的特殊性，他们需要通过获得一定的社会支持以完成该阶段的发展任务，同时青少年需要提升建立、完善、拓展其社会支持网络的能力，从而为进入下一个发展阶段奠定良好基础。社会工作者可以通过评估青少年服务对象的社会支持网络，判断和分析他们面临的困境或问题，进而寻找相应的解决办法。

第二，有助于为青少年尤其是特殊青少年进行设计服务。在为一些特殊青少年如留守青少年、贫困青少年、残疾青少年等开展社会工作服务时，社会工作者可以围绕社会支持网络设计服务，以协助他们建立、完善、拓展其社会支持网络，增强他们获取社会支持资源的能力等。

第二节 青少年社会工作的价值观与伦理

价值观与伦理是青少年社会工作实践的灵魂，对青少年社会工作者开展实务具有重要的方向引领和行为规范作用。青少年群体有其发展的特殊性，青少年社会工作的价值观与伦理也具有相应的特殊性。由于青少年群体的复杂性及其与家庭、学校等外在环境之间的关系，青少年社会工作实务过程中的伦理抉择更为复杂。熟知青少年社会工作价值观与伦理以对实务过程中的伦理困境做出恰当的伦理抉择,是社会工作者提高服务实效的重要保障。

一、社会工作的价值观与伦理

(一) 价值观与伦理

1. 价值观

价值观是个人或社会群体认为优先的行为公式,是对生活的手段、目的和条件等方面的经常性偏爱,通常伴有强烈的感情色彩,受到历史、社会、文化等条件的影响和制约。具体而言,价值观是社会成员所持有的一种标准,反映在制度化的行为模式中,并且使参与者倾向在共同理解的架构内根据相互关系而行动,尽管这个架构可能没有自觉控制或统一逻辑的参照体系。专业价值观是指一套指导专业行为和认知活动的思想、观念和基本原则。社会工作有自身独特的专业价值观。

2. 伦理

伦理是社会成员的行为标准和准则,对人们的行为具有制约作用。伦理可分为个人伦理和专业伦理。社会工作有自己的专业伦理。

(二) 社会工作价值观

社会工作价值观对社会工作实务具有指引、规范和评价等作用,它是由三个不同层面组成的社会工作价值观体系。

第一,宏观价值观,即关于人、社会、人与社会关系、社会问题、社会发展、社会工作等的基本价值设定,主要涉及社会工作"为什么"的问题,是社会工作得以建立和不断发展的价值依据和动力源泉。第二,中观价值观,即关于社会工作对象、社会工作者、社会工作伦理守则、社会工作任务、社会工作方法、社会工作模式、社会工作研究、社会工作教育、社会工作实习、社会工作领域等的价值理念,主要回答社会工作"是什么"的问题。第三,微观价值观,即关于开展社会工作的具体过程、方法、技巧的价值理念,回答社会工作过程中"应当如何做"以及"如何才能做得更合理、更有效"的问题。

在社会工作的价值体系中,宏观价值观是最根本的价值观,是确立社会工作专业的基础,包括正义、平等、责任、自我实现、诚信等。

具体而言,社会工作专业价值观主要体现为社会工作关于人、社会和专业的经常性偏好。关于人的价值观偏好表现为:相信人的价值和尊严与生俱来、人具有能力和动机追求满意的生活、人要对自身与他人负责等。关于社会的价值观偏好表现为:社会应提供让每个人成长的机会、提供资源与服务使每个人有平等机会参与社会事务等。关于专业的价值观偏好表现为:社会工作专业应使人最大限度地决定其生活各方面的事宜、协助每个人与他人互动以建设美好社会、相信个人的独特性等。

(三)社会工作专业伦理

社会工作专业伦理是价值理念在具体专业实践中的体现或具体的规范性要求,是指在社会工作专业价值观的指导下,社会工作者通过团体的讨论与共识、以集体自律的方式订立的专业守则或公约,要求全体成员共同遵守。

在《美国社会工作者协会伦理守则》中,社会工作的专业伦理标准主要包括社会工作者对服务对象、同事、实务机构、专业、社会等的伦理责任。

二、青少年社会工作的价值观

青少年社会工作的价值观是在社会工作专业价值观的指导下,基于青少年发展与权利、社会公平等,为满足青少年基本发展需要、促进其健康成长而奉行的专业价值理念。青少年社会工作的伦理则是青少年社会工作价值观在实务中的具体化。

青少年社会工作的价值观是基于社会工作价值观,结合青少年社会工作实践特点而形成的,具有与青少年发展特点相关的特殊性。主要包括关于青少年、社会、专业三个层面的价值观。关于青少年的价值观包括:坚信青少年是需要被关注的群体,相信青少年有其价值和尊严以及改变、管理自我和成长的能力。关于社会的价值观包括:应该保护青少年免受伤害、保障他们的基本生活,正确认识他们的基本人权(生存权、发展权、参与权)和特殊权利(受保护权),依法保护他们的权益等。关于专业的价值观包括:保护、关爱、协助、支持青少年,帮助青少年解决问题、克服困难、恢复功能、获得全面发展等。

三、青少年社会工作的伦理原则

青少年社会工作的伦理是社会工作者开展专业实务的重要指引和行为规范。在具体的实务工作中,伦理主要体现为一系列的原则。在遵循尊重、接纳等社会工作伦理原则的同时,由于青少年的特殊性,青少年社会工作的伦理中还包括如下原则。

(1)保护原则。青少年处于身心与社会性发展向成熟状态转变的时期,需要受到特殊保护。社会工作者应该保护他们免受歧视、剥削、虐待或疏忽照料等伤害,保障他们的基本生活。

(2)权利原则。社会工作者尊重青少年享有的各项与其发展特点相对应的权利;正确认识青少年的基本人权和特殊权利;依照《儿童权利公约》和《中华人民共和国未成年人保护法》等相关法律法规,积极采取措施保障他们的权益。

(3)主体性原则。社会工作者应将青少年看作社会工作的主体,尊重他们的主体性地位,尽量减少来自成人的压制和不合理的待遇。

(4)发展性原则。青少年的问题一般是发展中的问题,社会工作者不能对所谓"问题青少年"产生厌弃心理,应本着发展理念对其进行教育引导,正确对待他们因为不成熟可能犯的错误,避免产生刻板印象。

(5)关爱原则。青少年是最需要社会给予关怀的人群,社会工作者真诚的关心和爱护可以促进他们更好地发展。青少年需要与父母、老师、同学等建立适切的关怀关系,通过互动,体验被关怀与关怀他人,从而习得关怀的意识和能力。

四、青少年社会工作的伦理困境

青少年社会工作者在提供专业服务的过程中,普遍会遇到由伦理原则导致的难题,即伦理困境。首先,青少年群体的年龄跨度较大,涵括未成年和成年青少年两类群体,社会工作实务伦理抉择在不同年龄群体中有差异。其次,青少年与家庭、学校等外在系统联系密切、互动复杂,社会工作者所面对的伦理问题更为复杂、伦理困境更为突出。

(一) 确定服务对象的困境

向社会工作者求助的不一定是青少年本人,可能是他们的父母、老师等,此时社会工作者就面临谁是服务对象、为谁负责的问题。一般而言,青少年应是青少年社会工作的服务对象,社会工作者也应重点遵循"以青少年为本"的专业理念,但由于青少年群体的年龄跨度较大、群体生存与发展的多样性,当青少年和其监护人、教育者等在价值观念、教育方式等方面不一致时,社会工作者便会遇到确定服务对象的困境。比如,一位青少年社会工作者就指出:"以前有一个服务对象,当时碰到他和他父母想法不一致的情况。父母希望孩子去工作,孩子不想工作,想要出国读书。当时他的父母希望我能帮助他们来说服孩子,让他去找份工作、上班。"①此时,社会工作者便面临究竟是尊重青少年本人的想法还是以其父母的想法为主的困境。

(二) 自决的困境

"案主自决"(服务对象自决)是社会工作的重要价值理念,但青少年人群的年龄跨度较大,他们处于自主性发展时期,社会工作者经常面临青少年服务对象自决的伦理困境。一方面,社会工作者要尊重未成年青少年的需求,征询其意见,促进他们的发展;另一方面,社会工作者要尊重其监护人的意见。对于在学的成年青少年而言,社会工作者要尊重他们对自身事务的决定权,也要尊重学校的管理规定。青少年群体与其外部系统之间的意见冲突也带来了社会工作者的伦理困境。比如,在学校社会工作中,当学生与老师或其他管理者的意见不一致时,学校方面希望通过社会工作者来影响学生的决定,而社会工作者需要遵循青少年服务对象自决的原

---

① 沈黎:《本土社会工作实务的伦理困境与伦理抉择——基于上海青少年社会工作实践的质性研究》,《社会工作》2012 年第 2 期。

则，也需要对学校负责。

（三）保密的困境

在青少年社会工作实务中，保密的困境有时体现为隐私权与监护权的矛盾，尤其是对于未成年青少年而言。通常，青少年不愿将自己的心事告诉父母和老师，但父母对他们有监护权和知情权，当社会工作者得知其一些心事后，就面临着是否告知青少年的父母的抉择难题，因为社会工作者既要尊重青少年的隐私权，又要尊重其父母的知情权。另外，许多青少年面临的问题（如意外怀孕或其他身体伤害）需要借助或立足于家庭才能解决，社会工作者必须决定将哪些内容告诉其父母，以及是否让青少年知情等。

此外，中国本土的社会工作服务多是通过嵌入其他行政体系开展，比如，在司法领域中开展服务的社会工作者可能会遇到司法机关要求获得青少年服务对象资料的要求，社会工作者就面临保密的困境。

✦ 案例 2-3

根据某救助站的管理规定，所有进入该救助站的受助人员在站内停留时间不能超过两周，工作人员需要问出受助人员的家庭住址，然后将其送回原籍。一个已经被送进站一周的十二岁男孩儿小刚一直保持沉默，大家无法问出他家人的情况。小刚和社会工作者小冯的关系特别好，救助站的领导就委派小冯问出小刚的家庭住址和联系方式，并把他送回家。有一天，小刚偷偷告诉小冯，他家其实就在本市，只是爸爸妈妈离婚了，爸爸外出打工不在家，妈妈再婚了，后爸整天打他，所以自己就跑出来了；他不想回家，也特别害怕回家，如果真的被送回去还不如待在救助站。

案例 2-3 体现了保密原则与行政体系的冲突困境，社会工作者小冯面临两难选择：是为小刚保密，还是向领导汇报？

（四）专业关系的困境

中国社会的情理关系使服务对象与社会工作者的专业关系有了弹性，尤其是当双方年龄相差不大时，双方关系容易超越专业界限，此时便会出现双重关系的困境。双重关系在一定程度上有利于服务,但也有诸多弊端,妨碍专业服务。专业关系的困境主要表现为:青少年服务对象无法划清专业界限,与社会工作者产生亲密的感情关系;社会工作者在工作中有过多的情感代入,导致专业关系结束后无法抽离,如青少年服务对象向社会工作者借钱或示爱等。

(五)利益冲突的困境

把青少年服务对象的利益置于优先地位是青少年社会工作的专业价值观和伦理的基石。但由于青少年与其外在系统的互动具有复杂性,因此社会工作者经常会面临利益冲突的困境,主要体现为:社会工作者和青少年服务对象,不同青少年服务对象,青少年服务对象与其父母、学校、机构与青少年服务对象等之间的利益冲突。例如,一位青少年社会工作者提到,有时为了达成工作指标他就去找一些"绿色"个案(不需要开案的青少年个案),不然就无法通过年底考核。① 这反映了社会工作者的利益与青少年服务对象的利益冲突。社会工作者应该遵循以青少年为本的服务理念,重点针对迫切需要专业服务的青少年,但社会工作者由于工作考核等方面的原因,而选择为一些不需要专业服务介入的青少年服务,这会导致专业资源无法全面发挥效力,需要服务的青少年反而无法获得服务等。

当资源有限而难以平等分配时,就会出现不同青少年服务对象的利益冲突。一位社会工作者谈到,他有时会开展一些限定名额的出游活动,由于想参与的青少年数目远远超过限定数量,因此他就需要做出选择。② 这种选择就面临着一种伦理困境。

五、青少年社会工作伦理抉择

伦理抉择是社会工作者在实务开展过程中面临伦理困境时必须做出

---

① 沈黎:《本土社会工作实务的伦理困境与伦理抉择——基于上海青少年社会工作实践的质性研究》,《社会工作》2012年第2期。

② 同上。

的选择决定,并且这种决定给服务对象带来的结果应符合社会工作专业伦理要求。青少年社会工作伦理抉择在遵循社会工作伦理抉择原则的基础上,还需要遵循一些特殊原则和有效的抉择模式。

(一)社会工作伦理抉择的重要原则与通用模式

一般而言,社会工作伦理抉择的重要原则为:首要原则是保护服务对象最基本的生存需要即保护生命的原则,然后是自由、独立、存在差异的原则,机会平等、提高服务对象生活水平、增强服务对象适应社会的能力、保密和隐私、诚实和信任的原则。

拉尔夫·多戈夫等提出了七条伦理原则:保护生命、平等与差别平等、自主和自由、最小伤害、改善生活质量、隐私和保密、真诚。[①] 同时,他们提出了一个具有较强参考性的伦理抉择模式:识别问题以及问题未解决的原因;识别涉及这一问题的所有人和机构(当事人、专业人员、支持系统、受害者和其他人);决定谁应该参与做决定;识别涉及的人和机构有关的价值观;认定可以解决(或减少)问题的目的和目标;识别可供选择的干预策略和对象;就认定的目标,评估每个选择的效果和效能;挑选最合适的策略;落实挑选出的策略;检查落实情况,注意没有预料到的后果;评估结果并识别额外的问题。这对青少年社会工作实务具有重要的指引作用。

(二)青少年社会工作伦理抉择的重要原则与通用模式

青少年社会工作要遵循社会工作伦理抉择的原则和模式,但还有其自身的特殊原则和通用模式。

1. 青少年社会工作伦理抉择的重要原则

(1)保护生命的原则。青少年的生存权优先于其他权利。生命价值最高,保护任何人的生命是最优先考虑的原则。青少年更需要被保护。

(2)法律规定、机构规范优于个人价值的原则。在青少年社会工作实务中,法律明确规定或机构明确规范的内容优先于个人价值。当青少年社

[①] 〔美〕拉尔夫·多戈夫等:《社会工作伦理:实务工作指南(第七版)》,隋玉杰译,中国人民大学出版社 2005 年版。

会工作者面临保密困境时,便可依此进行伦理抉择。

(3)关系的原则。社会工作者应本着"以和为贵"的工作思路,若非涉及青少年服务对象的根本利益,应选择促进他们和周围多方关系和谐稳固的策略。

(4)发展性的原则。社会工作者要充分考虑青少年的特殊性与未来发展,以协助他们获得更好发展的机会、条件、前景等为指引,当面对伦理困境时,充分考虑各种选择的可能性,有效协调冲突关系,全面促进青少年的健康发展。

2. 青少年社会工作伦理抉择的通用模式

青少年社会工作伦理抉择的通用模式主要包括:识别问题的性质并分析涉及的伦理议题,澄清伦理困境中的各种价值冲突,明确社会工作者的角色定位,挑选和实施最适宜的介入策略,监督指导实施,并注意未预料到的结果。

★ **案例2-4**

小芳,二十二岁,自称和男友交往两年,两人一直在校外同居。她最近发现男友的性格越来越孤僻,爱猜疑,总是一上完课就接她回租住的房子,几乎不让她和外界来往。小芳觉得男友虽然对自己很好,但性格太怪异,于是提出分手。结果男友反应很激烈,从最初哀求到后来的歇斯底里和要挟。小芳想尽快结束恋爱关系,又害怕遭到男友报复。另外,由于在校外同居,小芳的很多同学不知情,所以她不想此事传出去。[1]

在案例2-4中,社会工作者可以依据通用模式来开展工作。

(1)识别问题的性质并分析涉及的伦理议题。案例中与伦理相关的问题主要集中于小芳的生命安全、自主权、隐私权、想与男友和平分手等。案例主要涉及的伦理原则为:保护生命、自主、改善生活质量、保密等原则。

---

[1] 朱华燕:《心理咨询中的伦理困惑与选择》,《教育探索》2006年第4期,内容有改动。

（2）澄清伦理困境中的各种价值冲突。案例2-4中的价值冲突主要是：小芳的生命安全与保守秘密之间、小芳想保守秘密与社会工作者解决问题过程中的信息披露之间、小芳的隐私权与学校知情权之间等的矛盾冲突。涉及的伦理冲突主要体现为：自决与保护生命、保密与信息披露、服务对象的利益与机构稳定秩序要求等的冲突。

（3）明确社会工作者的角色定位。社会工作者需要确定介入目标和自身的角色定位。案例2-4中的介入目标主要是：帮助小芳应对男友造成的困扰，帮助她解决与男友相处的问题，帮助她发掘潜力以自主地做出决定。

（4）挑选和实施最适宜的介入策略。在案例2-4中，社会工作者需要分析不同方案的可能影响：是否影响小芳的生命安全？是否需要为小芳保密？是否需要约见小芳的男友并评估其基本心理状况？是否需要学校老师介入？其伦理原则的抉择顺序应该是：保护生命原则、自主原则、保密原则，即在保护小芳生命安全的基础上，尊重小芳的决定，将事件的处理尽可能地控制在一定范围内，避免信息的大范围传播。最适宜的介入策略为：在不告知对方具体意图的情况下，了解小芳男友的基本心理状况，评估其发生暴力行为的可能性后，再决定是否遵循保密原则；约见小芳及其男友，或将此事件告知相关部门和人员以保护小芳的生命安全。

（5）监督指导实施，并注意未预料到的结果。社会工作者应遵循动态原则，时刻关注伦理抉择之后的事态变化，必要时做出调整，以最大化地处理伦理困境。在介入方案实施过程中，社会工作者应时刻保持警惕，分析小芳所处的学校环境、家庭支持系统和小芳男友的家庭支持系统、以往的生活经验等对工作方案实施效果的影响，并注意可能的意外结果，及时反思、调整、完善服务方案和介入策略。

六、青少年社会工作伦理抉择的策略

伦理抉择需要社会工作者依据伦理原则，针对不同情境进行合理判断，借助一些策略，做出最优的价值选择。

（一）积极沟通，达成共识

由于青少年服务对象是伦理困境中的重要影响对象，因此社会工作者需要与青少年共同分析各种伦理选择的利弊，共同决策，最大化地保证价值选择的合理性与适当性。在达成共识的过程中，当遇到保密等伦理议题时，社会工作者可以先告知青少年并获得理解，在此基础上努力与其达成共识，以做出最恰当的伦理选择。当选择放弃保密原则时，社会工作者应以青少年利益优先原则为主，衡量利弊，与之沟通并获得理解，做出合适的处理。

（二）明确职责，划定边界

明确职责可以帮助社会工作者在陷入伦理困境时准确进行自我定位，避免复杂化。在中国本土情境中，社会工作者通常可能会因为嵌入其他行政体系而陷入伦理困境，与其所在的机构、所驻行政单位之间的责任彼此交织，甚至出现冲突，这就需要社会工作者在工作中磨合，逐步明确各方的责任，并做出维护青少年服务对象利益最大化的伦理抉择。例如，司法领域的社会工作者既要介入司法工作，又要从中抽离，明确自己的专业职责，尽力维护服务对象的利益。由保密原则导致的伦理困境在司法领域经常发生，社会工作者需要在法律框架内遵循保密原则，同时评估该原则是否触及他人的利益或者有潜在的危险性，然后站在第三方立场，进一步明确自己的职责，做出恰当的抉择。

（三）结合文化背景，维系专业关系

在实务开展过程中，社会工作者需要与青少年及其外系统建立良性、有效的关系，从而顺利开展工作，但可能会面临专业关系的困境。尤其是在中国人情社会的文化背景下，专业关系很难完全脱离人情关系，社会工作者需要结合文化背景来建立和维持专业关系，即在不影响专业介入的前提下，依据具体情境和文化背景的要求，恰当地做出伦理抉择。

（四）寻找资源，获得支持

当青少年社会工作者面对伦理困境时，由于自身工作经验的限制，有时难以凭借一己之力做出恰当的选择,可以通过督导或者与同工研讨等方式,获得重要的智力、情感支持,分析伦理困境中的各方利益和价值冲突,从而做出恰当的伦理抉择。

第三节　青少年社会工作者的职业角色

青少年社会工作者是指遵循青少年社会工作的价值观与伦理,具备相应的专业理论知识和技能,从事青少年社会工作实务的社会工作人员。其既要承担一般的社会工作者的职业角色,还要承担一些特殊性职业角色。

在长期的社会工作实践中,根据不同服务方法,社会工作者的职业角色可以归纳为:直接服务角色、间接服务角色和综合服务角色。直接服务角色主要包括治疗者、沟通者、支持者、指导者等;间接服务角色主要包括行政者、研究者、督导者、咨询者、政策影响者等;综合服务角色主要包括谈判者、管理者、经纪人、协调者、教育者、发言人等。

青少年社会工作的目标决定了青少年社会工作者的职业角色。青少年社会工作者的职业角色是指由社会工作专业和社会对青少年社会工作者行为模式的一系列期待组成的角色系统,主要包括以下方面。

一、青少年服务的提供者

青少年社会工作者是青少年社会工作服务的提供者和参与者。青少年生活的场域是其表现职业角色的重要场域。青少年社会工作者主要围绕青少年的需求与特点设计服务方案,开展专业服务,协助他们恢复功能、解决问题、适应社会,从而促进他们全面发展。

二、青少年的重要支持者

青少年社会工作者是青少年的重要支持者。青少年处于发展的过渡期,需要获得更多知识、资源及情感的支持。青少年社会工作者通过与青少年服务对象建立安全、信任的专业关系,开展一系列的专业服务活动,为他们提供重要支持。比如,在学校,社会工作者会开展补充性的、有益于青少年身心发展的青春期性教育、人际交往训练、职业发展规划教育、两性交往辅导等活动;在社区,可以通过社区照顾、社区教育、社区倡导等形式,为特殊青少年(如残障青少年)提供专业照顾、康复训练等,为一般青少年提供青春期教育、领袖素质培养课程等。

三、青少年发展的辅导者和社会行为的倡导者

青少年社会工作者主要通过青春期教育、亲子关系辅导、人际交往训练、拓展训练、就业辅导、婚恋指导等服务内容,为青少年提供发展性辅导与支持;通过教育培训、行为倡导等形式,对青少年的社会行为进行倡导,从而引导、教育他们选择正向的社会行为。

四、青少年事务的管理者和参与者

青少年事务属于政府社会管理的范畴。青少年社会工作者是青少年事务的管理者和参与者。我国青少年事务主要包括:青少年政策与法律体系构建、发展规划制定、服务体系建设与管理、发展状况研究、成长环境建设、公民教育、对外交流等。对这些青少年事务的管理和参与,有利于促进青少年的健康成长和发展,也有助于维护社会稳定。作为管理和参与主体,青少年社会工作者可以通过参与各级政府部门、群团组织中的青少年事务的相关管理与服务工作,发挥直接管理和参与作用;通过倡导政策改变、社会教育、青少年研究等方式,推动青少年相关政策措施的制定和实施,发挥间接管理和参与作用。

五、青少年社会资源的获取者和链接者

青少年尤其是未成年青少年仍不成熟,需要社会工作者代为获得或者协助获得某些资源。这些社会资源包括有利于青少年发展的社会政策,有利于青少年生理发育的物质条件,有利于青少年健康发展的文化环境等。

青少年社会工作者可以通过政策倡导、资源整合、关系链接等形式,为他们提供获得这些社会资源的平台和途径。

六、青少年政策的倡导者

加强和改进青少年政策是保障青少年权益、促进青少年发展、推动青少年工作的重要措施。青少年社会工作者可以通过政策倡导对青少年政策发展施加积极影响,促进青少年政策的完善。同时,青少年社会工作者还是青少年政策的重要实施者。青少年社会工作中的很大一部分内容,如社区青少年社会工作、学校青少年社会工作、青少年社会工作行政、青少年社会工作研究等,主要就是推进青少年的整体福利,推动青少年政策的制定、执行和信息反馈以及政策修正。

第四节 青少年社会工作相关的法律与政策

法律与政策既是青少年社会工作实务开展的重要政策背景,也是社会工作实务开展的有力保障。了解、熟悉青少年社会工作相关的法律与政策,对为青少年开展服务、维护权益、获取资源等具有重要作用。

目前,我国青少年社会工作相关的法律与政策主要包括与青少年、社会工作相关的法律与政策。其中,青少年相关的法律政策包括专门保护未成年人的法律法规(单行法)、非专门保护未成年人但与未成年人内容有关的法律法规,以及关于某些青少年问题的社会政策或专项通知等。

一、青少年相关的法律与政策

(一)相关的法律法规

1. 单行法

目前我国与青少年社会工作直接相关的法律主要有四部:《中华人民共和国未成年人保护法》《中华人民共和国预防未成年人犯罪法》《中华人民共和国义务教育法》《中华人民共和国高等教育法》。其中,前两部主要针对未成年青少年的保护，后两部则是专门针对在学青少年教育的。

《中华人民共和国未成年人保护法》（以下简称《未成年人保护法》）是由第七届全国人民代表大会常务委员会第二十一次会议于1991年9月4日通过，1992年1月1日起施行；2006年、2020年分别予以修订，2012年予以修正。《未成年人保护法》包括总则、家庭保护、学校保护、社会保护、网络保护、政府保护、司法保护、法律责任和附则九章，共一百三十二条，明确了未成年人的保护原则和应享权利，构建起了严密的未成年人法律保护网。目前这是我国与青少年相关的最重要的单行法之一。

《中华人民共和国预防未成年人犯罪法》（以下简称《预防未成年人犯罪法》）是由第九届全国人民代表大会常务委员会第十次会议于1999年6月28日通过，1999年11月1日起施行；2012年予以修正，2020年予以修订。《预防未成年人犯罪法》包括总则、预防犯罪的教育、对不良行为的预防、对严重不良行为的矫治、对重新犯罪的预防、法律责任和附则七章，共六十八条。《预防未成年人犯罪法》是我国首部预防未成年人犯罪的专门立法，制定了较为细化的预防措施，突出强调了国家机关、人民团体、社会组织、企业事业单位、居民委员会或村民委员会、学校、家庭等的预防责任，构建了预防未成年人犯罪的立体网络。

《中华人民共和国义务教育法》（以下简称《义务教育法》）是由第六届全国人民代表大会第四次会议于1986年4月12日通过，1986年7月1日起施行；2006年予以修订，2015年、2018年分别予以修正。《义务教育法》包括总则、学生、学校、教师、教育教学、经费保障、法律责任和附则八章，共六十三条。《义务教育法》是目前我国与青少年教育相关的重要法律之一，确立了义务教育的公益性，以及素质教育、教育均衡两大发展方向，有效建构起了适龄儿童、少年接受义务教育的法律保障，对我国九年义务教育事业的发展起到了重要的推动作用。

《中华人民共和国高等教育法》（以下简称《高等教育法》）是由第九届全国人民代表大会常务委员会第四次会议于1998年8月29日通过，1999年1月1日起施行；2015年予以修正，2018年予以修改。《高等教育法》包括总则、高等教育基本制度、高等学校的设立、高等学校的组织和活动、高等学校教师和其他教育工作者、高等学校的学生、高等教育投入和条件保障和附则八章,共六十九条。《高等教育法》推动了我国高等教育事业的发展,并直接惠及接受高等教育的青少年。

2. 其他的法律法规

一些法律法规虽然不是专门针对青少年制定,但其内容部分适用于青少年,主要有《中华人民共和国宪法》《中华人民共和国刑法》《中华人民共和国刑事诉讼法》《中华人民共和国婚姻法》《中华人民共和国继承法》《中华人民共和国民法通则》《中华人民共和国传染病防治法》《中华人民共和国民事诉讼法》《中华人民共和国收养法》《中华人民共和国教师法》《中华人民共和国母婴保健法》《中华人民共和国劳动法》《中华人民共和国职业教育法》《中华人民共和国国防教育法》《互联网上网服务营业场所管理条例》《禁止使用童工规定》《城市生活无着的流浪乞讨人员救助管理办法》《中华人民共和国治安管理处罚法》《娱乐场所管理条例》《中华人民共和国残疾人保障法》等。

(二)相关的政策性文件

2017年4月,中共中央、国务院印发的《中长期青年发展规划(2016—2025年)》,是我国首部针对青年(14—35周岁)群体出台的中长期发展规划,也是青少年社会工作实务开展的重要参考性政策文件。该发展规划主要包括:序言、指导思想、根本遵循、总体目标,发展领域、发展目标、发展措施,重点项目,组织实施,对青年思想道德、教育、健康、婚恋、就业创业、文化、社会融入与社会参与、维护合法权益、预防违法犯罪、社会保障等方面的工作,进行顶层设计并提供了政策指引。

青少年相关的政策性文件还包括:《中小学幼儿园安全管理办法》《中小学生守则》《中学生日常行为规范》《关于办好工读学校的几点意见》《中共中央关于教育体制改革的决定》《中共中央关于改革和加强中小学德育工作的通知》《学校体育工作条例》《学校卫生工作条例》《民政部关于认真

贯彻〈中华人民共和国收养法〉的通知》《中国教育改革和发展纲要》《未成年工特殊保护规定》《中华人民共和国残疾人教育条例》《中共中央关于进一步加强和改进学校德育工作的若干意见》《面向21世纪教育振兴行动计划》《流动儿童少年就学暂行办法》《中共中央 国务院关于深化教育改革，全面推进素质教育的决定》《社会福利机构管理暂行办法》《中共中央办公厅 国务院办公厅关于适应新形势进一步加强和改进中小学德育工作的意见》《国务院关于基础教育改革与发展的决定》《基础教育课程改革纲要（试行）》《学生伤害事故处理办法》《国务院关于进一步加强农村教育工作的决定》《中共中央 国务院关于进一步加强和改进未成年人思想道德建设的若干意见》《中共中央 国务院关于进一步加强和改进大学生思想政治教育的意见》《教育部关于进一步推进义务教育均衡发展的若干意见》《关于加强孤儿救助工作的意见》《国务院关于建立健全普通本科高校高等职业学校和中等职业学校家庭经济困难学生资助政策体系的意见》《国务院关于做好免除城市义务教育阶段学生学杂费工作的通知》《关于预防和制止家庭暴力的若干意见》《国务院办公厅关于将大学生纳入城镇居民基本医疗保险试点范围的指导意见》《中共中央办公厅 国务院办公厅关于进一步净化社会文化环境促进未成年人健康成长的若干意见》《关于进一步加快特殊教育事业发展的意见》《教育部关于当前加强中小学管理规范办学行为的指导意见》《国家中长期教育改革和发展规划纲要（2010—2020年）》《中国儿童发展纲要（2011—2020年）》等。

二、社会工作相关的法律与政策

我国目前已经有许多与社会工作及其理念相关的法律法规和政策文件，如从《中华人民共和国宪法》《中华人民共和国劳动法》《中华人民共和国民法通则》《中华人民共和国婚姻法》《中华人民共和国残疾人保障法》《中华人民共和国妇女权益保障法》《中华人民共和国未成年人保护法》《中华人民共和国公益事业捐赠法》，到《中国注册志愿者管理办法》《城市生活无着的流浪乞讨人员救助管理办法》《社会团体登记管理条例》《社会福利机构管理暂行办法》等。

另外,《老年人社会福利机构基本规范》《残疾人社会福利机构基本规范》《儿童福利机构基本规范》《家庭寄养管理暂行办法》《国务院办公厅关于加强和改进流浪未成年人救助保护工作的意见》《关于加强孤儿救助工作的意见》《救助管理机构基本规范》《流浪未成年人救助保护机构基本规范》等政策文件,明确提出了引入社会工作专业制度、聘用专业社会工作者、提供规范优质社会服务的要求。

同时,《社会工作者国家职业标准》《关于开展社会工作人才队伍建设试点工作的通知》《社会工作者职业水平评价暂行规定》《助理社会工作师、社会工作师职业水平考试实施办法》等文件,直接推进了我国社会工作人才队伍建设的步伐。

三、青少年社会工作相关的法律与政策内容

(一)青少年教育

目前我国虽然没有以"青少年教育"为核心的法律与政策,但与青少年教育相关的法律与政策比较完备,内容也十分丰富,主要包括四个层面。第一,全面保障青少年的受教育权利,如《中华人民共和国义务教育法》《中华人民共和国高等教育法》《中华人民共和国职业教育法》等。第二,较为详尽地规定了青少年在各阶段应享有的教育权、接受教育服务的基本途径与具体待遇措施,包括义务教育、普通高中教育、高等教育、职业教育、成人教育、民办教育等相关的法律与政策。第三,重点强调了特殊青少年的受教育权利,如《中华人民共和国残疾人教育条例》等。第四,保障青少年活动的开展,如《2000年—2005年全国青少年学生校外活动场所建设与发展规划》《中共中央办公厅 国务院办公厅关于加强青少年学生活动场所建设和管理工作的通知》《教育部办公厅关于合理安排中小学生课余生活加强中小学生安全保护工作的通知》等。

(二)青少年司法保护

"司法保护"是青少年社会工作相关的法律与政策的重要内容。自《未成年人保护法》1992年施行以来,我国开始形成较为系统、专门的关于未成年青少年的法律法规体系,并在立法和法律适用上逐渐加强了对未成年青少年的司法保护,主要包括刑事司法保护和民事司法保护。相对而言,刑事司法保护的相关规定要比民事司法保护的相关规定更为体系化、全面化。

青少年司法保护相关法律与政策的内容主要包括以下几方面。

(1)预防青少年犯罪。包括事前预防和事后预防。事前预防是指在社会化的过程中预防青少年犯罪,事后预防是指对未成年青少年严重不良行为的矫正和预防重新犯罪。

(2)对受侵害的青少年的司法保护。主要包括从法律上明确要求家庭、学校及社会各方承担对未成年人的全面保护责任;针对未成年人的一些罪行,如"奸淫""猥亵""虐待""遗弃"等有明确规定,在司法实践中实行从重处罚;《中华人民共和国治安管理处罚法》中也有许多规定涉及对受侵害未成年人的全面保护等。

(3)对违法犯罪青少年的司法保护。对未成年青少年犯罪的处置,主要遵循教育为主、处罚为辅,预防为主、减少司法干预,从宽处罚等原则。其司法程序主要采用非司法处理方法,或者是由公安机关、教育行政部门处理,以有利于对有犯罪行为和不良行为的青少年的挽救和保护。基于保护原则,对实行监禁处置的犯罪青少年以教育改造为主要手段,并依法保障未成年犯的合法权益。

(三)青少年健康

根据青少年身心发展的特殊性,我国制定了一系列法律与政策对青少年健康予以特殊保护,以创设有利于其身心健康发展的良好环境。对青少年健康提供保护的相关法律与政策内容主要体现在以下几方面。

(1)家庭方面。主要内容包括保证青少年必要的物质生活条件、医疗保健条件,以健康的思想、品行和适当的方法教育和引导青少年养成健康文明的生活方式等。

(2) 学校方面。主要内容包括对青少年开展青春期教育、社会生活指导、心理健康教育、安全教育等;禁止对青少年体罚;减少课业负担,保证青少年的睡眠、娱乐和体育锻炼时间;加强学校卫生工作;保护学生视力等。

(3) 社会保护方面。主要内容包括建立和改善适合未成年人的活动场所,增强文化体育设施建设;整顿、清理图书报刊和音像市场,为未成年人创造良好的文化传播环境;禁止胁迫、诱骗未成年人进行有害身心健康的活动;设立救助场所,救助流浪乞讨等生活无着未成年人等。

(四) 青少年福利政策

青少年福利政策是指国家除在青少年的教育、劳动就业、住房、医疗卫生、社会保障等方面实行的有关政策外,针对青少年的生活、发展的需要提供的相应福利照顾和服务的政策。目前,我国没有专门的青少年福利保障相关的法律与政策,相关内容主要散见于现行的社会福利政策中,并与其他的青少年相关法律与政策交叉,共同发挥对青少年的保护与支持作用,主要包括以下几方面。

(1) 一般青少年的福利政策。主要包括个人辅导、休闲娱乐、矫治感化和特殊保护等政策。如《未成年人保护法》《关于减轻小学生课业负担过重问题的若干规定》《学校卫生工作条例》《国务院关于加强困境儿童保障工作的意见》《国务院教育督导委员会办公室关于开展校园欺凌专项治理的通知》等,对青少年的特殊保护进行了规定。

(2) 特殊青少年的福利政策。主要为孤残青少年、贫困青少年等特殊青少年提供福利保障的政策措施等,如《中华人民共和国残疾人保障法》《中华人民共和国残疾人就业条例》《中华人民共和国残疾人教育条例》等,对残疾青少年的救助进行了规定;《关于在农村留守儿童关爱保护中发挥社会工作专业人才作用的指导意见》,对留守群体的关爱保护进行了规定等。同时中国共产主义青年团中央委员会发起成立的中国青少年发展基金会对因贫困失学、不能完成义务教育阶段学业的青少年进行救助的相关规定,国家民政部门、慈善机构对遇到突发事件的青少年,城市居民最低生活保障制度对城市失业青年等也做出了救助与保障的相关规定。

本章小结

1. 以青少年为主要研究对象或与青少年相关性较强的理论主要包括霍尔的复演理论、埃里克森的心理-社会发展理论和自我同一性理论、沙利文的青春期人际交往理论、米德的青春期研究、弗洛伊德的精神分析理论、皮亚杰的认知理论、科尔伯格的道德认知发展阶段理论、班杜拉的社会学习理论、布朗芬布伦纳的生态系统理论等,此外还包括优势视角理论、社会支持网络理论等社会工作实务理论。这些理论为青少年社会工作提供了重要的分析视角与工作模式指引。

2. 青少年社会工作价值观与伦理是指以社会工作的价值观与伦理为基础,针对青少年发展的特殊性而秉持的专业价值理念、行为标准与准则。青少年社会工作的价值观主要有关于青少年、社会、专业三个层面。青少年社会工作伦理是价值观在具体实务中的体现,其重要的伦理原则主要包括保护、权利、主体性、发展性、关爱等。社会工作者在专业服务过程中会遇到一些伦理困境,需要遵循青少年社会工作伦理抉择原则与通用模式,做出恰当的伦理抉择。

3. 青少年社会工作者的职业角色主要包括青少年服务的提供者、青少年的重要支持者、青少年发展的辅导者和社会行为的倡导者、青少年事务的管理者和参与者、青少年社会资源的获取者和链接者、青少年政策的倡导者等。

4. 青少年社会工作相关的法律与政策主要包括青少年相关的法律与政策、青少年社会工作相关的法律与政策等,主要的政策内容包括青少年教育、青少年司法保护、青少年健康、青少年福利政策等。

主要概念

自我同一性（self-identity）

心理防御机制（psychological defense mechanism）

抗逆力（resilience）

青少年社会工作的价值观与伦理（adolescence social work values and ethics）

青少年社会工作者的职业角色（professional roles of adolescence social worker）

青少年福利政策（welfare policy for adolescence）

课堂讨论

案例 2-5

李某,男,十三岁,初二学生,性格较为内向,聪明,但学习成绩平平。家庭条件较为优越,父亲是正处级干部,母亲从事服装生意,二人均无暇管教他,委托保姆照顾他。初一下学期,李某迷上了网络,放学后常和同学一起流连于网吧,平均每天上网四个小时以上,有在网吧彻夜不归的经历,为此屡遭父母打骂。李某的逆反心理不断加剧,多次和父母发生言语冲突。据班主任反映,在校期间,李某情绪波动较大,学习态度消极。其父母曾先后聘请医学界、教育界人士对他进行治疗,但效果均不明显。

经过社会工作者将近三个月的努力,李某在生活上基本恢复正常,开始用功学习,成绩有一定幅度的提高,每周上网时间变为不超过两个小时,其父母也开始关心他,尤其是父亲,每天按时下班回家陪伴他学习,也没有再因考试成绩打他。[①]

[①] 案例引自安民兵:《青少年网络成瘾问题与社会工作的介入———一个典型个案研究》,《青年探索》2007年第2期。

1. 运用青少年社会工作相关理论分析案例中问题的形成原因。
2. 案例中青少年社会工作者可能承担的职业角色有哪些?
3. 案例中可能涉及的伦理困境与解决策略有哪些?

课堂活动

以小组(3—6人)为单位,用青少年社会工作相关理论结合自己的青春期经历进行分享交流,从中理解、体会并掌握青少年社会工作相关理论的主要概念和内容。

社会调查

1. 针对青少年社会工作实务进行调查,发现本土实践中的伦理困境,并提出解决策略。
2. 针对当前我国青少年福利政策的发展现状及实施状况进行调查,并撰写调查报告。

思考题

1. 如何将所学到的青少年社会工作相关理论应用于青少年社会工作实务?
2. 霍尔的复演论与米德的青春期研究有什么异同?
3. 皮亚杰的认知理论与班杜拉的社会学习理论是否可以同时应用在青少年社会工作实务中?
4. 青少年社会工作者应该如何把握自己的职业角色?
5. 相关法律与政策在青少年社会工作实务中有什么作用?

参考文献

罗肖泉:《青少年社会工作伦理议题》,《社会工作》2007年第1期。

〔美〕斯坦利·霍尔:《青春期:青少年的教育、养成和健康》,凌春秀译,人民邮电出版社 2015 年版。

聂阳阳主编:《青少年发展政策选编及评析(上)》,北京理工大学出版社 2012 年版。

聂阳阳主编:《青少年发展政策选编及评析(下)》,北京理工大学出版社 2012 年版。

王玉香主编:《青少年社会工作》,山东人民出版社 2012 年版。

郗杰英:《我国青少年事务与政策的理论与实践》,《中国青年研究》2003 年第 5 期。

第三章 青少年社会工作的实务模式

青少年社会工作实务模式包括通用过程模式与服务展开中应用的实务模式。通用过程模式将在以后章节中展开论述。服务展开中应用的实务模式是指在青少年社会工作服务过程中逐渐形成的，具有普适性的工作方法或体系，主要包括分析性治疗、行为治疗、支持性治疗、理性情绪治疗、家庭治疗、游戏治疗、艺术治疗等模式。这些实务模式产生于西方临床社会工作实践，也是当前我国青少年社会工作实务开展的常用工作模式。了解与掌握这些实务模式是顺利开展青少年社会工作实务的重要前提，也是取得良好效果的重要方法保障。

第一节 分析性治疗模式与实务应用

分析性治疗模式是指治疗者通过一系列方法和技术，帮助被治疗者了解、分析自身非适应性情绪或行为的根源与性质，从而达到领悟并改善症状表现的一种心理治疗方法。该模式主要以精神分析理论为基础，应用精神分析的相关原理与原则，主要采用普通面谈的方式，进行个别治疗或集体治疗。在青少年社会工作实务中，分析性治疗模式应用的重点在于对青少年问题的了解和分析等服务实施前期。以下将围绕两个案例对该模式进行分析。

案例 3-1

小成，男，十九岁，汉族，身高1.60米，体态适中，是某省会城市一所高职学校一年级学生。他家在该省一个地级市的市郊，家庭经济状况良好，母亲是家庭主妇，父亲为个体工商户，哥哥是本省一所普通高校大三学生。小成平时在生活中特别害怕"违逆"别人的意愿，待人做事小心翼翼，内心压抑着很多负面情绪。在宿舍里，他对室友的很多"不近人情，不能为自己考虑"的行为，感到非常不理解和愤怒，但又觉得自己不能有这些情绪，不能在背地里想别人的坏处、说别人的坏话，内心很冲突，最近半年出现了较为明显的失眠和头痛现象。[①]

案例 3-2

小静，女，二十四岁，已婚，大专学历，自幼就很少讲话，胆小，害怕见生人，在六岁时遭遇了陌生男人的强暴，更导致她性格孤僻、自卑、内向、固执、自尊心强。她来求助时自诉婚后夫妻感情不和，常因琐事与丈夫争吵，抱怨丈夫粗暴，厌烦性生活。一天，她给丈夫洗衣服时，发现衣服上有血迹，顿时感到恶心，便大洗自己的衣服和身体，但仍感到不洁。半年来，她的强迫症状越发不能控制，比如抄写材料时，发现有字歪斜，不合心意，就反复抄写至精疲力竭，再如莫名其妙反复洗手、反复检查门，走路总走右边。她自己觉得这些行为毫无意义，而且很可笑，但无法除去，因此内心十分痛苦。[②]

一、分析性治疗模式的理论基础

精神分析理论是分析性治疗模式的重要理论基础。该理论认为，个体

[①] 案例引自段好宁：《一例精神分析方法治疗社交焦虑障碍的咨询案例》，《经贸实践》2015年第14期，第18页，内容有改动。

[②] 案例引自梁兴、张秀琴：《精神分析法治疗强迫症13例报告》，《健康心理学杂志》2003年第3期，第194—195页，内容有改动。

的任何心理与行为都具有内在的含义和动机,许多意识到或意识不到的心理与行为都受到"潜意识"层面的本能、欲望、情结的影响。如果治疗者能够了解潜存于个体内心深处的这些动机因素,便会全面了解和把握个体的精神活动与心理,为针对性地制订专业介入计划奠定基础。如果能够协助个体了解潜存于自身内心深处的潜意识,实现特定潜意识内容的"意识化",那么个体便会正面应对和处理自身面临的心理困扰,改善其非适应性心理与行为。在案例3-1和案例3-2中,小成的社交焦虑和小静的强迫症行为实际上都有内心深处的潜意识根源,如果能对他们这些特定心理和行为背后的潜意识进行分析,就能够针对性地制订介入计划,消除这些负面影响的心理和行为。

(一)潜意识的形成主要源于个体的早期成长经历

精神分析理论认为,个体从出生开始,在不同的成长阶段具有不同的心理成长需求,如果某个阶段的心理成长需求没有获得满足,该阶段的心理发展便会遭遇挫折,造成一定的负面影响,一经累积,会影响后面成长阶段的发展。比如从出生到一岁左右的婴儿,正处于口腔期,如果在该阶段没有获得良好的照顾,没有形成舒适与安全感,就会形成对周围世界的不信任感和不安全感,容易出现怕生人、精神恐慌、害怕被遗弃等负性心理,甚至会对其成人之后的生活造成一定消极影响。在案例3-1中,小成从小就生活在一个充满暴力的家庭里,成长记忆总是伴随着暴力和恐惧。父亲、母亲、哥哥的脾气都非常火爆,父母经常激烈争吵甚至升级为暴力冲突。这些成长经历促成了他的社会交往特点。

(二)个体的人格由本我、自我和超我构成

精神分析理论认为,个体的人格由本我、自我和超我构成。"自我"是应对"本我"欲求、"超我"约束、外部环境压力的主要力量,个体的"自我"越成熟强大,其处理自身发展需求和各种问题的能力越强,反之则会形成相应的心理障碍及发展问题。在案例3-1和案例3-2中,小成和小静皆未能有效处理本我、超我、外部环境的压力,而出现了相应的心理障碍及行为问题。

在应对本我的本能要求、超我的严格约束、外部环境压力的过程中,自我会在无意识状态下使用种种心理防御机制来强大自身的功能。防御机制的适度使用可以增强自我处理问题的能力,但过度使用会造成相应的负性影响。如案例 3-2 中的小静,童年时遭遇不幸,她通过反复洗手、锁门等强迫性动作来消除内在的不洁感,实际上是一种自我确立安全感的病态性心理防御。

对于年龄较小的青少年而言,由于其自我还没有完全发展成熟,不能利用自我直接面对长期被潜抑下来的痛苦、冲突、尴尬等潜意识内容,无法承受这些潜意识内容"意识化"之后的心理冲突,因此不宜对其直接应用精神分析开展治疗。社会工作者可以使用投射测验、游戏等间接方法,对其潜意识内容进行分析和介入。

对于年龄较大的青少年来说,如果其能够面对潜意识"意识化"之后带来的心理冲突,社会工作者可以通过指导他们提升分析自身成长经历的能力,通过说明其幼年经历与目前面临问题的关系,来提高他们对其问题的了解,从而有针对性地促进自我适应与成熟。

二、分析性治疗模式的实务应用

在青少年社会工作实务中,分析性治疗模式的应用主要集中于对青少年问题的了解和分析以及对年龄较大的青少年的介入治疗。

(一)主要应用理念

该模式的主要应用理念为:沟通潜意识与意识,通过过去了解现在,即"前后""内外"全方位地了解青少年。

"前后"是指不仅了解青少年当前的问题,还要了解其家庭背景、亲子关系、成长经历,尤其要了解其幼年时期的心理发展历程以及对这些遭遇和刺激出现的应激行为等。"内外"是指不仅了解青少年呈现在外的言语、行为、情绪等,还要了解其长期潜抑下来的痛苦、情结、恐慌等。通过收集这些成长资料,可以全面了解青少年当前面临问题的形成过程与原因,引导他们实现部分深层潜意识的"意识化",促进其自我成熟和心理成长。

（二）分析性治疗模式的阶段

该模式大致包括三个阶段：鼓励服务对象诉说；与服务对象一起分析病史资料，促进其自我成长；巩固疗效，防止复发。

1. 鼓励服务对象诉说

社会工作者可以使用自由联想的方法，让青少年服务对象在安全、轻松的状态下，自由、毫无保留地回顾自己的幼年经历，其说出来的同时即情感宣泄。案例3-2中的小静经过了几次放松状态的自由联想之后，选择向社会工作者诉说自己曾经在六岁时遭遇一位成年男性强暴的经历，并泣不成声，情绪得到了宣泄。

2. 与服务对象一起分析病史资料，促进其自我成长

社会工作者可以使用解释、梦的解析、心情调节等方法，与青少年服务对象一起分析相关病史资料，处理其在该阶段的抗拒情绪与行为。① 社会工作者对青少年服务对象在诉说中呈现出来的一些潜意识内容进行分析解释，帮助其了解自身被潜抑的深层心理内容，如发掘其梦境的真正心理含义；帮助其处理过去的创伤、痛苦体验，通过陪伴与保护练习，以目前青少年服务对象应对能力为基础，让其重新面对该段经历，消除遗留积淀的负性心理影响。在案例3-2中，社会工作者让小静自由联想并对其梦境进行解析之后指出，正是早年遭遇的不幸事件，给她带来了心理创伤，造成她长期精神压抑、自责，并将内心深处的痛苦转移到其他事情上，比如用反复洗手来洗净自己的不洁感，用反复检查门来对抗不安全感。

3. 巩固疗效，防止复发

社会工作者与青少年服务对象一起回顾整个治疗过程，巩固服务对象获得的自我成长疗效，对结束服务后其要独自面对的问题等进行说明，使其对今后可能面对的一切做好心理准备，预防问题的复发。在案例3-2

---

① 在分析性治疗过程中，青少年服务对象经常会不愿意面对与处理自己的冲动、欲望、回忆等深层心理内容，出现"抗拒"现象。此种现象非常普遍，也常是服务对象面临问题的症结重心，因此处理"抗拒"现象是分析性治疗模式的关键工作内容。

中,小静通过治疗,宣泄了压抑的痛苦,了解了自身症状的真实原因,调整了心态,建立了新的行为模式,在服务结束一年后的随访中,社会工作者发现她的精神状态非常好,夫妻和睦,工作成绩突出,说明治疗取得了较好的效果。

(三) 了解潜意识资料的方法

1. 从重要他人处获得资料

对于青少年尤其是年龄较小的青少年而言,其自身提供的资料十分有限。因此,社会工作者可以从他们身边的重要他人那里获得资料,如通过父母获得青少年的发展史资料。

对于幼年时的发展经历,大部分青少年都没有准确记忆,因此主要靠其父母提供,比如几岁断奶、幼年受伤情况等。需要注意的是,由于青少年幼年经验主要还是集中于主观层面的经验,而非别人的客观描述,因此其父母提供的资料可供参考,但不能与青少年自身的实际经验完全等同。同时,父母的立场或亲身经验不同,其所提供的资料也具有差异性,社会工作者需要酌情使用这些资料。

2. 采用投射性技术获取

投射性技术是获取青少年尤其是年龄较小青少年潜意识资料的常用方法,主要包括投射测验、游戏、绘画、讲故事等。投射是指个体依据自己内心的情绪、想法、思维而解释外部情境,并认为外部情境就是如此的心理现象。比如,某个青少年有自卑感,就投射性地认为别人处处瞧不起他等。对于年龄较小的青少年来说,由于语言能力等自我发展水平的局限,他们不能全面表达内在的诉求、欲望和冲突,但可以通过测验、绘画、游戏等媒介得以展现。比较常用的投射测验如罗夏墨迹测验、主题统觉测验、房树人测验等都可以间接探究青少年的深层心理。同时,社会工作者还可以通过沙盘游戏、绘画、讲故事等方式,引导他们呈现潜抑于内心深处的心理内容。

3. 通过观察移情关系获取

移情也称情感转移,是指当被治疗者与治疗者关系密切时,被治疗者有时会将早年或当下生活中对重要他人的感受与情绪,投射到治疗者身上。由于移情的发生与当下的青少年社会工作服务关系并无直接关联,因而会在一定程度上造成感情上的牵扯,影响治疗过程。但移情关系的出现,恰恰为社会工作者提供了获取青少年内心潜意识或其他心理症结资料的机会。比如,在实务开展中,社会工作者并没有责骂青少年,但青少年却一直表现出害怕被骂或被处罚的样子,由此可以推测该青少年可能经常受到父母责骂,从而将其对父母的害怕情绪转移到与社会工作者的关系中。因此,经由对移情关系的观察,社会工作者可以更全面地了解青少年的深层心理,从而为后期的服务介入奠定基础。

第二节 行为治疗模式与实务应用

行为治疗模式是以行为主义理论为基础而形成的治疗模式,重点针对受助者的行为进行专业介入,通过改变受助者的行为达到问题的解决。对于青少年群体而言,行为治疗模式主要适用于对青少年某种异常或不良行为的训练,以建立其适应性行为、良好行为等。

案例3-3

霞,女,二十五岁,未婚,学生,没有其他躯体疾病或病痛残疾,以前没有接受过心理治疗或药物治疗。自诉感觉自己走路动作变形,特别是走路很不自然,当感觉别人注意自己,或在容易引起别人注意的场合时,问题会更突出。因此她尽量不出门,或尽量与别人一起走,认为"这样目标小一些";或者骑自行车出行,因为"骑车别人看不出来"。自述严重时"感到整个大厅里的人都注意我这个怪物,几乎要崩溃"。独处的时候问题会减轻或消失。该问题已经持续一年多了。①

---

① 案例引自刘兴华、钱铭怡:《社交焦虑障碍的认知行为治疗:案例研究》,《中国心理卫生杂志》2005年第6期,第432页,内容有改动。

案例 3-4

小军,男,二十二岁,未婚,大学一年级学生。他对别人清理咽部分泌物的咳嗽、强有力的擤鼻涕的声音特别敏感。每次听到这种声音便烦躁至极,非常紧张,并出现胸闷、心悸、出汗等症状,以致不能正常工作与学习。现在同班有一同学因患有慢性咽炎和鼻炎,每节课都多次发出这种声音,小军因此无法听课:"好像在受煎熬,根本不知道老师讲什么,想赶快离开这个班,非常痛苦。"他怀疑自己得了不治之症,很想调到别的班里去。①

一、行为治疗模式的理论基础

与精神分析理论强调模糊的潜意识不同,行为主义理论重点关注个体的外在行为。该理论认为,行为本质上是外显的心理,而心理是内隐的行为;人是一连串行为的复合体,环境是塑造行为的重要力量,个体行为的产生需要从外部环境中得到解释。

(一) 行为主义理论

行为主义理论的主要代表人为美国心理学家约翰·华生(John Watson)。他在巴甫洛夫条件反射学说的基础上创立了行为主义理论。他认为,任何行为都是经过学习而形成、更改、增加或消除,病态行为亦如此。只要明晰外部环境与行为之间的规律性关系,便能够根据环境刺激预知行为,或根据行为推断环境刺激,从而达到预测并控制动物或人的行为的目的。在他看来,只要改变环境,就可以相应地改变人的行为。例如案例 3-4 中的小军,他在听到别人的咳嗽、擤鼻涕等声音时出现的躯体紧张性症状,便与他高中时的经历和环境刺激有关。小军初中毕业被保送到省重点高中,入学第一次考试的成绩很不理想,心理压力非常大。在这种心理压力下,他与一个同学发生了矛盾并动了手。而该同学平时因鼻咽部不适经常咳嗽、

---

① 案例引自李宏珊:《想象系统脱敏治疗恐怖症 1 例》,《中国心理卫生杂志》1993 年第 4 期,第 179 页,内容有改动。

擤鼻涕等。此次冲突后,该同学每次遇到小军,都要夸张地发出这些声音,小军对此十分恼火,但又没有任何反击的办法。从此,他每次听到这种声音,心便紧缩一下,并且这种紧张的心理不断加重,严重干扰了他的学习。

(二) 操作性条件学习理论

伯尔赫斯·斯金纳(Burrhus Skinner)是操作性条件学习理论的重要代表,也是将行为主义理论引入社会工作领域,并演化成行为治疗模式的重要心理学家。他提出,个体可以通过行为操作影响外在环境,从而产生一定结果,结果的反馈会决定个体行为重复出现的可能性。简而言之,如果个体行为发生的结果是奖励,那么行为重复出现的可能性会增加;如果是惩罚,可能性则会减少。与行为主义理论相比较而言,斯金纳的理论强调了个体行为在条件反射链条中的主动性,因而在实务中更具解释力和操作性。对于青少年社会工作而言,该理论在家庭、学校、社会等场域都有广泛应用,尤其是在青少年偏差行为矫治方面具有非常好的应用效果。

(三) 社会学习理论

阿尔伯特·班杜拉的社会学习理论揭示了人类行为形成的另外一种重要机制,即认知对行为学习的重要作用。该理论指出,人并非像动物和机器一样机械地、被动地对外在刺激做出反应,而是主动地、选择性地做出相应改变。人的行为学习具有认知性,能够从认知层面通过观察和模仿而学到某种行为,因此认知是行为形成的重要因素。此外,该理论还认为,除了行为结果影响个体行为形成之外,个体对自己能否完成某一行为的能力推测和判断也是重要影响因素。当个体确信自己能够进行某种行为时,便产生较高水平的自我效能感,就容易实施该行为。

二、行为治疗模式的实务应用

行为治疗模式的应用重点是依据行为理论认定某项特定的行为单位,按其轻重程度,运用奖励和惩罚的方法,有程序地协助青少年形成或强化适应性行为,消除不适当或不良行为。该治疗模式对于认知发展处于"形式运算期"的青少年比较适用,尤其是有明显行为问题的青少年。

比较常用的行为治疗方法主要包括:放松训练法、相对抑制法、系统脱敏法、奖励增强法与惩罚消除法、自信心训练、角色扮演等。①

(一) 放松训练法

放松训练是行为治疗模式的常用治疗方法,也是其他治疗方法的基础。该方法认为,身体与心理如同硬币的两面,密切联系并相互影响,身体的放松会带来心理的舒适感,心理的紧张也会引发身体的紧张反应。因此,青少年可以学习一些身体放松的技巧,以减缓当其面临一些问题或情境时产生的心理紧张感和不适状态。身体的放松可以通过肌肉的放松而获得,青少年可以通过收紧、放松肌肉的过程来获得身体的放松,进而减缓心理紧张。

实际的操作方法为:首先让青少年将双手紧握成拳头,然后伸开放松,体会肌肉放松过程中带来的轻松感。随后,从头部开始依次将身体能够收紧-放松的肌肉——如头部(如咀嚼肌)、肩部、胳膊、双腿、双脚等进行放松,体会带来的放松感。在放松训练过程中,让青少年学会体验肌肉收紧与放松的区别,再经过反复训练,直至他们能够在日常生活中灵活使用该方法。比如某青少年被老师叫起来回答问题时常感到紧张,他可以通过收紧-放松全身肌肉来缓解紧张感。除此之外,还可以幻想一些轻松的事情或者通过深呼吸来加快放松。

案例3-4中的小军在行为治疗过程中,首先接受了肌肉放松训练。在社会工作者的指示下,他先体验了肌肉收紧-放松的感觉,然后闭上眼睛,进行身体主要肌肉群先收紧、后放松的训练。之后,小军在家里每天练习一次肌肉放松训练,每次十五分钟,以掌握放松技术。

(二) 相对抑制法

相对抑制法的基本假设为:一个人无法同时发生两种相对抗的情绪,

---

① 曾文星编著:《青少年心理》,中文大学出版社2004年版,第130—135页。

比如生气又平静、难过又高兴等。因而当一个人出现某种不适当或不良情绪反应又想去阻止时,可以使用相对抑制法,通过幻想一些可能引起好情绪的情境来阻止不适当或不良情绪的出现。例如,当一个青少年听到同学骂人的话很生气时,可以幻想跟朋友到游乐场玩,用在游乐场轻松自在的情境来刺激产生愉悦情绪,进而抑制生气情绪的产生;当因父母吵架而心情低落时,他可以通过收听、哼唱一些欢快的歌曲产生愉悦感,摆脱低落情绪等。

(三) 系统脱敏法

系统脱敏法是在放松训练和相对抑制法的基础上发展起来的行为治疗方法,主要是诱导被治疗者缓慢地、逐层级地暴露在引发焦虑或恐惧的情境中,与此同时帮助被治疗者通过一系列心理放松的方法来对抗这种焦虑或恐惧,从而达到逐渐削弱甚至消除该情境刺激与焦虑或恐惧反应之间的联系,达到消除焦虑或恐惧的治疗目的。该疗法可以用来治疗以焦虑和恐惧为主的行为障碍,如恐怖症、强迫症,或青少年的其他任何不愿意发生的心理和行为反应,如对老师的害怕、对游泳的恐惧、对黑暗空间的恐慌、对人际交往的焦虑等。该疗法主要内容是依等级逐步处理不同程度的焦虑和恐惧,实施过程主要包括放松训练、想象脱敏训练、现实脱敏训练。建立适切的焦虑或恐惧等级是实施该疗法的重要技术环节。依据实施过程的区别,该疗法还产生了许多变式,如快速脱敏法、接触脱敏法、自动化脱敏法、情绪意向脱敏法等。

案例3-4中的小军便是通过系统脱敏法消除了对擤鼻涕等声音的恐惧。在治疗过程中,治疗师将小军的恐惧心理分为十级,由级别最轻的"晚自习时,听到陌生人鼻子里发出的连续喷气声",到级别最重的"与'他'(指与小军发生过冲突的高中同学)在大树下相遇,'他'的鼻咽部又发声了"。经过八次治疗,小军终于消除了对这种声音的恐惧心理。

(四) 奖励增强法与惩罚消除法

奖励增强法与惩罚消除法是依据条件反射的原理来增强或消除某项行为发生的方法。即当青少年出现好的行为表现时,马上给予一定奖赏,以增强该行为反应的继续发生;而当青少年出现不良行为表现时,则给予一定惩罚,以避免该反应的再次发生。奖励主要包括给予财物、口头夸奖、颁发奖章、代币等,惩罚包括口头上的批评或责骂、罚站、剥夺享受或权利等。需要注意的是,给予的奖惩要与行为的发生具有时间上的接近性,如果相隔时间太长,会减弱其对行为的改变作用;奖惩的程度也要与希望再发生或不再发生的行为形成适当的比例关系,比如对青少年需花很大精力去完成的行为,要加大奖励;不太费力就能完成的行为,则奖励少些。在对青少年的行为进行奖惩时,要把理由说清楚,这样会增强奖惩对行为的塑造效果。此外,奖惩施行是否具有一致性,如父母对青少年某项行为的奖惩、口头上与现实实施的奖惩是否一致,也会直接影响对行为的塑造效果。

（五）自信心训练

自信心训练主要是用于培养个体坦率、真诚、直接表达自己的情感和想法,以增强对自我的信心,从而在人际交往中做出恰当反应的方法。该疗法非常注重行动的作用,认为只要积极行动,便会达到期望行为形成的结果。比如不敢当众讲话的青少年在众人面前练习大声喊叫,经过多次练习就可快速建立自信心,从而不再害怕当众讲话等。案例3-3中的霞在接受行为治疗的过程中,便按照治疗师的建议,每周至少两次走进感觉焦虑的场所,每次至少三十分钟。在自己感觉走路不对劲的时候,观察是否有人注意自己。通过反复练习,霞的自信心有所提高、社交焦虑有所降低。因此,行为训练辅之以认知辅导,可以有效地提升青少年服务对象的自信心。

（六）角色扮演

角色扮演是通过让青少年扮演某种角色学习某种行为,进而再将该行为实践于现实生活的方法。比如,某个青少年不知道如何应对不讲理的同学,可以先让别的同学表演示范,然后让其模仿以学习应对技巧,再应用于现实生活;对求职面试感到紧张无措的大学生,可以让其反复模仿练习求职面试过程,形成熟练应对面试的行为等。

总而言之,行为治疗方法的重点是利用行为学习的原理与技巧,帮助个体改变非适应性或不良行为,其过程不需要太多的讲解与说服,主要是注重行动训练。社会工作者只要选择青少年服务对象具体需要改变的行为和适当的方法,进行行为改善和塑造便可以了。在实施行为治疗时,需要注意两点:第一,治疗的适用性。当青少年具有明显的、可观察到的非适应性行为,需要纠正或更改时,可以考虑行为治疗,如上课常迟到、喜欢说谎、重复性地想害怕的事情等。第二,适当强化青少年的改变动机。结合认知辅导,使青少年懂得为何要开展行为学习,会更有助于取得治疗效果。

第三节 支持性治疗模式与实务应用

支持性治疗模式是一种以"支持"为主的特殊心理治疗方法。由于该模式不分析服务对象的潜意识,而主要是支持、帮助他们去适应目前所面对的现实,故又称非分析性治疗。青少年群体具有一定的弱势性,在遇到问题时需要获得更多的支持,因而该模式在青少年社会工作中被广泛应用。

案例 3-5

丽丽,女,某高校的大学生,来自河南省一个偏僻的农村,家庭经济状况较差。母亲和外婆有精神病史,十二岁时父母离异,父亲再婚后继母生了一男一女。丽丽性格内向、胆小、敏感、多疑。上大学后非常自卑,没有朋友,陌生的寝室令她害怕,她常常失眠、情绪低落,觉得自己是个累赘,甚至产生自杀的念头。[1]

一、支持性治疗模式的理论基础

支持性治疗模式是指社会工作者采用启发、解释、鼓励、支持等方法,帮助青少年服务对象挖掘自身潜能,提升其克服困难的能力,促进其自我

---

[1] 案例引自杨树君:《走出抑郁阴影的女大学生——运用支持性心理疗法矫治抑郁症的案例》,《吉林华侨外国语学院学报》2009 年第 2 期,第 9 页。

成长和身心健康的治疗方法,该模式的目标是在青少年的人格基础上保持或重建可能达到的能力。该模式是一种基本的社会工作实务模式,具有广泛的适用性,可以同时与其他模式配合使用。

支持性治疗模式的理论基础主要为人本主义心理学和应激理论。

（一）人本主义心理学

以亚伯拉罕·马斯洛(Abraham Maslow)、卡尔·罗杰斯(Carl Rogers)为代表的人本主义心理学尊重个体需求,强调创造条件促进个体的自我成长。该理论认为,个体出现的各种心理问题主要源于其需求不能得到满足,只要给予充分的支持环境,个体便会自我成长,达到自我实现。比如案例3-5中的丽丽,只要在社会工作者的协助下,给予她一个充分的支持环境,她便有能力摆脱抑郁情绪,获得一定程度的自我实现。

（二）应激理论

应激理论认为,人在一生中都有可能遭遇环境的改变,如失恋、失业、亲人去世等,这些变化可能给个体带来身体和心理的受挫反应。这些环境和问题都是应激源,会引发个体的焦虑、抑郁等一系列应激反应。一般而言,个体应激反应的大小,与应激源的严重程度、支持源的多少、个体对挫折的看法、应对困难的潜在能力等有着密切的关系。当青少年服务对象面对严重的心理挫折或心理创伤,如发现自己患了绝症而无法医治,面对亲人受伤或死亡等意外事件时,可能难以承受,无法控制自己的感情,精神几乎崩溃,感到手足无措,需依靠别人的"支持"来渡过心理上的难关。此时社会工作者可以提供不同形式的支持,帮助其应对危机,消除症状和痛苦。在案例3-5中,在丽丽十二岁时父母离异,父亲再婚,继母又生了一男一女。在面对这些环境变化时,由于缺乏他人的支持,她的抑郁、敏感等应激反应无法得到化解,使她形成了内向、胆小、多疑的性格。到了大学后,丽丽再次遭遇了环境的改变,她的抑郁倾向更加严重,甚至产生了自杀的念头。社会工作者可以采用支持性治疗模式帮助她摆脱抑郁情绪。

二、支持性治疗模式的实务应用

由于青少年在生理、心理、社会性发展上具有过渡性特点，因此支持性治疗模式具有较大的适用性，尤其适用于那些面临生活危机的青少年，主要包括：遭遇严重挫折或心理创伤，面临精神崩溃，需要依靠他人的支持和帮助以渡过心理难关的青少年；患有各种身心疾病或严重躯体疾病，缺乏信心、悲观失望，甚至有自杀倾向的青少年；在学习、工作、生活环境中长期存在紧张、压抑、焦虑、抑郁等不良情绪的青少年；患有焦虑症、强迫症、抑郁症、失眠症等各种神经症的青少年。

（一）支持性治疗的基本技术

支持性治疗模式主要以提供支持为主，辅之以解释、建议、指导、环境改善等方法，一方面协助青少年应对危机，渡过难关；另一方面发掘青少年潜能，督促其获得自我成长。支持性治疗的基本技术主要包括以下几方面。

1. 倾听

遭遇挫折的青少年通常情绪焦虑、低落，需要向别人诉说并释放情绪。社会工作者需要积极关注他们的情绪状态，认真倾听他们的诉说，消除他们的顾虑和孤寂感，并取得他们的信任。如案例3-5，在第一次会谈中，社会工作者认真倾听丽丽的诉说，并给予积极的关注，真诚地与她建立了可信赖的服务关系。丽丽将自己无助、焦虑、孤独的负面情绪都宣泄了出来，精神也放松了许多。

2. 解释与建议

在建立良好专业关系的基础上，社会工作者可以采用通俗易懂的方式对青少年提出的问题进行解释，并提供解决问题的建议。在案例3-5中，社会工作者帮丽丽分析了家庭现状，使她意识到父亲是爱自己的，是可以依赖的，因而她的家庭归属感有所增强。社会工作者发现她的文笔不错，建议她向校报投稿。当稿件刊登后，丽丽也开始有了自信。

3. 鼓励与保证

社会工作者在倾听的过程中,要及时回应青少年服务对象,对其潜在的优点、长处进行鼓励,从而提升其自我认知,增强其应对危机的信心。与此同时,社会工作者还要为青少年服务对象提供承诺和保证,确保在服务的过程中持续提供支持。应注意的是,保证一定要适当,具有可行性。

4. 情感释放

社会工作者应为青少年服务对象提供情绪宣泄的机会。情感释放最好在服务早期进行,以利于社会工作者更好地了解青少年的内心世界,获得信任,但反复、过度的情感释放并无益处。如案例3-5,当丽丽第一次见到社会工作者时,便在倾诉的过程中宣泄了自己的负面情绪,脸上也有了笑容,这为今后服务工作的开展提供了良好的基础。

5. 善用资源与促进环境改善

社会工作者要善用资源,这既有利于协助青少年服务对象应对当前的危机,也有利于其长远发展,使其在今后的生活中积极应对危机。社会工作者可以帮助青少年服务对象反思自身拥有的内在和外在资源,鼓励他们主动寻求家人、朋友等的支持和帮助。在案例3-5中,社会工作者劝导丽丽去医院,医生确诊其患有抑郁症,并开了口服药。然后,社会工作者充分调动了她所在学校及家庭的资源,比如请英语老师上课时多关注她,多提问、多表扬;请她的父亲经常给她写信,请她的继母给她做衣服等。在老师、父母的关爱中,丽丽的抑郁症状逐渐减轻。

(二)支持性治疗的基本原则

社会工作者在青少年社会工作实务中应用支持性治疗模式时,需要遵循以下原则。

1. 注意支持与启发的平衡

在应用支持性治疗模式时,社会工作者需要结合青少年服务对象的心理发展程度,注意支持与启发的平衡。对于年龄较小的青少年,可以多些支持,适当给予启发。对于年龄较大的青少年,则要在提供支持的基础上多启发,以帮助其获得自我成长。在案例 3-5 中,丽丽向社会工作者诉说了自己的烦恼,社会工作者便使用启发的办法,帮助她拓展思路,鼓励她依靠自己的力量解决了这些问题。

2. 发挥良好专业关系的作用

在应用支持性治疗模式的过程中,社会工作者要与青少年服务对象建立良好的专业关系,这本身就是一种重要的支持。在案例 3-5 中,社会工作者与丽丽建立了良好的专业关系,其所提供的许多支持和协助也十分有效。

3. 善用家庭关系与环境因素

在应用支持性治疗模式时,社会工作者应注意调动青少年服务对象的家庭资源为他们提供支持;同时,还应注意减除环境中的困难或障碍,这也是一种环境支持。在案例 3-5 中,社会工作者便调动了丽丽的学校、家庭资源,使她获得了更多的环境支持。

4. 提供青少年所需的知识与经验

在应用支持性治疗模式时,社会工作者应多提供一些青少年服务对象需要的知识,如关于青春期发育、人际交往、婚姻恋爱、职业发展等方面的内容。同时,也可以分享一些自己的成长经验,以更好地促进他们的自我成长。在案例 3-5 中,社会工作者为丽丽提供了许多信息和建议,鼓励她对某些事敢于说"不",最终协助她提高了自我认知能力和自信心。

第四节 理性情绪治疗模式与实务应用

理性情绪治疗模式是美国心理学家阿尔伯特·埃利斯(Albert Ellis)于 1955 年创立的治疗方法,是认知治疗模式的一种。由于在治疗过程中经常结合行为治疗,因而又称为认知行为治疗方法。该模式主要以 ABC 理论为基础,重点针对个体由于非理性认知而带来的情绪和行为困扰开展治疗。情绪问题是青少年群体面临的主要困扰之一,因而该模式在青少年社会工作实务中的应用非常广泛。

案例3-6

周某,女,二十三岁,未婚,某大学硕士研究生二年级,性格较内向,朋友不多。她的养父母是农民,家庭经济状况较差,初中以前被寄养在爷爷奶奶家,但养父母对她一直比较疼爱。小学四年级时,周某曾遭遇过爷爷猥亵自己的恐惧经历,自此只要奶奶不在家,都要等爷爷睡着了才敢睡。她对学习成绩比较看重,时常担心自己考不好,对不起养父母。高中、大学期间,周某都有过因为没考好情绪低落、反复发作的经历。近期,由于在一次研究生会会议中,她不善于发表观点,因此感到自己什么都不会,于是情绪低落复发,时常落泪,深受困扰。①

案例3-7

李某,女,十六岁,高一学生,独生女,父母为地质学家,家庭和睦,家族无精神病史。李某从小随父母在小县城生活,从幼儿园开始就接受全托教育,小学和初中阶段成绩优异,活动能力强。从高一开始,李某被父母送到大城市的叔叔家,在当地的一所名校就读。她自诉到了大城市后,对许多课程都感到陌生,第一次考试排在班里倒数第五名,由此受到打击,情绪低落、焦躁不安、失眠、无助、自卑,感到非常痛苦。②

一、理性情绪治疗模式的理论基础

(一)人性观

理性情绪治疗模式对于人的本性具有独特的看法,认为:人具有一种生物学和社会学的倾向性,同时具有非理性和理性的倾向性;理性是个体成长的重要保障,非理性则容易导致个体产生情绪问题;人的思维、情绪、行为三者同时共存,相互影响,情绪是伴随着人的思维产生的,人的思维主

---

① 案例引自林玛:《一例关于研究生抑郁情绪困扰的案例报告》,《社会心理科学》2013年第7期,第111—112页,内容有改动。
② 案例引自史明、王睿、陈静:《应用合理情绪疗法咨询心理问题一例》,《校园心理》2011年第4期,第279—280页,内容有改动。

要借助语言进行,情绪困扰是非理性的内在语言持续的结果。

综合而言,理性情绪治疗模式认为,人的情绪困扰主要来自自身的非理性观念,而这些非理性观念又体现为以语言为中介的内在思维。案例 3-6、案例 3-7 中的周某、李某,便是由于对自我形成的非理性观念影响了情绪,产生了抑郁、焦虑、无助等困扰。

(二) ABC 理论

ABC 理论是理性情绪治疗模式的主要理论基础。"A"指诱发事件(activating event);"B"指信念(belief),即个体对遭遇事件的看法、解释和评价;"C"指情绪及行为的后果(consequence),即个体遭遇事件之后出现的各种情绪和行为。人们通常认为,人的情绪和行为是由诱发事件 A 直接引起的,但 ABC 理论认为,A 是 C 的间接原因,而 B 才是 C 的直接原因,即人们对事件的看法、解释和评价直接导致了人们的情绪和行为,遭遇的事件仅是一个诱发因素。

(三) 理性信念和非理性信念

ABC 理论将人们的信念主要分为理性信念和非理性信念。其中,理性信念会使个体形成对事物的适当情绪反应,而非理性信念则容易导致个体出现不适当的情绪反应。当人们坚持某些非理性信念时,便会长期处于不良情绪中,最终导致情绪障碍的产生。

理性信念与非理性信念具有各自的要素和特征,具体见表 3-1 和表 3-2。

表 3-1 理性信念与非理性信念的要素分析表

理性信念	非理性信念
希望有	强迫性的
并不可怕	可怕的
高挫折忍受力	低挫折忍受力
接受	责难与自贬

表 3-2 理性信念与非理性信念的特征分析表

理性信念	非理性信念
弹性	绝对化
合逻辑	过分概括化
与事实一致	与事实不一致
协助达致健康的目标	阻碍达致健康的目标

与理性信念相比,非理性信念的语言经常包括"一定""绝对""必须""应该"等强迫性的词语,如"我希望得到工作升迁,因此我必须要得到它","我不喜欢被同学嘲笑,因此他们一定不可以嘲笑我"。当没有获得期望中的结果时,会认为"非常可怕""可恶""将是世界末日"。正是因为认为这个结果非常"可怕",持有非理性信念个体的挫折忍受力会比较差,经常责难与自贬,认为"我无法承受""我会崩溃""那是无法忍受的",从而出现非适应情绪和行为。

案例 3-6 中的周某持有的非理性信念呈现出绝对化、不合逻辑的特征。她认为"父母选择将我送给别人,是因为他们意识到我很没用""即使养父母把我养大也不会喜欢我""爷爷侵犯我不是他的问题,而是我的错"等。这些非理性信念使她的精神长期受到压抑,产生被遗弃感,自我评价不高,一旦遇到没考好、表现不佳等涉及自我评价的事件,便认为自己没用,从而引发抑郁情绪。

案例 3-7 中的李某在小学、初中时一直学习成绩优异,对自己要求也严格,凡事争第一,认为自己"应该"考第一。但到了大城市的高中之后,由于考试成绩排名靠后,自信心受到严重打击,认为考不好是"糟糕至极"的事情,从而引发情绪问题。

总而言之,理性情绪治疗模式认为,个体出现的情绪障碍主要是由其持有的不合理信念造成的,因此需要帮助个体以合理的信念代替不合理的信念,从而减少不合理信念带来的负性影响,最终减少或消除情绪障碍。

二、理性情绪治疗模式的实务应用

（一）治疗过程

理性情绪治疗模式的重点是对被治疗者的不合理信念进行治疗，主要包括四个治疗阶段。第一，向被治疗者介绍 ABC 理论，指出其非理性信念；第二，指出被治疗者受情绪困扰主要是由自身的非理性信念所导致的，被治疗者自己应当负责任；第三，通过与非理性信念辩论等方式，帮助被治疗者认清其信念的不合理之处，使其产生认知改变；第四，帮助被治疗者学会以理性信念进行思考，并形成新的适应性情绪和行为。其中最重要的是第三个阶段，即被治疗者的认知改变阶段。社会工作者需要引导青少年服务对象反思自己的认知特点，发现自己思维方式中的非理性之处，通过反复的辩论使其认识到这些非理性信念的不合理性，并学习使用理性信念进行认知和思考，进而用理性信念代替非理性信念。

在第三个阶段，为了更有效地促进青少年服务对象的认知转变，社会工作者还可以通过布置认知性作业（阅读有关理性情绪治疗的文章、填写理性情绪治疗模式的自助量表、将自己与非理性信念辩论的过程写下来、对自我进行合理分析等），或者开展放松训练以强化效果；也可以借鉴行为治疗模式的一些方法，通过行为训练来改善青少年服务对象的自我认知。

理性情绪治疗模式的应用过程被简称为"ABCDE"。其中，"A"是指诱发事件，"B"是指信念，"C"是指情绪及行为的后果，"D"是指和非理性信念辩论（debate），"E"是指新的认知带来的影响，表示介入的效果（effect）。[①] 在案例 3-6 中的 D 阶段，社会工作者引导周某形成了"父母选择把我送给别人，不是我的问题，只是事情发生在我身上而已""养父母养我，也会疼爱和喜欢我""爷爷不应该侵犯我，他做错了，但是我选择原谅他"等理性信念，周某按照社会工作者的指导完成了相应的合理认知练习作业，获得了较好的治疗效果。

---

① 季小天：《理性情绪疗法干预青少年吸毒认知的研究——以武汉 H 未成年人强制隔离戒毒所 L 为个案》，《中国青年研究》2018 年第 1 期。

（二）应用原则

（1）考虑到不同年龄阶段青少年的认知发展程度。青少年的年龄跨度较大，对于认知发展水平不高、年龄较小的青少年，不适宜应用该治疗模式。

（2）改变青少年服务对象原有的非理性观念，提供不同视角的反思。青少年期是个体发展的重要阶段，社会工作者需要给予正向的观念，提供多维度分析的方法，以帮助青少年树立理性信念，形成适应性的情绪和行为。

（3）注重纠正青少年服务对象的非理性态度。社会工作者需要随着青少年认知的改变来不断纠正他们的非理性态度。

（4）布置具体的行为治疗"作业"。社会工作者可辅助结合一些行为治疗方法，布置相应的"行为改变作业"，以促进青少年服务对象改变非理性信念。

第五节 家庭治疗模式与实务应用

在青少年社会工作实务中，家庭治疗模式是经常使用的方法。家庭治疗模式从系统论视角出发，将家庭看成一个整体，认为个人的问题只是表象，家庭的问题才是导致青少年个人问题的真正原因，主张通过多元化、多层次的家庭介入解决家庭问题，最终解决青少年个人的问题。

案例 3-8

阿天，男，十六岁，三年前开始沉迷网络，经常不回家，初二时被开除学籍，已经一年多没有上学了。父亲因为工作关系一直与儿子交流较少，代沟十分明显。对阿天的家庭教育一直由其母亲承担，母亲的宠爱使阿天缺乏责任感、独立性和判断力。阿天在与朋友交往过程中接触了网络游戏，结果网络成瘾并离家出走。[1]

---

[1] 案例引自卓彩琴、招锦华：《青少年网络成瘾的家庭治疗策略分析——基于三个典型家庭治疗案例的质性研究》，《河南社会科学》2008 年第 1 期，第 85 页，内容有改动。

案例 3-9

小华，男，十五岁，初二，家境富裕，是家中独子，自小娇生惯养。十岁时父母给他买了电脑。小华在小学时成绩名列前茅，善用电脑进行学习。上初中后，小华在学校住宿，由于自理能力差，不会处理与同学的关系，成绩变差，小华开始失去学习兴趣，迷恋网络游戏。最近每天上网时间超过十小时，成绩急剧下滑，在游戏上花了很多钱。[①]

一、家庭治疗模式的理论基础

家庭治疗模式主要包括结构家庭治疗和联合家庭治疗，它们分别有不同的理论基础。

（一）结构家庭治疗模式的理论基础

受结构功能主义理论的影响，结构家庭治疗模式把家庭看作一个系统，而家庭成员则是家庭系统中的基本元素。家庭成员与家庭之间具有相互影响的关系。家庭其他成员的变化会影响青少年，青少年的变化也会带来家庭关系的变化，进而影响其他家庭成员。比如，父母经常吵架，甚至要离婚，导致青少年出现抑郁情绪；青少年由于没考好，将自己锁在房间，导致家庭气氛很差等。

从宏观角度来看，家庭系统之下还会产生家庭次系统，如父母次系统、亲子次系统等，这些次系统之间以及与家庭系统之间相互影响。在案例 3-8 中，阿天的家庭中便出现了母子次系统的纠缠和父子次系统的疏离，导致阿天在性格形成过程中缺失父亲的性别角色教育，没有学到对社会的责任感，缺乏自制力、辨别力，易受人影响。对青少年家庭结构的分析需要探讨其家庭中的次系统、家庭边界、家庭成员的角色与责任分工、权力结构等，从而明晰其面临的问题与其家庭之间的关系，进而制订介入计划。从时间

[①] 卓彩琴、招锦华：《青少年网络成瘾的家庭治疗策略分析——基于三个典型家庭治疗案例的质性研究》，《河南社会科学》2008 年第 1 期，第 86 页，内容有改动。

维度来看,对青少年家庭结构的探讨还包括对其家庭生命周期(形成期、发展期、扩展期、完成期、解体期)的分析。

(二)联合家庭治疗模式的理论基础

联合家庭治疗模式主要以维吉尼亚·萨提亚(Virginia Satir)的理论为基础,同时又吸收了存在主义、人本主义等理论的观点。

萨提亚认为,人性是积极而独特的,只要给予适当的环境,人性的积极性、独特性就会真正发挥出来。[①] 家庭是个人生存的重要环境,个人与家庭的关系非常密切,良好的自我价值观能够带来良好的个人行为以及健康的家庭,而负面的自我价值观则会导致个人的自我贬低以及家庭发展的困难。萨提亚从系统的视角来看待家庭,认为家庭成员之间的互动构成了家庭,家庭是家庭成员非常重要的成长基础。家庭成员产生个人问题在很大程度上与家庭系统有关。[②]

在案例 3-9 中,父母的溺爱使小华缺失了独立性和抗挫折能力,小华内心比较脆弱,当遇到学习和人际交往的挫折时,便寻求网络慰藉,形成网瘾。由于父母只关心小华的物质生活,不太注重他的想法和情感,因此他不善于也不愿意向父母表达自己的内心想法,其家庭沟通模式无效。所以,要介入小华的网瘾问题,必须对其家庭成员的沟通模式进行改善。家庭系统分为开放与封闭两种类型,相对来说,开放性家庭系统对家庭成员个体及其家庭系统整体具有更多积极影响。

此外,萨提亚还从人本主义理论出发,强调人的类本质,注重通过关系分析达致对个人成长的推动[③],更看重"你和我",而不是"你或我"。本着以人为本的信念,她在进行家庭治疗的过程中,尊重并灵活运用不同取向的治疗方法,因而其联合家庭治疗模式取得了显著的治疗效果。

家庭治疗模式的基本观念主要包括:以家庭为着重点、全程采用系

---

① 〔美〕维吉尼亚·萨提亚等:《萨提亚家庭治疗模式(第二版)》,聂晶译,世界图书出版公司 2019 年版,第 3—5 页。
② 同上书,第 3 页。
③ 同上书,第 7—9 页。

观念、重点以人际关系来开展问题探讨。[①]

（1）以家庭为着重点。家庭治疗模式强调以全体家庭成员为治疗中心，通过家庭整体的改善进而解决青少年个人的问题。父母关系不良会引发青少年的情绪问题；青少年个人问题是家庭问题的外在表现，比如父亲在家庭中的缺位，使得母亲将自己的精力全部集中于子女身上，进而导致青少年被溺爱而形成行为问题；青少年个人问题引发家庭问题，比如青少年子女患有精神疾患，导致家庭生活气氛不良等。社会工作者需要仔细分析青少年个人问题与家庭问题之间的关系，进而制订、实施有针对性的介入方案。在案例3-8和案例3-9中，社会工作者便以他们各自的家庭为重点，采取了结构家庭治疗模式和联合家庭治疗模式，对他们网络成瘾问题进行介入。

（2）全程采用系统观念。家庭治疗模式主要以系统论为视角对家庭进行分析评估，并提供服务。在分析评估时，社会工作者需要采用系统观念来了解家庭关系、家庭结构及其对青少年的影响。在服务介入时，社会工作者也需要通过推动家庭部分的变动，逐渐引起整个家庭的变化，直至改善青少年的个人问题，这个变化需要在一定时间范围内，形成横向和纵向的系统联动。在案例3-8中，社会工作者鼓励阿天与父亲多沟通，推动其父亲多承担家庭任务，通过整体家庭的变化，进而解决阿天的问题。

（3）重点以人际关系来开展问题探讨。人际关系是评估和改善家庭问题的重要视角。家庭里的任何问题都可以从人际关系的角度来分析，服务介入也需要以人际关系为单位来实施。对家庭人际关系的分析，主要包括各成员之间如何来往、沟通、扮演角色、保持联盟关系、保持某种情感关系、是否有适当的距离等。在案例3-9中，社会工作者引导小华及其父母发现旧有人际沟通模式的低效性，并鼓励他们共同努力建立和完善新的人际沟通模式，为小华网瘾问题的解决奠定了良好的基础。

[①] 曾文星编著：《青少年心理》，中文大学出版社2004年版，第146—148页。

二、家庭治疗模式的实务应用

（一）治疗过程

家庭治疗模式的应用过程主要包括接触期、转变期、巩固期。在接触期，社会工作者主要应与家庭建立信任关系，观察家庭互动情况，并与青少年服务对象进行沟通。在转变期，社会工作者主要运用专业理念和方法帮助青少年服务对象认清自我，并推动整个家庭的改变。在巩固期，社会工作者主要是巩固已取得的治疗效果，并在此基础上结案。

具体而言，结构家庭治疗模式的工作重心主要是从家庭结构的视角对家庭问题进行分析，进而解决家庭和个人的问题。该模式的应用大致包括进入、评估和介入三个阶段。在进入阶段，社会工作者需要进入有问题的家庭，了解、熟悉其规则及人际交往关系；定位自己的立场是贴近、中立，还是远离。在评估阶段，社会工作者需要通过搜集资料，从家庭结构方面评估家庭目前存在的问题。在介入阶段，社会工作者实施制订的治疗计划，达致介入目标，主要包括改变家庭的看法、改善家庭结构、改变家庭错误的观念等。如案例3-8中，社会工作者通过改善家庭的父子关系、夫妻关系等人际关系结构，取得了较好的治疗效果。

结构家庭治疗模式由于以"人性"为本，综合使用不同取向的治疗方法，其应用效果更为显著。该模式的最大特点是着重提高个人自尊、改善沟通与帮助服务对象活得更"人性化"，而非只消除"症状"，即治疗的最终目标是个人达致身心整合、内外一致。该模式适用于有人际关系、感情和情绪方面困扰的青少年。

在联合家庭治疗模式的应用过程中，社会工作者主要有三种身份：解释者、示范者和引导者。社会工作者首先要为青少年服务对象创造一个安全的环境，让其坦诚地展现自我；其次是使家庭成员之间建立信任、支持的人际关系，使他们从家庭中感受到肯定，并增强每个人的自信，为青少年及其家庭成员做出明确示范，促进他们的自我发展；最后帮助青少年学会积极健康的思考和行为方式，更好地应用自我观念和自我评价。在案例3-9

中，社会工作者便通过解释、引导，协助小华与父母建立了有效的沟通模式，让小华多向父母表达自己的感受，也引导其父母多用心聆听孩子的想法。

联合家庭治疗模式特别强调社会工作者对服务对象产生的"用生命影响生命"的力量，认为社会工作者自身的人性力量要比单纯的工作技巧更具影响力，如果社会工作者没有崇高的心灵，单凭技术是不可能使青少年服务对象产生触及灵魂深处的改变的。另外，该模式还灵活融合了行为治疗、戏剧治疗、当事人中心等心理治疗方法，提出了一些经实践证明比较有效的专业技术和活动，如家庭重构、家庭图、家庭年表、自我环、家庭雕塑、影响轮、团体测温等。

（二）实施原则

家庭治疗模式的实施原则主要有以下四点。[①]

（1）执行积极的辅导职责。在实施家庭治疗时，社会工作者需要从积极的角度来处理家人间的相互反应，避免家人之间相互指责、挖苦讽刺；避免妻子过分批评丈夫，或孩子说长辈的坏话。

（2）关心现在，忽略过去。在实施家庭治疗时，虽然需要讨论分析一些过去发生的事情，但社会工作者要把重心放到现在的家庭问题上，尽可能忽略过去。因为挖掘过去的仇恨或不满，不仅对当前问题的解决没有帮助，反而可能增加彼此的不愉快。

（3）注重具体的行为改善。家庭治疗目标要具体化，如果社会工作者想让父亲多关心孩子，就要根据实际提出具体的建议，如父亲每个周末花两小时辅导孩子做功课；如果想让孩子帮忙做家务，便可以提议孩子每周打扫房间一次等。在案例3-9中，社会工作者便针对性地制定了具体的家庭规则，包括小华每天上网时间不超过两小时、每周帮助父母做一次饭、父母每个周末带小华到公园玩、每周至少抽出半小时陪他看动画片等，从而重建了有效的家庭沟通模式。

[①] 曾文星编著：《青少年心理》，中文大学出版社2004年版，第148—149页。

（4）强调正性，避免伤害。由于家庭成员是一家人，今后还要继续生活在一起，因此彼此之间需要培养正性感情与关系。当发现家庭成员的过分行为及表达时，社会工作者需要及时介入，免得伤害家庭成员之间的感情，如可以利用"改观重解"的方法，帮家人减少不满或埋怨的情绪，以利于今后的相处。

第六节　游戏治疗模式与实务应用

游戏是人类的天性和本能，是一种能够吸引青少年积极参与的方法。游戏治疗模式是指以游戏为媒介来矫正青少年心理行为异常的一种治疗模式。通过游戏，不仅能够使青少年在一种愉悦的情境中表达内心感受，疏导困惑、悲愤、抑郁等负性心理，而且可以促进他们在游戏中察觉自身问题、挖掘自身潜力，获得自我成长。

★ 案例3-10

茗，女，二十七岁，本科学历，编辑，独生子女，单身，与父母同住，家庭条件较好。早年遭遇父母离婚，茗与母亲生活。高二时，母亲再婚。茗的继父有一男孩，比茗大三岁，当时在国外读大学，毕业后定居国内，并不与他们一同生活。茗的生父离婚后给茗寄过生活费，但在茗的母亲再婚后，便再无音信。茗与继父关系不好，对母亲也有怨言。茗在高一时恋爱（初恋），高三时的分手对茗打击很大。大学毕业后，茗经继父安排进入当地某事业单位工作，并与高中初恋男友重新恋爱，同居一年多以后，男友意外去世。两年前茗因抑郁、胃痛、身体发冷就医，被诊断为重度抑郁和躯体化障碍，一直服药。一年多后停薪留职，未坚持服药。茗在家休养时几乎足不出户，偶尔看电视、看书、上网，经常哭泣，入睡困难，睡眠质量差，拒绝与父母交流，时常有自杀念头。[①]

[①] 案例引自张鳅元等：《一例重度抑郁症共病躯体化障碍女性患者的沙盘游戏治疗案例分析》，《中国临床心理学杂志》2014年第4期，第734—735页，内容有改动。

一、游戏治疗模式的理论基础

(一) 主要理论

弗洛伊德认为,人类的本质是追求快乐、逃避痛苦,游戏给人们提供了一个摆脱理性压抑和监管、显露和满足潜意识欲望的机会。英国人类学家莫里斯也认为,游戏是一种原始狩猎行为的延续,是一种原始本能的补偿,如追捕物体、投掷、伪装等。① 在现代社会,人们对游戏功能的认识愈加全面,发现游戏不仅可以补偿性地满足人类的本能欲望、平衡身心内外的发展,还可以创造出不同于日常生活的情境,为人们带来新的实践经验、拓展体验。因此,近年来,游戏越来越多地被引进课程学习和企业培训中,常见的游戏包括模拟游戏、历奇游戏、商业游戏、管理游戏等。

(二) 游戏对于青少年的治疗作用

对于青少年而言,游戏更具有独特的吸引力和显著的治疗功能,游戏治疗模式也是青少年社会工作实务中的常用方法。

游戏治疗符合青少年的特点与需要。游戏治疗能够最大化地吸引青少年参与治疗过程,使他们放松、愉悦,实现自我成长。青少年具有乐群性,同龄人是青少年重点关注的人群,尤其是以团体形式开展的游戏更具吸引力,它可以创造青少年与同龄人交往的多元平台,使他们获得积极的自我认同,并形成对人和环境的积极认识。同时,由于身心发展的特殊性,青少年通常认为自己的感受是独一无二的,别人无法理解,但当他们在团体中发现同龄人有同样感受时,有助于促进他们接受治疗;青少年也可以从同龄人的反应中获得替代性学习,进而提升自我价值感。

游戏是分析青少年心理的重要媒介。对于年龄较小的青少年来说,游戏是比语言更有效、更直接的表达工具。当他们将自己的认知、压抑情绪、欲望等表达为语言时,会受到诸多语言发展上的限制。但游戏却能摆脱这

---

① 圣雅各福群会编著:《团队游戏设计与运用(第二版)》,汇智出版有限公司 2004 年版,第 3—4 页。

个限制,成为他们表达和通往潜意识世界的一种重要途径。当青少年自发性地参与游戏过程时,游戏比语言更能直接表达自我。游戏环境为被抑制的情绪和情感提供了自由表达的场所,青少年在游戏中会很自然地表达自己的感情,从而有助于社会工作者更全面深入地了解、分析他们的问题。案例3-10中的茗正是在接受沙盘游戏治疗的过程中,将自己的痛苦最大限度地借由沙盘表达了出来,宣泄了情感并缓解了精神压力。借由沙盘游戏,社会工作者探究到了茗心理创伤的关键所在,即其与家人的矛盾与恋爱失利的打击。

游戏本身就是一种治疗手段。游戏具有补偿性满足潜抑本能、愉悦身心的重要功能。社会工作者通过游戏给青少年创设了一种温和、信任与完全自由放松的情境。在游戏中,青少年会不断察觉和反思自我的不足与问题,发掘内在潜能,促进自我成长。对于遭遇创伤、存在抑郁或焦虑等情绪障碍的特殊青少年群体,游戏创设的放松情境、带来的愉悦体验等都会在一定程度上起到缓解症状、解除精神困扰的功效。在案例3-10中,在摆放沙盘的过程中,茗有过四次比较大的情绪波动,她失声痛哭、全身发抖,还出现了干呕的躯体化症状,内心的痛苦情绪得到了有效的表达和释放,同时也开始有积极意义上的转变。

二、游戏治疗模式的实务应用

(一)治疗类型

依据治疗者不同的角色作用,游戏治疗主要分为以下两种类型。

一种是指导性游戏治疗,又被称为结构性游戏治疗,是指治疗者针对不同心理问题主动地、有目的地设计游戏方案,在游戏过程中发挥指导作用,有针对性地帮助被治疗者将注意力集中到要处理的问题上,引导被治疗者的意识和无意识相互作用,促进其心理成长的游戏治疗方法。

另一种是非指导性游戏治疗,是指治疗者在治疗过程中给予被治疗者机会,让其利用自身能力解决自身问题的游戏治疗方法。在非指导性游戏治疗过程中,被治疗者通过游戏表达出自身长期积累的紧张、不安情绪,并学会自我控制,唤起自身力量,达致心理成熟。

当然,在实际的应用过程中,这两种治疗模式通常并不能完全分开,而是根据不同的治疗过程综合使用。在案例 3-10 中,社会工作者便是在前几次沙盘治疗中主要使用非指导性治疗,让茗的问题暴露出来以释放其情绪。在后期的沙盘治疗中,伴随着茗的话语表达越来越频繁,社会工作者便以沙盘为媒介,指导茗更深入地进行自我认知,对自己的内心世界进行更深的探索。

另外,依据治疗形式,游戏治疗可以分为个别治疗与团体治疗。个别治疗是指只有一个被治疗者参与的游戏治疗,团体治疗是指多个被治疗者组成的团体共同参与的游戏治疗。

(二)常用的游戏治疗方法

在青少年社会工作实务中,比较常用的游戏治疗方法有历奇、团体游戏和沙盘游戏。

1. 历奇

"历奇"是从英文"adventure"翻译而来,是指冒险的活动及奇遇,即经历一些新鲜的事情。历奇是通过一系列精心设计的活动,使参与者离开个人安适区,进入不确定、不可知的陌生环境,经历一些陌生的、富有挑战性的、与日常生活不同的活动,并以小组或个人力量完成挑战,从而使参与者进一步认识自己的长处,克服不足,发掘潜能,提升解决问题的能力的教育方法。历奇的核心理念是体验式教育,即强调青少年通过自己的亲身经历学习某些技能,达致个人成长。

历奇主要通过野外(户外)训练、历奇活动等方式增强参与者的体验,从而实现个人与团体辅导的目标。参与者在活动的过程中获得不一样的经历,体验解决难题、迎接挑战的成功感,并将这些经验整理、升华、应用到日常生活中,从而在知识、能力和自我认知上有所提升,达到相应的辅导目标。历奇辅导最常见的形式为团体辅导,主要以青少年为服务对象,这与青少年精力旺盛、喜欢挑战、勇于创新的群体特点有很大关系。

2. 团体游戏

团体游戏是以青少年小组为服务对象,通过设计一系列的游戏环节让青少年参与并从中获得成长的工作方法。团体游戏通常与小组社会工作配合使用,主要体现在小组社会工作的部分工作环节当中。依据游戏目标,团体游戏主要分为康乐游戏、促进关系游戏和学习游戏。康乐游戏是指以娱乐为主要内容和目标的游戏,具有营造欢乐气氛、舒缓紧张情绪、提高参与者的兴致等功能。促进关系游戏是指以提升团体凝聚力、培育良好团体关系为主要内容和目标的游戏,在小组社会工作的初期、中期、后期分别发挥促进组员相互认识、加深了解、推动关系评估等功能。学习游戏是指以推动团体成员学习某个概念、行为反应等为主要内容和目标的游戏,主要包括概念学习游戏和反应学习游戏。概念学习游戏主要是协助参与者学习一些抽象概念,如"自我""人际沟通""领导才能"等。反应学习游戏主要是协助参与者具体掌握在某种情境下的反应能力,如怎样拒绝别人的某些要求,如何处理厌倦、愤怒和悲伤的情绪等。

在团体游戏的开展过程中,青少年往往会将真实的自己展现出来,社会工作者要恰当地通过游戏,深入了解青少年的内心世界以发现问题,并通过寓教于乐的方式解决问题。团体游戏蕴含了角色扮演和体验学习的理念,社会工作者需要适当领会并灵活应用于实务。有时候,为了达到服务目标,社会工作者还需要创新性地设计相应的游戏。

3. 沙盘游戏

沙盘游戏又称为"箱庭疗法",是指服务对象在社会工作者创造的自由与受保护的空间中,运用各种沙具和沙,在沙盘中创造一幅作品;在这一过程中,展现并认知长期潜抑于自己内心深处的潜意识,激发自身内在的自愈力量,最终达到心理协调的治疗方法。

沙盘游戏治疗往往被看作一种非言语和非指导性的治疗方法,其治疗过程主要包括沙盘游戏的导入、沙盘游戏的制作、体验与重建沙盘游戏、连接游戏世界与现实世界、拆除沙盘作品等。在治疗过程中，社会工作者要做"静默的观察者"，最大化地使服务对象在无意识的水平上进行沙盘制作，努力发挥沙盘游戏里象征性的意义和作用，最终激发其内在的自愈力量。

在案例3-10中，通过二十六次的游戏治疗，辅之以十次的谈话治疗、叙事治疗、放松治疗和认知治疗，茗获得了较好的治疗效果。在沙盘治疗的过程中，茗逐渐平复了情绪，向社会工作者透露了自己的个人经历，包括童年时期生父粗暴的教育方式带给她的创伤，母亲再婚后继父酒后对她的几次骚扰，母亲对此委曲求全的态度，以及最信任的男友去世等。在安全、放松的治疗关系中，茗通过沙盘游戏逐渐消解了过去的创伤经历，纠正了对亲生父母的偏激认知，开始探索生命的积极意义，并尝试新生活。

第七节　艺术治疗模式与实务应用

艺术治疗模式又称艺术疗法，是指以多种艺术形式的表达与创作为媒介，促进服务对象对自我内心深处的表达和探索，借此实现个体情感宣泄、行为改变、关系协调、潜能开发，最终达致个人问题解决、人格成长、恢复或促进身心健康的治疗方法。艺术治疗模式也是比较适合青少年的一种实务模式，目前已被应用于学校、社区、医院、救灾、精神康复机构等领域，在解决青少年个人问题、促进人格成长、恢复或促进身心健康方面发挥了重要的作用。

★ 案例3-11

小玲，女，二十岁，大二学生。她出生在小城镇，父亲在事业单位工作，母亲没有工作，家族无精神疾病病史。六岁前跟着祖父母生活，六岁时回到父母身边后感觉不适应，经常会偷偷跑回祖父母家。她感觉父母偏爱姐姐，与父母关系不好。上大学后，和父母、姐姐的关系有所改善，但很少给他们打电话。小玲与别人交往时都是小心翼翼的，特别在意别人的反应。

她在大学里谈了一个男朋友,对他的要求总是竭尽全力地满足,但男朋友依然提出了分手,这让小玲非常痛苦。经过测试发现,小玲对人际关系敏感,容易焦虑,并伴有躯体化症状。[1]

案例 3-12

王某,女,十八岁,大一新生,自幼父母离异,她与母亲一起生活。五年前母亲下岗,家庭经济来源主要靠母亲打零工。她从小立志做一名作家,但高考时却阴差阳错选择了医学专业。由于不喜欢所学专业,王某学习兴趣不大,但一直成绩优异的她不甘落后于人,学习很刻苦,第一学期就获得了奖学金。第二学期开始,王某对学习的厌烦情绪逐渐暴露出来,学习效率低,注意力不集中,学习成绩下降,并伴有失眠、情绪低落、食欲不振。后来,经过几次音乐治疗后,王某的情绪逐渐平稳,成绩好转,睡眠、饮食也恢复了正常。在最后一次治疗中,她一时兴起,唱了一首小时候的歌,唱完后感觉全身很轻松。[2]

一、艺术治疗模式的理论基础

(一) 理论基础

艺术治疗模式的理论基础主要包括左右脑分工理论和心理投射理论。左右脑分工理论认为,左半脑主要负责分析性思维内容,包括理解、记忆、语言、分类、排列、逻辑、书写等,而右半脑主要负责直觉性思维内容,包括形象记忆、直觉、情感、视知觉、美术、音乐、想象等。一个人的情感情绪与艺术活动由右半脑负责,因此当个体经历了情感创伤后,右半脑功能受到了一定损害,但当其参与同为右脑控制的艺术活动时,将在一定程度上影响、修复右脑受到损害的部分,进而会对其情感问题起到治疗作用,即艺

---

[1] 案例引自王琳:《表达性艺术治疗大学生焦虑症一例》,《校园心理》2010 年第 2 期第 137 页,内容有改动。
[2] 案例引自鲁娜等:《音乐疗法对大学新生抑郁症的治疗效果》,《贵阳中医学院学报》2010 年第 6 期,第 81 页。

活动本身就具有治疗、修复心理机能的功能。案例3-12中的王某通过接受音乐治疗，逐渐平稳了情绪，恢复了正常的睡眠和饮食，在一定程度上证明了艺术治疗对个体情感创伤具有修复作用。

心理投射理论主要以精神分析理论中的潜意识和心理防御机制为基础。该理论认为，艺术活动可以作为测验心理投射的一项技术，通过让被治疗者开展艺术创作，参与艺术活动，可以发现其长期潜抑的深层心理内容。这是因为被治疗者在参与艺术活动时，其心理防御机制通常较弱，往往会不知不觉地将自己潜意识中备受压抑的欲望、情感、冲突等投射到艺术作品上。这有助于治疗者更深入地了解被治疗者，开展有针对性的专业介入。同时，治疗者也可以引导被治疗者意识到自己内心深处长期潜抑的心理内容，促进其自我成长。当被治疗者内心深处的内容借由艺术活动显露出来时，治疗者可以帮助被治疗者重建过去，消除潜意识中的负性心理内容，建立正性的情绪情感。

在案例3-11中，社会工作者便通过绘画这种艺术形式，让小玲压抑在内心深处的潜意识内容显露出来，并协助她重建过去。社会工作者让小玲分别画出了她与父母、姐姐、男朋友、周围人的关系画，引导其发现了自己在这几个人际关系中的固定交往模式，即一味地向别人付出，以及特别害怕失去亲密关系的行为和心理，让她认识到自己需要在人际交往中真实地表达情绪，而并非总是压抑。之后，社会工作者又利用"空椅子技术"，指导小玲重建自己与父母、男友、周围人的正性关系，以使其建立正性的情绪情感。

有艺术治疗师认为，个体的早年创伤等不愉快经验被压抑到内心深处，仅仅靠语言是无法显露出来的，因而难以被干预。但艺术却是一种重要的表达途径，个体可以经由艺术创作将内心深处的潜意识内容释放出来，从而达到缓和情绪冲突、统合人格等治疗目标。[①] 艺术治疗主要是通过接触艺术材料及与治疗师的关系而促进个人成长。由于该治疗并不依赖

---

① 田敏：《现代艺术治疗理论研究》，《西南民族大学学报（人文社科版）》2009年第9期，第258页。

言语沟通,因此能协助有语言障碍或者不善于语言沟通的人用艺术形式去表达自我。

(二)艺术治疗的应用取向

艺术治疗通常包含心理分析取向和艺术本质取向。在心理分析取向中,艺术是作为非语言的沟通媒介发挥作用的,被当作表达个人内在经验和外在经验的桥梁。服务对象能够通过创作表达内心世界,释放不安情绪,澄清以往经验,明确个人需求,进而再通过社会工作者的介入而实现治疗目标。在艺术本质取向中,艺术本身被当作一种治疗方式,即不施加心理学的治疗方式,只是通过音乐、绘画等进行艺术创作。青少年尤其是有创伤经历的青少年能在创作过程中净化情绪、修复心理创伤,获得自我成长。

(三)艺术治疗的优势

艺术治疗的优势主要体现为:第一,艺术治疗能够使服务对象的潜意识迅速、直观地表现出来,有利于心理冲突的解除和内心世界的整合;第二,艺术治疗是一种非语言的沟通方式,适用于所有人群,并且实施方式比较灵活;第三,艺术治疗能够使服务对象在安全、放松的情境下释放被压抑的负性情绪,进行建设性的自我领悟和自我整合;第四,艺术治疗的过程也是自由、自然的创作过程,不仅有利于增进被治疗者的想象力和创造力,而且能够有效地增强其自信心和自我价值感。

二、艺术治疗模式的实务应用

(一)治疗理念与适用对象

艺术治疗模式的主要治疗理念是以艺术活动为媒介,使被治疗者在一系列专门设计的艺术活动中产生心理上的感应和体验,以达到缓和情绪冲突、解决行为问题、统合人格等治疗目标。

艺术治疗模式的适用对象主要包括:发展迟缓,患有情绪障碍、自闭症、多动症的青少年;遭遇生理、心理创伤经历的青少年;性格内向、孤僻的青少年等。

（二）主要类型

根据内容的不同，艺术治疗可分为视觉艺术治疗、音乐治疗、戏剧治疗、舞蹈治疗和园艺治疗等。

1. 视觉艺术治疗

视觉艺术治疗是以绘画、雕刻、雕塑等视觉创作活动为媒介开展的治疗方法。在治疗过程中，服务对象通过具体的创作过程（描绘、打磨、雕琢等）找到表达情感和释放压力的途径，经由治疗师或社会工作者对其作品呈现出的自我内心分析，进一步增进自我认知。同时，在与其他团体成员的互动交流过程中，获得群体归属感，达到治疗目标。

2. 音乐治疗

音乐治疗是以音乐为媒介，通过有目的、系统的音乐活动，促进被治疗者身心健康的治疗方法，主要包括接受式音乐治疗、即兴式音乐治疗、再创造式音乐治疗等。

3. 戏剧治疗

戏剧治疗是指通过戏剧艺术表现形式，展现人与人、人与事、人与物之间的关系，使得观看者和参与者都能够从中获得独特的心理体验，从而达到心理治疗的效果。

4. 舞蹈治疗

舞蹈治疗是以舞蹈为媒介来激发生命力，从而促进身心健康，增进被治疗者的生活、社交等各种能力的艺术治疗方法。

5. 园艺治疗

园艺治疗是通过让服务对象接触和运用园艺材料，接触自然环境而缓解压力、复健心灵的艺术治疗方法。

（三）治疗过程

1. 初次接触治疗阶段

在该阶段，社会工作者需要向青少年介绍和讲述艺术治疗的素材与艺术治疗的过程等内容，让青少年熟悉和适应治疗环境，并掌握治疗素材的使用方式。

2. 建立治疗关系阶段

在该阶段,社会工作者需要与青少年建立良好的专业关系。青少年对社会工作者有了一定印象并逐渐产生信任感之后,便可能会与社会工作者一起对自己的内心世界进行探索和挖掘。

3. 艺术创作阶段

在该阶段,青少年使用艺术素材进行创作或进行游戏。社会工作者可以参与其中,也可以只在一旁观看,让青少年自我发挥,以最大限度地使他们的潜意识通过艺术媒介获得释放。

4. 分享和探索阶段

在该阶段,社会工作者可以在观看或参与青少年艺术创作的基础上,对艺术作品进行分析,与青少年进行交流,倾听和感知青少年的心声,一起分享艺术创作的成果。

5. 艺术创作的再体验阶段

在该阶段,社会工作者与青少年再次分享和体验艺术创作的过程,一起欣赏最后完成的艺术作品,并对整体的创作过程进行回顾。一般情况下,青少年最初的作品和治疗结束时的作品会有一定差别,这可能是由于青少年最初对艺术创作的素材不熟悉。重读艺术作品可以让青少年做出更合理的解释,更贴近其心理的诠释。

6. 治疗结束阶段

该阶段意味着,青少年已经重新认知自我,重拾信心,具有了一定的迎接新生活挑战的能力。

在艺术治疗模式中,社会工作者或专业艺术治疗师与青少年服务对象在建立起一定信任关系的前提下,开展绘画、音乐、舞蹈、园艺等各种艺术创造活动,并围绕艺术作品开展多维度的互动,从而使青少年获得积极体验和自我成长,达到治疗目的。因此,这就要求社会工作者不仅具备心理治疗相关的理论基础和操作经验,还需要具备艺术基础,并经过专业的艺术心理分析培训。

本章小结

1. 青少年社会工作的实务模式是青少年社会工作实务开展的重要工作方法或体系。结合青少年的生理、心理及社会性发展特点,常用的青少年社会工作实务模式主要包括分析性治疗模式、行为治疗模式、支持性治疗模式、理性情绪治疗模式、家庭治疗模式、游戏治疗模式、艺术治疗模式等。

2. 分析性治疗模式、行为治疗模式、支持性治疗模式、理性情绪治疗模式主要以心理学的精神分析理论、认知行为主义理论、人本主义理论等为基础,是比较适用于青少年群体的实务模式。家庭治疗模式、游戏治疗模式、艺术治疗模式则需要结合青少年的发展特点,基于青少年与家庭的重要关系、青少年对游戏活动的喜爱、青少年对艺术行为的接受等因素,被广泛使用,并产生了良好的服务效果。

3. 当应用这些实务模式时,社会工作者需要考虑青少年服务对象的年龄及心理发展程度,可以对某些实务模式稍加改良,使其更适合于青少年,或者选择性地使用不同方法,以实现相应的服务目标。基于青少年的乐群性,有些实务模式采用团体形式会发挥更好的服务效果。此外,对青少年家庭资源的善加利用,也有助于取得更好的服务效果。

主要概念

分析性治疗模式(analytical psychotherapy)
行为治疗模式(behavior therapy)
支持性治疗模式(supportive psychotherapy)
理性情绪治疗模式(rational-emotion therapy)
家庭治疗模式(family therapy)
游戏治疗模式(play therapy)
艺术治疗模式(art therapy)

课堂讨论

案例 3-13

阿玲,女,十八岁,大一新生,独生女,身体健康。父亲在一家私企工作,母亲是教师。阿玲从小是家里的乖乖女,街坊邻居也经常在父母面前夸她乖巧听话。她对父母的话基本上是言听计从,因为她觉得父母是为自己好,并且他们的教导很有道理,所以即使心里不愿意也会顺着父母的意思。父母对她也是百般呵护。她自诉进入大学一个月以来,感觉有些不适应,甚至有过退学念头。她目前能够坚持学习,但学习效率低下,注意力不集中,心情低落烦闷,食欲下降,睡眠质量不好。①

1. 尝试对案例中问题形成的原因进行分析。
2. 列举适用于案例的青少年社会工作实务模式,并尝试进行具体应用设计。

课堂活动

在课堂上,每两个同学为一组按顺序完成下述活动,以区分非理性信念与理性信念之间的差别,体验不同信念对人的情绪的影响。

1. 花 3 分钟写下"我应该……"的句子,越多越好,至少 5 种。
2. 两人一组互相念给对方听,每念一条,另一个同学即问:"为什么你应该……?"
3. 将每一句开始的"我应该"改为"我希望……""如果我真的想要,我选择……""如果我真的想要,我愿意……",再分别念给对方听。
4. 分别向对方分享自己在念这些句子时的感受,彼此了解、体会"我应该"的伤害性,以及"我希望"的建设性。

---

① 案例选自姬丽、翁美绛:《自由绘画疗法解决新生适应问题一例》,《校园心理》2013 年第 6 期,第 418 页。

社会调查

开展社会调查，了解青少年社会工作实务模式的本土化应用现状，分析存在的问题，并提出相应的对策建议。

思考题

1. 如何将分析性治疗模式应用到青少年群体中？
2. 如何在青少年社会工作实务中运用行为治疗模式的主要技术？
3. 支持性治疗模式的主要技术是什么？如何对青少年实施支持性治疗？
4. 如何运用家庭治疗模式干预青少年的问题？
5. 游戏治疗对青少年的发展有什么作用？
6. 如何将历奇辅导应用到青少年社会工作中？
7. 对于青少年而言，艺术治疗模式有哪些优势？

参考文献

刘斌志：《优势与策略：震后灾区青少年心理重建中的艺术治疗》，《华东理工大学学报（社会科学版）》2013年第6期。

〔英〕Barbra Teater：《社会工作理论与方法》，余潇等译，华东理工大学出版社2013年版。

赵芳：《家庭治疗的发展：回顾与展望》，《南京师大学报（社会科学版）》2010年第3期。

朱眉华、文军主编：《社会工作实务手册》，社会科学文献出版社2006年版。

第二编

青少年社会工作实务的通用模式

青少年社会工作的实务过程,是指按照社会工作程序为青少年提供服务的过程。从构成要素来看,这个过程由社会工作者、服务对象、社会资源和社会环境四个要素构成。社会工作者是促进青少年服务对象改变的使能者,青少年及其家庭、同伴群体、学校、社区是社会工作的服务对象,社会资源包括国家和政府提供的制度性资源和初级社会群体提供的非制度性资源,而社会环境则包含了社会政治、经济、文化、科技、法治等宏观因素。从系统理论来看,这个过程是一个复杂的动态系统,由改变媒介系统、服务对象系统、目标系统和行动系统四个部分构成。

青少年社会工作实务的通用模式是指青少年社会工作者为了达到一定的服务目标,在社会工作专业价值理念的指导下开展专业服务的工作过程模式,通常分为六个阶段:接案、预估、计划、介入、评估和结案。每个阶段都有不同的工作任务和服务要求,也有相应的方法和技巧要求。

在近几年的青少年社会工作实务中,综融性社会工作实务模式被广泛采用,这是一种强调多层次介入、整合运用多种方法的社会工作服务模式,针对青少年社会工作,包括对青少年个体、家庭、团体、组织和社区的介入。在进行需求评估、问题分析以及计划和介入时,不仅要考虑个人与环境的相关因素,而且要注重从不同的理论中汲取有效内容,形成适用性较强的实务框架；在方法运用上，不再拘泥于传统的个案工作、小组工作、社区工作的三分方式，而是将这三大直接方法根据实际情况融合起来，根据青少年服务对象的具体困境和问题，交叉组合运用，以更好地为青少年提供服务。

本编阐述青少年社会工作实务的通用模式，尝试结合具体服务案例和服务项目，探讨综融性社会工作方法在实务中的运用，探索有效的青少年社会工作实务模式。

第四章 接 案

案例 4-1

爱华是一位初中生的母亲。她的女儿小叶从小学开始,学习成绩一直比较优秀,进入初中后,出现了偏科现象,重文轻理,尤其是学习数学比较吃力,虽然总体成绩依然较好,但爱华觉得这是一个很不好的发展苗头,于是给小叶报名了很多辅导班。一开始,小叶自己也有些着急,对于辅导比较主动积极,但是由于课余时间被排得太满,一年下来,她渐渐失去了动力,开始排斥这种学习方式。升入初三之后,课业压力越来越大,学习内容越来越多,小叶在课余时间也得不到放松,因而开始对母亲不满。母亲认为,初三是关键时期,容不得一刻的放松,因此始终坚持一定要小叶参加课外辅导。因为这件事情,母女之间不断地争吵。爱华看着每天学习到深夜、早上天不亮就又要爬起来学习的女儿,也很心疼,但是她始终认为,马不停蹄地补习才是提高成绩的正确方法。女儿不理解她的苦心,她自己也很委屈。爱华找到社会工作者小林,描述了她和女儿的生活状态,并希望获得小林的帮助。

在案例 4-1 中,社会工作者小林和服务对象爱华第一次见面,在社会工作实务通用模式中,这是进行服务的第一步——接案(engagement)。接案是社会工作者与服务对象开始接触的首要环节,主要任务是收集服务对象的信息并确定社会工作专业关系,为后续服务环节奠定良好的基础。

第一节 接案的主要任务

在接案阶段,作为服务的提供者,社会工作者和服务对象(服务的接受者)相互并不熟悉。社会工作者不了解服务对象的需求和期望,服务对象也未跟社会工作者打过交道。因此,社会工作者在接案阶段的重要任务,在客观上是收集服务对象的信息,包括服务对象的基本资料和社会信息,以及服务对象为解决问题曾做出的尝试和努力;在主观上是通过专业关系的确立,与服务对象形成基本信任,并通过沟通技巧表达对服务对象的关注、尊重和理解。当然,如果遭遇紧急情况,社会工作者会直接进入介入环节,而非按部就班地从接案开始。[①]

一、熟悉并掌握服务对象的来源和类型

(一)服务对象的来源

接案的首要任务是熟悉并掌握服务对象的来源,并根据机构的性质和资源状况、项目的目标群体要求进行甄别。服务对象的来源不同,青少年社会工作者与之建立专业关系的方法和技巧也不同。通常情况下服务对象来源主要有三类。

1. 主动求助的服务对象

这主要是指青少年个人或家庭、团体为了解决问题主动向社会工作服务机构求助的情况。一般来说,他们对社会工作专业较为了解,比较清楚社会工作服务机构能够提供的服务内容。

2. 转介的服务对象

这主要是指他人或学校、社区居委会等个人或机构发现青少年服务对象存在某些个人、家庭或群体问题,这些问题影响其社会功能的发挥,需要社会工作者来协助解决。一般来说,这类服务对象的需求具有多样性,社

---

① 朱眉华、文军主编:《社会工作实务手册》,社会科学文献出版社 2006 年版,第 34—35 页。

会工作机构的工作人员往往需要对服务对象的问题进行界定和分析,才能了解是否有能力予以处置。

3. 社会工作者主动接触而来的服务对象

这主要是指社会工作者通过组织社区活动、团体辅导、外展服务等工作,主动接触并根据专业判断辨识出的陷入困境的服务对象。

(二)服务对象的类型

在上述划分基础之上,我们可以将服务对象按照其服务意愿分成两种类型,即自愿型和非自愿型。自愿型服务对象的求助动机较强,非自愿型服务对象是被动求助者,求助动机较弱甚至没有求助动机。在案例 4-1 中,小叶的母亲爱华是自愿型服务对象,而小叶则是非自愿型服务对象。

根据青少年社会工作实务常见类型,本书将青少年社会工作服务对象划分为以下三种类型。

1. 成熟型服务对象

成熟型服务对象通常对社会工作专业和社会工作服务机构比较了解,属于主动求助的服务对象。一般来讲,社会工作者比较容易与这类服务对象建立专业关系,机构的服务资源与项目和服务对象的期望比较容易契合。例如在案例 4-1 中,社会工作者小林面对的这位母亲爱华,就属于主动求助的服务对象,爱华解决问题的动机比较强烈,她对社会工作专业有一定的认知,这源于社会工作机构经常会在社区和学校开展一定的服务。因此,爱华特别希望通过社会工作者的帮助来摆脱当前的困境。

2. 转介型服务对象

在青少年社会工作实务中,转介型服务对象十分常见。尤其是当学校和家庭认为某个青少年存在社会适应不良、情绪障碍、学习困难等问题的时候,就会推荐他们到青少年社会工作服务机构寻求帮助。一般来讲,这类服务对象的需求和困境是多元和复杂的,每个机构需要根据自己的项目和资源能力对其进行筛选。很多情况下,单一机构无法提供服务对象需要的全部服务,当服务对象希望得到帮助时,机构与社会工作者要做一个自我效能的判断,若是不能完全满足服务对象的需求,就可以考虑提供资源链接和倡导服务,或在完成预估后将其转介。

3. 外展型服务对象

外展型服务对象是青少年社会工作者主动接触,通过宣传、引导和提供初步服务而来的服务对象。一般来讲,这类服务对象缺乏求助动机,对社会工作者也缺乏认可,有的甚至会拒绝接受服务。例如,在针对流浪青少年的外展服务中,很多流浪青少年对社会工作者提供的救助持排斥态度,有的拒绝沟通、不肯接受帮助。因此,社会工作者在同这类服务对象建立专业关系时,需要有足够的耐心来消除他们的防备、排斥、怀疑甚至敌视,这类服务对象的接案可能需要多次面谈。在青少年服务对象自愿的情况下,社会工作者还可以尝试通过QQ、微信等多样化的网络沟通方式与之建立关系,并告知服务对象在遇到学业困境、亲子关系等问题时,可以与社会工作者进行联络。

二、熟悉并掌握服务对象为解决问题所做的尝试和努力

当青少年个体遭遇困难或陷入困境时,面临选择解决方式的问题。在非正式支持系统中,他可以向父母、师长以及同伴群体求助,这种关于问题解决的尝试对于个体而言是有益的。然而,非正式支持系统往往不足以满足需求。比如,他们无法跟父母和老师毫无保留地交流某些问题,同伴群体在问题解决方法和经验上也存在不足。这种情况下,青少年社会工作者的专业协助就能够提供非正式系统难以提供的特殊知识和技巧。因此,社会工作者与服务对象之间的关系是一种专业关系,社会工作者要按照专业价值伦理的要求、以专业方法和技巧协助服务对象摆脱困境。

在案例 4-1 中,虽然社会工作者在接案过程中还没有见到小叶,但是通过她母亲爱华的描述,社会工作者侧面了解到:这是一个学习努力、认真的孩子。偏科是青少年在学业发展中经常遇到的一个问题,对此,小叶也很着急,她开始也是认同并配合母亲的做法的。只是一段时间之后,由于并没有达到预期的效果,她渐渐产生抵触和排斥,并导致与母亲的关系紧

张。而母亲爱华只是把问题的焦点放在了小叶自身的能动性上,对偏科的原因分析过于单一,对学校系统中的环境状况缺乏了解。另外,在问题解决的方式上,爱华对资源利用也仅限于课外辅导,并没有对这种方法的适合性和有效性进行过分析和评估。

社会工作者可以了解青少年服务对象是否为解决问题或摆脱困境做过尝试和努力,这有助于评估服务对象解决问题的动机;了解服务对象做了何种尝试和努力,有助于了解服务对象的自我认知、自我效能、价值观、社会环境系统状况等信息;了解服务对象对所做尝试和努力的评价,有助于挖掘服务对象与环境系统互动状态的解释性信息,为建构接纳的专业关系与下一步服务打下基础。

三、识别服务对象系统的需求,甄别目标系统和行动系统

依据系统理论,从达成目标的角度,青少年社会工作服务过程可以分为以下四个系统:

改变媒介系统(change agent system)。改变媒介系统主要由青少年社会工作者与系统中的其他专业人士组成,社会工作者是担当主要责任的改变媒介。

服务对象系统(client system)。服务对象系统主要是指青少年社会工作服务的直接受益人,包括青少年及其家庭、同伴群体以及组织或社区等。服务对象系统有不同的问题和不同层次的需求。

目标系统(target system)。目标系统主要是指为了达到改变服务对象系统的目的所需要改变和影响的系统,它既可以是服务对象本身,也可以是相关社会环境系统中的其他成员。

行动系统(action system)。行动系统主要是指那些与社会工作者一起工作、实现改变目标的人和组织,包括教师、共青团组织、学校、法律机构等,是社会工作者的行动联盟。

如果说青少年社会工作实务是一个"为了改变而努力"的过程,那么这种从系统视角进行的划分主要是为了确认在社会工作实务过程中,谁是受

益人,谁是合作者,谁是需要改变和影响的人。

在青少年社会工作实务中,这四个基本系统是具有特殊性的,经常交叉重叠。在案例4-1中,母亲爱华因为孩子的学业问题前来求助,此时爱华是社会工作者的服务对象系统,而小叶是目标系统(需要改变和影响的系统),母亲爱华、教师及其他能被动员的系统构成行动系统(一起实施改变努力的合作者)。然而事实上,在很多情况下,社会工作者下一步便是去接触爱华的女儿小叶,了解小叶的需求和困境,以此来分析其学业困难产生的原因并探讨解决途径,在这个过程中小叶就成为服务对象系统。

青少年的任何一个问题中,都隐藏着一些社会性的问题。如果社会工作者发现,小叶的学业困难中有一部分情绪性因素是受到了其母亲严重的焦虑情绪的影响,这时社会工作者为了解决小叶的情绪问题而进行干预,母亲爱华又成了目标系统,小叶和其他可以被动员的系统构成了行动系统;同理,如果社会工作者发现,小叶的学业困难是因为在学校受到了不恰当的对待,或是没有很好地处理学校系统中的各种关系,这时学校及相关系统就成了目标系统,爱华和小叶则成了行动系统。

之所以会出现这样的复杂情况,是因为在青少年社会工作实务中,社会工作者的服务对象系统是动态的、庞杂的,既包括青少年服务对象,也包括与之相关的家庭成员、学校教师及行政人员、社区管理人员、同伴群体等。因此,认真识别服务对象系统的需求,在每一个工作过程中甄别目标系统和行动系统,这将有利于社会工作者分析和理解问题以及寻找解决问题的合适途径。

第二节 接案的步骤

一、准备资料

社会工作者在接触青少年服务对象之前,需要了解服务对象的基本资料,确认在首次面谈时询问哪些方面的信息。对于转介的服务对象,社会工作者要参考转介方提供的资料和信息。社会工作者还需要通过青少年的社会环境系统了解相关情况,包括进行家庭访问、入校访问以及社区探访,由此获得的资料和信息有助于了解服务对象。

在案例 4—1 中,社会工作者通过与爱华的交谈,一方面可以了解到小叶的基本资料,包括年龄、身体健康状况、人际交往状况以及学业发展状况;另一方面,社会工作者通过观察爱华的表现,聆听她对问题的描述以及对原因的分析,也可以了解爱华母女之间的关系状态,从而了解小叶的社会网络状况。爱华表达了特别强烈的求助意愿,她非常希望社会工作者能够与女儿小叶进行接触。那么,社会工作者与小叶首次会谈会是怎样的呢?

二、首次会谈

社会工作专业关系框架中的会谈,按照目的大致可以分为三种类型:一是信息获取型会谈,主要是了解和掌握服务过程中需要的资料和信息;二是评估型会谈,主要是通过与服务对象的接触,判断问题形成的原因与发展态势;三是辅导型(治疗型)会谈,是在有了初步专业判断结论的基础上,社会工作者运用适合的理论和方法技术,针对服务对象的问题进行具有影响性的会谈。在接案阶段,会谈的目的主要集中在获取信息和初步评估。首次会谈是一个审慎的过程,其第一项任务是拟定会谈提纲。

(一)拟定会谈提纲

拟定会谈提纲可以提高沟通的效率,帮助社会工作者理清服务思路。一般来讲,提纲的主要内容包括自我介绍、机构介绍、本次会谈的主要目的和内容、双方的义务和责任、服务对象的期望等。在案例 4—1 中,为了拟定会谈提纲,社会工作者可以设想一下与小叶第一次见面时的情景:见面会不会顺利?会谈是否会遭遇困难?如何向小叶介绍自己?如何向小叶解释自己的工作方式和工作过程?小叶会有什么反应?针对小叶的不同反应社会工作者应当怎样予以回应?

(二)会谈的主要内容

1. 了解服务对象的需求和困境

社会工作者首先要了解的是服务对象自己对问题的界定,即他们认为发生了什么事情,事情是如何发生的,持续时间和严重程度,是否需要帮助及需要何种帮助,希望怎样解决问题等。在谈论这些问题时,社会工作者可以观察和记录服务对象的表现,尝试发现解决问题的线索。

在案例 4-1 中,社会工作者可以询问小叶如何看待自己的学业困境,自己学业困境产生的原因:是身体方面的问题,还是情绪方面的问题,或是学习方法方面的问题?也许小叶会谈论到其他——母亲爱华不知道、小叶也从来没有对外人说起过的问题。通过了解小叶对自己问题的判断,继续探讨小叶自认为需要的帮助:是单纯的课业辅导,还是学习方法的指导;是否需要其他方面的支持,如进行情绪疏导或心理辅导等。社会工作者需要掌握更多的资料和信息,从而与服务对象形成对问题的一致性看法,为下一步制定具体的工作目标奠定基础。

2. 明确双方的角色和责任

社会工作者需要向服务对象介绍专业服务的伦理规范如保密等,澄清自己的工作态度,促进基本信任的建立。同时,社会工作者要促进服务对象接受受助者的角色,引导其承担相应的责任,如准时参加会谈、积极完成会谈后布置的作业、认真分析自己的问题等,以提高工作的效率。

3. 积极推动与服务对象有效沟通

首次会谈是社会工作专业关系建立的开始,良好的沟通是建立关系的重要基础。社会工作者要通过鼓励,引导青少年服务对象强化解决问题的动机,激励其为态度和行为的改变做出初步的努力。

三、信息采集

在接案的首次会谈中,社会工作者除了需要与服务对象建立基本的专业关系外,还需要对服务对象的基本信息进行采集,这是下一步进行预估的重要基础。

(一)信息采集的主要内容

1. 个人基本资料

个人基本资料信息主要包括:服务对象的年龄、性别、受教育水平、家庭基本情况等。

2. 生理发展状况

生理发展状况信息主要包括：服务对象的健康状况、营养状况、有无遗传病以及慢性病史、有无过敏病史、青春期发育状况等。

3. 心理发展状况

心理发展状况信息主要包括：服务对象的认知能力、个性特点、自我概念、行为方式等。

4. 社会环境系统

社会环境系统信息主要包括：服务对象的家庭结构、人际交往状况、成长经历、学习环境、学业发展状况等。

（二）信息采集的主要方法和途径

1. 询问

询问是指通过与青少年服务对象面对面的交谈来收集信息，这是获取资料的最基本方法。

2. 观察

观察是指通过家访和社区探访来了解青少年服务对象的表现与社会环境，增强社会工作者对实际问题的感受，提高收集资料的准确性。

3. 问卷调查

问卷调查是指通过填写问卷的方式来获取相关问题的客观资料，以及服务对象对某个问题的主观看法。

4. 其他方式

当青少年服务对象的问题涉及某个专业领域知识如法律、医学等方面的时候，社会工作者可以向相关专业人士咨询；若是服务对象以前在其他机构接受过服务，社会工作者可以利用已有的资料，如档案、工作日志、调查报告等来获取相关信息。

四、初阶评估

掌握了基本信息之后，社会工作者可以初步评估青少年服务对象的需求和困境,并根据机构的资源状况或项目的目标群体来做出判断,即社会工作者是否有能力处理服务对象面临的问题。如果服务对象面临的情境复杂,社会工作者就需要判断问题处理的优先顺序,确定是否需要紧急介入危机情境以及如何介入。

另外,社会工作者需要进一步明确青少年服务对象接受帮助的意愿,如果其愿意接受协助,就可以签订服务协议;如果机构或项目不能提供满足服务对象需求的服务,就需要按照实际情况进行转介。

五、签订服务协议

当社会工作者已经与青少年服务对象在问题界定方面达成共识,且服务对象愿意接受社会工作者的协助和帮助时,双方就可以签订初步的服务协议,再对接案过程中所做的主要工作进行梳理,如问题界定、可提供的服务以及双方的角色和责任等,形成最终的服务协议。

服务协议的形式可以是书面的,也可以是口头的,其目的主要是进一步明确双方的目标和努力方向,提高服务工作的效率。

案例4-2是一份完整的青少年社会工作实务接案访谈提纲示例。[1]

★ 案例4-2

"花young年华·青春之桥"青少年社会工作服务项目接案访谈提纲

一、访谈目的

青少年期是个体人生成长发展的关键期,为了更好地促进青少年的健康成长,提供更加有效且优质的服务,我们希望全面了解青少年的相关信息,包括个人基本情况、学校生活学习状况、家庭关系状况、社区活动参与情况及对社区服务的期待、同伴关系状况、兴趣爱好等,分析和整合这些信息以开展更有针对性的适应青少年需求的服务。

---

[1] 案例来源于济南山青社会工作服务中心。

二、访谈方式

面对面访谈。

三、访谈对象

ZY 社区 8—15 岁青少年。

四、访谈提纲

（一）引导语

您好，我是 ZY 社区"花 young 年华·青春之桥"青少年社会工作服务项目的社会工作者。目前正在开展青少年的相关服务，因此我们想了解一下本社区内 8—15 岁青少年的基本情况。我们将会对您的基本信息严格保密，希望您能抽出几分钟的时间配合我们的访谈工作，谢谢您的合作。

（二）主要内容

1. 基本情况

（1）家庭基本情况（家庭住址、家庭成员、监护人）、学校基本情况（所在学校、年级和班级）。

（2）个人有什么兴趣爱好、特长、喜欢的活动，认为最有意义和价值的事情是什么？

2. 家庭关系状况

（1）和父母的关系如何？父母每周有多少时间陪护自己？父母陪护时一般都做些什么？周末是否有空，有空的话会安排外出活动吗？外出的话一般会参加什么类型的活动？

（2）平时一般由谁照看？监护人的年龄和健康状况如何？监护人的文化水平如何，能够辅导作业吗？和监护人的关系如何？

（3）内心最希望父母给予自己什么？父母目前做到了哪些？

（4）每天晚上父母有多少时间陪护自己？父母陪护时都会做些什么？你会聊聊在学校的开心事和烦心事吗？你愿意主动和父母交流自己的心情吗？

3. 同伴、师生关系状况

（1）生活中有没有要好的同学和朋友？大约有几个人？经常一起玩吗？通常都会做些什么？喜欢玩什么游戏？游戏过程中会不会跟朋友产生不同意见？如果意见不同会如何处理？发生争议之后还会经常一起玩吗？如果一个人的话会做些什么？

（2）平时如果有了烦心事会向朋友倾诉还是自己一个人寻求其他方式发泄情绪？向朋友倾诉是否有帮助？喜欢朋友用什么方式帮助你解决心理困扰？自己一个人一般会采取什么发泄方式？

（3）你最喜欢哪个老师？和这个老师的关系如何？有问题会主动寻求老师的帮助吗？心情不愉快的时候会及时和老师沟通吗？

4. 学校生活、学习状况

（1）在学习中你感觉最困难的是哪门课程？为什么会感觉困难：是不感兴趣还是自己上课听讲总是走神，或基础太差？

（2）下课后你一般会选择在哪里做作业？完成作业需要多长时间？之后都会做些什么？

（3）父母和学校老师的沟通情况怎么样？学校老师一般通过什么方式和父母交流自己的学习生活状况？对于学校的沟通工作，你认为能发挥多少作用？

5. 社区关系状况

（1）对社区活动了解多少？经常参与社区活动吗？社区活动能否满足娱乐需要？希望开展什么类型的社区活动？

（2）平时有空会去哪里玩？会去邻居家吗？对邻居或者同一社区内的住户了解多少？

（三）结束语

我们的访谈到这里就要结束了，非常感谢您的合作！

五、访谈步骤

1. 准备好访谈提纲和必要的纸笔等记录工具。

2. 选取访谈场地。

3. 寻找访谈对象。

4. 开始访谈。

5. 整理访谈记录并进行总结和反思,汇总出一份访谈报告。

六、常见问题

1. 访谈对象拒绝配合。

2. 访谈场地有其他人员,影响深入访谈。

3. 出现冷场等尴尬局面,不知如何继续。

4. 访谈对象突然有急事决定要离开。

5. 访谈对象表现得不耐烦,没有耐心继续合作。

6. 访谈对象不愿详细讨论。

七、应对策略

1. 进行细致观察,选取适合的访谈对象。

2. 尽量避开无关人员的干扰。

3. 寻找社会热点话题或者聊些有趣的事情缓解尴尬局面。

4. 留下访谈对象的联系方式,看是否能再进行访谈。

5. 告知访谈对象访谈时间较短,希望其能多些耐心合作。

6. 向访谈对象说明这次访谈资料会绝对保密,仅供我们开展青少年服务之用。

八、访谈相关物品

1. 访谈提纲页。

2. 纸和笔等记录工具。

3. 相关工作证件及项目宣传页资料。

第三节 会谈的方法和技巧

一、接案会谈

会谈是指社会工作者与青少年服务对象面对面的沟通交流,是社会工作者了解服务对象最便捷的途径,也是一种有意识、有目标的人际互动。青少年群体好恶感强,很容易情绪化,具有强烈的被尊重的需求,有时不愿配合访谈。因此,在与青少年的会谈中,要注意运用以下技巧。

(一)一般技巧

1. 支持性技巧

会谈开始,青少年服务对象一般会比较犹豫和怀疑,不适应和陌生人探讨个人问题,难以准确表达。这时社会工作者可以运用支持性技巧,通过身体及口头语言,让青少年感到被尊重、理解和接纳,从而建立信任关系,帮助他们增强信心、敞开心扉。支持性技巧主要包括专注、积极倾听、同理和鼓励等。

(1)专注

专注主要是指社会工作者表达对服务对象的关心、尊重并愿意同服务对象一起解决问题的态度。专注可以促进专业关系的建立,也可以辅助收集服务对象的信息和资料。

在实务过程中,社会工作者可以使用肢体动作、眼神、表情等表达自己对服务对象的尊重和兴趣,如面向服务对象,上身前倾,与服务对象保持稳定、坦诚的视线接触,温和地说话、语气语调平缓,真诚地微笑等。这样,青少年就会感到"他在专心地陪伴我""他的注意力在我身上",这种感受无疑会给青少年带来心理上的支持。

(2)积极倾听

专注与倾听是分不开的,社会工作者在会谈中要鼓励服务对象多说话,而自己要多倾听。在倾听时,社会工作者不仅要分析服务对象的语言信息,还要注意观察服务对象的身体语言,准确地解读其传达的信息。比如,在通过服务对象的语言描述,了解事情的经过、服务对象的情绪状态和困扰等时,还要留意服务对象的手势、表情、神态、肢体动作、说话语气等。积极倾听还需要社会工作者适当地给予简短的回应,表达对服务对象的感受、行为和叙述的问题有所理解和领悟,比如"原来事情是这样的""我理解你的心情""嗯,我明白"等。这种简短的回应要表达出对服务对象的理解和接纳,而不带有任何的分析和评价,以营造更为开放的会谈氛围。

(3) 同理心

"同理心",即设身处地去感受、去体谅他人。这个词可以被描绘成一种融入他人感觉的过程,或感觉他人如何经验事件的感受,以了解及觉察另一个人的思考、感觉、经验与个人状况的过程。[①] 社会工作者要站在青少年服务对象的立场上观察和理解问题,并正确理解这些感受所代表的意义。同理不仅可以协助社会工作者了解服务对象的问题的根源,也可以提升服务对象的安全感和解决问题的信心。在青少年社会工作实务中,同理技巧的运用尤为重要,它要求社会工作者如同亲身体验一般去感受青少年的感受,并将这种理解反馈给青少年,以使他们感到被充分理解。

在案例4-1中,小叶对自己目前参加的辅导没有信心,在妈妈的要求下更换了一个辅导机构,她对社会工作者说:"恐怕这个辅导班也会跟前几个一样,对我的学习不会有太大的帮助。"社会工作者的回答可能有如下几种,从中可以看到同理能力的不同。

社会工作者1:不要这么悲观嘛,你为什么要这么想呢?(这种反应没有了解小叶的意思与情绪,容易使小叶感到被批判,显示出社会工作者不信任服务对象,忽略了小叶想法和行为之间的差距。)

社会工作者2:你为什么不去找数学学习比较好的同学聊聊,看看他们有什么好的学习方法和窍门呢?(这种反应是根据自己对小叶问题的理解,以"专家"的姿态提出的建议,只是部分地反映了小叶的感受,并没有真正理解其真实感受,也没有理解她的感受和行为之间的关系。)

社会工作者3:不会的,只要你有信心,补习就一定会有帮助。(这种反应以开放、坦诚的态度与小叶沟通,并且指出她的真实感受和行为之间的差距,不足之处是没有给出解决问题的行动方向。)

社会工作者4:前几次参加补习班的经历,没有给你带来想要的结果,所以你担心这次也会跟前几次一样没有效果,有些信心不足。(这种反应

[①] 朱眉华、文军主编:《社会工作实务手册》,社会科学文献出版社2006年版,第195页。

准确地将服务对象感受的深层意义表达了出来,即小叶由于以前的经历带来的不佳感受,担心这次的补习会重蹈覆辙,有些信心不足。)

这几种反应大致展示了初级层次和高级层次的同理技巧的不同。一般来讲,初级层次的同理技巧是对服务对象明确表达的问题、感受和情绪的了解,高级层次的同理技巧则往往针对服务对象隐含的、暗示的那部分,即对问题的真实感受,进行更为充分和深入的探索,在此基础上才能促进服务对象问题的有效解决。

(4)鼓励

鼓励是指社会工作者通过复述来访者谈话中的关键词,或是借助语气和表情动作来表达对服务对象叙述问题的兴趣、重视或者接受,给予服务对象心理支持。[①] 在青少年社会工作实务中,当发现青少年出现沉默、逃避、吞吞吐吐等情形时,社会工作者应当及时地鼓励,寻找有效互动的机会与方式。例如鼓励青少年继续表达,可以用话语如"请继续""你说得很好"等,也可以用身体语言如微笑地注视、眼神鼓励、点头示意等。

在青少年社会工作实务中,鼓励不仅包含技术层面的含义,还包含了日常语境中勉励与鼓舞的含义,用来肯定和称赞青少年服务对象的努力和进步。这不仅有助于加强社会工作者和服务对象之间的合作关系,同时可以强化服务对象解决问题的动机。对青少年服务对象而言,鼓励尤其重要,因为他们正处于自我认同的关键时期,适宜的、恰当的鼓励会让他们增添信心、提振精神。在建立关系的过程之中,社会工作者的鼓励、赞赏和支持可以减少或消除青少年服务对象的负面情绪,使其有勇气去面对和解决自己的问题。鼓励的内容包括服务对象的感受、行为、态度、观点,社会工作者在使用鼓励技巧时要真诚并发自内心,清楚具体,恰如其分。

在案例4-1中,社会工作者通过了解小叶的学业状况发现,她只是在学习数学方面有困难,其他学科的成绩都很优秀,因此社会工作者可以通过赞赏她在其他学科中的表现来建立小叶的自信。例如,"你的语文成绩

---

① 廖桂芳编著:《心理咨询理论与实践》,电子科技大学出版社2005年版,第103页。

一直都是名列前茅""你的英语成绩真的很棒";另外,小叶为了解决自己的问题一直在认真地参加各种补习班,这种认真的态度也值得鼓励,社会工作者可以说:"我看你参加了不少补习班,课余时间都用在学习上,你真是一个认真刻苦的学生,这种品质很难得。"

2. 引领性技巧

引领性技巧主要是指社会工作者引导服务对象深入地探索自己的经验、处境、问题和观念,增进对服务对象的认识和了解,同时协助服务对象进行自我探索,推动会谈进行的一系列方法和技巧。当青少年在会谈中对一些问题的表述模糊不清、偏离主题或时间过长时,社会工作者可以运用引领性技巧引导青少年在相关主题上做出较为具体、深入、有组织性的表达,以增进对服务对象的认识和了解。引领性技巧主要包括澄清、聚焦和摘要等。

(1)澄清

在会谈中,青少年服务对象对问题的陈述有时会出现模糊不清的情况,社会工作者可以通过澄清技巧,引领其做更详细、清楚的解说。澄清通常以疑问句的形式表达,如"你是说……吗""你能试着再描述……吗""你指的是……吗"。请尝试对比下面两组对话。

第一组:

青少年服务对象:有时我真想彻底地摆脱它。

社会工作者:听起来好像你要与什么分开并且独处?

青少年服务对象:不,不是那样。我不是要独处。哦,我只是希望能从不得不去做的所有事情中解脱出来。

第二组:

青少年服务对象:有时我真想彻底地摆脱它。

社会工作者:你能为我描述一下"彻底地摆脱它"的意义吗?

青少年服务对象:我有太多的事情要做——我总感到落在了别人的后面,负担很重。我想摆脱这种难过的感受。

在第一组对话中，社会工作者过快地对青少年的最初信息得出了不确切的结论。如果社会工作者在假设服务对象的表述包含某种信息之前进行了澄清，那么会谈进程就会更顺利。

在第二组对话中，澄清帮助明确了青少年说出的和社会工作者听到的信息内容，既有利于社会工作者了解青少年所要表达的信息，也有利于青少年准确地表达自己的内在感受。

上述的澄清主要是针对青少年服务对象的表达。除此之外，还可以针对社会工作者与服务对象的关系来进行澄清。比如，有的服务对象非常希望社会工作者能够对他的问题提出具体的解决方案，或者直接告诉他应该怎样处理问题，在这种情境下，社会工作者需要对彼此的角色、期待、立场进行说明，降低服务对象的期待，强调服务对象解决问题的核心作用、社会工作者的协助者作用，对社会工作者的角色与工作边界进行澄清。

（2）聚焦

在会谈中，当青少年服务对象出现跑题时，社会工作者可以在恰当的时机聚焦，使会谈能够重新集中在相关主题上，避免偏离主题。为了带回原来的话题，社会工作者不宜阻止或强行打断青少年的谈话，而应就他们先前的谈话略加回应，使他们感到被尊重，然后重申现时关注的话题，带回主题，如："刚才听你讲了……真的十分有趣，那现在我们继续来谈谈你对……的看法。"社会工作者不应生硬地说："刚才你跑题了，我们不是谈……，而是谈……"社会工作者在聚焦时要自然地转向话题，表现出对服务对象的尊重。聚焦可以减少会谈中经常出现的多头绪的干扰，协助青少年服务对象关注对其处境最重要、最相关的事实，使会谈内容集中、深入在主要问题上。

（3）摘要

会谈中有时会出现谈话内容过长或过杂的问题，这就需要社会工作者掌握摘要技术，把过长的谈话或不同部分所表达的内容进行整理、概括和归纳，帮助青少年服务对象理清思路，促进其对自己的了解，协助其形成对问题的整体看法，并能够进一步分析如何去解决。社会工作者可以用"你认为……""你觉得……"等对谈话内容进行总结和摘要;之后社会工作者可以向青少年查证该摘要是否准确,并容许其接纳、更正或否定自己的摘要。例如:

>一位刚上大学一年级的新生,针对自己的现状诉说了困惑之后,社会工作者说:"让我们一起将你面对的问题进行一下梳理,你原本认为上大学的主要任务是要读书学习,但是看到班里的其他同学有的在积极参加社团活动,有的在做一些小的公益项目,还有一些已经建立了自己的小圈子、人际交往比较频繁。周围同学的表现使你对自己关于大学生活的理解产生了疑问,不知道该怎样去做,是这样吗?"

3. 影响性技巧

影响性技巧是指社会工作者通过影响青少年服务对象,使其从新的角度或层面理解问题,采用新的方法解决问题的一系列技巧。影响性技巧主要包括提供信息、自我披露、建议、忠告、面质等。

(1) 提供信息

提供信息是指社会工作者把自己拥有的与青少年服务对象面临的困境相关的经验、资料,如法律法规与政策知识、社会服务和社会工作的专业建议等呈现给服务对象参考。青少年的人生经验不足,缺乏相关的知识、观念和技术等,这影响其对一些事情的判断,所以社会工作者可以利用专业特长和经验,向青少年提供信息。例如:

>一位十几岁的少女问社会工作者:"我有个朋友说第一次性行为不会怀孕,这是真的吗?"社会工作者可以这样回应:"不,那不是真的,第一次性行为也有可能怀孕。"

(2) 自我披露

自我披露是指社会工作者可以选择性地向青少年服务对象披露自己的亲身经验、处事方法和态度等,以此作为青少年处理自己问题的参考,同时这可以树立坦诚沟通的形象,感染青少年,使其愿意表露自己的内心世界。因此,自我披露可以提高服务对象的会谈兴趣,使其感受到同理、温暖和信任。社会工作者可以说:"你目前的这种感受,我能想象得出来,因为我以前也有过类似的体验……"另外,社会工作者可以表明自己对青少年服务对象在会谈过程中一些表现的感受,例如社会工作者对一个失约的服务对象说:"今天你失约了,我有点失望,当然,你可能有你的原因。"

在使用自我披露技巧时,需要注意:首先要简明扼要,社会工作者不要让自我开放影响了谈话,偏离了服务对象的中心问题;其次要注意选择披露的内容和深度,要根据服务对象的需求而不是社会工作者自己的需求来做披露;最后要注意将重点放在经验学习和收获上,避免暴露一些社会工作者自己也无法突破的困境,影响服务对象解决问题的信心。

(3)建议

建议是指在对青少年服务对象的情况、问题有所了解和评估后,社会工作者提出客观、中肯和有助于解决问题的意见。在社会工作实务过程中,大部分服务对象都希望得到社会工作者的具体建议,因为他们可能误认为社会工作者是解决问题的专家,有很多解决问题的办法。社会工作者在提供建议时需要注意青少年容易出现叛逆心理的特点,如果过于生硬地让他们遵循社会工作者的建议,就可能遭到青少年的排斥。所以社会工作者如何向青少年提出建议,有时比建议内容本身的意义还要重大。社会工作者可以试探性地提出:"如果你尝试这样去做……那么是不是问题会有所改善?"也可以结合自我披露的技巧:"我也曾经遇到过类似的问题,当时我是这样处理的……"或者直接提出自己的看法:"不管怎样,你用这样的态度对待母亲实在是不对,真的应该向她道歉。"

(4)忠告

忠告是指社会工作者向青少年服务对象指出其行为的危害性或必须采取的行动。例如:"如果你还是偷偷查看女朋友的手机,她会觉得自己不被尊重,会严重影响你们之间的感情。"忠告通常是针对一些比较严重的事件或行为提出的,但是,严重程度是一种个人的主观判断。因此,社会工作者在提出忠告前,要反复斟酌;在提出忠告后,要耐心地讲道理,从而使青少年服务对象能够理解忠告的意义。

（5）面质

面质是指当社会工作者发觉青少年服务对象的行为、经验、情感等出现不一致的情况时，直接发问或提出疑义的技巧。通过面质，社会工作者可以协助青少年服务对象觉察到自己的感受、态度、信念和行为不一致或欠和谐的地方。在面质中，社会工作者出于关怀和责任，邀请服务对象去检查和审视自己的某些行为和想法，促使其增强自我了解，发现需要改变的地方。

例如，一位面临毕业答辩的大学生说："我希望我能很骄傲地以优异的答辩成绩毕业，希望在班里名列前茅，论文被评为优秀毕业论文，但是没完没了的聚会妨碍了我，使我不能全力以赴。"该大学生在这段表述中出现了言语信息和行动的不一致，他希望论文优秀，但同时参加了很多聚会。这时，社会工作者可以使用面质的技巧："你说你认为论文成绩出色很重要，但是你又说因为参加了许多聚会而没能修改论文、准备答辩，如果你真的认为优秀毕业论文对你很重要，为什么还要出去参加那么多聚会呢？"这样，服务对象就可能觉察到自己的言行不一致。

使用面质技巧时需要注意的是：首先，面质针对的是服务对象的行为和态度而不是人格，社会工作者要真诚、具体地指出青少年服务对象在认知、感受和情绪中矛盾或不一致的地方，而不是单纯地说教和批评，更不能用嘲讽的口吻。其次，社会工作者要确信已经与青少年服务对象建立起了接纳、尊重且温暖的专业关系，否则不宜使用面质。最后，一般情况下可使用试探性的面质。例如上述情境中，社会工作者可以回应："我不知道这样问是不是恰当，你既然觉得论文成绩对你很重要，为什么又要频繁地参加聚会呢？"这种发问方式比前一种表述温和许多，少了一些压迫感。

（二）特殊技巧

首次接案会谈除了收集信息，更重要的是营造良好舒适的谈话氛围。对主动求助的服务对象，社会工作者应引导其陈述个人困境，例如不安和焦虑的原因及问题所在等。

在初次接触和开始会谈时,社会工作者应从一般性谈话入手,如谈论有关天气、时事新闻、出行路况、流行音乐、热门电视节目等,以有益于专业关系的建立,这也有助于服务对象适应接下来的专业会谈。

在与青少年服务对象接触时,社会工作者需要对谈话内容和状态保持敏感。这主要是因为,青少年处在由不成熟走向成熟、自我认同建立和发展的关键期,他们对外界的信息反馈特别敏感。所以,青少年社会工作者应灵活使用真诚、尊重等技巧,尤其要注意避免一些不恰当的表述,或让服务对象感觉社会工作者在敷衍他/她,比如:"很多人都会出现你这样的状况";或者用社会环境系统中与其他人相同的方式来对待他,比如扮演问题解决者的角色:"按我说的做一定没问题";等等。这样可能让青少年感到自己又要重复以前的经历,认为社会工作者和其他社会系统中的工作人员是一样的,根本不会真正了解自己,从而无法达成有效沟通。

在与青少年服务对象的沟通过程中,社会工作者要更为主动,因为大多数青少年服务对象是较为敏感的,并不容易与陌生人建立关系。社会工作者往往需要保持交际热情和敏感性。

在案例4-1中,经过爱华的同意,社会工作者小林与小叶在一次社区活动中进行了第一次沟通。小林通过谈话了解到,小叶一直以来在学校成绩优秀,对自己某门课程出现问题也很焦虑,但是她很要强,即使听课的时候没有听懂或者有问题也不会去寻求老师的帮助或跟同学讨论,只是自己闷着将问题带回家。参加课外辅导的时候,对于一些问题,她自己可以解决,但还有些知识内容,她怎么也搞不明白,渐渐地就觉得厌烦了。爱华对小叶要求严格,只允许她参加学校的演讲社团,其余时间全用于学习。允许小叶参加演讲社团也是因为爱华认为这可以促进学习。小叶觉得自己的生活太没意思了,特别想出去玩儿,一点儿都不想上学,但是爱华不允许她发牢骚。

在首次会谈中,社会工作者小林先从小叶参加的学校演讲社团活动入手,寻找小叶的兴趣点,调动小叶谈话的积极性和主动性,并且设身处地地站在小叶的立场上谈对课业繁重的感受,并适时地简单披露了自己中学阶段的生活状态,让小叶从中产生了共鸣,有效地建立和维护了与小叶之间的工作关系,并为进一步探讨她的问题和困境打下良好的基础。同时,小林还了解到:一方面,由于爱华始终坚持学习至上的观点,因此她只允许孩子将精力放在学习上,而忽略了应有的休息和放松,小叶的生活缺少丰富性,小叶甚至都不能发牢骚,感到十分压抑;另一方面,关于学习中遇到的困难,小叶承认由于性格要强,觉得上课听不懂或问同学是一件很没有面子的事情,因此她错过了解决课堂问题的最佳时机,这些问题堆积到课后解决造成了事倍功半的结果。

如何找到突破点与青少年启动交流和沟通是十分重要的。在上述交谈中,社会工作者小林通过开场铺垫,打开了小叶的心扉,她开始将自己的内心感受诉说出来。这样,通过面谈,社会工作者对小叶的学习问题以及母女关系紧张的原因有了更为全面的了解,为下一步工作做好了充分的准备。

二、家庭访问和入校访谈

在青少年社会工作实务中,青少年及其家庭、学校、社区共同构成了社会工作的服务对象系统。服务对象的来源不同,社会工作者接触其系统的先后顺序也有所不同。例如对于主动求助的青少年服务对象,社会工作者首先接触的是青少年,而对于转介的服务对象,社会工作者首先接触的则是学校或机构的某个成员。社会工作者需要注意的是,不管首先接触的是系统中的哪个主体,切勿先入为主地立即对问题做出相关判断或评估,而应在相关信息收集完备之后进行专业的判断和评估。

家庭访问和入校访谈是青少年社会工作实务中较为典型的一个环节,社会工作者要全面了解服务对象的信息,深入其社会环境系统采集信息便不可或缺。在综融性社会工作服务模式中,社会工作者可以运用家庭访问和入校访谈两种方式。

(一)家庭访问

"人在情境中"是社会工作实务以生态系统理论为基础提出来的重要

概念。在青少年社会工作实务中,了解青少年的社会环境系统是一项特别重要的工作。社会工作者需要通过家庭访问来观察和了解青少年服务对象的真实生活状态,同时身临其境地体验服务对象的真实情感,如服务对象的社区居住环境、家庭卫生状况、父母的性格气质、宗教信仰、风俗礼仪、其他家庭成员、其所在学校以及教师的教育水平和教育理念等。通过观察环境,社会工作者可以了解青少年服务对象的生活,便于在专业关系确立后与服务对象一同确定问题,寻找和发现适合的问题解决方案。在进行家庭访问时,社会工作者可以利用记录表的形式汇总和整理搜集到的信息,示例见表4-1。

表4-1 "花young年华·家校护航"青少年社会工作服务项目入户探访记录表

编号:		社工姓名:		督导姓名:	
服务对象基本情况					
姓名		性别		出生年月日		学校班级	
家庭住址			[租房、买房或在门铺住(门铺的名字)]		
家长姓名		联系方式		所在居委会	
来济时间		现居住地		籍贯	
青少年现状					
服务对象个人情况: 兴趣爱好、最关心的事情、最担忧的事情、困难和需求					
同伴群体情况: 朋友多不多、朋友类型、经常去哪里玩、玩些什么					
在家的学习情况: 什么时候写作业,家庭学习环境、学习状态、学习效率、学习成绩如何					
备注					

（续表）

家庭关系	
亲子情况： 父母最关心孩子的什么问题、头疼孩子的什么问题，家庭亲子情况	
孩子教育情况： 父母有没有时间及能力辅导孩子学习、孩子有哪些学习困难、教育资源状况	
备注：	
父母情况	
父母基本情况： 来济南时间、在济南工作中的困难是什么、最担心的是什么	
工作情况： 对工作环境、收入、家庭现状的观察和描述，老家的关系和支持情况	
备注	
学校情况	
沟通交流方面： 学校是否与家长进行定期沟通交流、家长是否定期与学校进行沟通	
服务方面： 对学校的工作与办学理念是否满意，其他建议与意见	
备注	
社区情况	
小区的整体环境： 地理环境、人文环境是否有利于青少年的成长与发展	

(续表)

服务情况： 小区内有没有定期举办活动，是否有专门针对青少年的服务、活动场所，对社区居委会的工作是否满意，建议或者意见	
备注	
个案社会工作者签字：	日期：
个案督导签字：	日期：

对于具有相同需求和困境的青少年，社会工作者可以有针对性地选择适合他们的小组活动，将这些青少年组织到一起，从而给他们营造一个解决问题的模拟环境，运用团体的方式来应对和解决问题。这不仅能够提升个体的能力和经验，还有利于协助青少年积极构建有效的社会支持系统。

（二）入校访谈

学校是青少年服务对象社会环境系统中的重要场域，在提供社会工作服务时，社会工作者也需去学校搜集服务对象的信息，了解相关情况，主要包括向班主任、任课老师以及学校管理人员了解信息，在班级同伴群体中搜集信息，以全面掌握服务对象的相关信息。社会工作者在入校提供辅导前，应当审慎地进行先期的入校访谈。

青少年社会工作实务经常采用团体辅导的方式来开展服务。这里的团体辅导不同于专业意义上的小组工作，因为其团体成员不都是社会工作者招募来的，团体成员之间也并没有相同的需求或困境。社会工作者在入校服务时通常是面对一个班集体，服务对象具有较强的异质性。在这种情况下，社会工作者需要全面了解团体情况以及相关负责人（班主任、教导主任或校长等）的主要期望，与学生进行初次接触并确定适合的服务目标，针对团体内大多数成员的需求来制订服务计划。在团体辅导中，社会工作者也可能发现特殊困境中的服务对象，并根据其需要再开展个案辅导。特别需要注意的是，社会工作者一定不能仅仅通过他人（相关教师或家长）的描述来确定服务方向,要做好先期的入校访谈,利用自己的专业判断甄别青少年服务对象的需求,如案例4-3所示。这也是团体辅导中重要的接案工作内容。

案例 4-3

社会工作者小美接到社区居民阿芳求助。阿芳说她的孩子在社区内的小学上一年级,入学快一年了,自己的孩子跟班里的很多同学都不熟。阿芳向社会工作者咨询,是不是可以给孩子所在的班级开展一些集体活动,增进孩子之间的了解和熟悉,增强班级的凝聚力。小美接到求助之后,立即与所在社区的相关负责人联络,了解这个学校的基本情况,并联系到了阿芳的孩子所在班级的老师,约定时间进行面谈。

通过走访学校以及与班主任老师交流,小美发现,这是一个比较传统的小学,课程设置和教学内容比较严谨。班主任老师特别认真负责,对每一个孩子的情况都十分了解。通过老师的描述,小美认为这个班里的气氛比较融洽,仿佛并不存在阿芳说的缺乏了解的问题。随后,小美向班主任老师推荐了机构的服务项目,并根据班级的情况拟订了一份团体辅导服务计划。

之后,小美每周到学校提供一次服务,与老师和孩子都建立了良好的关系,并积累了很多服务经验。

从案例4-3中可以发现,在社会工作专业服务中,社会工作者需要在每一个环节都保持审慎的态度,运用所掌握的人类行为和社会环境之间关系的重要理论知识与服务对象的社会环境系统进行接触,形成有效的初步判断,这是社会工作专业性的体现。

对于综融性社会工作实务模式来说,入校服务也是一个良好的开端。青少年服务对象往往是社区活动的目标群体,吸引他们更多地参与社区活动,社会工作者一方面可以了解服务对象群体,另一方面也可以更好地协助他们与生活环境形成良性互动。

第四节　接案中的常见问题

在青少年社会工作实务中，接案过程能否顺利开展受到很多因素的影响。接案中的常见问题如下。

一、目标和期望不一致

在接案过程中，社会工作者与服务对象共同确定目标是一个十分重要的原则。但是，社会工作者经常会遇到服务目标与服务对象的期望不一致的情况。例如，在进行学业辅导时，社会工作者关注的是青少年的学习习惯以及学习策略问题，而前来求助的父母往往关注指标化的学习成绩，这种情况同时说明双方在问题界定方面存在分歧。再如，对于一个残障青少年的家庭来说，他们也许只是希望找一个可以托管孩子的机构，而社会工作服务的目标却是调动社会环境系统中的资源和力量协助残障青少年更好地生活。因此，当社会工作的服务目标和服务对象的期望不一致时，如果双方经过协商和讨论仍无法达成共识，就会影响接案和后续的服务。

二、资源和能力不足

在接案过程中，社会工作者需要了解服务对象的基本情况，对于一些社会工作者或者机构无法解决的困境和问题，要及时转介。例如，服务对象若患有精神类疾病，而社会工作者不具备临床服务资格，就需要将之转介到适合的相关专业服务机构，以免产生其他问题。再如，在社区服务过程中，社会工作者若发现离异家庭的青少年需要解决法律问题，就可以通过资源链接，帮助其寻找适合的法律援助机构。

三、判断是否需要危机介入

社会工作者要谨记，通用过程模式是一个经过提炼的实务模式，并不是所有的服务都必须按照这个模式一步步地完成。社会工作者与服务对象接触后,首先要甄别服务对象的问题和困境是否属于危机情境,如家庭暴力、性侵、自杀等。在危机情境下,社会工作者可以跳过其他阶段直接进入介入程序,根据服务对象当前最紧迫的需要提供适合的服务。例如,对于遭受暴力和性侵的青少年服务对象,社会工作者首先要帮助其脱离施暴者;对于有自杀倾向的服务对象,社会工作者首先要进行情绪安抚。

四、问题解决的优先次序

社会工作者在与青少年服务对象接触以后可能会发现,服务对象的问题和困境不止一个。社会工作者需要与之一起辨别问题的轻重缓急,确定解决问题的优先次序。一般来说,社会工作者优先处置容易解决的问题,以利于调动服务对象解决问题的积极性,增强他们解决问题的信心,促使他们愿意努力进行改变。解决问题的过程,可以加深青少年服务对象对自己解决问题能力的认知,增强其内在改变动力,激发其潜能,从而促使其积极改变、正向发展。

五、外部阻力和偶发因素

青少年服务对象的问题中可能存在一些家庭原因,因此主动求助的青少年可能面临一定的阻力,即父母如果发现子女在向"外人"诉说家里的问题,会比较担忧,继而阻碍子女接受服务,导致服务中断。在这种情况下,社会工作者可以适当地与家庭系统进行链接,向青少年父母说明服务过程的主要目标以及服务的专业性,促使父母配合青少年接受服务。如果双方无法协调,就只能暂时中止服务,避免给青少年服务对象带来困扰。

除此之外,很多偶发因素会影响接案。例如服务对象突然患病或者随父母迁到外地等。在这种情况下,社会工作者需要针对具体情况妥善处理。

六、其他问题

除了上述的几个问题之外,社会工作者可能会遇到青少年服务对象已经在其他专业领域的服务机构接受服务的情况,例如心理咨询、网瘾治疗等。在这种情况下,社会工作者首先要明晰社会工作专业的服务本质——社会工作专业服务与其他领域的专业服务不存在冲突和竞争关系,只是看待问题的视角不同。其次,社会工作者需要同服务对象进行沟通,如果其他专业领域已经可以满足服务对象的需求,可以不接案;如果服务对象还有其他需求,比如协调服务对象的亲子关系,构建和完善相应的社会支持系统等,社会工作者可以根据具体情况提供针对性的服务。

本章小结

1. 接案是社会工作者与服务对象开始接触的首要环节,主要任务是收集服务对象的信息并确定社会工作专业关系。接案的首要任务是熟悉并掌握服务对象的来源和类型,并根据机构的性质和资源状况、项目的目标群体要求进行甄别;其次,熟悉和掌握服务对象为解决问题所做的尝试和努力,这有助于评估服务对象解决问题的动机以及了解其社会环境系统的状况;最后,识别服务对象系统的需求,甄别目标系统和行动系统,这将有利于社会工作者分析和理解问题以及寻找解决问题的合适途径。

2. 接案的步骤包括:准备资料、首次会谈、信息采集、初阶评估和签订服务协议。其中,首次会谈的主要内容包括:了解服务对象的需求和困境、明确双方的角色和责任、积极推动与服务对象有效沟通。信息采集的主要内容包括:服务对象个人基本资料、生理及心理发展状况和社会环境系统的情况。

3. 接案会谈需要的一般技巧包括:支持性技巧、引领性技巧和影响性技巧。支持性技巧主要包括专注、积极倾听、同理和鼓励;引领性技巧主要包括澄清、聚焦和摘要;影响性技巧主要包括提供信息、自我披露、建议、忠告、面质。特殊技巧主要指在与青少年服务对象接触时,社会工作者需要对谈话内容和状态保持敏感。

4. 家庭访问和入校访谈是青少年社会工作实务接案中较为典型的一个环节。在综融性社会工作服务模式中,社会工作者要全面了解青少年服务对象的信息,在深入其社会环境系统采集信息时,可以运用家庭访问和入校访谈。

5. 接案过程中的常见问题包括:目标与期望不一致,资源和能力不足,判断是否需要危机介入,问题解决的优先次序,外部阻力和偶发因素以及其他问题。

主要概念

接案(engagement)
同理(empathy)
自我披露(self-disclosure)

课堂讨论

案例 4-4

小轩,男,小学五年级学生,性格活泼开朗,十分健谈。从小学一年级开始,他就一直非常活跃,上课踊跃发言,善于积极主动地与人交流,与老师和同学的关系很融洽。进入三年级之后,学校的学习内容和要求发生了一些变化,小轩发现自己的积极表达带来了很多的困扰,上课时老师不像以前那样经常叫他回答问题了,同学们也不喜欢跟他聊天了。但他依然坚持上课主动发言,即使老师没有点名让他回答问题,他也会抢着说出自己的想法。

班主任刘老师约谈了小轩的妈妈,与她交流了小轩上课的表现,并解释说,之所以没让小轩回答问题,一方面是因为老师不能把所有的发言机会都给一个孩子,另一方面是因为小轩的发言总是滔滔不绝、不受老师的控制,不能够具体针对老师提出的问题做出回答,自己想说什么就说什么,思路有些天马行空;甚至老师喊停也不起作用,他仍坚持说完自己想说的话。因此,很多任课老师都向班主任反映这个问题,刘老师表示深受困扰。

小轩的妈妈回家后跟小轩谈话，婉转地表达了老师的意思，但是小轩并不理解，也无法接受老师的说法。小轩认为，他有权利在课堂上发表自己的意见，老师打断他是不尊重他的行为，因此他十分生气，所以老师越是不让说，他就越要坚持说下去。小轩妈妈十分苦恼，前来向社会工作者求助。

在案例中，小轩妈妈对孩子的表现有点束手无策，一方面她认为小轩应当配合老师的工作，遵守和维护课堂管理的要求和秩序；另一方面她又觉得应当尊重小轩内心的想法，所以问题比较棘手。社会工作者在分析小轩妈妈面临的困境和问题时，经常会先从家庭入手，请尝试进行分析：

1. 面对小轩妈妈关于问题的描述，社会工作者需要进一步澄清哪些方面？
2. 对于小轩而言，社会工作者需要收集哪些方面的信息？
3. 如果有机会与小轩进行面谈，社会工作者应如何开始会谈？
4. 在会谈中需要注意哪些方面的问题？

思考题

1. 在接案时，社会工作者的主要任务是什么？
2. 接案环节有哪些具体步骤与要求？
3. 社会工作者在会谈中的主要技巧有哪些，其具体内容是什么？

参考文献

高万红主编：《个案工作理论与实务》，中国劳动社会保障出版社 2008 年版。

〔美〕Paula Allen-Meares：《儿童青少年社会工作》，李建英、范志海译，华东理工大学出版社 2006 年版。

〔美〕琳达·卡明斯、朱迪思·塞维尔、劳拉·佩德瑞克：《社会工作技巧演示：直接实务的开始》，韩晓燕、陈赟译，格致出版社、上海人民出版社 2011 年版。

第五章 预 估

社会工作通用过程模式中,接案和预估步骤在理论上是有明确划分的,然而在实践中两者很难清晰划分。社会工作者对青少年服务对象的熟悉和了解过程是逐步深入的,在问题不同的节点上所了解和掌握的信息会有横向宽度和纵向深度的差异。这就要求社会工作者在逻辑上不断梳理关于服务对象问题的成因,发现相关社会环境系统中的影响因素。因此,预估就是事先的评估,是社会工作者对服务对象存在的问题及其社会环境系统的综合分析和判断,它为形成介入计划奠定基础。[①]

案例 5-1

小青,女,十八岁,身材较胖,性格内向,五年前父亲因病去世,母亲改嫁。母亲与现任丈夫育有一子小明,三岁。母亲改嫁后,小青与七十岁的外婆共同生活,外婆很宠爱小青,但外婆年纪较大、身体不好,还要照顾小青的一日三餐,略显吃力。小青虽然与外婆共同生活,却很少与外婆分享心事。

小青职高毕业后,曾经找过工作,但都因不喜欢与人打交道,与同事和老板相处不愉快而离职。小青认为,自己是个胖子,长得不漂亮,被别人看不起,之后没再找工作,待业已经八个月了。由于无事可做,小青整日在家

---

① 朱眉华、文军主编:《社会工作实务手册》,社会科学文献出版 2006 年版,第 45 页。

上网聊天、玩游戏,很少与父母和弟弟交流,只有一个好朋友小李,有时俩人一起聊聊天。

小青所在社区的就业援助员曾经给她介绍过工作,但她都以各种理由拒绝了。社区就业援助员将小青的情况告诉了社会工作者阿辉,希望阿辉能够给予帮助。

预估(assessment)是指进一步了解和掌握青少年服务对象的详细资料和信息,探索服务对象问题形成的过程,依据问题发生情境中的事实与背景,重新界定问题并形成暂时性结论的过程。

在案例5-1中,社区就业援助员已经将小青的情况转述给了社会工作者阿辉,为了进一步了解和掌握服务对象的具体情况,阿辉需要与小青面对面地接触,运用预估的方法对她的问题进行综合分析和判断。

第一节 预估的目标与任务

预估是青少年社会工作实务的重要环节,社会工作者需要在接案时就开始进行的工作主要包括:实质性地了解服务对象的问题,搜集与之相关的各种信息,形成初步的专业判断,为制订计划打下基础。

一、了解服务对象面临的需求和困境

在复杂情境中,社会工作者一方面需要协助青少年服务对象厘清问题解决的优先顺序,了解问题的基本现状、发展程度以及影响;另一方面需要协助服务对象明确自己对问题的认知,包括问题产生的原因与持续的时间等。

在案例5-1中,小青在就业过程中遭遇困难,一方面是由于其自我效能感较低,性格内向,无法妥善处理各种工作关系;另一方面是由于其家庭系统结构不健全,她长时间缺乏沟通和交流的体验,人际交往能力退化,以致社会适应不良。

二、了解和掌握服务对象的生活经历和行为特征

社会工作者需要通过观察、会谈以及各种量表等操作工具,来了解和掌握青少年服务对象的生活经历、人格特质、能力基础、行为特征、优势和弱势等。

在案例 5-1 中,小青的父亲去世后,其家庭结构发生了重大变化,继父和弟弟先后出现在她的生活中。小青并没有适应这种变化,选择与外婆生活在一起,这说明小青与继父和母亲的关系是疏离和紧张的。小青身体较胖:一是由于青春期身体生长激素的变化,女性容易形成脂肪堆积;二是由于精神上的压力和焦虑。女性青少年在身体变化的重要时期,特别需要关怀和呵护,这恰恰是小青缺失的。由于小青认为身材较胖是一个缺点,因此她不愿意与人打交道,求职的失败经历更加剧了其负性的自我定位,尤其是在现实生活中她无法找到交流和沟通的对象,社会支持系统中也缺少正面的支持和鼓励,从而陷入困境。

三、了解服务对象的社会环境系统以及互动状况

社会工作者需要协助服务对象重新审视自己的社会环境系统,评估其与社会环境系统的互动状况,从中找出改变的动力因素与阻碍因素。

在案例 5-1 中,从小青的社会支持系统来看,外婆只能提供生活上的照料,社区就业援助员的协助效果不佳,她与好朋友小李能够聊得来。社会工作者在预估中还发现,小青的母亲和继父虽然与她联结不紧密,但可以促使其成为行动系统。阻碍因素主要来自小青自己的内在动力不足,由于对自己身体不接纳、对生活环境不满,她缺乏改变的动力,对自己的未来缺少规划和努力。

四、重新界定问题

重新界定问题主要是进一步了解:青少年服务对象解决自身问题进行的尝试和努力,他/她具备何种资源和能力,是否具有积极解决问题的态

度,缺失哪些资源和能力,这些资源和能力通过服务对象自身的改变能否获得,社会工作者和机构如何协助服务对象争取资源、提升能力等。重新界定问题的主要步骤包括:

(1)了解服务对象自身对问题的界定。

(2)服务对象自身对问题的界定是否妨碍了问题的解决?

(3)服务对象认同的问题的主要方面是什么?

(4)服务对象解决问题时的相关情绪。

(5)重新界定问题并确立改变的计划。

社会工作者阿辉可以与小青一起来探讨这些问题,对相应的观念或想法进行剖析和辩论,使小青厘清自己的问题以及相关的情绪,以便发掘她改变的动力和机会。

第二节 预估的原则

社会工作者预估的主要目的是,清晰地描述青少年服务对象的需求和困境,这是与服务对象一同了解问题现状、发现问题症结、探索问题解决方法的过程,需要遵循如下原则。

一、服务对象共同参与

只有青少年服务对象自己最清楚在问题形成过程中的感受,以及在付诸努力解决问题过程中遭遇到的困难。因此,预估不是社会工作者独自进行资料收集和专业判断的过程,而需要服务对象的共同参与。在预估过程中,服务对象的参与会让社会工作者对问题有更准确的认识,也可以提升预估的效果。

基于这项原则,在案例5-1中,社会工作者阿辉需要调动小青解决问题的积极性,引导她直接参与对自己问题的分析和探索的过程,帮助她根据社会工作者提供的方法和依据来重新认识和了解自己,认识自己所处的环境。只有服务对象一起努力参与,才可能产生有效的改变。

二、动态持续的评估

预估是一个动态的、持续的过程。社会工作者在与青少年服务对象的接触过程中，专业关系越成熟，相互了解越深入，服务对象也会越开放，社会工作者对问题的认识会越来越全面。社会工作者需要对问题进行持续评估，根据服务对象提供的信息和描述的感受不断进行动态调整，才能保证专业判断的有效性。

在社会工作实务中，社会工作者对问题的判断和评估会贯穿整个服务过程，而不仅限于预估阶段。动态持续地进行评估对任何一个社会工作实务过程来说都是重要的。在案例5-1中，社会工作者阿辉从开始接触小青的信息，再到与她面对面地会谈，始终在对她及其社会环境系统进行预估，这促使阿辉掌握的资料和信息越来越全面和深入。社会工作者依据对情况与信息的掌握不断调整预估结论，为继续服务奠定基础。

三、以事实为依据的归因

为了保证资料的准确性和可信性，社会工作者在预估中要使用很多方法来收集和整理资料，不仅要了解青少年服务对象本人的情况，还要深入其环境系统如家庭、学校、社区等，全面掌握资料和信息并完成分析和判断。个别化的实务原则要求社会工作者应避免简单归因，虽然青少年服务对象的问题在表象上具有共性，但是每个人问题形成的实际原因不同。社会工作者需要识别出服务对象及其环境系统存在的问题，梳理问题成因与发展过程，提高预估判断的科学性，为介入工作奠定良好的基础。

在案例5-1中，社会工作者分析认为，小青的外婆对她的照料属于隔代抚养，外婆可以照料小青的生活起居，给她做可口的饭菜，疼爱她，但是外婆没有能力掌握与小青沟通的技巧，无法理解她内心的想法和感受。小青也认为外婆对自己的问题无能为力，就不会跟外婆说太多。小青沟通交往能力的发展受阻，直接影响了她社会适应能力的提升。这是社会工作者依据小青家庭关系的真实情况进行的困境分析。

四、参照个人能力水平

预估一方面要准确清晰地描述和分析青少年服务对象的问题,另一方面要为介入提供准备,即建议采取什么行动来解决问题或摆脱困境,具有一定的行动取向。行动取向的预估需要认真分析服务对象的优势和劣势,参照其个人能力水平制订行动方案,既要协助服务对象明确问题的症结,也要去挖掘其优势动力和资源。预估是一个承前启后的重要环节,也是一个综合性环节。

在案例 5-1 中,社会工作者发现了小青自身和环境系统中的问题及其成因,如果想从根本上解决这些问题,协助其摆脱困境,最重要的是挖掘小青的潜能。阿辉需要在与小青的接触过程中发现她的优势,找到适合的解决问题的方法,并挖掘环境系统中可以利用的资源和条件,促进她与其环境系统的良性互动。比如阿辉可以向其好朋友小李了解小青的兴趣爱好、心愿、想从事的工作等,尝试发现可供利用的改变线索。

第三节 预估的基本步骤

预估是社会工作者将接案过程中收集的青少年服务对象的相关信息资料进行再整理与深度分析,从而进一步认定问题的过程,具体包括以下几个步骤。

一、资料整理

预估过程的第一步就是进行资料的进一步收集和整理,主要包括以下内容。

(一)服务对象的基本资料

服务对象的基本资料包括:青少年个人的年龄、受教育水平、简单生活经历、重要生活事件、生活中的重要任务、主要的社会环境系统等。

（二）问题的基本描述

问题的基本描述主要包括：青少年服务对象认为的主要问题；问题是如何产生的，问题持续的时间、发展程度与造成的后果；服务对象如何看待自己的问题，其为解决问题做出的努力及结果，在解决问题过程中使用的主要方法等。

（三）服务对象能力的基本描述

服务对象能力的基本描述包括：健康状况、处理情绪的能力、认知能力、人际交往能力、沟通能力等。

（四）社会环境系统的具体资料

社会环境系统的基本资料包括以下几方面。

（1）家庭基本情况。家庭基本情况包括：家庭经济条件、居住环境、家庭成员的基本状况、家庭结构、父母教养模式、亲子沟通状况等。

（2）学校基本情况。学校基本情况包括：学校地理位置、所在班级情况、学校负责人的教育理念、同伴群体间的沟通情况等。

（3）社区基本情况。社区基本情况包括：社区所在位置、环境资源状况、社区支持网络状况等。

（4）其他社会环境系统情况。其他社会环境系统情况包括：对青少年服务对象有支持功能的社团或组织的基本情况、服务对象对社会环境系统的主观感受、社会环境系统对服务对象需求的满足程度等。

二、资料分析与问题识别

在预估阶段收集到的资料和信息是零碎和分散的，社会工作者需要梳理资料之间的逻辑关系，然后进行分析和解释，并从中识别出与服务对象的困境相关联的事实和依据。分析资料的具体方法主要包括：

（一）对资料进行排序

一般来讲，社会工作者以时间为轴线，将资料进行重新排序，以此寻找逻辑上的因果关系或是发现事件发展的脉络图。

（二）全面掌握资料

在完成排序之后，各个部分零散的资料和信息建立了逻辑上的联系，从而使社会工作者对青少年服务对象的需求和困境有了较全面的了解和整体把握。

（三）识别问题因素

社会工作者通过对资料的全面掌握，可以从中甄别出与问题或困境相关的内容，比如问题形成的原因，可供利用的条件等。社会工作者需要运用专业判断和分析，透过现象看本质，发现问题的症结和解决动力。

（四）形成相关解释

解释是社会工作者在全面分析掌握资料、识别出问题相关因素并进行专业判断之后形成的概念性认识，是社会工作者对所收集资料加工的结果。只有在清晰解释的基础上才能继续服务。

三、重新界定问题

社会工作者在对资料进行分析和形成相关解释之后，就要深入地探究青少年服务对象的困境、重新界定问题。重新界定问题是指对青少年服务对象的问题进行专业化认定的过程，主要包括以下工作。

（一）发现服务对象的需求与困境

社会工作者在对青少年服务对象面临的问题形成相关解释的基础上，与他/她一同探索如下问题：服务对象最迫切的需求和其认为的主要困境，问题和困境严重的程度，对学习和生活造成的影响，服务对象对其环境系统的评价，曾经做过的努力以及效果如何等。

（二）描述服务对象的社会环境系统

社会工作者要协助青少年服务对象分析环境系统中可以动员和使用的支持系统。社会环境系统的支持对青少年服务对象十分重要，然而青少年仅凭自己的能力无法全面了解和掌握环境系统中的资源和动力，这就需要社会工作者的启发和引导，协助其厘清、调整个体与环境之间的关系，充分认识到环境系统对个人成长和发展的重要作用。社会工作者还要确定服务的目标和行动系统,明确其与服务对象系统之间的关系,寻找改变的动力和来源。

(三)分析问题解决的阻力

当面临问题和困境时,即便青少年服务对象愿意努力去解决问题,也可能经常面临失败的结果。例如,在亲子关系紧张的家庭中,青少年尝试改变,希望缓和与父母的关系,却无法得到父母的关注和理解,最终没有达成愿望。在这种情况下,社会工作者需要与青少年服务对象一起分析原因。

(1)是否存在对问题界定和理解的不同?

例如,在亲子关系紧张的家庭中,父母往往认为孩子不认真学习导致他们采用严厉的管教方式,而孩子则认为父母忽略自己的感受导致了亲子关系紧张。双方对问题界定的差异会对问题解决产生直接影响。

(2)是否存在价值观和角色定位的不同?

例如,在分析青少年服务对象的学业困难时,父母往往以教育者的视角分析孩子的学习动机和学习态度,认为主要问题是孩子不够努力和认真;而孩子在学习中经常面临的是学习策略和时间管理方面的困境。再如,青少年服务对象与父母在交友标准上经常产生分歧,即父母希望孩子与成绩好的同学交往,孩子则会选择在人格特质上具有吸引力的朋友。

(3)是否对环境系统资源缺乏了解?

例如,在评估环境系统中的教育资源时,父母经常关注辅导机构的品牌和营销策略,根据宣传内容选择他们认为适合的机构;而孩子则更看重课业辅导老师是否能清晰讲解学习中的难题等;社区社会工作者经常针对青少年服务对象开展学业辅导方面的无偿服务,父母却对这些服务知之甚少。

(4)是否存在其他压力问题?

社会工作者还会发现,有些亲子关系紧张的家庭中并不存在难以解决的实质性问题,只是由于父母在自己的环境系统中承受过大压力,将这种压力转移到家庭系统中,进而转移到子女身上。

这种分析过程是协助青少年服务对象了解个人行为与社会环境关系

的过程,是提升服务对象社会适应性的重要内容。

(四)分析服务对象解决问题的能力

社会工作者在了解了环境系统具备的资源和条件之后,要继续分析青少年服务对象解决问题的意愿强度、所具备的时间条件、解决问题的能力水平与资源条件等,以此预估青少年服务对象的行动取向。

四、撰写预估报告

社会工作者在重新界定问题之后,需要撰写预估报告,以准确详细地描述青少年服务对象的需求与困境,为制订介入计划提供依据。预估报告的基本格式包括两部分:第一部分是资料和事实。这部分主要是呈现青少年服务对象的基本资料和描述问题的基本情况,包括青少年服务对象的个人资料、家庭背景、受教育水平、学业发展状况,以及问题发生的时间、现状和相关的环境系统等。

第二部分是预估判断。这部分主要是社会工作者对青少年服务对象的基本资料的分析和理解,包括初步评估需求和困境、重新界定问题、初步解释困境的成因、判断改变的可能性以及适合的改变方向,为介入服务奠定基础。

社会工作者在撰写预估报告时需要注意:首先,明确撰写预估报告的目的是为继续服务提供依据;其次,要分清事实和判断,确保报告的专业性;最后,注意语言的精炼简洁,合理使用资料内容。

第四节 预估的主要方法

预估是将收集到的有关服务对象的资料进行组织并进行问题认定的过程,要求社会工作者甄别各种信息资料之间的逻辑关系,将零散的资料信息按照一定的顺序或联系组合成具有因果关系或者发展脉络的整体性信息,从而全面了解青少年服务对象的需求和困境。预估实务中有许多操作方法可以帮助社会工作者梳理信息并厘清思路,提升服务的专业性。

一、社会历史报告

社会历史报告是通过梳理青少年服务对象的社会生活历史,将各种信息进行整理分析后的综合报告。[①] 社会历史报告的内容主要包括两部分:一是服务对象社会生活历史的资料,二是社会工作者对这些资料的思考和预估。

一份详尽的社会历史报告主要的内容有以下几个方面。

(一)基本身份信息

基本身份信息包括:青少年服务对象的出生年月、性别、民族、家庭地址、昵称等。

(二)转介信息

转介信息包括:转介的来源、解决问题的尝试和努力、曾接受过何种帮助等。

(三)个体功能预估

个体功能预估包括:服务对象的受教育水平,目前的生理心理发展状况和社会适应水平,以及在生理(在医学方面需要特别注意出生时的相关信息,疾病、使用药物、身体限制等)、认知、情感、心理、人际方面需要特别说明的问题。

(四)系统环境预估

系统环境预估包括:青少年服务对象的家庭基本信息、家庭互动状况、自然支持网络中的成员、住房条件和经济条件等客观物质环境等。

(五)重大生活事件

重大生活事件包括:重要成员的离世、个人的严重损伤或创伤、重大的生活成就或发展等。

[①] 全国社会工作者职业水平考试教材编写组编写:《社会工作实务(中级)》,中国社会出版社 2007 年版,第 50 页。

（六）社会活动水平

社会活动水平包括：青少年服务对象的兴趣爱好、喜欢的娱乐项目、参加的俱乐部及社团组织等。

（七）个人描述

个人描述包括：青少年服务对象对当前状况的态度和评价、改变的目标与实现目标所受的限制等。

需要特别注意的是，社会历史报告的撰写不是一个公式化的过程，因为每个青少年服务对象的具体情况各不相同，社会工作者需要依照服务对象的实际情况来描述和分析。社会工作者需要依照服务对象的实际情况来描述和分析。具体而言，可以选择学习情况、情绪状态、家庭系统及亲子状况等重点信息进行描述和分析，见案例5-2。

★ 案例5-2

阿牛是高一学生，他在初中阶段学习成绩优秀，升入高中之后，在英语学习方面比较吃力。因为有出国留学的打算，阿牛和父母都比较着急，于是参加了各种英语补习班和提高班。阿牛的父亲在外地工作，只有周末才能够回家；阿牛的母亲是办公室文职人员，工作之余都在陪伴阿牛学习。阿牛的母亲为人热情，与社区邻居、单位同事相处得都不错，家中的各种人情往来都是她在打理，与亲戚朋友关系也十分和谐。

阿牛经常跟几个好朋友一起讨论乐高机器人比赛的活动，大家约好一起设计项目，争取在比赛中取得好成绩。父母对阿牛参加这个活动的态度比较纠结，他们一方面认为这是一个有利于孩子发展的项目，另一方面又担心阿牛因此耽误太多的学习时间。

阿牛的爷爷奶奶十分疼爱这个孙子，对安排孩子出国一直持反对意见，为此多次跟阿牛的父亲争吵，但阿牛的父亲始终没有动摇。爷爷奶奶经常在阿牛面前讲述出国的各种不好，希望阿牛能够留在他们身边。

针对案例5-2，社会工作者梳理了一份关于服务对象阿牛的社会历史报告信息，见表5-1。

表 5-1 阿牛的社会历史报告信息表

服务对象信息	描述及分析
高一学生,英语学习成绩达不到出国要求	阿牛初中阶段学习成绩优秀,升入高中之后英语学习比较吃力。父母希望阿牛能够出国完成学业,因此对英语成绩的要求较高,希望他能早日达到留学要求的语言成绩,因而比较着急
处理方式:参加英语提高班	由于英语学习成绩不理想,因此阿牛自己也比较着急,经过课外补习,成绩虽有所上升,但是并没有达到预期的效果
情绪状态	当谈到英语学习时,阿牛特别希望语言成绩能够尽快过关,减缓自己的焦虑。 当谈到乐高机器人比赛时,阿牛比较兴奋和激动,他表示很喜欢这个活动,而且认为自己的团队很棒,大家有很多计划和想法,对比赛都很投入,阿牛觉得这件事情很有意义。然而,由于参加比赛比较耗费时间,一想到自己的英语学习,阿牛就有点纠结和无奈,他一方面不想让父母失望,另一方面也不想放弃比赛。 当谈到爷爷奶奶对他出国问题的态度时,阿牛认为留学还是有好处的,只不过爷爷奶奶不理解这一点。阿牛没有对爷爷奶奶当面表达过这样的看法,他担心这样说会让爷爷奶奶伤心。 由此可见,阿牛是一个比较懂事的孩子
疾病及用药史	无
家庭系统及亲子状况	阿牛的家庭经济条件较好,阿牛的父亲在外地工作,周末才回家,周末的英语班都是父亲陪伴;母亲是办公室文职人员,工作之外的时间都放在了阿牛身上。阿牛的父母希望孩子能够抓紧时间提高英语水平,因此对阿牛的英语学习十分关注。父亲平时会经常电话询问阿牛的英语学习,阿牛虽然能够体谅父母的苦心,但感到压力很大。 在阿牛出国留学这个问题上,爷爷奶奶经常会和阿牛的父母产生争执,这让阿牛很困扰,不知道自己该如何处理,一方面要按照父母的安排去完成留学的准备,另一方面还要顺从爷爷奶奶的意见。阿牛还担心,如果英语成绩不能提高的话,父母会拒绝他参加机器人比赛。

（续表）

服务对象信息	描述及分析
	由此可见，家庭成员对于出国留学的不同意见给阿牛造成了压力。阿牛喜欢参加机器人比赛，想要实现自己的梦想，但他认为要先满足父母的希望，提高英语成绩，自己的心愿才能顺利达成
暴力及虐待史	无
经济状况	良好
社会支持网络	阿牛的父亲在外地工作，但对孩子的学习十分关注；阿牛的母亲陪伴孩子时间很多，为人热情，与家里亲戚、单位同事的关系都不错；阿牛的爷爷奶奶很疼爱他；阿牛在学校跟同学的关系较好，有志同道合的小伙伴，喜欢乐高机器人，准备参加比赛
预估评价	社会工作者认为阿牛的问题主要是学习目标调整后产生的适应不良。 学校对英语的学习要求与出国留学需要达到的语言标准有很大不同，阿牛在学校掌握的知识和方法存在局限。 社会工作者需要协助阿牛调整语言学习策略，分析优势和劣势，厘清主要目标，改进具体学习的内容和方法。关于家庭成员对出国留学的争执问题，社会工作者可以协助阿牛灵活运用沟通技巧，尝试与父母和爷爷奶奶进行直接的沟通，表达自己的真实想法和心愿，以及对目前状态的个人感受，以改善和缓解焦虑情绪

二、家庭结构图

家庭结构图(family system structure chart)是用图形的方式来表示家庭关系和家庭结构。家庭结构图可以直观地提供有关家庭历史、婚姻、伤病、家庭成员间的沟通和互动状况等重要信息。① 社会工作者可以通过绘制家庭结构图来了解青少年服务对象在家庭中的位置，分析其生活历史、各种

---

① 全国社会工作者职业水平考试教材编写组编写：《社会工作实务（中级）》，中国社会出版社2007年版，第52页。

社会关系以及家庭中的重大历史事件,了解家庭的互动模式,与服务对象一起探索和分享家庭系统对其个人特质产生的影响。

在家庭结构图中,不同的符号表示特定的含义,一般来说,通用的符号表示有如下几种:

(1)性别:通常用方形和圆形来表示性别:男性是"□",女性是"○"。

(2)年龄:可以写在方形或圆形中;"×"表示死亡。

(3)婚姻关系:"——"(实线)表示已婚,"……"(虚线)表示生活在一起,"/"表示分居,"//"表示离婚。

(4)孩子出生:由夫妻关系衍生下来的孩子以实线线段相连,收养关系中的孩子以虚线线段相连,以出生时间顺序从左到右排列。

一般来讲,绘制家庭结构图的基本原则是:长辈在上,晚辈在下;在同辈关系中,年长的在左,年幼的在右;在夫妻关系中,男的在左,女的在右。父母和子女之间、子女和子女之间的关系状态,用粗细实线表示紧密和不紧密的状况,虚线表示关系有问题或不太好。除此之外,还可以用一些简单符号来记录家庭生活中的重大事件,如疾病、工作变动、搬迁、意外伤害等。常见的标识方式如图 5-1 所示:

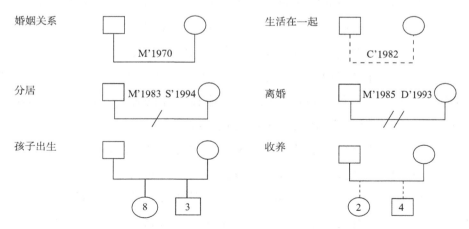

M'1970 表示 1970 年结婚,D'1993 表示 1993 年离婚;C'1982 表示 1982 年同居,S'1994 表示 1994 年分居。

图 5-1　家庭结构图示例

社会工作者可以运用这些图标来绘制青少年服务对象的家庭结构图，从而对服务对象的家庭关系和家庭结构有一个完整而直观的了解。

三、生态系统图

生态系统图（social ecosystem map）又称社会生态系统图，它可以清晰地呈现服务对象个人、家庭以及社会系统之间的相互作用和影响，有效地将服务对象与外在环境系统的关系通过图形的形式展示出来，是在生态系统理论的基础上发展出来的操作性技术。①

（一）理论基础

系统理论重视分析各个社会系统之间和系统内部各部分之间的相互作用以及对人们行动的影响，社会工作的目的是要改善青少年服务对象与其系统之间的互动形态。因此，系统视角下的社会工作实务特别强调个人的整体性和完整性，强调社会系统特别是家庭系统在塑造和影响青少年行为以及生活状态中的重要作用，强调运用社会资源协助个体、群体和社区解决问题。

在系统视角影响下发展起来的生态系统理论，将个人看作以与环境的互动来发展自己和适应环境的行动者。社会工作者对青少年服务对象的协助主要体现为对功能失调问题的呈现和处理，强化其能力，提供整合服务并帮助服务对象实现改变。生态系统理论的视角更加强调服务对象对环境系统的主动作用，可以全面细致地诠释个体的环境系统，并将其划分为微观系统、中间系统、外层系统和宏观系统。

生态系统理论视角下的实务目标是促进青少年服务对象与环境的良性互动，一方面要增强个体对环境的适应能力，促进青少年的成长与发展；另一方面也要消除环境中的阻碍因素，挖掘社会资源，以更好地满足青少年的发展需求。由此衍生出的社会工作的重要概念——"人在情境中"，展

---

① 全国社会工作者职业水平考试教材编写组编写：《社会工作实务（中级）》，中国社会出版社2007年版，第54—55页。

示了人类行为和社会环境之间的密切关系,个体与环境在互动中产生的问题需要在互动中解决。

(二)生态系统图的绘制

生态系统图的主要功能是呈现青少年服务对象个体、家庭与社会环境系统之间的关系状态,描述和分析青少年服务对象与社会环境系统之间的互动,寻找导致服务对象需求和困境的原因,评估环境子系统的资源状况。社会工作者可以通过绘制生态系统图,分析和判断服务对象的问题,思考解决问题的途径和方向。

在图5-2中,阿牛的生态系统包括:父亲、母亲、爷爷奶奶、学校、机器人比赛小组。阿牛的母亲经常陪伴他,并照顾爷爷奶奶;阿牛的父亲与工作单位是一种强连接,与社区邻居和家里的亲戚基本上没有联系,母亲则维系了较多的关系和互动;父亲和爷爷奶奶之间关系紧张。社会工作者通过绘制阿牛的生态系统图,可以清晰直观地把握他与其环境系统的互动状态,了解有哪些资源可以利用,哪些资源需要挖掘,哪些系统需要改善,哪些关系需要维护,从而判定服务对象自身需要努力的方向以及环境系统需要进行的改变。

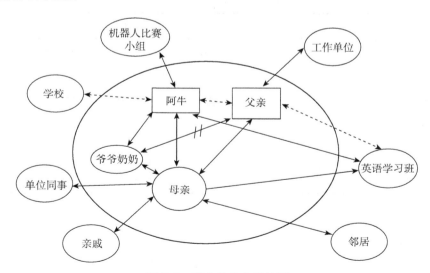

图5-2 阿牛的生态系统图

四、社会网络分析表

社会网络分析表主要用于评估和测量社会群体中人际吸引或人际排斥关系,是十分有效的一种研究人际选择、信息交流、互动关系的手段。社会工作者可以使用社会网络分析表来评估和测量青少年服务对象的社会支持网络的种类和规模,从服务对象的角度将其社会支持的性质和数量呈现出来。具体而言,社会网络分析表分为以下两大类。

(一)社会支持网络表

对于青少年服务对象来说,社会支持网络主要包括:家庭及家庭成员,学校教师及相关管理人员,社区服务组织及相关服务人员,其他非正式的社团以及能够满足需求的各类服务机构。

社会支持网络表的作用是呈现青少年服务对象的社会支持网络(正式的和非正式的)。具体制表方法是,青少年服务对象辨别出其社会环境系统中的重要成员,并按照各自提供的支持类型进行分类,在社会工作者的协助下完成表格,如表5-2所示。

表5-2 社会支持网络表[1]

非正式系统	正式系统	
	社会性系统	专业系统
父母(祖父母) 其他家庭成员 同学(朋友) 共同兴趣爱好者 邻居 志愿者	休闲娱乐社团(俱乐部) 社会性教育机构 协会组织 青少年服务组织 互助团体	社会工作者 教师(学校管理人员) 医务工作者 心理治疗师 律师 政府工作人员

---

[1] 全国社会工作者职业水平考试教材编写组编写:《社会工作实务(中级)》,中国社会出版社2007年版,第59页。

(二) 社会支持网络评估表

社会支持网络评估表可以直观、清晰地呈现青少年服务对象的社会支持系统的性质和数量,社会工作者以此预估服务对象的社会支持状态。具体操作方法如下:

第一步,协助青少年服务对象描述与社会支持网络有关的问题,包括:社会支持网络可以提供的(从社会支持网络得到过的)支持类型;与社会支持网络中相关成员的关系密切程度,包括关系维持的时间长短、成员对服务对象的重要程度,接触频率和亲密程度等。

第二步,将上述信息填写在提示卡上,请青少年服务对象依据"从未、很少、有时候、总是"的等级标准,描述网络中的社会支持状况。

第三步,将上述内容汇总,并依次填写到网状表格中,即可绘制出社会支持网络评估表,用于预估服务对象的社会支持网络系统。这种评估表格内容会因机构的不同而有不同的设计,但是所涵盖的内容具有一致性,实例如表5-3所示。

表5-3 社会支持网络评估表

姓名	关系 亲属/师生/同学/好友/社会工作者	支持强度 提供帮助的意愿强度(高、中、低)	助人能力 (简要描述)	支持类型 (实物、服务或其他资源类型)	接触频度 (每日、每周、每月、每年)	结识时间 (一个月、半年、一年、两年、三年以上)	亲密程度 (简略说明感情亲疏以及主要感受)
×××							
×××							
×××							
×××							
……							

社会工作者通过绘制社会支持网络评估表,可以直观地了解和掌握青少年服务对象的社会支持网络的构成和性质,可以发现:谁在提供支持?提供了哪些支持?可以使用的资源有哪些?服务对象对资源状况是否了

解？缺失的资源有哪些？服务对象在使用现有的社会支持网络资源中是否存在压力？服务对象在挖掘新的资源中是否存在障碍？服务对象对资源是否有偏好，优先选择的社会支持是什么？

第五节　青少年社会工作预估的案例练习

在青少年社会工作的综融性实务模式中，不仅个案服务需要预估，小组服务和社区服务也需要进行问题和需求的初步评估。下面将以青少年社区服务为例展示预估的过程。

案例5-3和案例5-4是两份完整的青少年社会工作服务项目的预估方案及预估报告。[①]

★ 案例5-3

"花young年华·家校护航"青少年社会工作服务项目
SY街道需求评估方案

一、评估名称

"花young年华·家校护航"青少年社会工作服务项目SY街道青少年需求评估方案。

二、评估目的和目标

（一）目的

了解社区内青少年服务对象的家庭和学校的基本情况、当前面临的困难以及服务对象的需求，以便开展服务。

（二）目标

1. 质性目标

（1）了解青少年如何安排利用课后和假期等非在校时间。

---

① 案例来源于济南山青社会工作服务中心。

（2）了解家庭对青少年的教育投入程度和亲子关系状态。

（3）了解青少年的社区服务状况，如服务机构和服务内容，并评估活动场地和设施等。

（4）了解青少年的学校服务状况，如课业辅导和心理咨询，并评估学校服务的需求和内容。

（5）了解青少年服务中的学校、家庭和社区合作情况。

2. 量化目标

（1）完成青少年调查问卷200份；对社区居委会提供的困难家庭中的青少年进行深度访谈，比例不少于20%。

（2）完成家长调查问卷200份；对社区居委会提供的困难家庭中的家长进行访谈，比例不少于10%。

（3）完成对5—10名学校教师的访谈。

（4）走访7个社区居委会，完成7次对居委会主任或相关工作人员的访谈。

（5）分别开展服务于青少年和家长的焦点小组，各进行1—3次。

三、评估内容及方法

评估群体	评估内容	评估方法
1.8—15岁社区困难家庭的青少年及家长	1.1 家庭成员基本情况 1.2 困难家庭的青少年与家长之间的互动（家庭对青少年的成长教育投入程度、亲子关系状况） 1.3 困难家庭的青少年与社区/社会的互动情况（社区融入） 1.4 家庭服务需求 1.5 服务期待	1.1 问卷调查 1.2 入户访谈 1.3 焦点小组 1.4 文献资料（其他地区是否开展过相关服务？学术文献中是否存在相关调查？）
2.8—15岁其他社区青少年	2.1 亲子关系状况 2.2 服务需求 2.3 服务期待	2.1 访谈 2.2 焦点小组 2.3 问卷调查

(续表)

评估群体	评估内容	评估方法
3. 社区内两所小学和辅导托管机构的教师	3.1 如何看待困难家庭的青少年及其家庭（个体层面、服务层面、需求层面）	3.1 访谈
	3.2 如何看待为困难家庭的青少年提供服务（是否需要？是否可能？如果可能，可以有哪些？）	
4. 社区居委会	4.1 社区内 8—15 岁青少年有多少人？困难家庭中的青少年有多少人？	4.1 访谈 4.2 查阅目前现有服务资料
	4.2 为困难青少年及其家庭提供的服务内容，相关的服务需求、服务成效与服务改进措施	
	4.3 如何看待困难家庭中的青少年的服务需求	
	4.4 服务期待	

四、以评估方案分类推进方案

（一）间接资料

内容	途径	备注
1. 社区现有相关服务及政策综述	1.1 网络 1.2 社区居委会资料整理	包括困难青少年的照顾政策及服务有哪些？这些政策和服务的实施情况，是否需要完善和提升以及如何实现；青少年对政策和服务的态度
2. 居委会原始记录数据	2.1 前期服务记录资料	入户探访资料、个案资料、小组活动资料

（二）问卷调查

人群	细分	调查方法	备注
1. 社区内 8—15 岁青少年	1.1 困难家庭的青少年	1.1 分层抽样 1.2 等距抽样	1.1 整理和统计服务对象数据（二手资料、访谈） 1.2 采用分层抽样的方法发放问卷 1.3 采用等距抽样的方法抽取家庭（预计问卷 200 份）
	1.2 社区其他青少年		

(续表)

人群	细分	调查方法	备注
2. 青少年家长	2.1 困难家庭的家长	2.1 简单随机抽样	2.1 样本青少年的家长（预计问卷200份）
	2.2 社区内其他青少年家长		

（三）访谈法

访谈对象	访谈形式
小学老师	个别访谈（5—10人）
居委会人员	个别访谈（7人）
家长	个别访谈和焦点小组，各1—3次

五、总体任务与时间安排计划

时间	任务	所需物资	负责人
3月26日	设计需求评估方案		×××
3月30日	设计问卷调查方案（包括问卷设计、抽样方案以及数据库建立）		×××
4月4日	完成问卷测试调查并确定最终问卷调查方案 设计访谈方案（包括访谈提纲和访谈者抽样方式）	调查问卷、记录本、笔等	×××
4月10日	间接资料整理 不少于3次个别访谈、1次焦点小组，确定访谈方案	人口普查数据 地方志及地方政府相关资料 社区原始记录数据 媒体报道、个人或团体资料记录本 印发资料（如宣传单页、图片、PPT等） 录影录音工具	×××
4月20日	初步需求评估报告		×××

六、具体任务安排

时间	任务安排	所需物资	人员
3月24日	小组全员讨论，明确评估的项目名称与目标		×××
3月25日	初步评估计划，包括社区评估的步骤与细节		×××
3月26日	完善需求评估计划		×××
3月27日	设计调查问卷、抽样方案		×××
3月28日	建立数据库		×××
3月29日	设计需求评估问卷、调查方案		×××
3月29日	制订志愿者招募方案并进行志愿者招募		×××
3月30日	志愿者培训、分工		×××
3月31日	完成问卷测试调查并确定最终问卷调查方案	调查问卷	×××
4月1日	设计个案访谈提纲		×××
4月2日	个案访谈者抽样方式设计		×××
4月3日	访谈方案设计		×××
4月4日	二手资料整理	人口普查数据 地方志及政府相关资料 社区原始记录数据 媒体报道、个人或团体资料	×××
4月7日	至少三次个别访谈	记录本 笔	×××
4月8日	一个焦点小组	场地设计所需物资 印发资料（如宣传单页、图片、PPT等） 录影录音工具 记录本	×××

（续表）

时间	任务安排	所需物资	人员
4月9日	确定访谈方案		×××
4月10日	整理前期资料		×××
4月11日	整理分析调查问卷数据	收集的问卷资料	×××
4月14日	分析二手资料	二手资料数据	×××
4月15日	分析访谈和焦点小组资料	访谈和焦点小组资料	×××
4月16日	总结评估结果		×××
4月17日	撰写需求评估报告		×××
4月18日	完成初步需求评估报告		×××

七、志愿者招募与培训

志愿者的招募和培训是评估工作的重要保障，也直接影响工作的成效。

（一）志愿者招募

联络长期合作的高校志愿者团队，招募20名项目志愿者。

（二）志愿者培训

志愿者培训的内容包括：工作流程、访谈中的自我介绍、任务分配、各自的职责、预期困难和应变措施以及相关注意事项、志愿者的服务规范（见附件）。

志愿者在每天完成任务后，及时分享服务中的问题和困惑。

八、评估经费预算

（略）

附件

（略）

案例 5-4

"花 young 年华·家校护航"SY 街道 8—15 岁青少年现状及服务需求调查的分析报告

一、调查目的

本次调查为了解 SY 街道辖区范围内 8—15 岁青少年及其家庭、学校、社区的基本情况，了解服务对象面临的困境，评估服务对象的需求，更好地开展青少年社会工作服务。

二、调查对象

（1）各居委会的工作人员。

（2）SY 小学及其 3—6 年级的教师。

（3）8—15 岁青少年，包括困难家庭青少年和社区其他青少年。

（4）8—15 岁青少年的家长，包括困难家庭的家长和社区其他家长。

三、调查方式

本次调查采用多种调查方式相结合的形式：对社区青少年及其家长采用问卷调查，对社区居委会、重点困难家庭的青少年及其家长以及社区小学教师采用访谈调查，对于社区其他青少年及其家长开展焦点小组，从多个维度评估服务对象的需求。

（一）问卷调查

1. 抽样总体

本次调查问卷调查面向 SY 街道现有的 2000 名 8—15 岁青少年，重点调查困难家庭中的青少年。

2. 样本规模

本次调查的样本规模为：困难家庭中的青少年以及其他青少年共 200 人，青少年家长共 200 人，总计 400 人。

回收有效问卷数量：青少年 188 份；家长 174 份。

3. 分析单位

本次调查的分析单位为个人。

4. 问卷收集方法及抽样方法

本次调查采用自填问卷法,主要方式为个别发送与入户访谈。对困难家庭的青少年及其家长采用雪球抽样,对社区其他青少年及其家长采用偶遇抽样和判断抽样。资料分析主要包括单变量描述统计以及多变量相关分析。

(二) 入户访谈

面向辖区内 7 个社区居委会的工作人员、SY 小学及其 3—6 年级教师,困难家庭中的青少年及其家长各 20 名,社区其他青少年及其家长各 10 名,进行深度访谈。

(三) 焦点小组

焦点小组先后围绕服务对象需求、亲子关系现状以及对项目的服务期待等问题,对社区青少年及其家长开展了 3 次焦点小组。

(四) 文献资料

1. 社区现有相关服务与政策综述

本次调查主要通过前期服务资料整理了解社区对困难家庭青少年的照顾政策与服务情况,包括困难家庭青少年的照顾政策及服务内容、政策和服务的实施情况,是否需要完善和提升以及如何实现;青少年对政策和服务的态度等。

2. 社区原始记录数据

本调查通过统计和整理前期的社会工作服务记录如入户探访资料、个案资料、小组活动资料等,了解服务对象的需求。

四、调查时间

自 2014 年 3 月 24 日需求评估方案确定开始,经过为期 58 天的调查评估,于 2014 年 5 月 21 日完成调查资料的初步整理。

五、调查结果

(一) 家庭对青少年的学习教育支持程度不强

1. 青少年放学回家后无人照顾

家长问卷调查数据显示,社区中 70.1% 的家庭是三口之家,其中 48.3%

的家长表示孩子放学后无人照顾。青少年调查问卷显示,58.0%的孩子放学后会直接回家。由此可见,该街道超过半数的青少年放学回家后无人照顾和辅导。

2. 家长缺乏教育支持能力

家长问卷调查数据显示,家长学历在职业中专以下的占54.8%,只有6.0%的家长表示在子女教育方面没有困难。由此可见,家长对于子女缺乏教育支持,家长在教育支持方面需要协助。

3. 家长较少辅导作业

家长问卷调查数据显示,53.8%的家长在有时间的时候才会辅导作业,14.5%的家长从不辅导作业。青少年调查问卷显示,14.8%的青少年无人辅导作业,42.3%的青少年表示有时会有人辅导作业。由此可见,青少年课业辅导需求显著。

4. 对学校教育关注不足

青少年问卷调查数据显示,认为家长非常了解自己在校情况的只占21.3%。家长问卷调查数据显示:31.5%的家长并不认为孩子的教育需要学校、家庭和社区三方的协助;77.2%的家长认为有事才会和学校沟通,其中学习问题因素占54.6%。由此可见,家庭和学校之间缺乏联结,并没有在青少年的教育中形成合力。

(二) 青少年课余活动安排不足

1. 学习紧张,活动时间少

青少年问卷调查数据显示,学习占用了青少年大量时间,青少年缺乏课余活动:从不参加社区活动的青少年占32.9%,无法参加活动的主要原因是学习紧张、没有自由时间;不喜欢参加社区活动的青少年占12.6%。

2. 社区活动设施不足

家长问卷调查数据显示,82.0%的家长认为社区内公共娱乐设施不齐全,青少年缺少活动空间,如爱好足球的青少年只能到附近大学的运动场活动,并期待这个问题能得到改善。

3. 青少年参与需求较高

青少年问卷调查数据显示,青少年参加社区活动的意向强烈,户外活动、文体类活动和亲子类活动的需求分布相对集中,其中户外活动占43.5%,文体活动占22.4%。家长问卷调查数据显示,在是否同意青少年参与社区活动选项中,非常愿意的占36.8%,符合需要就来的占54.4%,累计占91.2%。由此可见,社区家长是支持青少年参与社区活动的。

(三)青少年亲子关系状况欠佳

1. 父母对子女的了解程度不足

青少年问卷调查数据显示,79.3%的青少年认为,除了学习以外他们更希望父母多关心自己的情绪感受、兴趣爱好和人际交往;当青少年在生活中遇到问题时,选择和父母诉说的只占37.8%,有10.1%的青少年选择跟谁都不说。家长问卷调查数据显示,39.3%的家长表示不清楚孩子的兴趣喜好。由此可见,父母对孩子的情绪、爱好等生活事项缺乏关心和了解。

2. 父母教育方式有待改善

家长问卷调查数据显示,当孩子犯错时,68.1%的家长会讲道理开导,其他则采用责骂、置之不理等方式处置;只有35.5%的家长会经常陪伴孩子;允许孩子参与家庭决策的家长很少。青少年问卷调查数据显示,认为学习成绩最重要的青少年占46.3%,渴望提高自己学习成绩的青少年占22.7%。由此可见,家长和青少年双方都把学习成绩放在评价体系的首位,对身心健康、道德品质等其他指标缺乏重视,忽略了青少年成长发展的综合性。

(四)青少年缺乏同伴支持

青少年问卷调查数据显示,26.7%的青少年认为人际关系是最大的困扰,在最希望得到的帮助中,有11.9%的青少年渴望改善人际关系。由此可见,青少年比较缺乏建构同伴群体和处理同伴关系的经验,缺乏同伴支持也会影响青少年沟通能力、人际交往能力和抗逆力的发展。

(五)学校教育支持水平欠佳

青少年问卷调查数据显示,对于学习氛围、生活氛围和社交氛围,认为学习氛围较好的青少年占55.1%,认为生活氛围较好的青少年占66.0%,认为社交氛围较好的青少年占55.3%,认为学习氛围一般和不满意的青少年占44.9%。由此可见,学校作为家庭之外的重要活动场所,青少年的满意度并不高,学校的教育支持水平有待提高。

六、社会工作服务方案

"花young年华·家校护航"项目组依据上述调查结论,调整和改善了社区服务策略,服务内容划分成四个部分:青少年服务和家庭服务、社区服务、学校服务,发展"家庭—学校—社区"三方联动的社会工作服务,创建基层社区青少年事务的综融性服务模式。

(一)青少年服务

1. 常规服务

开展"第二课堂"和"图书资源共享计划"服务,为放学后无人照看的社区青少年提供学习和活动的平台。社会工作者可以链接社区志愿者资源,协助青少年培养学习兴趣、掌握学习方法,激发其学习热情和学习动力,以提高学习成绩。

开展"社区游乐场"服务,满足社区青少年的游戏需要,营造良好的社区活动氛围,合力为青少年提供一个安全、健康的社区游戏环境。

2. 成长发展、历奇辅导等小组服务

依据调查中发现的需求,开展发展性小组、成长性小组、户外历奇素质拓展小组、学习小组等小组活动,促进青少年同伴群体的建立,协助青少年提升社会功能,建立良好的社会支持系统。

3. 个案服务

为有需要的家庭和青少年提供个案咨询与服务,协助青少年解决成长发展中出现的问题,促进良好家庭关系的建立。

(二)学校—家庭—社区联动服务

1. 家庭服务

在社区举办家庭教育讲座、开展亲子活动服务,促进家庭形成良好和谐的关系氛围。打造"家庭资源服务中心",为社区家庭提供交流平台,促进社区和谐,为青少年的发展构建良好的家庭及社区环境。

2. 学校服务

开展入校探访,与学校建立长期合作关系,定期开展联合活动,包括社区实践类活动、寒暑假活动、校内活动服务等,共同营造有利于青少年学习和成长的环境,推动青少年提升社会适应性。

3. 社区服务

通过开展社区活动为青少年构建社区参与的平台,营造和谐社区的氛围。例如,在传统节日和假期,面向社区青少年及其家庭,开展各类学习传统文化的社区活动;再如倡导打造文明社区、和谐社区的环保行活动等,增强青少年的社会责任感与奉献精神。

4. 综融性服务

积极构建学校—家庭—社区联动服务,增进家庭与学校和社区的沟通,一方面可以增强青少年对学校的认同感和对社区的归属感,另一方面也为青少年构建较为全面的社会支持系统。学校—家庭—社区三方形成合力,共同促进青少年的全面发展。

本章小结

1. 预估是指进一步了解和掌握青少年服务对象的详细资料和信息,探索服务对象问题何以形成,依据问题发生情境中的事实与背景,重新界定问题并形成暂时性结论的过程。在社会工作通用过程模式中,接案和预估步骤在理论上划分明确,但在实践中很难清晰地划分。

2. 预估的目标和任务包括:了解和掌握服务对象面临的需求和困境;了解和掌握服务对象的生活经历和行为特征;了解服务对象的社会环境系统及其互动状况;重新界定问题。

3. 预估的主要原则包括:服务对象共同参与、动态持续的评估、以事实为依据的归因、参照服务对象的个人能力水平。

4. 预估的基本步骤包括：资料整理、资料分析与问题识别、重新界定问题和撰写预估报告。

5. 预估的主要方法包括：社会历史报告、家庭结构图、生态系统图、社会网络分析表。

主要概念

预估（assessment）

社会历史报告（social-context-report）

家庭结构图（family system structure chart）

生态系统图（social ecosystem map）

思考题

结合第五节中的青少年社会工作预估的案例5-3和案例5-4，讨论和分析以下问题：

1. 社会工作者在预估中要做哪些准备？

2. 收集的资料和信息主要包括哪些内容？这些内容在预估方案中是否涉及，预估的目标有没有实现？

3. 社会工作者根据预估报告制订的社会工作服务方案，涉及哪些层面，使用了哪些方法？

4. 综融性社会工作服务体现在哪些方面？

参考文献

吕青主编：《社会工作实务》，华东理工大学出版社2010年版。

〔美〕琳达·卡明斯、朱迪思·塞维尔、劳拉·佩德瑞克：《社会工作技巧演示：直接实务的开始》，韩晓燕、陈赟译，格致出版社、上海人民出版社2011年版。

第六章 计 划

案例 6-1

小程是一名十九岁的外来务工青年,由于工作不认真被工厂辞退,失业后无处可去,整日待在网吧打游戏。一天,起身去卫生间的小程一时大意将手机落在位子上,被李某顺手拿走。小程通过网吧的监控视频认出是李某偷走了自己的手机,勃然大怒的他将李某打了一顿,拿回了自己的手机,并勒索李某掏钱补偿自己的"精神损失",不然就将其当作小偷抓到派出所。李某在随小程回家取钱的路上偷偷跑掉,并报了警,警方对小程实施了抓捕。在检察院对小程的案件进行审查起诉阶段,检察官委托青少年社会工作者小张对小程进行个案帮教与介入。

在案例 6-1 中,面对小程目前的处境,青少年社会工作者小张在评估后,应制订怎样的帮助计划呢?在检察机构的审查起诉中,社会工作者该选择哪些系统进行介入才能真正帮助小程?这些都是社会工作实务中计划阶段要明确的工作内容。

计划是社会工作介入的蓝图和依据,是社会工作服务的一个规划过程,社会工作者要将目标转换成策略,以解决问题。在此过程中,社会工作者需要根据服务对象的情况完成相应的任务。

第一节 计划的目标与任务

一、计划的目标

计划是社会工作者在预估基础上经由专业判断而做出决定的过程,制订服务计划本身的目标是为介入服务建立蓝图。在案例6-1中,青少年社会工作者小张与服务对象小程建立良好的专业关系后,对需求与问题做出预估,本阶段的主要目标是充分参考小程的个人、家庭及社区等相关情况,小张与小程一起拟定服务计划。在青少年社会工作服务中,目标同样是项目的重点,制定项目目标时需要考虑服务对象群体与个体的问题与需求。

二、计划的任务

任务是社会工作者在社会工作服务中需要开展的具体工作。在案例6-1中,社会工作者小张在计划阶段要完成以下五个任务。

(一)设定目的目标

目的体现服务计划的大方向。在案例6-1中,服务对象小程处于检察院的审查起诉阶段,结合检察院、服务对象、社会工作机构的总体需求,小张将本服务计划的服务目的设定为协助服务对象顺利度过审查起诉阶段,并对自身的违法行为有正确认知。

目标是指在社会工作专业服务中,为达到最终的效果所设定的阶段性、具体的成果。在案例6-1中,小程见到社会工作者小张后,详细介绍了自己及家庭的情况。小程很懊悔自己做的事情,但是他并不认为自己的行为是违法的,他认为李某偷手机才是违法的,如果李某不偷自己的手机,他就不会"报复"李某。

社会工作者小张在倾听小程的感受后,询问他被辞退后为什么不继续去找工作,而是每天在网吧打游戏。小程显得很委屈,表示他也不想这样,但是自己只有初中文化,在大城市,像他这样没学历、没能力的人是找不到工作的。前一份工作中,要不是老乡介绍,老板肯定也不会要他。小程还说,这次犯了法出去后更难找工作,自己这一辈子算完了。

社会工作者小张对小程自身及其朋友圈进行了了解。小程学历不高,初二辍学后不愿意再读书,游手好闲一年之后和朋友约定来大城市打工。来到大城市之后,小程并没有迅速找到工作,便和朋友一起随便打打零工,后来经老乡介绍,大家才一起在工厂里找到了工作。后来他们几个人在上班时间嬉闹、打牌,被厂内警告之后,小程与负责人发生了冲突,因此被工厂辞退。在与李某的事情上,小程认为李某的行为就该被揍,自己拿点赔偿也是应该的。因此对警方和检察院的做法非常不理解,情绪上颇有抵触。

根据这些情况,社会工作者小张认为,小程目前因错误行为被逮捕后存在不良情绪,对自己的错误行为有认知偏差,需要建立起良好的行为模式。因此,小张结合检察院、小程的期望与需求,设定了针对小程的工作目标:协助小程疏导不良情绪、改变其认知偏差与培养其正确的行为模式。

(二)选择介入理论

制订服务计划是一个专业性思考的过程,要求社会工作者根据预估阶段得出的专业判断、服务计划的目的目标,选择相应的介入理论。同时,社会工作者应考虑所选取的介入理论是否适用于服务对象及其所处的环境。

在案例6-1中,社会工作者小张通过对小程的评估发现,小程的主要问题是偏差的认知行为与不良情绪,结合小程的家庭关系及同伴群体的情况,选择认知行为理论作为社会工作服务的介入理论。

(三)规划介入策略

社会工作者应结合服务目的目标与介入理论,在服务对象的问题、需求等实际情况的基础上,选择合适的介入策略。在案例6-1中,社会工作者小张了解到,小程的父母在该市打工多年,将他留在家中托付亲戚照管而疏于关心与管教,小程来市里打工后也并未与父母一起居住,而是与同乡的伙伴住在一起。小程被警方逮捕后,一度不愿意联系父母来探望自己。

针对以上情况,社会工作者可以选择直接介入策略,依据认知行为理论开展个案工作,并为小程家庭开展家庭辅导服务。社会工作者也可以采取综融性介入策略,运用个案辅导、家庭治疗等工作方法直接介入,结合社区倡导等间接介入,回应小程的需求。

(四)撰写介入计划

社会工作的服务计划呈现出结构性、针对性的特点,主要应包括服务对象的基本情况、主要问题及分析、介入的目的目标、介入系统及介入策略、工作进程及时间安排和评估六部分(具体内容详见本章第三节)。

(五)签订服务协议

为确保服务的有效进行,社会工作者要与服务对象签订服务协议。社会工作服务协议是社会工作者与服务对象之间具有约束作用的明确协议,其与法律所指的契约不同,更接近于一种行动承诺。签订服务协议可以明确社会工作者与服务对象的角色、权利和义务,保证服务目标的实现。

社会工作服务协议一般包括服务对象的相关信息、服务目标、社会工作者与服务对象的权利义务关系、为达成服务目标所采用的方法和策略、服务的步骤、期望达成的效果与评估的方法等。服务协议有口头、书面两种形式,具体内容一般由机构统一制定。

案例 6-2 是一份具体的个案服务协议示例。①

★ 案例 6-2

个案服务协议

_____:

您好!

我是××社会工作服务中心的社会工作者。我将和您一起共同面对困难;同时,我也会和您分享过程中获得的成长与成功。在这一过程中,我们将达到以下目标:

1. _____;
2. _____;

---

① 案例来源于济南山青社会工作服务中心。

3. _____。

为了让我们共同迈出坚实的第一步,希望我们能够共同遵守以下原则:

1. 遵守我们的会谈时间。

2. 服务以____为一个周期,期满后,经评估如需继续服务,双方续签服务契约。如果经评估,双方认为已经达成个案服务目标,将如期结案。在服务过程中,您也有权利随时与社会工作者协商,中止本服务。

3. 作为服务接受者,您已经了解了个案服务的基本内容,并自愿接受本服务。

4. 您明白社会工作者服务以"助人自助"为基本原则,服务效果与您本人的参与度密切相关,在接受服务的同时您仍然负有自主解决问题的责任。

5. 互相尊重,坦诚相待。

6. 非生命和法律紧急情况下,社会工作者将坚持保密原则。

7. 坚持会谈预约机制,无法赴约须提前一天通知社会工作者。

8. 参加机构组织的各项活动时应遵守相应的活动规则。

9. 若评估机构需要用到本服务资料,本中心会根据保密原则,在进行适当处理后提供相关资料。

10. 您可查阅本中心在服务过程中所搜集的数据及服务记录,任何关于查阅或更改数据之查询,可致电_____,与_____联络。

申请人签名:_____   社会工作者签名:_____
日期:_____   日期:_____

××社会工作服务中心

第二节 制订计划的原则

服务计划是社会工作行动的纲领,是社会工作服务专业性的保障,因此制订服务计划应遵循一定的原则。

一、尊重原则

尊重是社会工作服务的基本原则,是对人、生命、人性和能力等的认同和鼓励。尊重的内涵不仅在于对服务对象保持符合社会文化习俗的礼节和称谓,更重要的是深刻理解服务对象生命存在的价值、获得个人发展以及改善生活水平的权利和机会。在青少年社会工作中,社会工作者应将青少年作为独立的个体看待,避免标签化,并重视青少年发展的权利。

在案例6-1中,社会工作者小张并未因为小程目前的身份对其有任何不尊重的表现,保持了服务的礼节;也未标签化小程,而是将他作为独立的个体看待,在制订计划的过程中尊重小程自身渴望改变和发展的意愿。

二、参与原则

参与原则是指在服务中以服务对象为中心,在制订计划时注重服务对象的参与。在案例6-1中,社会工作者小张在制订计划时邀请小程参与,结合其意愿与问题的严重程度,一同制定服务目标并排序,即疏导不良情绪、改变认知偏差与培养正确的行为模式,并制订了相应的计划。

社会工作者邀请服务对象一起参与制订计划的原因主要包括:一是社会工作价值观认为每个人都有改变的可能,并能够为此而努力;二是社会工作助人自助的理念要求社会工作者与服务对象一起,发挥服务对象的潜能,共同解决问题。因此在制订计划时需要服务对象积极参与并发挥自身长处,这也体现了社会工作者对服务对象的尊重。

三、一致原则

计划阶段的一致原则包括:一是目的与目标一致,目标作为具体可测的工作指标,要与目的相吻合;二是目标与策略一致,策略的实施是目标实现的有效方法,目标与策略的一致是问题解决的保障。

在案例6-1中,社会工作者小张与服务对象小程一起制定了疏导不良情绪、改变认知偏差与培养正确的行为模式等目标。为了实现这三个目标，认知行为理论指导下的个案工作是合适和恰当的策略。

四、可行原则

详细、具体且可行的计划是行动取得实效的前提。在计划阶段，可行性主要体现为，服务计划是基于准确的问题判断、目的目标的恰当设定与介入策略的有效性设定的。

在案例6-1中，青少年社会工作者小张基于对服务对象情绪和认知问题的准确判断，设定了针对情绪、认知和行为的服务目标，并提供了针对性较强的个案工作策略，体现了服务计划的可行性。

第三节 计划的主要内容

针对服务对象的实际需求与问题，在设定目的目标及选择介入策略后，遵循制订计划的基本原则，社会工作者应制订具体的介入计划。社会工作的服务计划要根据不同服务对象进行分类撰写。总体来说，社会工作服务计划的内容主要包括以下几个方面。

一、服务对象的基本情况

服务对象的基本情况是社会工作服务计划的基础，社会工作者据此进行分析并提供针对性服务，主要包括服务对象的客观情况，社会工作者以此为基础进行分析并提供个别化的服务。

服务对象的基本情况包括三部分：第一，服务对象个人的生理、心理和社会情况，如年龄、性别、身体状况、精神状况、受教育水平、职业等；第二，服务对象的家庭状况，如家庭结构、家庭经济状况、家庭关系和家庭权力等；第三，社区及社会状况，主要包括社区、学校等资源状况，社会支持网络、专业支持系统等。这些基本情况不是对服务对象情况的简单陈述，而是经过专业判析做出的专业性分析和分类。

案例 6-3

张晨,女,十六岁,重度智力残疾(三级),先天性心脏病(室间隔缺失)。父母均已离世,监护人为张晨的奶奶。2008年在医院做过检查,检查结果发现右枕叶低密度影,考虑软化灶可能大,考虑发育所致。三年后再去医院检查,右侧枕部蛛网膜下腔局限性增宽,蛛网膜囊肿。服务对象经常头痛、耳鸣、四肢麻木,须每天接受药物治疗。服用的药物有:谷维素、安神胶囊、维生素B6、金博瑞和血脉康等。每月用于药物的费用在两百至三百元。服务对象在某特教中心学习面点制作两年,并在某就业中心学习计算机一年,有一定的就业能力。服务对象的监护人已八十岁,退休后,每月有两千多元的退休金,用来负担本人的医药生活费用与照顾服务对象。除此之外服务对象没有别的支持。

社会工作者认为服务对象张晨在生理、心理和社会性发展等方面均存在一定的障碍。在生理层面上,需鼓励服务对象配合医生治疗;在心理层面上,需疏导服务对象情绪;在社会层面上,需要改善服务对象的人际关系,并且为服务对象争取资源,拓建服务对象的社会支持网络等。[1]

在案例6-3中,社会工作者描述了服务对象的基本资料,并做出了专业判断。服务对象张晨的生理、心理和社会状况包括:在生理、心理状况方面,张晨是一名十六岁的女性,重度智力残疾并患有先天性心脏病,每天需要接受药物治疗。在社会状况方面,一方面,张晨的家庭处于困境之中,其父母均已离世,八十岁的奶奶是她的监护人,除此之外没有其他的家庭支持资源;另一方面,张晨的家庭经济状况不佳,且其治疗需要一定费用,生活仅能依靠奶奶微薄的退休金。同时,张晨学习了两年面点制作、一年计算机,具备一定的就业能力。

二、主要问题及分析

社会工作者在了解与分析服务对象基本情况的基础上,应提出服务对

---

[1] 案例来源于济南市社会工作协会。

象面临的表面问题、主要问题、其他问题,并对三者之间的关系、主要问题的原因做出专业判断。如在某青少年历奇小组的社会工作服务计划中,社会工作者描述了服务对象的主要问题如下:

> 他们的年龄大多在12—16岁,父母长期外出务工,导致家庭教育缺失。他们不仅学业成绩较差,还经常违反班级纪律、不服从老师管教,成为学校中的"重点学生"。

上述对服务对象问题的描述主要从家庭和学校两个层面进行了分析,而导致这些问题的部分原因是家庭教育的缺失。

在案例6-1中,小程的表面问题是违法行为并被检察机关审查起诉,在对小程的个人、家庭和社区情况进行分析的基础上,社会工作者小张认为小程的主要问题是其偏差认知与偏差行为。在分析问题时,社会工作者应注重服务对象的参与,主动听取其对问题的看法,并对"要解决的主要问题"达成一致认识。

三、介入的目的目标

目的目标是社会工作服务计划的重要组成部分,在与服务对象确定"要解决的主要问题"后,社会工作者就要与服务对象共同制定服务计划的目的目标。在社会工作的服务计划中,目的是计划的蓝图,体现服务计划的大方向,目标是服务要达成的具体指标,应根据难易程度按照先易后难进行排列。

(一)制定目的目标的要求

在制定社会工作服务的目的目标时,SMART方法是较为常用的要求,SMART是由五个英文单词的首字母所组成的专有名词,即具体性(specific)、可测量性(measurable)、可达到性(achievable)、现实性(realistic)和及时性(timely)。[①] 目的目标不仅需要满足服务对象的需要,也需要考虑社会服务

---

① 〔美〕Barry Cournoyer:《社会工作技巧手册》,朱孔芳等译,华东理工大学出版社2008年版,第52—58页。

机构的宗旨。

(二) 目的目标的类型

综合来看,社会工作服务的目标包括发展性、预防性和治疗性三种类型。发展性目标主要在于挖掘服务对象的潜能、创造服务对象的参与机会、提升服务对象的信心等,从而促进服务对象的发展。预防性目标多着眼于服务对象的未来发展,针对服务对象本人的能力和风险环境进行干预,提升服务对象的能力,降低所处环境的风险。治疗性目标则针对服务对象遇到的生理、心理和社会性问题及障碍进行介入,帮助服务对象达到生理、心理和社会功能的恢复。

在案例 6-1 中,小程的主要问题表现为自身的偏差认知及偏差行为,社会工作者小张认为,计划的目的是协助小程顺利度过被审查起诉阶段,计划的目标是疏导小程的不良情绪、改变认知偏差和培养正确的行为模式。

四、介入系统与介入策略

系统是多种元素组合而成的复合体,在社会工作服务中,系统是指社会成员之间相互交流以及因交流而产生的生理心理过程。[1] 这些系统在青少年社会工作专业服务中被具体划分为个人系统、家庭系统、学校系统、同伴系统和社会系统等多个系统。青少年个人系统又可分为生理系统和心理系统等多个系统。社会工作者应根据服务对象的情况,在制定目的目标后,选择合适的介入系统,进行针对性的干预。

在社会工作服务中,介入策略是指社会工作介入服务对象的需要与问题的整体方案,是改变服务对象态度和行为的一套方法。社会工作服务计划中的介入策略往往围绕服务对象个人,包括个人系统、家庭系统、学校系统、同伴系统和社会系统等多个系统。[2] 针对青少年在学校中的问题,往往需要介入学校系统和同伴系统。

---

[1] 全国社会工作者职业水平考试教材编写组编写:《社会工作实务(中级)》,中国社会出版社 2018 年版,第 48 页。

[2] 同上书,第 45 页。

在案例6-1中，社会工作者小张在分析小程情况的基础上，选择小程本人及其家庭两个系统进行介入，介入策略包括对小程采用以认知行为理论为基础的个案工作服务，并对家庭开展家庭辅导等。

五、工作进程及时间安排

社会工作服务是阶段性的服务，呈现出过程性和结构性的特点，因此服务计划要根据每一项具体任务，制定详细的工作进程和时间安排表。在制定工作进程表时，要考虑服务对象问题的先后顺序以及社会工作者的能力等，确保每项任务的阶段性、实效性。

在案例6-1中，社会工作者根据小程的问题与需要，设定了协助小程顺利度过审查起诉阶段的目的，并选择个案工作和家庭辅导的介入策略，对小程个人及其家庭两个系统进行服务介入。在此基础上，社会工作者的工作安排依次为：

（1）与小程建立良好的工作关系，消除其对会谈的排斥与抵触，使其接受社会工作者的服务；

（2）与小程一同对其偏差行为做初步的问题分析，特别是从小程的话语体系出发，分析其形成偏差行为的自身原因；

（3）指出小程认知中的不当之处，对偏差认知进行替代；

（4）巩固小程的正确认知，根据小程的家庭情况开展家庭辅导工作；

（5）确认小程认知的改变结果，并鼓励其对之前的不当行为进行反思与替代；增强小程与家庭的互动，帮助其建立良好的家庭关系。

（6）巩固介入成果。

六、评估

评估是对社会工作助人过程的效果进行的评量，在服务计划的最后环节，应列出对各阶段任务的成效进行评估的方法、内容。评估的方法一般包括观察、访谈、问卷、量表等。评估的内容包括服务对象的改变程度、目的目标达成度、服务方法的适切性、服务对象的满意度以及工作者的表现等。

在案例6-1中，针对小程个人的介入，主要通过观察和认知情绪量表评估小程的改变;针对小程家庭的介入,主要采用观察、访谈的方法来评估家庭辅导的成效。总之,评估所需要的方法与问卷需要在计划时就准备好。案例6-4是一份青少年社会工作服务活动满意度评估问卷示例。[①]

★ 案例6-4

"花young年华·家校护航"暑期活动满意度评估问卷

各位家长:

大家好!

为了向社区青少年提供更加适应其成长需要的活动,"花young年华·家校护航"暑期活动特制作家长满意度评估问卷,调查本活动对青少年的成长是否有正面积极向上的帮助,您的回答将为我们日后的活动改进提供重要帮助。本问卷采用匿名方式,请您不要有任何负担,如实填写。

请您在第1—6题符合的选项前打"√",请您用准确的文字表达回答第7—10题。

1. 孩子回家后提起"花young年华·家校护航"活动频率:
   A. 经常　　　　B. 一般　　　　C. 不经常　　　　D. 从不

2. 暑期活动对孩子生活、学习等方面的正面影响程度:
   A. 很大　　　　B. 比较大　　　C. 不确定　　　　D. 没有

3. 孩子在与人交流方面的改观:
   A. 很大　　　　B. 比较大　　　C. 不确定　　　　D. 没有

4. 孩子在外出时是否更加遵守交通规则:
   A. 是　　　　　B. 变化不大　　C. 不确定　　　　D. 没有

5. 孩子比以前更加喜欢和身边的小朋友交往,或者更加喜欢加入他们的群体了:
   A. 是　　　　　B. 变化不大　　C. 不确定　　　　D. 没有

6. 孩子比以前更加坚韧、坚强了:
   A. 是　　　　　B. 变化不大　　C. 不确定　　　　D. 没有

---

① 案例来源于济南山青社会工作服务中心。

7. 您觉得自己的孩子有哪些优点,还需要继续加强哪些方面的能力?

8. 您的孩子有什么特长,最喜欢做的事情是什么?

9. 您和孩子最需要社区提供什么服务?

10. 您对我们服务的意见和建议是:

问卷填写完毕,感谢您的配合。祝您家庭幸福,工作顺利!

在个人与家庭的服务计划中,以上六个方面是主要内容,但在制订针对团体及社区的活动计划时,社会工作者需要增加预计可能出现的困难与解决方案、活动预算等,以保证社会工作服务计划的完整性。

第四节 青少年社会工作计划的案例练习

案例 6-5

汇博学校是某市一所九年一贯制学校,位于该市城乡接合地带。因城市化的快速发展,2010 年,汇博学校原来所在的农村社区全部拆迁,并新建四个住宅小区,原有居民被整体搬迁,集中安置在其中一个小区。汇博学校也由原来一所三百余学生的农村学校,在原址重建为在校人数近三千人的新型城市学校。

由于汇博学校周围环境的特点,学生来源较为多元,既有原校的农村学生,也有部分外地转学入读的学生,更多的是来自周边新建小区的学生。因学生来源背景多元,彼此之间不信任,班级氛围不好,很多班级内都形成了不同的小圈子,影响学生的成长。作为社区的青少年社会工作者,请根据汇博学校不同学生的情况,开展一次以"信任·向阳花"为主题的青少年小组活动。

在计划阶段，社会工作者应本着尊重、参与、一致和可行的原则，结合服务对象的需要与问题，制订具体、有针对性的服务计划。服务计划应包括服务对象的基本情况、主要问题与分析、目的目标、介入系统与介入策略、工作进程及时间安排、评估六个方面。

在案例6-5中，服务对象处于青春期早期，个体间的家庭背景差异较大，主要问题是同学之间的不信任，因来源地不同而造成隔阂。依据系统理论和镜中我理论，社会工作者设定了服务目的：增进学生群体的信任能力。具体目标包括：协助服务对象体会信任他人的重要性；协助小组成员建立信任、消除隔阂、增进友谊。在设定目的目标后，社会工作者选择了小组工作的服务策略，计划开展主题为"信任·向阳花"的小组活动，具体计划如下①：

"信任·向阳花"小组活动计划书

一、小组活动名称

"信任·向阳花"信任小组活动。

二、理念/理论架构

青少年时期是个体发展过程的重要阶段，是个体从幼稚走向成熟的过渡时期。在这一时期，青少年在认知和社会性方面都取得了进一步的发展，并逐步实现社会化。人际信任作为人际交往过程中的重要内容，在青少年的发展中极其重要。大量研究一致表明，较高水平的人际信任可以使个体获得更多的社会支持，建立长久稳固的亲情、友情、爱情关系，从而使青少年更好地发展。② 汇博学校的生源多元，导致学生间不信任现象较为突出，在部分班级出现了"小圈子"现象，为增强学生之间的信任感、提高学生的信任意识，计划开展本小组。

---

① 案例来源于山东女子学院2013级社会工作专业学生。
② 孔繁昌、周宗奎：《青少年人际信任发展的影响因素研究述评》，《社会心理科学》2008年第3—4期。

本小组活动主要依据系统理论和镜中我理论。系统理论特别重视个人与环境之间的相互影响,强调对所有相关因素及其因果循环的综合考察。根据系统理论,人不是孤立的个体,而是动态的社会系统中的一分子,个体之间产生互动、相互依赖、相互影响。同样,小组亦是一个由不同的互动元素所组成的系统,这些系统之间相互影响和相互作用。据此,本项小组活动以小组为场域,以信任为主题,从而促进组员间的沟通与互动,培养组员的信任意识与能力,减少隔阂与矛盾。

镜中我理论认为,他人犹如一面镜子,个体正是从"他人"这面镜子里发现了自我。个体在与他人的互动过程中,通过感知他人对自我的反应和评价,从而建立自我意识、自我形象和自我评价。据此,本项小组活动为组员提供沟通、观察、学习的机会,使组员建立起正确的自我认知,学习良好的沟通技巧。

三、目的及目标

(一)目的

通过小组活动,增进组员之间的信任意识与能力。

(二)目标

(1)协助组员体会人际交往中信任他人的重要性;

(2)协助组员学习良好和有效的沟通技巧;

(3)协助组员建立彼此之间的信任;

(4)消除组员间的隔阂与矛盾冲突次数,增进友谊。

四、活动内容

小组性质:成长性小组。

工作对象:汇博学校学生。

参加者人数:10人。

小组周期:每周一次。

聚会次数与主题如下:

次数	主题
第一次	"你我初相识"
第二次	"我眼中的我"

（续表）

次数	主题
第三次	"火眼金睛明是非"
第四次	"你我共成长"

五、招募及宣传

张贴海报、班级宣传。

六、小组活动计划

时间:15:00—16:00。

地点:小组工作室。

日期	目标	活动内容	社会工作者角色	所需人力及资源
2015年11月3日	(1) 成员互相认识 (2) 与带领者一起制定小组规范 (3) 澄清小组成员的期望和小组目的	(1) 工作员说明本次小组活动的概况,小组成员自我介绍(10分钟) (2) "同心圆"热身游戏(10分钟) (3) 抱团游戏,增进组员熟悉与配合(15分钟) (4) 社会工作者和小组成员共同制定"契约树":小组成员讨论关于在小组活动中的行为规范(20分钟) (5) 小组分享(5分钟)	领导者 观察者 示范者	彩笔12支 便利贴10张 海报纸1张
2015年11月9日	(1) 进一步增进组员之间的关系 (2) 帮助小组成员发现自身的优点,增强小组组成员的自信心	(1) 回顾第一次活动的内容,介绍这次活动的主题(5分钟) (2) 抢凳子热身活动(10分钟) (3) 模拟情景剧:我不行与我能行(30分钟) (4) 谈谈自己的闪光点(10分钟) (5) 总结(5分钟)	领导者 观察者 示范者	凳子1把 A4纸8张

（续表）

日期	目标	活动内容	社会工作者角色	所需人力及资源
2015年11月16日	(1) 帮助小组成员学习信任他人 (2) 帮助小组成员学习沟通技巧	(1) 回顾第二次活动的内容，介绍这次活动的主题（5分钟） (2) 热身游戏（5分钟） (3) 跨越雷区（20分钟） (4) 观赏"沟通方法与技巧小课堂"视频并设置沟通情境进行练习（30分钟） (5) 小组分享（5分钟）	领导者 观察者 示范者	眼罩1个 体育器材若干
2015年11月25日	(1) 回顾以往活动 (2) 体验团体成员之间相互信任的力量 (3) 处理离别情绪，小组成员总结经验、反省自己在活动中的表现	(1) 回顾第三次活动的内容，介绍这次活动的主题（5分钟） (2) "捉虫虫"热身活动（10分钟） (3) "十人九足"团队合作游戏（30分钟） (4) 总结分享小组收获（15分钟）	领导者 观察者 示范者	绳子5条

七、预计可能出现的困难及解决方案

困难	解决方案
组员提前退出小组	建立有约束力的小组规范，设置奖品激励
组员活动过程中的秩序问题	确立小组规范，社会工作者的引导
组员对小组活动目的无法理解	不断重申小组工作的目标，寓成长和学习于游戏中，小组带领者对分享进行深化，对有突出表现的个体做到具体化
组员投入感低、被动参与	社会工作者努力营造和谐气氛，鼓励成员积极参与，适当引导

八、财政预算

物品	单位价格（元）	数量	费用总额（元）
便利贴	2	1	2
海报纸	2	1	2
小礼品	1	10	10
透明胶带	5	2	10
A4纸	0.1	40	4
绳子	1	10	10
马克笔	2	2	4
彩笔	3	2	6
合计			48

九、评估方法

（1）观察法：社会工作者和观察者观察小组成员在活动中的表现。

（2）问卷法：设计满意度问卷，检查组员的出勤率、信任意识与能力改善程度。

（3）访谈法：随机挑选组员进行个别访谈，讨论其改变程度、习得能力、对小组的评价等。

★ 案例6-6

北京高校大学生心理素质研究课题组的一项报告显示，有超过60%的大学生存在中度以上的心理问题。统计数据显示，我国每年约有16 000名中小学生非正常死亡，在15—34岁的青少年死亡事件中，自杀成为首要原因，约占总数的26.4%。近年来，大学生自杀事件频发，中小学生的自杀现象也屡见不鲜，青少年自杀低龄化越来越明显。伴随青少年自杀数字的逐年攀升，青少年在成长过程中面临的问题也越来越多，网瘾、吸毒、暴力等严重影响着他们的健康发展。有心理学家指出，青少年的这些行为源于生命教育的缺失。

如案例 6-6 所示,社会工作者针对目前我国青少年普遍缺失生命教育的现状,应如何回应这一社会问题?从这一现状看,单一的个案、小组、社区等方法都很难完全回应此类问题,因此社会工作者越来越多采用综合性的青少年服务项目,并有针对性地设计服务项目内容,以解决青少年面临的问题。

课外延伸

本章小结

1. 计划是服务开展的重要部分,计划制订的成功与否直接影响服务的成效。计划的任务主要包括:设定目的目标、选择介入理论、规划介入策略、撰写介入计划和签订服务协议。

2. 制订计划的原则包括:尊重的原则、参与原则、一致原则和可行原则。

3. 服务计划的主要内容包括:服务对象的基本情况、主要问题及分析、目的目标、介入系统与介入策略、工作进程及时间安排、评估。在制订针对团体与社区的活动计划时,需要增加预计出现的困难及解决方案、活动预算等,以保证社会工作服务计划的完整性。

主要概念

计划(plan)

系统(system)

介入策略(intervention strategy)

课堂讨论

案例 6-7

王莉,女,十五岁,个子不高,体型偏胖,智力水平正常,读书期间两次留级,初中二年级辍学后到本市打工。打工期间,王莉认识了一起工作的刘某,两人发展成恋人关系,三个月后王莉发现自己怀孕了。

王莉来自四川某偏僻的农村,家里经济较差,父母为改善生活,在其很小的时候就去上海打工,留下她和爷爷奶奶一起生活。在读书期间,因王莉成绩差、性格内向,老师与同学都冷落、疏远她;她在家中没有可倾诉的对象,这导致她内心自卑,性格更加内向、孤僻,基本无朋友往来。

整体而言,服务对象社会支持系统、家庭支持系统严重缺失。

1. 王莉的主要问题是什么?
2. 社会工作者应与王莉一起设定怎样的服务计划的目的目标?
3. 社会工作者应该采取哪些主要步骤实现工作目标?
4. 社会工作者需要介入哪些系统才能帮助王莉解决当前的问题?

案例 6-8

上林中学是本市一所重点中学,学生成绩和升学率一直居于全市前列。学校管理严格,制度繁多,学生压力普遍较大。近期因临近高考,学校高三年级学生压力倍增,有部分同学出现了情绪不稳定、焦虑等情况。因此,学校邀请社会工作服务机构的社会工作者为高三学生开展减压的服务。

1. 社会工作者的目的和目标分别是什么?
2. 学生所处的系统包括哪些?
3. 学生所处的不同系统分别有什么特点?
4. 针对上林中学的情况,社会工作者可以选择哪些策略开展服务?

思考题

1. 如何确定计划的目标与任务？
2. 青少年社会工作服务计划包括哪些内容？
3. 如何设计一份青少年社会工作服务的计划？

参考文献

〔美〕Benyamin Chetkow-Yanoov:《社会工作实务：系统取向（第二版）》，江佩玲、潘英美译，五南图书出版股份有限公司2001年版。

〔美〕查尔斯·H.扎斯特罗等:《社会工作实务：应用与提高（第七版）》，晏凤鸣译，中国人民大学出版社2005年版。

王玉香主编:《青少年社会工作》，山东人民出版社2012年版。

徐美燕、董海宁主编:《社会工作实务》，浙江大学出版社2012年版。

第七章 介 入

案例7-1

夏爽,女,十六岁,就读于某市一所商贸职业技术学校。夏爽外貌一般,身材稍胖、个子较高,性格开朗,情绪容易冲动,经常与同学发生冲突。夏爽去年考上该学校,在班里成绩中等偏下,不太愿意学习,上课经常睡觉,没有擅长的科目。目前交往一个四十多岁的男朋友,两人关系密切。夏爽系领养,养父母很早便在民政局办理了领养手续。2016年6月,由于与母亲的关系问题,父母要求与其解除关系,她被赶出家门。夏爽学期中在学校寄宿,但放假后面临没有地方住、没有饭吃的困境,现在其最迫切的需求是解决由家庭问题而引发的生活保障问题。

现在她面临的主要问题是与母亲的关系问题。据夏爽称,母亲在物质生活上对她还是比较好的,但母亲脾气不好,经常打骂她,有时甚至将她捆到凳子上进行打骂。高一冲突开始加剧,夏爽与母亲经常有口角冲突,有时发展到肢体冲突。夏爽有两次(每次都是持续一周)在吵架后离家出走,之后被母亲赶出家,借宿在学校。她认为,在家庭中,母亲是家庭权力的绝对掌握者,而父亲没有任何话语权。她还有一个十四岁的妹妹,是养父母亲生的,与她的关系较好。夏爽打电话求助当地的青少年服务中心,请求社会工作者的帮助,机构委派社会工作者小刘帮助夏爽。

在案例7-1中可以发现,夏爽的情况与问题都很复杂。因此,针对夏爽的服务介入系统和策略也需多元化,社会工作者应从多个系统入手,运用直接介入和间接介入等综融性方法,整合各种资源,帮助她解决目前遇到的问题,并协助其建立良好的支持系统。

社会工作者与服务对象签订服务协议后,社会工作服务便进入介入阶段。介入是社会工作服务计划的具体实施,指社会工作者秉持专业价值,运用专业知识、方法和技巧,与服务对象一起发掘资源,共同采取行动,解决服务计划中确认的问题,并达成服务目标的过程。介入是社会工作助人过程的关键,一般分为直接介入、间接介入和综合介入。

在案例7-1中,作为一名十六岁的青少年,夏爽无疑面临非常困难的问题,社会工作者小刘在评估夏爽的特点、问题和需要后,认为主要存在以下问题:第一,家庭关系问题,夏爽与母亲有激烈的冲突;第二,生活难题,因亲子矛盾冲突而无家可归;第三,自我认同感差,没有明确的自我形象;第四,存在不符合主流价值观的恋爱关系。面对这些问题,社会工作者小刘为夏爽制订了为期三个月的个案服务计划,并签订了服务协议。在具体介入阶段,社会工作者应重点考虑介入的目标与任务、介入的分类和策略、介入的注意事项等问题。

第一节 介入的目标与任务

一、介入的目标

(一)问题解决

服务对象的问题在预估阶段、计划阶段都已得到社会工作者的专业分析与界定,社会工作的服务计划是问题解决的一个过程预设。在介入阶段,问题解决是首要目标。这里的问题包括服务对象的个人问题、其所处环境的问题,以及服务对象与环境互动中出现的关系问题。

在案例7-1中,在介入时,社会工作者小刘不仅要解决夏爽自身的认同感差、没有明确的自我形象的问题,还需协调解决其基本生活问题,以及夏爽与父母、男朋友之间的关系问题,因此在介入阶段,问题解决是多面向的。

(二) 服务对象改变

改变是社会工作服务的特点之一。在解决问题的同时,社会工作者应关注服务对象在服务中的改变。这些改变包括认知、情绪、行为与价值的改变等。

在案例 7-1 中,夏爽并不认为自己的行为有问题,在她眼中是母亲的错误导致了自己目前的状况,因此常常有愤怒的情绪,在行为上表现出与父母、老师的对抗,甚至产生了仇恨社会的心理。因此在个案介入中,社会工作者小刘不仅要关注夏爽的问题,还要关注她的情绪、对家庭和社会的认知等的变化,其行为有的正向改变等。

(三) 环境改善

社会工作强调人在情境中,重视人所处的环境、人与环境的交互影响,认为问题的形成是人与环境互动的结果。因此,在介入阶段,除了问题解决和服务对象改变的目标,社会工作者还应将环境改善作为重要目标。环境系统包括物理和社会两种,即个体所处的自然世界和人为世界。在系统的视角下,个人所处的环境一般包括家庭环境、参与性环境(包括朋友、学校、职业等)、社区环境及社会环境等。[1] 而环境改善包括通过对环境本身介入产生的改变和环境中互动关系的改善。

在案例 7-1 中,家庭环境需要得到改善的内容包括:家庭暴力的终止、家庭关系的缓和以及对个人家庭生活的保障;参与性环境需要得到改善的内容包括:学校中同学关系的改善、与男朋友亲密关系的调整;社会环境需要得到改善的内容主要是司法调解。因此,社会工作者不仅需要针对夏爽开展个案工作,而且需要整合各种资源,与司法机关一起进行家庭关系的调解。

---

[1] 〔美〕Benyamin Chetkow-Yanoov:《社会工作实务:系统取向(第二版)》,江佩玲、潘英美译,五南图书出版股份有限公司 2001 年版,第 12 页。

二、介入的任务

为了达到问题解决、服务对象改变和环境改善的目标,社会工作者在介入阶段需要完成如下一系列的任务。

(一) 疏导情绪

面对处于压力中的个人、团体或群体时,疏导负面情绪是首要任务,有时情绪疏导比问题解决更为重要。服务对象面临的问题会带来其自身的情绪反应,而情绪又会影响服务对象对问题的判断,因此社会工作者可以采用情绪宣泄、合理情绪方法等,鼓励服务对象诉说他们经历的恐惧、悲伤、愤怒等,帮助他们处理这些情绪。[①]

(二) 调整认知

认知是人们对事物的认识与理解,它直接使人们产生一定的情绪,或者影响人们的情绪变化。一般而言,合理的认知会产生正确的归因,伴随正向情绪,而不合理的认知会产生不正确的归因,往往导致负向情绪,甚至表现为一定的身体和心理的病征。在社会工作专业服务中,社会工作者可以通过改变服务对象的信念和行为来纠正不良认知,进而改变不良情绪和行为。在案例 7-1 中,夏爽一直认为母亲区别对待自己和妹妹,这种认知导致她不断与母亲发生冲突,进而演变成长期的家庭冲突。因此,在介入过程中,社会工作者小刘不断调整夏爽对家庭关系的看法,协助她建立正确的认知。

(三) 行为改变

行为改变是介入的目的,也是介入的任务之一。在介入阶段,社会工作者可以借助行为疗法,减少服务对象的不良行为,协助其建立新的生活方式。服务对象行为习惯的养成是一个长期的过程,因此行为改变是一个连续、动态、逐步推进的过程。社会工作者应根据服务对象的行为特点,有针对性地开展个案工作和小组工作,促进服务对象的行为改变。

[①] 徐美燕、董海宁主编:《社会工作实务》,浙江大学出版社 2012 年版,第 59 页。

（四）提升能力

"人在情境中"的理念强调环境的重要性，促使社会工作者在工作中注重服务对象个人能力的提升。增能是社会工作者通过协助困难人群对抗产生不公平待遇和压迫的外在环境和社会结构，增强服务对象的能力、权利意识和社会资源的过程。[①] 在此过程中，社会工作者首先要发掘服务对象的能力和价值，积极关注服务对象的优势和长处。

青少年正处于发展过程中，能力的增长是其发展的重要方面，因此在青少年社会工作服务中，社会工作者应以发展的视角看待青少年，激发他们参与社会的意识，主动促进其个人能力的提升。在案例7-1中，社会工作者小刘发现，虽然夏爽处于各种困境，但仍表现出对生活的乐观态度，因此小刘有针对性地提高夏爽的情绪管理与生活规划能力，如邀请她参加能力提升小组，促使她在自主、个人责任和自我实现方面实现成长。

（五）调整关系

人与环境的互动是社会工作关系的核心，在个人问题的评估中可以发现，个体的行为方式和内在心理活动等往往通过社会互动的过程来呈现，关系成为社会情境中的一个分析单位。因此，在介入阶段，社会工作者应综合分析服务对象所处社会情境中的关系情况，对问题性关系及时进行协调。

与儿童不同，青少年所处社会情境的社会关系逐渐由家庭关系向同伴关系转移，并开始建立亲密关系。因此，在介入过程中，社会工作者一方面要对青少年的关系建构保持足够的敏感性，着重考虑这些关系表现的状态与对青少年的影响及其程度。另一方面，要特别注意青少年的亲密关系，甚至性关系，在评估可能存在的风险后，协助他们做出必要的调整。

在案例7-1中，夏爽的家庭关系处于不良状态，而且她与一位四十多岁的男性保持亲密关系。社会工作者小刘通过分析认为，对夏爽影响最大的是家庭关系，正是家庭关系紧张、母女不合，才导致她目前的状态。小刘

---

① 王玉香主编：《青少年社会工作》，山东人民出版社2012年版，第88页。

先从协调家庭关系入手,与夏爽的母亲会谈,讨论如何改善目前双方僵持不下的关系;再与夏爽探讨亲密关系的问题。另外,社会工作者可以根据青少年群体的特点,与学校、社区等合作,开展青少年性教育、生命教育等活动,协助青少年建立良好的人际关系,并在相应的活动中提升他们的人际关系建构能力。

(六)建立支持

一个人的支持网络越强大,他就越能够应对来自环境的各种挑战,因此社会工作专业服务不仅强调服务对象能力的提升,也会考虑帮助服务对象建立更为有效的社会支持,以促进服务对象持久的改变。青少年所处社会情境的支持主要包括家庭支持、群体支持、组织支持和社区支持。在介入过程中,社会工作者应准确评估各种支持系统的功能,并帮助服务对象建立良好的社会支持。如可以针对青少年开展"成长导师计划",邀请社会各界人士与青少年建立一对一的导师关系,建立促进他们健康成长的支持网络。

在案例7-1中,社会工作者小刘应及时识别能够帮助夏爽的正式网络和非正式网络,并建立对夏爽有效的社会支持。经过联络和评估,小刘认为,目前对夏爽的有效支持主要来自当地社区团委、夏爽所在学校以及她的一个好友。团委为夏爽联系了律师,协助她处理与家庭的关系;夏爽所在的学校为她减免了下学期的学费和住宿费,并安排了一位经验丰富的教师帮助她补习功课;夏爽的好友则一直开导她,并在她无家可归时提供住宿。

(七)发展资源

充分的资源是服务对象发展的重要条件。社会工作者应尽量协助服务对象发展更多需要的资源并加以整合运用,促进服务对象的问题解决和需求满足及其更为长久的发展。服务对象的资源一般包括内在资源和外在资源。内在资源一般包括个人的特质、知识和能力;外在资源则包括可以为服务对象提供帮助的正式资源和非正式资源。在介入阶段,社会工作者可以通过链接、协调和倡导等一系列方法,协助服务对象发展资源。①

青少年社会工作服务中,青少年的资源主要来自青少年自身、家庭、朋友、社区、学校和社会服务机构等,社会工作者应积极发展各种资源,推动青少年的成长。在案例 7-1 中,在介入时,社会工作者小刘特别重视发展夏爽个人内在的特质,协助她以正向的理念面对生活,同时协调了社区团委、学校、朋友等资源,共同帮助她克服困境。

(八) 社会倡导

倡导是指与服务对象共事或代表服务对象争取相应的资源保障与政策支持,主要包括:促进服务对象以其他方式获得未被提供的服务或资源;修正可能对服务对象产生负面影响的政策或程序;促进提供服务对象必需的服务或资源的新政策的制定。② 因此,社会倡导主要通过协商、申诉、声明、教育、研究、宣传等多种方式,保护特定服务对象的权益,促进其获取相应的社会地位。

青少年特别是困境青少年往往处于社会的弱势地位,其权益需要通过"代理人"才能得到保护,因此社会工作者往往扮演"代理人"角色,进行社会倡导,推动有利于青少年发展的环境和政策改善。在案例 7-1 中,夏爽处于社会中的不利地位,被贴上了很多标签,社会工作者小刘通过联系学校,积极倡导学校、老师转变观念,从而改善其就学环境。

第二节 介入的分类和策略

一、介入的分类

"人在情境中"理念强调,人的成长是内在系统因素与社会环境因素相互影响的结果,因此依据介入系统的不同,社会工作介入分为如下类型。

---

① 董云芳主编:《个案工作》,山东人民出版社 2012 年版,第 104 页。

② D. H. Hepworth, R. H. Rooney, and J. A. Larsen, *Direct Social Work Practice: Theory and Skills* (5th ed.), Pacific Grove, CA: Brooks/Cole,转引自〔美〕罗伯特·施奈德、洛丽·莱斯特:《社会工作倡导:一个新的行动框架》,韩晓燕等译,格致出版社、上海人民出版社 2011 年版,第 71 页。

（一）直接介入

直接介入一般是指针对服务对象个人、家庭和小群体的直接服务，主要采取个案工作、小组工作和社区工作等直接方法，以解决问题、提升能力和改善互动关系，促进服务对象福祉的提升。

（二）间接介入

一般来说，间接介入是对更大的社会环境的介入，社会工作者作为代理人采取行动，通过社会倡导、社会行政和社会政策等方式，介入不同的环境系统，间接帮助服务对象。

（三）综合介入

生态系统的观点认为，个人所经历的困境是生活中的问题，并非个人的病态，人作为生物体离不开其所生活的主要环境系统，因此个人能善用环境中的资源，以适应生活变动、修正生活机制、维系生存与发展的需要尤为重要。但同时，环境系统也可能是个人压力和问题的重要来源。社会工作的介入，一方面需要对个人问题进行干预，增强个人的适应能力；另一方面也需要协助服务对象改善环境系统，增强社会和物理环境对个人需求的回应。[1] 因此社会工作的介入需要将直接介入和间接介入有机结合的综合介入。

二、直接介入的策略

（一）个案工作

直接介入首先是对个人的介入，作为社会工作直接工作方法之一，个案工作主要以个人和家庭为服务对象，在专业理论指导下，协助服务对象解决问题、调试自我功能、促进健康发展。

个案工作依据不同的学科和理论观点，逐渐发展出一些常用的治疗模式。在具体社会工作介入中，社会工作者应根据服务对象的真实情况，选

---

[1] 全国社会工作者职业水平考试教材编写组编写：《社会工作实务（中级）》，中国社会出版社2018年版，第55页。

择合适的个案工作模式。

在个案工作中,社会工作者需要与服务对象建立良好的专业关系,熟练掌握个案工作的技巧,并做好记录工作。另外,在青少年社会工作中,个案工作的介入往往需要配合采用家庭治疗模式,以协助青少年更好地获得家庭支持、适应社会。在案例7-1中,社会工作者小刘便使用认知行为治疗模式针对夏爽的问题开展了个案工作。

(二) 小组工作

小组工作也称为团体工作,是指社会工作者以某一特定的主题,将服务对象组成一个小型团体,在专业理论的指导下,借助引导、参与、分享等方式,促进小组成员发生互动、获得经验,从而达成目标。作为一种工作方法,小组工作理论依据主要包括场域理论、小组动力论和社会学习理论等。

不同于个案工作,小组工作的服务对象规模较大,根据小组的不同性质分为教育性小组、成长性小组、支持性小组、任务性小组、文娱性小组和治疗性小组等。根据不同的人数、规模和理论等,形成了社会目标模式、互惠模式和治疗模式等小组工作模式。在具体运用过程中,社会工作者要厘清小组的指导理论、工作模式小组、性质,并且三者需要保持一致,避免出现理论与模式相冲突的情况。

小组工作是社会工作中运用最广的一种方法,社会工作者应熟练掌握小组工作的知识、理论和技巧,并特别注意应用其他团体性策略,如历奇辅导、服务学习和同伴教育等。

在案例7-1中,社会工作者可以邀请夏爽参加情绪管理、人际关系、生活规划等主题的小组,提升其自信心和生活能力,促进其更好地适应生活。

(三) 社区工作

社区工作是为更广泛的群体提供专业服务的一种方法,主要是指以社区为载体、以社区成员的整体利益为目标的社会工作介入方法。社区工作通过社区动员、组织社区成员有计划地参与集体行动,解决社区问题、满足社区需要,培养自助、互助精神,增强居民社区归属感,实现社区的发展。①

社区工作同样注重理论指导和模式运用。社区工作主要包括地区发展模式、社会策划模式、社会行动模式、社区照顾模式和社区教育模式等。社会工作者应结合社区及社区成员的情况,选择适合的社区工作模式。

在青少年社会工作中,社区工作同样是常用的工作方法,如在面对社区青少年②时,社会工作者可以使用社区工作方法,有针对性开展社区青少年服务计划。

三、间接介入的策略

(一) 社会行政

在社会工作实务过程中,社会工作常常采用个案工作、小组工作和社区工作等直接工作方法,这些方法并不是孤立的,由服务机构来提供,社会行政正是衔接这一过程的关键。社会行政是指将社会政策落实为社会服务的过程。社会行政是社会工作直接介入获得预期效果的重要保障,一般包括计划、组织、人事、领导和控制等方面。

(二) 社会工作督导

督导是社会工作服务中必不可少的一环,可以有效保障直接介入达到预期效果。资深社会工作者提供持续性的指导,传授专业知识、舒缓专业压力和增进专业素养,确保了社会工作服务品质。

广义上讲,社会工作督导是社会行政的一部分,但其对社会工作直接介入的作用更为直接和明显,可以帮助社会工作者更好地完成直接介入工作。社会工作督导一般包括行政性督导、教育性督导和支持性督导三种,需要良好地整合运用,以保证社会工作服务的整体质量。

(三) 社会政策

社会政策是指政府为提升居民生活福祉所采取的方针、规定与策略,

---

① 顾东辉主编:《社会工作概论》,复旦大学出版社 2009 年版,第 152 页。
② 指年龄在 16—25 周岁,没有固定工作、没有就学、缺少监管的青少年。

一般包括医疗、就业、教育等方面的政策。社会政策的实施是社会资源与社会需求相配合的过程,社会工作是社会福利的传输带,政策的制定和实施能为居民的权利和发展提供制度性保障。

在青少年社会工作中,青少年社会政策是社会工作者必须关注的内容,这些政策的制定和实施对青少年社会工作实务起着重要的作用。青少年社会政策主要包括:青少年基本权益保护政策、青少年教育政策、青少年劳动就业政策、青少年居住政策、青少年健康卫生政策、青少年社会保障政策以及青少年福利服务政策。

(四)社会倡导

在专业社会工作的发展过程中,倡导是社会工作的立基之本与伦理责任,社会工作者是行动的倡导者。在专业社会工作领域,社会倡导一般是指通过社会动员获得公众支持,从而推动社会变化的一种工作方法,倡导者通过行动,推动社会的正向发展。社会倡导一般通过为服务对象赋权、促进群体情况改善、请愿、发动资源、法律行动、维护社会公正等行动策略,以达到促进社会变革的目的。

第三节 介入的注意事项

一、进行危机干预

在社会工作专业服务中,评估服务对象是否处于危机状态是社会工作者要完成的关键任务。危机是指由于个人生活中的压力或突发事件,个人原有的满意状况有所改变,出现不平衡,或者失去稳定的一种状态。[1] 而危机干预就是帮助处在危机中的服务对象更有效地处理或调试危机情况下的压力的密集型干预实践,以协助服务对象恢复社会功能。[2]

---

[1] 全国社会工作者职业水平考试教材编写组编写:《社会工作实务(中级)》,中国社会出版社2018年版,第57—58页。

[2] 徐美燕、董海宁主编:《社会工作实务》,浙江大学出版社2012年版,第59页。

在青少年社会工作实务中,当青少年服务对象处于危机状态时,社会工作者一般依循四个步骤开展干预:第一,识别风险。社会工作者需要及时了解并分析服务对象所处的风险及其原因。第二,限定目标,及时处理。由于危机带有一定的危害性,因此社会工作者应该在有限的时间内限定目标,及时处理,尽量降低危机对服务对象及其他相关人员的伤害。第三,给予支持。主要是稳定服务对象的情绪,调动资源,提供必要的支持。第四,恢复服务对象的自主能力。经过上述干预后,社会工作者需要协助服务对象恢复自主能力。整个危机干预的过程就是社会工作者帮助服务对象增强自主能力、面对和克服危机的过程。[①]

二、注意服务对象自决

社会工作专业服务的目的是增加服务对象的福祉,因此介入行动应遵循以人为本的原则,从服务对象的利益出发,重视服务对象的需求,强调在计划制订中的服务对象参与,推动服务对象积极参与介入,并承担相应的责任。

青少年有成长性和不稳定性的特点,在社会工作服务中,他们的意见也往往被忽视。以青少年为本的原则要求社会工作者充分考虑青少年服务对象的发展阶段,尊重其价值和尊严,接纳其特点,注重其个别化需求,并在服务过程中注意青少年的自决。

在案例7-1中,社会工作者小刘坚持了以青少年为本的原则,注意在介入中积极听取夏爽的意见,尊重其自决。例如,在协助夏爽解决无家可归的问题时,社会工作者小刘联系了该地团委,并协调当地资源找到了一处可以免费居住的中途之家。但夏爽认为目前正好是假期,自己可以找一份带住宿的兼职工作,这样既可以解决住宿问题,也可以攒一些学费。社会工作者小刘考虑到了夏爽的下学期学费,以及她想自立生活的实际情况,因此协助她顺利找到了一份餐厅服务员的工作,并评估了她打工期间的安全。

[①] 董云芳主编:《个案工作》,山东人民出版社2012年版,第180—181页。

三、加强跨专业合作

在介入阶段,服务对象的问题复杂、原因多元,社会工作者需要加强与其他专业人士合作,发挥各自专业优势,实现有效服务。青少年时期是人生中变化最多的时期,青少年在生理、心理和社会等方面不断成长,对自我有了更多的探索。这种探索带来的问题表现不同,如心理困扰、情绪波动、言行偏激等,单一的服务并不能满足青少年整体发展的多样需求,因此在社会工作服务介入阶段需要跨专业合作。

在案例 7-1 中,夏爽的问题包括家庭关系问题、自我认同问题、生活压力问题、与家庭的法律问题以及亲密关系问题。社会工作者小刘不仅需要和夏爽一起处理她面临的生活问题,同时还需要联系当地团委、司法等部门以及其他相关专业人士,共同解决其他问题。

第四节 青少年社会工作介入的案例练习(一)

案例 7-2

2013 年 3 月,社会工作者到社区的失独家庭进行入户调查,确定了一名服务对象。刘敏,女,二十六岁,性格内向,其独生子因中度脑损伤夭折。她二十三岁时患了脑血栓,愈后留有后遗症,生活不能自理,全靠丈夫照顾。刘敏的丈夫大她三岁,有心脏病,随着年龄的增长和妻子病情的加重,日渐力不从心。最让丈夫担心的是,刘敏的情绪越来越不稳定,不愿意活动,身体状态每况愈下。

刘敏目前患有心脑血管疾病,说话不清晰,靠拐杖和别人辅助能小范围地走动,出门需要依靠轮椅,半个小时左右就要上一次厕所。精神情况不好,总是打哈欠,不愿意走动,不愿与人接触,喜欢在家里看电视剧。

刘敏一家是社区回迁的住户。她出生在农村,不适应城市生活,缺乏自信。另外,儿子的夭折带来的悲伤情绪没有得到处理,刘敏时常在说话时突然哭泣。对丈夫过于依赖,丈夫出门半个小时以上,便会哭闹不止。但是她见到社会工作者打招呼时能点头回应。其性格内向、孤僻,害怕与生人接触,但说话直接、心地善良,不会伤害别人。

刘敏无工作,无收入。丈夫目前没有正式工作,只能打点零工,每月大约有两千元收入,加上计划生育部门对失独家庭的补贴,家庭总收入每月在两千七百元左右。两人身体都不太好,刘敏没有缴纳社会保险,由其丈夫代缴城乡居民医疗保险和养老保险。每月药费至少在一千五百元,基本无法报销,住院花费更大。他们所住的房子是丈夫父母名下的,丈夫的兄弟姐妹的支持较少。老人去世后,把房子落在了刘敏丈夫名下。

刘敏与丈夫的父母都不在了。刘敏很依恋丈夫,夫妻关系亲密。她没有朋友,老家有一个妹妹经常来探望她,和其他的亲戚没有联络。丈夫的兄弟姐妹在过年过节时会来看望他们,有一个家境较好的侄子也常来看望。刘敏的丈夫很热心,乐于帮助别人,也经常参与社区公益活动,邻里关系较好,与居委会工作人员熟识。①

一、服务对象的基本资料

在案例7-2中,社会工作者经过评估,将服务对象刘敏的基本资料总结为五个方面:

(1)生理方面:心脑血管疾病后遗症,生活不能自理,说话不清晰,但思维较为清晰。

(2)心理方面:性格内向、孤僻,害怕与生人接触;依恋丈夫,缺乏安全感;仍有丧子的悲伤情绪,情绪低落、易波动。

(3)经济方面:个人无工作、无收入;丈夫工作收入少,有一定的福利补贴;看病支出比较大;住在丈夫继承的回迁房中;整个家庭经济状况一般。

(4)家庭关系方面:依恋丈夫,与丈夫相依为命;夫妻关系亲密。

---

① 案例来源于济南社会工作协会派驻槐荫区项目组。

（5）人际交往方面：不喜外出，除了妹妹和丈夫，基本不与其他人交往，与社会工作者初次见面时表现出不信任；有少数亲属的支持帮助。

从中可以看出，由于几项重大变故，服务对象刘敏在生理、心理、经济、人际关系等多方面都面临困境：失去独子导致心理功能失调、负面情绪无法得到疏导；身体健康状况恶化，部分躯体功能出现障碍，自我价值感降低；失业与不良经济状况导致低水平自尊；失独身份、不愿社会交往等导致缺乏社会支持。

二、服务对象的需求

针对上述一系列问题，社会工作者认为，服务对象刘敏的需求主要表现为以下四个方面：

（1）接受现实，疏导负面情绪，走出丧子之痛；

（2）得到适宜的照料，特别是生活方面的康复照料服务；

（3）了解社会救助、城乡居民医疗等社会政策，得到相应的政策支持；

（4）发展社会交往能力，拓展社会支持网络。

三、介入的目标

针对服务对象的问题与需求，社会工作者制定了涵盖问题解决、服务对象改变及环境改善的介入目标：

（1）帮助刘敏了解自身特点及优势，提升其自信心；

（2）帮助刘敏宣泄负面情绪，减少焦虑，提高其情绪管理能力；

（3）帮助刘敏建立（情感、资源）支持网络，包括建立与社区居委会的资源链接、志愿者照顾、陪护等资源网络；

（4）帮助刘敏落实城乡医疗救助与残疾救助等社会保障政策。

四、介入模式与介入过程

社会工作者准备采用心理社会治疗模式与增能模式相结合的介入模式，提升个体自信、自尊水平，激发个体潜能，从而改变服务对象悲观消极的态度,努力提升其解决问题的能力。

为达成上述目标,社会工作者运用直接和间接的介入策略,通过以下五个阶段,对服务对象及其环境开展有针对性的干预。

第一阶段,收集服务对象相关资料,建立专业关系,明确其潜在需求与问题。工作重点与专业行动是与服务对象建立专业关系,进行需求评估。

(1)根据社区居委会上报的服务对象的情况,进行社区走访,全面收集资料,拟定入户访谈提纲。

(2)入户访谈,与服务对象建立专业关系。在访谈过程中,社会工作者秉承平等、尊重、同理、接纳等价值理念与刘敏进行交流和沟通。基于服务对象的认知和身体状况,社会工作者还特别注意运用语言符号和手势等非语言技巧,注意确认沟通效果。

(3)通过访谈和预估,对服务对象需求进行排序。

第二阶段,预估服务对象需求,与服务对象协商,设定服务计划和目标。工作重点与专业行动是综合整理服务对象生理、心理、社会等方面资料,与其一同协商,设定服务计划和目标。

在整个会谈的过程中,社会工作者充分遵循了自决原则,扮演引导者的角色,向服务对象澄清服务过程中可能会遇到的问题、资源链接情况、需要配合之处以及最终要达成的目标,与服务对象达成一致。考虑到服务对象的认知与身体状况,制定目标时也参考了服务对象的丈夫的意见,最终确定服务目标和方法。

第三阶段,运用心理社会治疗模式的直接和间接介入技巧,疏导服务对象的负面情绪,减轻其系统功能失调,增强其适应能力。工作重点及专业行动如下:

(1)运用直接介入方法。社会工作者运用非反应性支持技巧,聆听服务对象的倾诉,适时地表达同感和接纳,对她希望改变目前困扰的诉求给予适当的保证;运用探索—描述—宣泄的方式,帮助她表达因失去孩子而产生的痛苦、抱怨以及内心冲突;运用建设性宣泄的方法,促使她更准确地认识和了解自己;运用人在情境中的反映性讨论技术,帮助服务对象明白,丈夫出门时间久是因为给她买药、药店比较远,并不是嫌弃或躲开她,反而是不怕远、不怕累,为了她的身体健康奔波,协助她更理解、体谅丈夫。

(2)运用间接的技术。协助服务对象的丈夫了解、分析妻子产生依恋行为、哭闹情绪的深层原因,帮助其丈夫理解服务对象,并与她的丈夫讨论她康复训练的目标计划,教授他运用鼓励、表扬等方法,促进服务对象的康复。在母亲节到来之际,社会工作者为服务对象送去了节日的问候、慰问品与一束康乃馨,表达对她的关心,鼓励她重拾生活信心,重温母亲角色,让她体验被爱和接纳。

第四阶段,挖掘社区和社会资源,协助服务对象建构正式和非正式的支持网络。工作重点与专业行动如下:

(1)向社区居委会描述服务对象的困难与需求,与社区工作人员一起来到服务对象家中,详细了解情况,促进服务对象与社区建立关系。社区工作人员也表示会长期关注服务对象,定期探望,重点关注相关的政策。

(2)通过宣传,招募社区志愿者,对服务对象及其家庭提供长期的日常照料与关怀。

(3)与其重要亲属取得联系,进一步强化她的亲属支持。

(4)与本辖区内社会福利部门取得联系,帮助服务对象落实城镇居民医疗保障门规政策并及时反馈给她,帮助她记录人力资源和社会保障部门、卫生部门的联系方式,以便她对医保门诊规定病种的变更等业务进行咨询。

(5)与辖区民政部门取得联系,向其工作人员反映服务对象的情况,工作人员表示当有相应的救助时会通知并根据政策规定上报相关情况。

(6)针对服务对象比较关心的看病陪护问题,社会工作者向当地民政局递交了《关于将失独家庭纳入服务范围》的报告。

第五阶段,提高服务对象自决、自立和自理能力,增强其自信心,促进其康复。经过上述四个阶段后,服务对象的情绪状况、身体状况、家庭关系、社会支持网络都得以改善,因此本阶段社会工作者的工作重点与专业行动包括如下两方面。

（1）及时掌握服务对象的需要与变化，协助其增强独立思考、处理问题、调节情绪的能力。

（2）与服务对象沟通其变化与进步，给予肯定和鼓励，强化其成功体验，增强其自我效能感。

五、介入的过程评估

改变是社会工作介入的重要特点，是社会工作服务介入有效性的体现，因此社会工作者应及时开展过程评估，随时关注服务对象的改变，及时调整行动方案，使介入服务更有针对性与实效性。为刘敏提供的介入服务共五个月，刘敏在每个阶段都出现了明显的改变，分别表现如下：

第一阶段，服务对象对社会工作者的态度由怀疑逐渐转变为信任，她慢慢敞开心扉，向社会工作者倾诉；在交谈的过程中，虽然总是出现哭泣的情况，但表现出配合、愿意沟通的积极态度。

第二阶段，服务对象与社会工作者见面时能够主动打招呼，对社会工作者的到来表示欢迎；能够认识到自己的问题及需要，并坦诚地讨论自己的问题；虽然在交谈的过程中还是多次出现哭泣的情况，但其心态明显变得积极了。在身体康复方面，服务对象在丈夫的帮助下，按照锻炼计划，每天在门口的走廊散步。

第三阶段，服务对象基本解除了自我防御机制，能够对社会工作者袒露心声；情绪得到了宣泄与疏导，哭泣的情况大大减少；能够情绪平稳地与他人沟通，同时积极配合身体康复训练。

第四阶段，通过具体的社会工作服务，服务对象的社会支持网络增强，在情绪、行为、身体恢复上都有了较大的改善，不仅能坚持每天锻炼，还能在丈夫的陪同下坐轮椅到室外散心，甚至到社会工作者的工作室探望。另外，服务对象很感激社会工作者和丈夫对自己的关心和帮助，并试着表达了自己的感谢。在母亲节，她手捧鲜花，对社会工作者说"这是天下最好看的鲜花"，这让社会工作者很欣慰。

第五阶段,服务对象主动谈及自己的改变、自身的潜能,自己尝试独立解决问题的主观意愿和能力也得到了增强。

经过五个月的努力,服务对象能够接纳自己的生活现状,其情绪管理能力、问题解决能力得到发展,身体和精神状况有了明显的好转,对丈夫的依恋恢复正常,与社会工作者帮其建立起来的支持网络关系良好。

从案例7-2中可以看出,社会工作者在介入阶段应以人为本,秉持个别化的原则,以平等、接纳和不批评的态度对待服务对象;注意问题的先后顺序,重视服务对象的参与,综合运用各种介入策略,推动服务对象发生改变。

第五节 青少年社会工作介入的案例练习(二)

★ 案例7-3

南庄社区是本市一个普通社区,社区内有一所初级中学,学生大多数来自本社区。社区很多家长反映,孩子由小学升入中学后存在一些不适应的情况,希望社区社会工作者能够开展一些服务,帮助学生适应中学生活。

从小学升入初中(小升初)是青少年成长过程中至关重要的阶段。他们进入陌生的环境,面临着与小学完全不同的学习内容和学习环境、人际关系和生活环境。初中阶段还是青少年步入青春期、从幼稚走向成熟的关键阶段,能否快速顺利适应初中的学习、生活和心理变化,对青少年的成长至关重要。为小升初的青少年组织专门的成长小组活动,有利于他们快速顺利地适应初中的学习生活。①

在案例7-3中,社会工作者经过评估发现,小升初的学生面临升学适应、学习、人际关系等方面的改变和压力,其问题主要表现如下:

(1)升学适应问题。小学和初中在上课形式、学习任务以及综合环境

---

① 案例来源于济南山青社会工作服务中心。

方面存在差别,服务对象面临着适应新的学习环境、建立新的社交网络等问题。

(2) 学习压力问题。中学生普遍面临作业多、休息时间少;家长给报的辅导班多,自由少,学习压力大;家长期望大、个人的愿望的关注度低等问题。经社会工作者询问,服务对象对这几个问题都有感触,由此引发的其他"烦心事"不同程度地困扰着他们。

(3) 人际关系问题。服务对象在男女生的交往方面存在困境。他们处于由儿童向青少年过渡的特殊时期,对性别角色开始变得敏感。如果不能妥善处理,可能影响青少年的发展。

一、介入理论与方法

针对案例7-3中的情况,社会工作者在评估的基础上做出计划:利用暑假时间,针对社区青少年升学适应提供服务。基于镜中我理论、场域理论和优势视角理论,社会工作者招募了十名社区面临小升初压力的学生,组织开展小组工作服务。

二、介入目标

针对服务对象的问题,在尊重他们意愿的情况下,制定了以下介入目标:

(1) 协助服务对象积极发挥自身主动性,建立自信心;

(2) 鼓励服务对象积极分享、探索,提升人际交往和解决困难的能力;

(3) 协助服务对象在小组中获得满足感归属感和同伴群体的支持,构建同伴支持网络;

(4) 充分利用组内优势资源,积极挖掘社区和学校资源,构建社区和学校的支持网络。

三、介入过程

针对介入目标,社会工作者为小组过程设置了五次主题,具体见表7-1。

表 7-1　小升初升学适应小组程序表

次数	日期	主题	目的
第一次	8月2日	Hello,小伙伴	相互认识,包括服务对象之间、社会工作者与服务对象之间,建立小组契约、专业关系
第二次	8月9日	我的精彩	提升自信心,培养团队合作能力,学习礼仪
第三次	8月16日	青春友你,快乐同行	初步了解初中生活,认清自己的优势和不足,更好地利用自身资源
第四次	8月23日	奋进号响,与梦相约	抛开烦恼,探索解决难题的方法,展望自己的未来
第五次	8月30日	欢乐话别	设置有针对性的游戏,使服务对象在游戏中收获处理问题和沟通合作的知识与能力,在欢乐的氛围里处理离别情绪;做好结果评估

介入是社会工作服务的具体实施阶段,作为直接的介入方法,小组工作通过使服务对象参与活动、获得具体体验、分享反思来达成其问题解决、能力提升等目标。本次小升初升学适应小组的具体介入如下:

(1) 主题活动:Hello,小伙伴

社会工作者首先介绍了小组的情况,包括社会工作者的身份、活动目的、小组次数等。之后正式进入主题,通过游戏使组员相互认识,初步建立信任关系,共同订立小组契约。第一,相互认识。采取抽签的方式,进行两两分组,组员首先在两人小组内部做自我介绍,然后向全体成员介绍对方。第二,起组名。请组员为自己所在两人小组起名字。第三,主题游戏"盲行",旨在进一步建立组员之间的信任关系。第四,制定小组契约。先由社会工作者一一念出事先拟定的小组契约,征求组员意见并进行讨论、补充,使每位组员都能了解小组目标与小组规则。第五,总结分享。主要请组员分享对此次活动的感受,包括优点和不足,并提出自己对小组活动的建议。活动后布置作业,希望组员能够结合"小升初"的主题,在下次活动中分享自己成长历程中最值得骄傲的一件事情。

(2) 主题活动:我的精彩

社会工作者简要介绍本次活动的主要内容与时长,进入主题。第一,提问。社会工作者询问组员精彩的自己是什么样的,较上次更为熟悉的组员克服了羞涩,积极发言。第二,请组员分享自己最值得骄傲的事情。十分值得一提的是,在首次活动中拒绝发言的一位组员这次最先开始分享。第三,主题游戏"天衣无缝"。一人解释,一人猜词,旨在锻炼组员的表达和反应能力,使其了解良好沟通方式的重要性。第四,学习礼仪。社会工作者展示文明礼仪小故事和文明礼貌"口诀"等视频资料,启发和鼓励组员在生活学习中文明、礼貌地与他人沟通相处。第五,总结分享。请组员分享此次活动的收获,比如怎样做才能活出精彩等。

(3) 主题活动:青春友你,快乐同行

社会工作者简要介绍本次活动的主要内容与时长,进入主题。第一,分享与交流。请组员分享自己对升学的一些想法,描绘自己听说的或是想象中的初中生活,再由两位初二学生分享自己的初中生活。第二,自我分析。承接第一次分享活动,让服务对象运用"自我 SWOT 分析"的方法进行分析,帮助他们认识自己的优势和不足、资源和威胁,促进其更好地发展。第三,继续主题游戏活动"天衣无缝"。由于此次小组活动是安排在英语辅导学习之后,因此运用游戏考察服务对象英语学习的情况,但是效果没有上次好。第四,总结分享。请组员分享活动的感想、对小组的期待。

(4) 主题活动:奋进号响,与梦相约

社会工作者简要介绍本次活动的主要内容与时长,进入主题。第一,"抛开烦恼"仪式。按照上次活动的承诺,为组员举行了一个"抛开烦恼"的仪式,请每位组员在纸上写出自己的烦恼,并按照自己的想法处理这张纸,结果每个人的处理方法都充满想象力。第二,"名人榜"游戏。通过"名人榜"游戏,启发组员学习面对难题时的处理方式,整个游戏进行得非常顺利,结束之后社会工作者引导组员分享自己在游戏中的收获。第三,"神奇水晶球"活动。社会工作者用一个西瓜做道具,让服务对象展望十五年后的自己,整个分享过程充满欢乐。社会工作者引导组员思考面对困难时的正确态度与方法,了解自己所拥有的潜能与资源。第四,总结分享。请组员分享四次活动的整体感想与意见建议,并做出回应。

（5）主题活动：欢乐话别

社会工作者简要介绍本次活动的主要内容与时长，并指明这是最后一次活动，进入主题。第一，热身。以开场游戏"虎克船长"活跃小组气氛。第二，"谁是卧底"游戏。通过游戏，锻炼组员的观察能力、逻辑推理能力。第三，"我想要的"分享会。通过分享会，请组员写出想要的十个东西、九个东西……依次递减，直到只剩下一个。请每位组员分享影响做出选择的因素，引导思考坚持与放弃之间的关系，树立正确的价值观。第四，"60秒不NG"游戏。两两一组连续做完四组体育活动，不能超时也不能出现错误，用时最少的小组获胜，旨在培养他们的分工合作能力。第五，拼图比赛。四人一组，该游戏的关键在于同组之间需要互相分享图片。通过"拼图游戏"，以使组员感受分享、合作的乐趣。第六，总结评估。播放历次活动的音像素材，回顾小组历程，请组员写下对整个活动的感受，并对小组活动和社会工作者做出评价。

四、介入过程评估

回顾五次小组活动，各方面运行良好，并取得了一定效果。首先，组员初步了解了初中生活的课程安排、生活节奏等，减轻了心理上的紧张与陌生感。其次，组员学习到了解决困难、释放压力、缓解情绪的正确态度与方法，并能应用到实际生活。最后，在小组中，组员们通过互动、合作、分享，发展了沟通、助人、团结协作能力，提升了自信心，建立了同伴间的友谊。本小组活动得到了组员、家长、学校的一致好评，提升了家庭、学校、社区整体对小升初学生群体的关注与支持度。

本章小结

1. 介入是社会工作服务开展的重要部分，是服务计划的具体实施阶段。介入的目标包括问题解决、服务对象改变及环境改善。介入强调人在情境中，重视人所处的情境及人与环境的交互影响。

2. 介入的任务包括疏导情绪、调整认知、行为改变、提升能力、调整关系、建立支持、发展资源、社会倡导。

3. 介入分为直接介入、间接介入和综合介入。直接介入的策略包括个案工作、小组工作和社区工作的模式方法与技巧等。间接介入的策略包括社会行政、社会工作督导、社会政策、社会倡导等模式方法与技巧等。综合介入是直接介入与间接介入的有机结合。

4. 介入要注意危机干预、服务对象自决与跨专业合作。

主要概念

介入（intervention）

直接介入（direct intervention）

间接介入（indirect intervention）

社会行政（social work administration）

督导（supervision）

社会政策（social policy）

社会倡导（social advocacy）

危机干预（crisis intervention）

课堂讨论

案例 7-4

杨丽，女，十四岁，就读于本市某初中，智力二级残疾，享有当地残疾人联合会每月一百二十元的补贴。学习成绩一般，喜欢在家玩电脑游戏。杨丽的父亲是一名出租汽车司机，偶尔醉酒；杨丽的母亲是一名兼职会计，平时爱看书，信奉佛教。家庭收入一般，目前全家仍住在一处老旧住房，家庭成员间交流较少。杨丽的父母希望她每周能坚持写一篇作文，减少玩电脑的时间，并且把学习成绩提上来；杨丽希望自己能够练好字。

1. 杨丽的主要问题是什么?
2. 社会工作者应该采取哪种介入方法?
3. 社会工作者应该选择哪些具体的介入策略?
4. 社会工作者在介入时需要注意哪些事项?

案例 7-5

生活是最好的老师,但由于缺乏一定的生活教育,很多青少年的独立生活能力与责任意识都相对较弱,这影响了个体的健康成长。针对这一现象,社会工作者决定开设"快乐小厨房"青少年生活教育活动,通过带领青少年掌握家常菜的选材和制作过程,提升其独立生活能力,引导青少年在活动中感恩父母,促进亲子关系和谐。

1. 社会工作者针对的问题是什么?
2. 社会工作者开展的"快乐小厨房"活动属于直接介入还是间接介入?
3. 社会工作者应该注意哪些问题?

思考题

1. 直接介入和间接介入有哪些区别?
2. 如何以生态系统视角理解综合介入?
3. 危机干预适用于哪些青少年群体?如何进行危机干预?

参考文献

许莉娅主编:《〈青少年社会工作服务指南〉解读》,中国社会出版社 2019 年版。

昝飞编著:《积极行为支持:基于功能评估的问题行为干预》,中国轻工业出版社 2013 年版。

张洪英主编:《小组工作》,山东人民出版社 2012 年版。

第八章 评 估

案例 8-1

小峰,男,十四岁,独生子,初中二年级学生,由父母带来见社会工作者。他的衣服有点脏,头发长而乱,脸色发白。在交谈过程中,他一直低头不语,偶尔与社会工作者有目光接触,但很快闪开。据了解,小峰家住市区,他的性格较为内向。父亲平时工作较忙,经常出差;母亲没有工作,照顾一家人的生活起居,对父亲常年在外颇有怨言;虽有争吵,但是家庭关系还算和谐。小峰上初中之前,学习成绩还不错,平时做完作业会玩电脑游戏,但母亲严格控制时间;小峰也干点家务。升入初中后,父母因为家庭琐事争吵越来越多,母亲对小峰的关注减少,父亲依然经常出差。小峰的几个朋友被分到其他班里,学习任务增加,他和朋友的联系越来越少。不知道从什么时候开始,母亲发现小峰玩电脑游戏的时间越来越长,而且他变得不愿意与人沟通。母亲有时会采用断网的方式阻止他玩电脑,但是每次他都情绪烦躁、乱发脾气或者扔东西。他的成绩开始下滑,老师多次找小峰父母到学校沟通:小峰平时上课不认真,不是说话就是睡觉,和同学相处得也很不愉快,不爱参加班集体活动。在家中,小峰动辄就顶撞父母,生活邋遢,父母一唠叨他就开始发脾气,父母索性放任不管。升初二以后,小峰的情况变得更加严重,经常逃课。父亲为此经常打骂他,父子俩的关系越来越差。无奈之下,小峰的父母向社会工作者求助。

社会工作者在预估后制订了介入方案,将具体目标设定为:帮助小峰合理控制上网时间;帮助其父母改善夫妻关系,增强有效交流;改善亲子互动模式;增加小峰和朋友之间的交流;提高学习成绩等。为了实现这些目标,社会工作者计划在随后6个月,开展个案辅导、亲子小组等。在个案辅导中,社会工作者主要使用心理社会治疗模式、理性情绪治疗模式以及认知行为治疗模式。按照计划安排,社会工作者与小峰面谈5次,与其父母面谈3次,家访2次,邀请小峰参加"助力前行"成长小组6次,组织小峰与父母参加亲子小组4次,邀请小峰参加老年人志愿服务3次。

在案例8-1中,小峰的问题是否已解决?社会工作者的介入效果如何?是否达成了服务目标?服务方法是否专业、有效?……为了回答这些问题,社会工作者需要对介入的过程和结果进行总结和评价,找出存在的问题,并根据介入效果及时明确下一步的工作目标。

社会工作者对介入服务的检查和总结是社会工作实务的一个重要环节。如何有效地评估社会工作的服务过程、可利用的方法以及过程中需要注意的问题,是社会工作评估要解决的主要问题。

第一节 评估及其目的、类型与原则

评估是社会工作实务的基础性步骤,在很大程度上决定了助人活动的最终成效。对社会工作者而言,这是一项必须掌握的核心技巧。[①] 社会工作评估也是社会工作服务质量管理的一个重要措施。社会工作者需要通过评估了解所采取的计划和方案是否得到了贯彻和执行,介入行动是否实现了计划的目标,介入行动取得了何种效果,等等。评估的出发点和目的是改善青少年社会工作服务的质量,检验是否以及在多大程度上实现了目标。

---

① 陈钟林、吴伟东:《国外社会工作评估:理论架构探析》,《北京科技大学学报(社会科学版)》2006年第2期,第13页。

一、评估的定义

一般来讲,评估是指通过对相关方案和活动的实施效果进行评价与估量,决定是否采纳相关方案或者检测相关活动实施效果。在青少年社会工作专业领域,评估是指运用科学的研究方法和技术系统地评价社会工作的介入结果,总结整个介入过程,考察社会工作的介入是否有效、是否达到了预期目的与目标的过程。[①]

社会工作的服务对象是处在不同关系中的人。案例8-1中的小峰,虽然是社会工作者的直接服务对象,但是在介入中,小峰的父母是其行为改变中非常重要的影响者,也是最为关注改变结果的人。从社会工作机构的角度来看,社会工作者投入了时间、精力和物力,是否能实现助人自助、是否能够胜任专业工作要求,只有通过评估才可以知道。可以说,评估是对服务对象、社会工作专业机构乃至社会和专业本身做出的交代,既是社会工作者改进工作的重要方法,也是社会工作机构进行有效监督与管理的重要方式,更是第三方机构进行成效评定的重要途径。

二、评估的目的

青少年社会工作评估的过程是和社会工作介入过程紧密联系在一起的,其目的也是多元的。

(一)掌握并巩固社会工作介入行动的结果

评估的内容之一是考察服务对象在接受一段时间服务后在行为和能力等多方面的变化,主要通过测量服务对象可观察和可测量的外部表现来实现。评估能够用科学的方法呈现介入行动的结果,增强青少年服务对象对社会工作服务的信任和实现自我成长的信心。青少年处于自我同一性形成的关键时期,其思想与行为易受各种因素的影响,且容易出现波动。

---

① 全国社会工作者职业水平考试教材编委会编写:《社会工作实务(中级)》,中国社会出版社2020年版,第68页。

社会工作者在服务过程中及时总结和呈现他们的正向发展并予以强化,对于改善服务质量、提升服务效果都有重要意义。

在案例8-1中,社会工作者评估小峰的问题和需求后,与他一起达成了目标和行动方案。其中一个目标是合理控制每天的上网次数和时长,增加他喜欢的体育活动的时间。小峰同意并开始采取行动。一段时间后,可能出现三种情况:第一种,小峰每天的上网次数和时长明显减少;第二种,小峰有时能控制上网的时间,有时不能;第三种,小峰的上网时间没有任何变化。如果小峰出现前两种情况,他就在改变和进步。评估可以集中呈现服务对象的成长和改变,强化并巩固已有的改变成果,增强其继续接受服务的信心。但如果出现第三种情况,是否就表明介入无效呢?实际上,第三种情况,对社会工作介入过程也是有帮助的:社会工作者可以及时与小峰及其父母进行沟通,鼓励其坚持方案中的行动,或可以及时调整方案。

在案例8-1中,社会工作者通过评估,了解到小峰在情绪、行为以及家庭关系上都出现了一些变化。例如,他逐渐能够理解和认同,父母对自己行为的约束是出于对自己的爱,开始自觉地合理安排上网时间。父母也意识到了和谐家庭关系的重要性。父亲不出差时也尽量多陪伴他,父子关系逐渐缓和。社会工作者将这些成果与小峰和家人分享后,小峰的父母非常感动;小峰也备受鼓舞,愿意继续努力实现持续的改变。

(二)掌握社会工作目标实现的程度

青少年社会工作的介入方案根据青少年服务对象的需求明确了介入活动的目标,这些目标是在一定时期内社会工作者和服务对象行动期望的成果,是社会工作专业使命在一定时期内的具体化,也是衡量社会工作服务质量的标准。因此,社会工作评比应依据服务目标对服务对象外显行为、社会关系、社会环境等方面的改变结果进行,以掌握社会工作目标实现的程度。

在案例8-1中,社会工作者通过与小峰及其父母沟通,明确了服务要实现的目标:小峰能合理控制上网时间、小峰的父母改善夫妻关系、亲子互动模式得以改善等。社会工作者通过记录小峰上网的次数和时长、进行家访、观察小峰与父母的互动模式等,评价介入目标的达成情况。通过评估发现,小峰逐渐能够实现自我控制,和父母的交流次数逐渐增多,家庭关系逐渐缓和。社会工作者也感受到了他情绪方面的变化,这表明,初期的介入目标是恰当的而且也得以实现。

如果评估发现介入行动没有实现预期目标,社会工作者就应重新反思介入方案和方法或者反思预期目标是否符合服务对象的实际情况,并根据评估结果及时进行调整。

(三)检验介入方法的专业性和有效性

青少年的问题和需求具有多样性和复杂性,社会工作者在介入时不能简单地遵循固定模式和方法,需要根据青少年服务对象的特点、需求以及环境等设计不同的"配方"。评估可以检验这些介入方法的专业性和有效性,并根据评估结果调整介入方法和技巧,以达成最终服务目标。

在案例8-1中,社会工作者根据小峰及其父母的问题表现与需求,采用心理社会治疗模式、理性情绪治疗模式与认知行为模式进行干预。在评估时,社会工作者可以总结和反思介入方法是否有助于服务对象需求的满足和问题的解决,并且总结每种方法的经验和问题。

社会工作者首先采用心理社会治疗模式,重点加强小峰的人际沟通能力,以保证他和家人进行有效互动。从理论上来看,这种模式能够全面地分析服务对象问题产生的原因,通过直接介入和间接介入为服务对象提供服务,进而挖掘其潜能。在与小峰的面谈中,社会工作者了解到,由于父亲工作忙,父母的关系紧张,这导致他缺乏爱与安全感,对家庭生活感到失望,从而在网络游戏中寻找替代补偿,影响了日常生活中的人际沟通。从间接介入的角度,社会工作者建议小峰的父亲与儿子多交流、帮妻子分担一些家务等,从而营造和谐的家庭氛围;从直接介入的角度,社会工作者给小峰布置了家庭作业和任务,鼓励他与家人和同学主动沟通。社会工作者在评估中发现,这种干预模式确实能够帮助小峰改善人际关系,但是小峰过于依赖任务指派,缺乏主动的沟通和互动行为。于是社会工作者在后期的服务中更重视小峰的自决权和主动性,逐渐减少了指派性任务,并鼓励他主动与他人交流。

社会工作者其次采用了理性情绪治疗模式,重点帮助小峰抛弃非理性信念,形成正确的自我认知。由于父亲的忽视、父母关系紧张,他很自卑,认为"正是由于我,父母才吵架""我在这个家里是多余的""现在我让父母失望透顶了,我是无能的"。为了帮助小峰转变这些非理性的认知,社会工作者和他重新梳理了过往的一些关键性事件,帮助他理解父亲对家庭责任的担当和付出、母亲对他的爱,使他重新建构起生活和学习的意义。小峰慢慢摆脱了非理性信念以及由此带来的负面情绪困扰,对家人和生活有了新的热情和期待。但是社会工作者无法在初期深入剖析他的深层次的自我认知和观念,介入服务还没有帮助他尚未树立起正确的学习态度和目标,因此短时间内他仍然无法提高学习成绩。社会工作者通过评估发现该模式的短板后,决定在后期使用认知行为模式,以帮助小峰养成良好的学习习惯。

(四)帮助社会工作者总结经验和改善服务,提升服务能力

社会工作者可以通过多种渠道提升服务能力,例如接受继续教育、进行经验交流等。但是评估有其他方式无法比拟的优势,社会工作者从中能够有针对性地学习和改进服务,在服务中成长和发展。在评估中,社会工作者反思每一个工作环节,及时总结介入的效果。通过评估,社会工作者可以明确青少年服务对象的需求,从而制定合理的服务目标、采取适合的介入方法,找出需要改进的地方,进而提升后续服务的质量和品质。从评估中获得的经验不仅有利于提升社会工作者的能力,促进个人成长,而且能够改善机构的服务。

(五)促进本土化专业服务的发展和专业理论的建构

来自西方的社会工作实务模式如何与中国的政治、经济、文化相适应,一直是社会工作专业本土化过程中不断探讨的重要问题。在当前社会治理创新的背景下,传统观念和现代价值观念并存,青少年群体的异质性增强,青少年社会工作本土化发展需要解决一系列问题。例如,受重家庭、重血缘的文化底色的影响,中国的助人体系以家庭和邻里帮扶为主,青少年

主动求助的意愿比较低,一些青少年服务对象比较被动、缺乏参与热情。哪些服务方法和技巧能提高青少年的求助意愿、提升服务对象的参与热情?对于类似问题,社会工作者需要在为青少年服务对象提供良好服务的同时,及时总结和归纳经验来予以解决。通过对服务效果的测量、对服务进程的自我总结和反思,社会工作者能够将所积累的经验提升为可操作化的、具体的实务模式和实务操作体系,为更多的社会工作者提供应用与借鉴的有效模式。同时,实务经验可以为社会工作研究提供真实、客观的实证资料,社会工作研究者可以通过分析、提炼、抽象和概念化,发展与创新青少年社会工作专业理论和方法,以指导实务的发展。

(六)对社会工作自身专业性做出交代

青少年社会工作需要对服务对象、服务机构、社会公众以及社会工作专业负责。首先,青少年服务对象有权利了解整个介入过程的情况,从而对自身的改变有所认识。其次,社会工作者主要运用政府公共资源和社会资源来开展专业助人活动,因此只有用评估证明专业服务的有效性以及效率,才能得到社会以及公众的认可,从而向社会做出交代。同时,评估的过程也是接受社会监督、社会资源使用透明化的过程。最后,评估中对服务效果的总结有利于提升专业地位和社会影响力,丰富和发展专业工作方法和理论,促进专业自身的发展。

三、评估的类型

按照不同的标准,评估可以划分为不同的类型。

根据社会工作服务的阶段,评估可以分为需求评估、方案评估、过程评估和结果评估,即评估贯穿服务的整个过程。在开展社会工作服务之前要进行需求评估,以了解青少年服务对象实际或潜在的服务需求;在社会工作服务初期要进行方案评估,对多个服务方案进行评价并从中找出最适用的方案;在社会工作服务实施中要进行过程评估,对服务中的具体步骤、服务方式等进行评价;在社会工作服务结束后要进行结果评估,以评价社会工作服务的成效。

根据社会工作评估的主体,评估可以分为内评估和外评估。内评估主要是由服务提供方(社会工作者或服务机构)进行的评估,其目的在于明确服务对象的需求、选择合适的服务方法、检查服务工作的进度、总结或提炼服务经验等。外评估的主体通常是服务机构以外的相关上级或第三方,评估的基本目的是检测服务项目的实施或完成情况,组织服务对象对服务项目进行评价并提出改进建议等。需要注意的是,青少年社会工作服务强调以服务对象为本,在评估中也应重视青少年服务对象的参与。这不仅体现了社会工作者尊重、接纳青少年服务对象的价值伦理,也是对青少年服务对象赋权和增能的过程。

根据评估的客体,评估可以分为对社会工作服务机构的评估、对社会工作者的评估以及对社会工作服务项目的评估等。社会工作者和社会工作服务机构是服务的提供者和资源使用者,对其评估包括机构资质评估、能力评估、服务评估等。当前,在政府购买社会工作服务的发展背景下,项目化运作成为社会工作服务的主要形式。项目是指"为满足特定服务对象的需求,在一定时间内,运用一定的资源,按照预定的服务目标、服务内容和服务要求所设计、实施的社会工作服务任务"[1]。对社会工作服务项目的评估包括社会工作服务项目目标的实现程度,专业服务效果及项目资金的使用情况等。其主要目的在于总结社会工作服务经验,提炼社会工作服务技巧,提升社会工作服务水平;作为社会工作服务项目结项的依据;为项目购买方确定项目执行方继续承担相关社会工作服务项目的资质提供依据。[2]

本节主要侧重由社会工作者或服务机构实施的关注社会工作服务过程和服务结果的评估,这是社会工作通用服务过程的一个重要阶段。

（一）过程评估

过程评估是指贯穿于整个介入过程的评估活动,从接案开始一直延续

---

[1] 民政部:《社会工作服务项目绩效评估指南》,标准编号:MZ/T 059-2014。
[2] 同上。

到工作关系的解除,是对整个助人过程的评估。

1. 过程评估的内涵与目的

过程评估又称动态评估或状态评估,是指对社会工作整个介入过程的监测评估,涵盖社会工作者和青少年服务对象共同参与的整个过程。

通过分别对工作过程的每一个步骤、阶段做出评估,社会工作者可以了解介入服务的方案实施情况;明确工作中的各个步骤和程序,促成最终的服务结果;了解服务和资源是否按照预期送达青少年服务对象;评价服务目标是否实现。

通过过程评估,社会工作者不仅可以随时了解目标实现的情况,也可以应对介入服务中出现的意外,调整和修正不当之处。在青少年社会工作服务中,青少年服务对象的参与程度、改变状况等除了受其自身主客观因素影响之外,还受其监护人、学校教师、同伴群体等影响。在很多情况下,介入行动不能按照预先的计划实施,需要根据具体的情况进行相应的调整。因此,过程评估的目的在于不断修正与调整服务方案,支持和改善服务质量和效果。

2. 过程评估的主要内容与方法

在介入的不同阶段,评估的重点不同。总的来看,社会工作者必须重点关注青少年服务对象的行为及服务过程,强调三个问题,即服务对象呈现的问题、服务对象的目标及其在解决问题中发挥的作用。青少年服务对象呈现的问题的类型、其个体特质以及用来帮助服务对象的理论、策略和技巧都会影响服务过程。如果服务对象未能出现正向的改变,那么需要考虑其他方式。

第一,在介入初期及中期,重在对青少年服务对象的表现、社会工作者的表现和技巧进行评估,以了解青少年服务对象的变化,适时修正服务的方案或技巧。评估资料可以是个案记录、录像或录音、社会工作者或服务对象的日记等。

第二,在服务结束阶段,重在评估青少年服务对象问题改变的状况以及改变的相关影响因素。社会工作者可以使用关键事件分析法,即通过详细记录服务过程中有影响力的事件来探索青少年服务对象转变的内在动力和外在影响因素。

(二) 结果评估

在青少年社会工作服务结束阶段,社会工作者要评估整个服务过程的效果,这种评估即结果评估,与过程评估在目的和内容上有很大的差别。

1. 结果评估的内涵与目的

结果评估又称成效评估或累积性评估,是指对社会工作完成的最终成果进行评估,包括效果评估和效率评估。结果评估通常在社会工作服务的最后阶段或整个方案结束后进行,是对社会工作服务效果或成效、社会支持程度的效率与效果进行评定,以强调专业服务的结果和影响。

2. 结果评估的主要内容与方法

社会工作服务会产生不同的结果。从一般意义上来看,结果评估包括以下几个方面:

第一,目标实现程度。社会工作者应主要关注哪些工作目标已经实现,哪些还没有实现及其实现的程度等,具体评估内容包括:服务方案中服务目标的达成情况、约定服务数量的完成情况、青少年服务对象的行为改善情况、社会工作者自身的经验积累和专业成长等。

第二,服务对象的满意度。社会工作者可以通过定性和定量的调查方法,了解青少年服务对象、其家庭成员以及其他相关主体对介入服务过程和成效的满意度。

第三,服务的社会影响。社会工作服务不仅能促进服务对象改变与成长,还会产生其他社会影响。在案例8-1中,社会工作者的介入行动如果能达成服务目标,将会对小峰的家庭、其所处的学校和社区产生良好的示范效应,小峰的行为改变过程也可以为有类似问题的青少年树立榜样。因此,结果评估还应评估社会影响力,主要考察服务的社会宣传情况、对相关问题解决的政策建议、服务过程中的资源整合情况等。

第四,服务中人力、时间、物力、财力和其他资源的投入情况。在服务完成后,社会工作者和服务机构应从服务效率的角度,即从投入-产出的角度,综合考察介入过程中人力、时间、物力、财力以及其他资源的使用情况。

在结果评估中,社会工作者需要对服务中所使用的理念、方法和技巧等进行反思。由于社会的快速变迁,青少年的文化、价值和行为方式等都出现了一些新的特点,甚至青少年的一些困惑、困难是社会工作者从未经历和体验过的。社会工作者应根据青少年服务的结果进行专业反思,总结服务经验和启示,提升专业能力。

过程评估和结果评估虽然在内涵与目的、主要内容与方法等方面都有差异,但是二者也并非完全割裂。过程评估是对整个社会工作服务过程的监测、管理和控制,其目的是保证社会工作者能顺畅地为服务对象提供服务,这样才能进一步讨论社会工作服务的结果和影响。从这一意义上来看,过程评估是为结果评估做准备的,也是结果评估的重要保障,而结果评估则是过程评估的最终目的。过程评估对结果评估具有积极的促进作用,二者形成了一条连续的评估链,通过过程评估,可以及时发现干预活动计划和执行中不合理的成分,从而进行调整和修改。[①]

四、评估的原则

为了实现评估的基本目的,提升评估的质量,社会工作者在评估时应秉承以下基本原则。

(一)专业性

评估对社会工作专业发展具有一定的导向性。评估时,社会工作者(或其他评估主体)要注重考察专业价值、理论、方法和技巧等的运用情况,而不能仅仅注重服务的效率和产出问题。例如,当前一些由社会工作者主导的"四点半课堂"等课后延时服务,旨在挖掘青少年的发展潜能、培养青少年的自我管理能力、推动青少年的社会参与等,但是一些社会工作服务主要停留在设计文娱活动,或者帮助青少年检查作业、辅导功课等水平上。

---

① 朱静君:《社会工作服务的过程评估探讨》,《中国社会工作》2014年5月(下),第60页。

如果评估时只注重服务人数、服务时长等指标,其结果可能并不能真实反映服务的专业性和独特性。评估还应重点反思服务的专业性取向,如活动设计中是否有社会工作元素、是否体现了社会工作的专业价值,服务过程中是否使用了社会工作的专业理论和方法,活动过程是否按照专业程序设计,活动是从哪些方面挖掘青少年潜能或者提升青少年能力的……要实现评估的专业性,就需要加强引导,在适当的时候邀请具有专业教育背景、实务经验丰富的社会工作者做督导或者培训。

(二)参与性

参与性是指青少年服务对象参与评估。社会工作服务是否有成效,除了从专业视角对社会工作者的服务方法、技巧、频次等进行测量和评价之外,还应注重青少年服务对象的参与和评价。只有服务对象认可的工作成果才是服务真正的成效。因此,青少年服务对象的感受、评价、成长和改变是评估社会工作项目服务成效的重要指标。

青少年社会工作的服务对象不仅包括青少年,也包括青少年的监护人、学校教师、社区工作人员或者邻居等利益相关方。因此,在评估中,社会工作者也应根据实际情况邀请这些利益相关方参与评估。评估也是青少年服务对象回顾自身成长和改变的重要途径,能够为他们提供一个继续学习的机会。从这一意义上来看,评估是社会工作者和青少年服务对象共同参与、共同成长的过程。

(三)全面性

全面性是社会工作者实现客观、公正、专业评估的基础。社会工作者在评估时,一是应保障评估内容的全面性。评估的内容不仅包括社会工作者提供服务的次数、时长等,还应包括服务中所使用的理论和方法是否适当、社会工作者的语言和行为是否符合社会工作伦理、青少年服务对象以及利益相关方的评价等,这样才能全面评估服务的专业化水平和社会效益。二是应保障评估过程的全面性。社会工作者不仅要查阅服务的记录和档案,还要访问青少年服务对象和利益相关方。如果评估是由同一机构的其他社会工作者主导的,还应该实地观察青少年社会工作者的服务过程。

(四)保密

保密原则是社会工作者自始至终都要遵守的伦理原则。在评估过程中,社会工作者尤其要注意保密,因为评估不仅涉及社会工作者及其所属机构,而且涉及其他机构和个人的参与。社会工作者在递交材料时,如果涉及青少年服务对象的隐私,服务机构和社会工作者应该以青少年服务对象的利益为首要考虑的因素,妥善处理相关的资料,避免信息的公开和外流。

(五)真诚

评估涉及社会工作者工作绩效、胜任力、专业价值和伦理等方面的内容,并会形成正面或负面的评价。社会工作者应真诚地面对服务对象以及评估方的意见和建议。首先,要真诚地对待青少年服务对象的意见和评价。对于一些低龄青少年来说,社会工作者的言行会产生一定的暗示作用,影响其自我感受的表达与价值判断。社会工作者应避免使用诱导性语言和行为,以开放的心态、真诚的态度接受服务对象的评价。其次,面对同事或督导的评估,社会工作者应真诚对待不同的意见,客观、理性地认识自己的专业能力,避免因为负面的评价产生各种情绪,进而影响后续工作的开展。

(六)切合实际需要

评估的方法和形式要符合青少年服务对象的特点和实际需要,采取定量和定性相结合的方式,同时评估的程序和手段也要易于操作。例如,如果社会工作者想使用问卷调查的方式测量服务对象的满意度,就要考虑到他们的特点,如对低龄青少年的调查问卷应避免使用过于抽象的语言,调查要尽量简短。

第二节 评估的方法

常用的评估方法大致分为两类:定量方法与定性方法。无论哪一种评估方法都有其特点与操作原则,目的都在于找出问题与总结经验。收集评估资料的方法是评估的基础性方法。在收集评估资料时应注意使用科学的方法,以保证所收集资料的准确性、科学性和完整性。基线测量方法、任务完成情况测量方法、目标实现程度测量方法、介入影响测量方法是评估中经常使用的四种方法。

一、收集评估资料的方法

青少年社会工作评估的起点是收集资料。如何获得丰富的资料是评估得以实现的前提。社会工作者通常可以利用服务对象的档案和调查研究方法收集评估资料。

(一)青少年服务对象的档案

在介入过程中,社会工作者所填写的个案记录表(示例见表8-1)、个案会谈记录等文件资料包含:青少年服务对象个人基本信息、社会工作者和青少年服务对象的互动过程、服务效果达成情况以及社会工作者的反思等。基于这些过程性资料,社会工作者可以评估服务的方法与技巧、目标进展情况以及服务对象的改变程度等。

通过服务对象档案收集评估资料比较简便易行。但是这种方法对社会工作服务机构的日常管理提出了比较高的要求。社会工作者在每次活动之后,都需要及时将采取的行动、服务对象的表现等总结归档。但这种方法的主观性较强,社会工作者对服务对象反应的观察和判断取决于自身的能力与偏好,因此有时无法真实、全面地反映问题。

表 8-1 个案服务记录表示例

社会工作者姓名		服务时间		个案编号	
服务对象姓名		性别	年龄	联系电话	
过程进展		开展服务		效果达成	反思
其他情况说明					
社会工作者签字			日期		
督导签字			日期		

注：本表所填写资料均为机构内部资料，除因国家法律政策规定需将相关资料呈交国家司法部门外，未经服务对象同意，任何人不得将本资料对外提供。

除了档案等文字资料，社会工作者也可以使用经青少年服务对象许可后录制的视频和音频等影音资料。使用这些资料时也要注意保密原则，对涉及隐私的信息应按照伦理原则进行妥善处理。

同时，社会工作者要注意记录服务过程，通过日志或日记等形式，将自己的观察、感受、印象、评价等记录下来。这些资料同样能够帮助社会工作者进行有效总结、反思和评估。

（二）调查研究方法

在一些小组活动、社区活动中，社会工作者可以通过问卷调查、访谈、参与观察等调查研究方法，收集青少年服务对象对介入效果的主观感受、观察他们的非语言行为和互动方式、收集青少年利益相关方对服务的意见和看法等，获得评估的主客观资料。

这种资料收集方法考虑到了多元主体对服务的不同态度和认识，能够更为全面地评估介入的过程和效果。但是这种评估方法对社会工作者的能力要求更高，需要投入的时间和精力也更多。

事实上，其他收集资料的方法也是可以使用的，只是要根据社会工作服务的类别、评估的要求与时限等进行选择。

二、基线测量方法

基线测量方法是指,在介入开始时对青少年服务对象的状况进行测量,建立一个基线作为对介入行动效果进行衡量的标准基线,以对比介入前后的变化,并以此判断介入目标达成的程度。[①] 这个定义有两个方面的含义:第一,对服务对象的状况进行测量并不是对服务对象的全部状况进行测量,而是针对服务对象当前存在的问题进行测量;第二,社会工作者在介入前对服务对象的问题进行测量,建立一个基本的数据线,这个数据线就是所说的基线,即对社会工作者介入前后工作成效进行衡量的标准。如果介入后测得的数据与基线数据相比,向好的方面变化,说明社会工作者的工作是有成效的,否则就是没有成效或者成效不明显。[②]

在案例 8-1 中,小峰由于一系列问题导致情绪不稳定,社会工作者按照预估结果和计划提供了自我情绪疏导与管理服务,介入之前社会工作者使用情绪管理量表进行了测量并将结果作为基线数据,在介入行动完成之后再重新测量小峰的自我情绪管理状况,将前后两次测量的数据进行对比分析,以了解他在自我情绪管理方面是否有改善、是否能够清醒地认识自身的情绪状态。

(一)基线测量方法的分类

1. 对照组比较分析

对照组比较分析是指,选择两个同质性较高的小组作为实验组与对照组,对确立的指标分别进行测量。之后为实验组提供服务,但不为对照组提供服务;最后测量实验组与对照组的指标值。根据得到的结果,将实验组与对照组前测与后测的值进行对比,分析介入效果。

2. 单个样本分析

单个样本分析是指,对同一样本简单地进行前测与后测,最后对服务

[①] 全国社会工作者职业水平考试教材编委会编写:《社会工作实务(中级)》,中国社会出版社 2020 年版,第 69—70 页。

[②] 李华伟:《基线评估方法在社会工作实务过程中的应用》,《社会工作》2012 年第 6 期,第 59 页。

之前、中期、后期不同阶段的测量结果进行对比分析,从而判定介入服务效果。

(二)基线测量方法的应用

基线测量方法可以应用于对个人、家庭、小组或者社区的服务评估,主要包括三个操作阶段。

1. 建立基线

建立基线是基线测量方法的前提和基础,是顺利完成整个评估的重要阶段,也称为基线期。此阶段的主要任务如下:

(1)确定介入目标。介入目标可以是服务对象主观的变化及指标,如态度、看法、观念等的改变,也可以是服务对象行为、社会关系或社会环境等客观方面的变化及指标,如上网行为减少等。

(2)确定测量工具。根据测量的目标选择适合的测量工具,如直接观察法或标准化的问卷及量表。需要注意的是,基线测量工具的准确性会直接影响最后的对比分析结果,因此需要最大限度地保证其准确性。

(3)测量与记录。根据介入目标对青少年服务对象的相关情况进行测量并准确地记录。

在案例8-1中,在充分预估的基础上,社会工作者决定使用认知行为模式帮助小峰形成合理的网络行为。首先,社会工作者与小峰协商,将小峰每周上网玩游戏的次数和时长作为测量和介入的目标行为。其次,选择测量工具。本案例中主要采用直接观察法,对小峰一周内上网玩游戏的次数和时长进行观察和记录。最后,对目标行为进行测量并记录。社会工作者观察到,在介入之前,小峰每周至少上网八次,玩游戏八次,且平均时长超过一小时。

2. 介入过程

建立基线后,社会工作者就可以按照预期设定的介入计划对青少年服务对象提供具体的介入服务,并对建立基线时所测量的各项目标行为和指标进行再测量,这个过程也称为介入期。

在案例8-1中,从第三周开始一直到第十周,社会工作者对小峰进行认知行为训练,并继续记录他每周上网的次数和时长、原因、当时的情景、反应等,以此作为评估依据。

3. 分析比较结果

这是指对介入前与介入后的结果进行分析和比较。社会工作者将基线期和介入期的数据按测量时间和顺序绘制成相应的图表,将每个不同阶段的数据资料进行连接,清楚地呈现出数据的变化轨迹和趋势,并将基线期的测量数据和介入期的测量数据进行对比。如果介入期测量的数据较之前的数据有明显的正向变化,一般认为就是介入行动有效。否则就是没有效果或者效果不明显。

在案例8-1中,针对小峰上网次数的变化,社会工作者将基线期和介入期的数据按测量时间和顺序制成图表,将每个时期的数据进行连接,见图8-1。从图8-1中可以看出,数据的变化轨迹和变化趋势一目了然。小峰每周上网的次数在介入期明显减少,这说明社会工作者的干预有一定的效果。

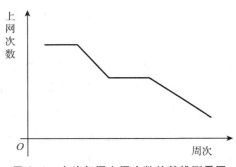

图8-1 小峰每周上网次数的基线测量图

(三)基线测量方法的优势与局限性

基线测量方法原本是自然科学中的一种评估方法,通常用于建筑、测绘等,将这种方法运用于社会工作实务的评估是一种创新,但其有自身的局限性。

1. 基线测量方法的优势

基线测量方法采用数据测量的形式,可以为社会工作实务过程和结果提供一种客观的评价,具有一定的优势。

（1）呈现社会工作的介入成效。通过科学、严谨的测量和分析,社会工作的介入成效呈现为量化、具体、令人信服的数据,整个服务过程与结果显得更为客观和科学。

（2）服务对象的变化更为直观。在介入中,服务对象的变化并不总是一种直线变动,可能会受多种因素影响而出现波动。基线测量方法可以从整体上反映服务对象的变化轨迹,从而更加直观地反映服务对象的变化。如案例8-1,虽然介入效果出现了上下波动,但是整体趋势看来并不代表介入无效。同时,社会工作者可以从中掌握某个特殊事件对服务对象的影响,更加准确地了解与把握服务对象的需求与问题,有针对性地改善介入计划。

（3）呈现社会工作介入的专业性。社会工作本土化发展过程中有很多困难和挑战。基线测量方法通过数据把社会工作的服务成效客观地呈现出来,并总结出可供借鉴的专业性实务经验,这有利于提高人们对社会工作专业的认同。

2. 基线测量方法的局限性

基线测量方法也有一定的局限性,应结合其他评估方法使用。

（1）不能完全控制所有影响青少年服务对象变化的因素。个人不能完全脱离社会环境与他人而单独存在,往往受诸多因素的影响。青少年服务对象也会受家庭、学校、同伴群体、社区等因素的影响。基线测量方法无法控制所有影响服务对象变化的因素,从而影响其解释的严谨性。

（2）无法衡量和控制介入的过程。在介入时,对于如何把握介入次数、介入时间才能达到更好的效果,业界并没有统一的标准与范围,这要完全凭借社会工作者的个人理论知识储备与实务经验随时进行调整,其中有很多不确定性。即使社会工作者在介入服务中可能采用了不恰当的介入策略和技巧,也可能呈现出正向的数据变化,所以测量数据并不能反映出介入的方法和策略。

三、任务完成情况测量方法

在实务过程中,介入服务是围绕服务目标开展的,服务目标的实现依赖不同阶段制定的具体任务的完成。因此,每一阶段任务的完成情况,直接关系着整个服务过程的介入效果。任务完成情况测量方法主要用于探究介入服务完成的任务、没有完成的任务以及介入的影响。

通常,社会工作者用5个等级的尺度来测量任务的完成程度。"0"表示没有进展,"1"表示很少实现,"2"表示部分实现,"3"表示大体上实现,"4"表示全部实现。在评估时,将每项任务分别计分,最后将完成任务的得分加总,用总分除以可能获得的最高分数,从而得出完成任务的百分比。例如,如果要完成5个具体的任务,可能获得的最高分值为20(5×4),用完成任务得到的总分除以20,再乘以100%就是完成任务的百分比。

在案例8-1中,社会工作者为了帮助小峰合理控制上网玩游戏的次数和时长,与他一起制定了一周必须完成的几项任务,每完成一项任务用0、1、2、3、4打分,最终计算出完成任务的百分比。根据得分采取奖惩:完成任务百分比较高,给予奖励;较低,给予惩罚。从表8-2中可以看出,小峰基本上都够完成各项任务,完成任务的百分比达75%。这说明,他正通过完成任务,一步一步地实现改变。

表8-2 任务完成情况测量表

时限	任务	完成情况	得分
第一天	认真完成作业	大体上实现	3
第二天	参与集体活动	部分实现	2
第三天	不顶撞老师	大体上实现	3
第四天	不欺负同学	全部实现	4
第五天	干家务	大体上实现	3

总分:15   完成任务的百分比:75%   总体表现:良好

四、目标实现程度测量方法

在介入之前,社会工作者与服务对象通过商议一一列出来目标,形成了具有可操作、可测量的指标体系。社会工作者可以针对介入目标以及具体的指标来评估,以全面检验服务目标的完成情况,以此作为依据评估介入的成效。

目标实现程度测量方法包括目标核对表和个人目标尺度测量。目标核对表是在介入后期对服务目标进行测量并记录,对比评估目标实现程度和服务对象的行为改变。

服务对象的情况千差万别,不可能用统一的标准来衡量。我们可以按照具体的情况使用个人目标尺度测量方法。具体的指标与尺度可以由社会工作者与服务对象协商决定。同时,要注意目标实现的轻重缓急、近期与长远之分,尽可能保证全面性与适用性。

表 8-3 是案例 8-1 中的目标实现程度测量表,显示出:小峰对上网时间的控制更加合理,他的学习成绩改善,与父母之间的沟通欠缺,"有一起玩的朋友"这个目标没有达成。社会工作者根据评估结果可以进一步反思和改善工作策略以实现目标。

表 8-3　目标实现程度测量表

1. 请列举四项你最希望达成的目标:

合理控制上网时间

学习成绩有显著的提升

与父母良好沟通

有一起玩的好朋友

2. 请按目标实现程度评分(+2 表示比预期好得多,+1 表示比预期好,0 表示与预期相同,-1 表示比预期差,-2 表示比预期差很多):

目标	实现程度
1	+2
2	+1
3	0
4	-1

五、介入影响测量方法

使用介入影响测量方法时,青少年服务对象需要口头或者书面陈述自身的变化情况,社会工作者对服务对象的陈述进行整理与对比,总结介入产生的影响。在科学主义的影响下,评估方法日益注重数据和指标,推崇定量的方式。然而,社会工作是为人提供服务的,服务过程中服务对象的改变及其影响一般是难以量化的。可以对介入影响进行测量,充分考虑并重视青少年服务对象的主观感受和行为改变,以此弥补定量评估的不足并丰富评估结果。

(一)服务对象满意度测量

服务对象满意度测量是指通过问卷的形式,搜集服务对象口头或者书面表达的对介入服务的看法和态度,以此来评估服务成效。在对服务对象的满意度进行测量时,社会工作者可以借助封闭式问题和开放式问题了解服务对象的感受或者满意度。

封闭式问题在获取事实性或细节性信息时非常有用,可以保持测量的聚焦度。如:

您对社会工作者提供的服务是否满意?

A. 非常满意　　B. 满意　　C. 不太满意　　D. 非常不满意

开放式问题旨在提供更多的选择,让服务对象用自己的语言和节奏表达想法和感受,自行选择或忽略相关的内容。如:

在社会工作者提供的服务中,您最满意的方面有哪些?

封闭式问题和开放式问题各有其优势和劣势,社会工作者可以根据评估内容综合使用这两种不同类型的测量方式。

在青少年社会工作评估中,问卷设计尤其应注意青少年服务对象的特殊性。由于低龄青少年的读写能力、阅读能力和理解能力等都在发展中,问卷中应尽可能地避免使用过于抽象、概念化的词语。例如,"你认为我们的活动对你的认知能力是否有影响?"其中,"认知"这一词语就可能超出了一部分青少年的理解能力。社会工作者可以使用简短、精练的语言和生动、具体的词语,或换种方式表述问题。例如,社会工作可以询问:"参加这次活动后,你平时在观察事物的能力上有没有变化?""你觉得你的记忆能力有没有提高?"……当然,服务过程也有可能涉及青少年的其他利益相关方,如监护人、学校教师等,在设计问卷时也要相应考虑他们的理解和阅读能力,具体示例见表8-4。

表8-4 青少年社会工作服务对象满意度调查问卷示例

1. 您的年龄 _____
2. 您的性别 _____
3. 您所参与的服务项目(服务类型) _____
4. 您对社会工作者提供服务的总体评价:
  (1) 非常好　　　(2) 较好　　　(3) 一般　　　(4) 比较差
  (5) 非常差
5. 您认为社会工作者的服务对您有帮助吗?
  (1) 非常有帮助　　(2) 比较有帮助　　(3) 无所谓　　(4) 几乎没有帮助
  (5) 完全没有帮助
6. 社会工作者提供的服务能在多大程度上满足您的需求?
  (1) 满足所有需求　　(2) 满足大部分需求　　(3) 满足一小部分需求
  (4) 不能满足任何需求
7. 在提供的服务中,您最满意的服务是:
8. 在提供的服务中,您最不满意的服务是:
9. 您对社会工作者服务还有什么意见和建议?

服务对象满意度测量操作简单,不需要花费太多的精力与资源,录入与分析结果简便可操作。但是,其测量的结果容易受导向性因素影响。例如有一些服务对象倾向对介入行动给予积极的评价,可能造成测量结果不准确。

(二)差别影响评分

差别影响评分是一种较为结构性的评估方法。社会工作者首先引导服务对象对介入服务的影响进行自我陈述,如介绍自身取得的改变及其相关的影响因素等,之后社会工作者将这些陈述进行整理分析,区分哪些是由介入引起的变化,哪些是由于其他因素影响的。

在案例8-1的评估中,小峰对社会工作者说:

> 谢谢你这段时间对我的帮助。我现在已经意识到了自己身上存在的问题,也决定以后要好好改正……上次参加你们组织的亲子小组活动,我和爸爸一起完成任务时,发现爸爸原来很幽默、很亲切,也很关心我。而且我看到其他父母和孩子之间都是其乐融融的,我觉得以前对我父母太不理解、太不尊重了……以后我也要多承担一些家务,少玩网络游戏……之前你给我讲了很多因为网瘾导致学习成绩下降、损害身体健康甚至是引发犯罪的事情,对我触动很大,最近我也在控制上网的时间。以前同学找我一起踢球,我总是不去而是在家玩游戏。现在经常和同学一起踢足球……

从小峰的陈述中,社会工作者可以整理出如下变化:第一,小峰自我改变的意愿更加强烈;第二,小峰越来越理解和尊重父母;第三,小峰上网的行为有所改变。那么,这些变化的原因有哪些呢?进一步对这些叙述进行分析,可以看到有一些变化确实是由社会工作者的服务所引起的,比如亲子小组和个案辅导都对小峰的认知、行为产生了一些影响;而有一些变化是受其他因素的影响,比如小峰现在经常踢球,除了社会工作者的建议之外,来自同伴群体的力量也十分重要。

差别影响评分方法具有一定的优势:一方面能够获得服务对象的真实感受,获得丰富的评估资料;另一方也将服务对象自身作为评估主体,从而使评估结果真实全面。但是这种方法操作起来比较困难,受很多主观因素的影响,对服务对象自身的能力要求也较高,而且对收集到的资料很难进行统一录入分析。

除了上述普遍采用的评估方法之外,社会工作者还可以使用专家影响评估、管理者影响评估、参与者的判断等方法来确定服务的效果。① 需要注意的是,在社会治理创新背景下,参与式评估逐渐开始打破传统思想认知和自上而下的评估方式,对以目标管理为主的传统评估方式提出了新的挑战和发展。参与式评估关注青少年服务对象的重要性,尊重青少年服务对象的知识体系,鼓励他们及利益相关参与评估过程,充分调动其积极性和主动性,对于实现多元主体协同参与、提升社会工作服务效果以及探索本土化的社会工作服务模式都具有重要的意义。

第三节 青少年社会工作评估的案例练习

案例8-2是一份青少年社会工作服务的评估报告示例。

案例8-2

大学生人际交往小组评估报告

一、评估背景与评估目的

大学生人际交往小组旨在培养大学生的人际交往能力,针对大学生的需求解决部分大学生的人际交往问题。5月19日,通过现场招募的方式招募到10名组员,5男5女。之后分别在5月26日下午4:05—5:05和6月2日下午4:05—5:05进行了两次小组活动。

第一次小组活动在社会工作者的带领下,将男女生分开,由男生随机抽签为女生表演自己抽取到的节目,并猜测节目签的制定者为哪位女生,猜对奖励,猜错惩罚。之后由参与者、观察员以及社会工作者发表参与活动的感受。

第二次小组活动首先进行了"你说我做"的游戏,用时20分钟,旨在感受人际交往中存在的理解差异。之后,又进行了"你说我画"的游戏,用时

---

① 刘江:《社会工作服务评估:一个整合的评估模型》,《社会工作与管理》2015年第3期,第55页。

40分钟。这次活动气氛良好，参与者的积极性被调动起来。最后，参与者、观察员、社会工作者分别发表了对此次活动的感受以及建议。

两次活动是为了引导组员认识人际交往的重要性，从而为寻求良好人际交往进行积极的自我探索和行为认知，在活动过程中增强和改善组员间的沟通交流，使组员积极地进行人际交往，不断学习、反思、提高和成长。

本次评估的目的是找出活动组织者、小组带领者的不足，以及考虑不足的地方、活动中存在的问题并加以解决改正，从中吸取经验教训，为以后类似的小组活动及其实施、项目计划书中的目标和策略的修改提供一些经验，以便更好地开展小组活动。

本次评估主要是对小组活动的实施过程进行评估，主要包括预期目标的合理程度、活动实施的具体执行情况和活动实施人员的表现等方面。

二、评估方法与评估过程

本次评估的主体为活动组织者，即内部评估，由组织活动的每个人员分别针对小组活动进行评估。评估方法主要是阅读活动计划书、活动记录，观看活动视频，实地观察，教师评价，访谈活动参与者等。通过收集整理分析数据资料，采用质性研究方法对小组活动做出客观评价。

评估过程分为材料评估和现场评估。在材料评估时，评估主体阅读了所有相关的文字材料，包括小组活动计划书、观察员个人纪录、小组活动记录，并观看了小组活动视频。在现场评估中，评估主体实地观察并有限参与了小组活动，访谈了一些相关参与者、观察者、记录者，了解他们对活动的意见和看法。之后确定了过程评估的框架与计划。评估的具体实施时间为5月26日—6月18日。

三、评估结果

（一）小组活动的预期目标

在制订小组活动计划时考虑到小组活动次数少、时间短、受限条件较多等因素，合理制定了小组活动的预期目标，因此其实际效果与小组活动的预期目标基本相符。

（二）小组活动的具体执行情况

1. 小组准备情况

在小组的准备阶段，招募到的活动对象共有 10 人，5 男 5 女，数量和特点符合计划中的人数（8—10 人）且男女比例相等的条件。

2. 场地选择情况

在选择活动场地时，考虑到小组活动中有较多的互动，将活动场地设置在社会工作实验室。但在第一次活动中没有考虑到 10 名活动参与者的位置安排，使活动过程中焦点一直在男生一边，而女生受到其他未参与活动者的干扰，男女生互动较少，沟通交流不便。

3. 第一次小组活动情况

由于组织者缺乏经验，在第一次小组活动中，活动流程、时间把控、规则设置、现场气氛等方面出现了一些问题，活动的效果不甚理想，除了需要改进一些细节方面外，基本按照小组活动计划方案实施完成。

4. 第二次小组活动情况

在第二次小组活动中，活动组织者安排 10 名参与者围成一个半圆，男女混坐，方便沟通交流。在活动中，参与者通过游戏，热情高涨，气氛良好，活动目标基本达成。

（三）小组活动中人员的表现

1. 活动参与者的表现

（1）在两次小组活动中，10 名参与者均无缺席，积极遵守小组规则。

（2）参与者能够积极认真地参与游戏、讨论分享，认同并积极完成了小组目标，主动向组织者询问并敢于质疑游戏规则。

（3）参与者能够主动维护小组中积极、融洽的氛围，组员关系良好。

2. 小组带领者的表现

（1）小组带领者在组织小组活动时能遵循尊重、平等、客观公正、保密等社会工作价值理念。

（2）小组带领者能够采用积极倾听、反应、总结、鼓励与支持等技巧，如鼓励支持游戏中未获胜的参与者等。

（3）小组带领者能够积极听取活动参与者的意见和建议，在参与者质疑时给予回应并耐心地解释。

（4）小组带领者组织小组活动的次数少，缺乏经验，在小组过程中存在许多不足，需要改进。

四、结论与改进建议

通过对小组活动的过程评估可以看到：小组活动的预期目标基本达成，基本按照小组活动计划方案实施，变动较小，但在实施计划方案的过程中，一些细节问题考虑不够充分，如座位安排、规则设置、奖励方法等。因此，从总体上来说，本次小组活动的目标基本完成，小组带领者已具备基本的活动组织能力，但缺乏经验。

通过评估得出的建议有：

（1）社会工作者应不断积累经验。丰富的实务经验对小组活动的成功实施有着十分重要的作用，理论和实践的结合是小组活动成功的基础。

（2）在制订小组活动计划时要考虑充分、全面，尤其是细节方面。应该考虑到后续的评估，重点审视小组目标设计对后续评估的影响。

（3）在小组活动的准备阶段要充分地链接、利用能够使用的资源、设备等。

（4）提高时间的利用效率。由于小组活动的时间有限，次数少，因此为了保证效果，要将时间充分利用在有目标性、针对性的活动上。

本章小结

1. 通过评估，社会工作者可以掌握社会工作介入行动产生的结果并巩固改变成果，掌握社会工作目标实现的程度，了解介入方法的专业性和有效性，帮助社会工作者总结经验和改善服务、提升服务能力，促进本土化专业服务的发展和专业理论的建构，并对社会工作专业做出交代。

2. 过程评估和结果评估是社会工作通用服务过程的重要环节。二者的评估内容和方法不同。评估的原则包括专业性、参与性、全面性、保密、真诚、切合实际需要等。

3. 收集评估资料可通过查阅青少年服务对象的档案、调查研究方法等来进行。社会工作者可以根据服务的类型、评估的要求与时限等选择具体方法。常用的评估方法有：基线测量方法、任务完成情况测量方法、目标实现程度测量方法和介入影响测量方法等。每一种方法都有其优势和局限性，社会工作者可以根据需要选择和使用一种或多种评估方法，以使评估结果更客观、公正、科学和专业。

主要概念

社会工作评估（social work evaluation）
过程评估（process evaluation）
结果评估（outcome evaluation）
基线测量法（baseline measurement）

课堂讨论

案例 8-3

社区矫正对象大勇，男，二十岁。十岁时父母离异，他一直随母亲生活。母亲一直忙于生计，无暇管教他。大勇看不惯很多事情，易冲动，习惯用暴力解决问题。初中时他在学校里经常和同学发生冲突，后来上职校时因打群架被学校劝退，一直闲散在社区。

前些日子，得知自己的朋友被人欺负，大勇伙同一帮"兄弟"前往"报仇"，将人砍伤后被捕获刑，进行社区矫正。社会工作者在与大勇交往中发现，他情绪不稳定，在描述自己的犯罪经历、家庭背景、社会交往等情况时常常伴随愤怒情绪,包括看不惯邻居的霸道、恼火母亲的唠叨、抱怨父亲不管他、厌恶民警的管教、不满昔日哥们儿的炫耀等。在与大勇建立起相互信任的专业关系及充分预估的基础上,社会工作者决定运用认知行为疗法帮助大勇改变其情绪和行为。在情绪问题处理方面,社会工作者和大勇一起商量,设定了一些测量愤怒的指标,如心跳加快、手心出汗、摔打东西、控制不住地发火、想打人等。在与大勇进行情绪控制训练前,社会工作者要求他记录每周愤怒情绪出现的次数、发生的原因、当时的情境、自己的反应等,以此作为评估依据。从第四周开始,社会工作者为大勇进行情绪控制训练,并继续记录他每周愤怒情绪出现的次数。10周内,大勇每周愤怒情绪出现的次数分别为:介入前,7次、6次、8次;介入后,5次、6次、5次、4次、3次、2次、3次。

1. 在案例中,社会工作者运用了基线测量方法。请说明什么是基线测量方法,并结合案例说明基线测量方法的操作程序。

2. 用案例中提供的测量数据,完成基线测量评估坐标图;对介入前后大勇每周愤怒情绪出现的平均次数进行比较,并对介入效果进行分析。

思考题

1. 社会工作评估有哪些类型?其评估主体和评估内容有什么差异?
2. 青少年社会工作评估中有哪些需要特别注意的原则?
3. 如何运用介入影响测量方法?

参考文献

邓恩远、卞国凤主编:《社会工作方法与实务》,北京大学出版社2009年版。

方巍:《社会项目评估研究发展趋势与启示》,《社会工作》2010年第6期。

库少雄:《社会工作评估——单样本设计》,《北京科技大学学报(社会科学版)》2004年第3期。

〔美〕Leon H. Ginsberg:《社会工作评估:原理与方法》,黄晨熹译,华东理工大学出版社2013年版。

〔美〕巴拉德福特·谢弗、查尔斯·霍雷西:《社会工作实务:技巧与指南(第十版)》,卢玮译,中国人民大学出版社2019年版。

宋跃飞:《社会工作机构评估制度建构问题研究——基于绩效评估的视角》,《社会工作》2010年第1期。

吴伟东:《社会工作评估:层次深入模型》,《社会》2004年第10期。

第九章 结 案

当社会工作的协助已经达到预定目的、服务对象的问题已经得到解决，或者当服务对象认为已经达到足够的改变而要求终止工作，或者社会工作者和服务对象由于某些主客观原因不能继续提供和接受服务时，就需要结束专业关系。此时，就进入社会工作通用过程的最后一个阶段，即结案。在第八章的案例 8-1 中，通过将近六个月的服务，社会工作者与小峰的父母都认为基本上达成了服务初期制定的目标。社会工作者对整个工作过程的评估也证实了小峰自身的改变、服务初期目标的达成。当专业关系即将结束时，小峰可能会出现怎样的状况或者心情，社会工作者怎么处理小峰的离别情绪，怎样预防他重返过去的状态？这些是结案时社会工作者需要面对与解决的重要问题。

第一节 结案的主要目的和任务

结案是社会工作通用过程的最后阶段，意味着专业关系的结束。但是，这并不是说社会工作者只需要和青少年服务对象说一声"再见"就可以了，社会工作者需要通过专业方法和技巧，巩固服务取得的成效，并为青少年服务对象未来的发展提供支持。

一、结案的定义

结案是指当介入计划已经完成,介入目标已经实现,服务对象的问题已经得到解决,或者服务对象已有能力自己应付和解决问题,即在没有社会工作者协助下可以自己开始新生活时,社会工作者和服务对象双方根据工作协议逐步结束工作关系所采取的行动。[①]

二、结案的目的和任务

结案是整个社会工作助人过程中的有机一环,有其特定的目的和任务。

(一)总结提升助人过程

在评估阶段,社会工作者对服务目标的完成情况、社会工作服务的介入效果等进行了测量和评估,并对介入经验进行了总结和概括。如果评估后认为社会工作者的介入已经帮助服务对象改变了行为和情绪,社会工作者便可以终止工作关系。在结案时社会工作者应在评估基础上,对整个介入过程进行总结和回顾,与服务对象和机构分享。结案过程本身也是对社会工作者已有工作经验和模式的进一步明确和具体化。

如果是其他原因造成工作关系结束,例如青少年服务对象自己不愿意继续接受服务,那么社会工作者也要通过结案程序,确认服务对象继续接受服务还是放弃,进而予以不同的处置。

(二)巩固改变,增强服务对象的自信

结案对青少年服务对象的自我成长尤其重要。青少年时期,个体由于阅历和受教育水平的限制,往往缺乏对自我的清晰认识,像案例 8-1 中的小峰对自己有一些负面和消极的认知。由于青少年的总结、归纳和推理能力有限,他们对社会工作者介入的目标缺乏清晰的认知,因此在结案时,社

[①] 全国社会工作者职业水平考试教材编委会编写:《社会工作实务(中级)》,中国社会出版社 2020 年版,第 72 页。

会工作者应通过正向的鼓励、明确的回应,让青少年了解自身的变化并继续巩固已有的变化,帮助他们发掘优势、重塑信心和对未来的期望。

不管因为什么而结案,社会工作者都应该在结案时明确和强调青少年服务对象取得的成绩来增强他们的自信。同时,可以帮助他们把服务过程中学到的感受和想法应用到生活中,增强他们应对困难和解决问题的能力。

(三)挖掘服务对象的潜力和资源

结案可以帮助服务对象挖掘自己的潜力和资源,使其人格得到成长,能力得到提升。对于很多青少年服务对象而言,生活中暂时的困境就可能导致其自卑,甚至自暴自弃。社会工作者在结案时要挖掘他们自身的潜力,并且帮助他们寻找今后的支持资源和力量。在案例 8-1 中,小峰在与社会工作者的多次面谈中都提到自己喜欢画画,并且经常通过画画来缓解负面情绪,他说:"每次和父母吵架之后我就画画,只有这样我才能平复自己的情绪,但是想要改变又感觉无能为力。"社会工作者了解小峰喜欢画画后,主动邀请他帮忙设计海报、绘制社区黑板报等,小峰的作品受到了社区居民的好评。在结案时,社会工作者回顾工作过程后对他说:"我还记得你帮我们设计的海报,背景的设计与主题非常切合,色彩搭配得很协调,栩栩如生。那期海报的反响很不错,很多人都夸你。其实你可以继续这个兴趣,利用画画充实你的生活。"无疑,社会工作者通过活动中的观察帮助小峰找到了替代网络游戏、缓解焦虑情绪的方式,虽然在社会工作者指出之前他一直具备这样的技能,但社会工作者的一番话使他因为得到他人的认同而更有热情了。

(四)解除工作关系

解除工作关系可以发生在不同的情境。如果青少年服务对象的改变符合预期,服务期满便意味着专业工作关系的结束。社会工作者可以为青少年服务对象设计举办一次具有仪式感的活动,让其体验被尊重、被认同、被重视等,进一步强化其前期的改变和进步。在其他情境下,例如青少年服务对象对社会工作者的服务感到不满意或者社会工作者的身份发生变化等,双方则有可能在未满服务期限之前结束工作关系。

解除工作关系并不是说社会工作者永远不再与青少年服务对象联系或者双方绝对不能有任何接触,而是指,双方解除了专业关系、不再提供专业服务。如果服务对象需要其他服务,社会工作者可以将服务对象转介其他机构。社会工作者需要与其他机构建立互联,了解转介条件,为服务对象做转介准备,妥善结案。

(五) 做好结案记录

当结案工作接近尾声时,社会工作者应撰写书面的结案记录,以检视服务内容和服务方式的适当性。结案记录的内容包括:青少年服务对象的求助时间、求助原因,工作过程中提供的服务,青少年服务对象的改变,结案的原因,工作评估和建议等。

(六) 适当提供跟进服务

结案并不意味着服务的结束。在结案之后,社会工作者应在一段时期内定期对青少年服务对象进行跟踪和回访,了解他们的情况和需求,在必要时提供帮助,以增强他们继续改变的动机和信心。由于青少年认知发展的特点,其行为具有一定的不稳定性并且易受外界影响,服务结束后,一旦他们回到之前的生活状态,其认知和行为有可能退行,因而社会工作者的跟进服务非常重要。

中国本土青少年社会工作实务的发展已经从借鉴经验逐渐转变为根据本土的社会文化和社会结构提供服务,服务中积累了本土化发展的经验。从这个角度看,结案对于总结本土青少年服务的模式、技巧等也具有十分重要的意义。

三、结案的主要类型

社会工作结束介入行动可能有由多种原因。有时,社会工作者按照计划的服务期限进行有计划的结案;结案并不是按照预期进行的,比如青少年服务对象要求结束工作关系,或者社会工作者因为资金限制提出结案等。相较于有计划的结案,无计划的结案更容易使青少年服务对象产生负面反应。从结案原因来划分,结案分为以下类型。

(一)目标实现的结案

社会工作者与青少年服务对象确定专业关系之后,社会工作者根据服务对象的基本情况与需求为其制订计划并进行介入。经过评估,当社会工作者和青少年服务对象双方都认为问题已经基本解决、目标已经基本实现时,根据协议,社会工作者可提议结案。这种结案是有计划、按程序进行的,具体有两种不同的情况。

一种是短期处理的结案。一般情况下,在为青少年服务对象提供服务时,社会工作者根据其问题和目标设定,在介入开始时就与青少年服务对象商定服务的期限,一般在一年以内。如果青少年服务对象需要额外的服务或在服务过程中出现新的问题,应和社会工作者进行讨论,看是否有必要订立新的服务协议。

在案例8-1中,社会工作者在服务期限内持续地提供了服务,小峰意识到了问题的严重性以及改变的紧迫性,积极主动地配合服务安排,及时完成了社会工作者布置的作业,加上其他社会资源的支持,例如小峰母亲的配合,整个服务过程进展较为顺利,服务六个月后结案进入,这就属于短期处理的结案。

另一种是长期处理的结案。这种情况是指,服务对象接受了很长一段时间的社会工作服务(一年至三年甚至更长),问题才大部分得以解决,目标基本实现。这种问题一般较难处理。如青少年服务对象前期没有主动配合,整个服务过程严重拖延,或青少年服务对象在服务过程中不断反复,因此实现服务目标需要花费较长的时间。在这种结案类型中,青少年服务对象的问题一般较为复杂,影响因素较多,其对社会工作者的依恋较深。

(二)按机构规定服务期的结案

由于资源限制,很多社会工作服务机构只能提供有时限的服务,因此当服务期满,社会工作者会结束工作关系。这种结案往往更多地从机构工作考核的要求出发,不太关注服务目标的实现程度。由于青少年服务对象和社会工作者在服务初期对服务时限有非常明确的约定,因此双方对结案有充分的准备,可以妥善处理分离。但是,由于青少年问题的复杂性,一些介入服务并没有约定明确的时限。例如,在案例 8-1 中,小峰的父母在长期生活中形成的互动方式、价值观念等,并不会因为社会工作者的几次介入便彻底改变,小峰的学习成绩也不可能在一两个月内突飞猛进。在这种情况的结案中,如果服务对象的问题尚未充分解决,社会工作者需要考虑转介其他机构。如果在服务过程中,社会工作者发现类似个案比较多,也可以继续申请支持经费继续提供服务。

(三)青少年服务对象单方提出的结案

这种情况经常发生在外展工作中。当青少年服务对象强烈抗拒社会工作者提供服务时,社会工作者就无法再继续维持与他们的关系,因为青少年服务对象没有意愿和动机接受服务,对服务成效没有预期也不愿意做出改变的行为。在有些情况下,青少年服务对象由于对社会工作的介入服务存在认知偏差,也可能单方面提出结案的要求。服务对象单方的结案通常有以下情况。

(1)青少年服务对象感到自己已经发生改变,或者目标已经实现。有的青少年服务对象在接受服务时意识到自己的改变,并且有了新的生活方式和生活目标,认为在日后生活中会保持这种改变,有可能会主动提出结案。

(2)青少年服务对象认为尽管目标还没有实现,但是已经不需要社会工作者的帮助。社会工作者在服务过程中会充分利用青少年服务对象的资源,帮助其建立社会支持网络,更快地解决问题。当青少年服务对象感受到外部支持时,有可能会提出结果。

(3)青少年服务对象担心社会污名。社会工作服务对象可能会被标签化为"有问题",青少年服务对象一方面渴望问题的解决,另一方面又害怕因长期接受服务而受他人的质疑或议论等,因而有可能要求提前结案。

(4)青少年服务对象不满意自己的改变,或不满意社会工作者的服务方式。有时,青少年服务对象急切地想要改变现状,对自己改变的进展速度不满;或者社会工作者的工作方法和价值伦理与青少年服务对象的要求有冲突,都会导致服务对象不愿意继续接受服务而提出结案。

(5)青少年服务对象没有看到助人过程和其问题的契合性。社会工作者会根据预估结果,分析青少年服务对象的问题行为、制定目标并实施介入。但在介入过程中,社会工作者提供的服务与服务对象自身的预期可能有所不同,服务对象因看不到助人过程与其问题的契合性,有可能提前申请结案。

(6)青少年服务对象认为在服务中痛苦大于快乐。社会工作者的服务可能唤起青少年服务对象某些痛苦经历和回忆,这对服务对象是巨大的挑战。回顾的过程会造成一定的心理压力和痛苦,面对这种"自伤"行为,有些青少年服务对象会认为痛苦大于快乐而抵触服务。

(四)客观原因导致目标不能实现的结案

当社会工作者发现青少年服务对象的需求超出自己和机构的能力时,也可以进行结案。社会工作者可以采用转介(将服务对象转往其他专业机构接受服务)方式,也可以采用转移(将服务对象转往同一机构内其他社会工作者处接受服务)方式继续帮助青少年服务对象寻找适切的服务资源。在案例8-1中,社会工作者发现,小峰除了网络成瘾的外显行为问题之外,还经常表现出一些精神障碍的症状,如喜怒无常、经常失眠、好冲动且偏执、情感特别淡漠等,并且多次出现攻击性行为。社会工作者以自己的经验和能力无法为小峰继续提供服务,于是将他转介到一家为精神障碍者提供专业服务的机构。如果该社会工作者所在机构中也有专门从事精神障碍领域服务的社会工作者,也可进行机构内部转移。当然,转介和转移都需要办理必要的手续,不能随意进行。

(五)身份发生变化的结案

当社会工作者和青少年服务对象身份发生变化时,即使目标没有实现也应结案。例如,青少年服务对象由于搬迁而离开机构所在的地区,或者社会工作者由于工作调动而离开本职岗位。社会工作者有责任安排服务对象,尽量把可能造成的影响降到最小。这种情况下,青少年服务对象对突然的结案可能有强烈的情绪反应,特别是有过被抛弃经历的服务对象,面对这种状况可能造成再次受创;社会工作者可能因为服务对象的情绪反应产生负罪感。应对的办法如下:

在有限的时间里,协助青少年服务对象处理情绪,消除其非理性认知。除了适度的解释外,社会工作者应和其讨论新的解决办法,增强其信心。

如果需要转介或者转移,社会工作者应征得青少年服务对象本人的同意,然后安排三方会谈,简要讨论服务对象的问题、工作进展以及将来的工作方向。

青少年处于人生的特殊阶段,其成长发展具有一定的特殊性,在出现以上情况时,社会工作者需要审慎对待。尤其是当未成年服务对象单方提出结案时,社会工作者要及时与服务对象及其监护人联系和沟通,澄清服务对象对社会工作者或介入本身的认知,并合理呈现阶段性目标和服务总目标的关系,尽可能使服务成效最大化。

第二节 结案的主要方法和技巧

结案意味着专业服务的结束,也意味着服务对象新生活的开始。因此,在结案阶段实现专业目标、帮助青少年服务对象将已有的改变运用到未来生活中尤为重要。在缺乏资源或者没有其他后续帮助的情况下,结案也会面临一些困难。因此,社会工作者在结案时要使用正确有效的方法,帮助青少年服务对象巩固变化,强化服务效果。

一、提前通知结案时间

社会工作者应全面把握和控制介入服务的工作进程,在结案前留出足够的时间处理青少年服务对象的感受。社会工作者可以在合适的时间提醒青少年服务对象注意结案时间,使其在心理上逐步接受即将结案的事实,并在行动上为结案做准备。当然,由于服务期限和服务过程的不同,社会工作者要灵活选择提前告知的时机。需要注意的是,突然结案对于社会工作者和青少年服务对象来说都会造成一定的困扰,因此提前的通知和提醒是非常有必要的。

在第八章的案例8-1中,社会工作者在服务前期与小峰约定了服务时限,随着服务的开展,小峰从初期的被动参与逐渐发展为主动参与,在很多场合,他都表示收获了很多乐趣,甚至希望自己能够长期参加社会工作者组织的活动。社会工作者敏锐地觉察到,小峰在问题改变的同时也对社会工作者产生了一定的依赖,因此在服务的第五个月,社会工作者在一次个案活动结束后提醒小峰:"最近一段时间,我们都感受到了你的变化,我觉得这是一个很好的现象。再过一个月,我们就要结束工作关系了。从现在开始,你也要学习自己去控制上网时间、学会理解和尊重你的父母……"社会工作者的这番话语提醒小峰要提前做好结案的心理准备。

二、积极引导青少年服务对象回顾与总结工作过程

回顾工作过程是追溯社会工作者和青少年服务对象一起工作中所发生的事情。社会工作者可以和青少年服务对象一起,回顾服务对象前来求助的原因、当时面临的问题、解决问题所采取的行动和步骤等。通过回顾,社会工作者能够帮助青少年服务对象形成对解决问题过程的认知,进一步巩固他们解决问题的能力。青少年服务对象的可塑性较强,反复性也较强,回顾整个过程可以让他们更深刻地了解自己,对比介入前后的变化,增强自己解决问题的信心。回顾也可以帮助社会工作者评估自己的工作过程和方法以便改进。

社会工作者和青少年服务对象一起追溯合作过程中所发生的事情,也是服务对象和社会工作者分享经历和感受的一次机会,回顾的重点如下:

(1)青少年服务对象是怎样求助的?自愿求助还是由他人介绍?求助的目的是什么?想要达到什么目标?

(2)社会工作者和青少年服务对象做了哪些努力?在介入过程中遇到了哪些困难?是如何共同克服困难的?

(3)青少年服务对象在哪些方面已经得到明显改善?哪些方面还没

有改善?

(4) 最适合青少年服务对象的解决问题的策略和技巧是什么?影响问题解决的限制性因素有哪些?哪些工作方法应该调整和改善?

回顾工作过程需要社会工作者和青少年服务对象合作,追溯在工作阶段共同经历的事情,分享彼此的感受。社会工作者可以先请青少年服务对象回忆第一次见面时的情景和感受,如:"我们已经在一起工作六个多月了,你的情况有了很大的改变,当你回想我们第一次见面的情景时,你的感受如何?"在社会工作者的引导下,青少年服务对象会表达自己的想法,社会工作者可以回应青少年的感受并继续探讨其他内容,同时分享自己对工作过程的感受。这个互动过程能激发对其他经验的回顾和反思。回顾是对经验的提炼和总结,能帮助青少年服务对象理清思路,看到自己的转变,进一步提高其分析和解决问题的能力,增强面对未来生活的自信心。

在回顾和总结时,社会工作者的引导和青少年服务对象的反馈要尽量具体。例如,青少年服务对象表示:通过服务,对自己有了信心,觉得自己还是有用的。在社会工作者的继续引导下,青少年服务对象说得更加具体,如:"我与同学的关系有了很大的改善,上次考试的成绩也有了进步。在家里帮父母做一些家务活儿,他们觉得我比以前懂事多了……"

三、强化青少年服务对象已有的改变

在整个服务过程中,社会工作者应及时对青少年服务对象的改变做出反馈和强化,以帮助他们增强自信心。结案虽然意味着服务接近尾声,但对青少年服务对象的行为仍然具有重要的影响。对于青少年服务对象很多积极的改变,社会工作者在结案时应引导他们总结概括这些重要改变,并加以巩固。社会工作者可以通过指明和强调他们取得的成绩,来增强他们今后遇到问题时能有效应对并解决问题的自信心。为了让青少年服务对象在结案后仍能继续保持正向行为,社会工作者还要关注他们的社会支持系统和社会环境方面的因素,特别是青少年服务对象的自然支持网络。这个过程可以帮助青少年服务对象认识到他们自己所拥有的力量,整理出

自己可以利用的资源。另外,青少年服务对象要实现持续的成长,还要提高自我管理、自我监控的能力,把在服务过程中学到的处理、解决问题的方法,运用于现实生活。

四、鼓励服务对象分享感受并表达积极支持

青少年服务对象在关系结束时的感受,会因其人格特征、接受服务的时长、解决问题的程度、与社会工作者关系的紧密程度而有显著差异。在大多数青少年服务对象的生活中,结案是个特殊事件,因此社会工作者必须给他们表达结案感受的机会。缺少分享感受的过程会使青少年服务对象产生一种"不完整感",影响其发展的自主性和独立性。社会工作者可以引导青少年服务对象表达对结案的感受,例如:"我们已经一起回顾了以前的工作过程并进行了评估,但是还没有充分分享对结束服务的感受。那么,你对结束服务有什么感受呢?"

青少年期正是人生最多变化的时期,青少年不断对自我的探索和认同、人际关系、家庭及社会角色有新的认识和适应,在这个特殊时期,外界的支持和鼓励尤其重要。结案时,社会工作者应鼓励青少年服务对象自己独立解决问题,肯定他们的能力,但他们可能会怀疑自己是否能够将学习到的东西用于应对其他问题。社会工作者可以利用优势视角理论,帮助他们澄清一些非理性认知,重新获得力量并挖掘自身潜能,相信自己有能力来应对和解决未来生活中可能遇到的各种问题,并通过表达积极支持,使青少年服务对象巩固已有的改变,增强自信心。

在案例8-1中,小峰得知即将结案时,对社会工作者说:"这五个多月以来,我感到很开心,每天都很期待参加活动。现在一想到以后不能参加活动了,我就感觉很难过……没有你们帮助我,我担心我以后还是控制不了上网的时间……我担心我还会时不时地和父母吵架……"社会工作者首先接纳了小峰的情绪和感受:"我很理解你的感受,我们一起工作了这么久,你之所以难过,说明你很信任我们……"接着,社会工作者帮助小峰寻找未来合理控制上网时间的支持和力量:"我记得你之前说过,画画能帮助你平静下来,而且你之前办的几期海报都得到了大家的好评……画画可以帮助你控制上网时间,而且可以帮助你缓和负面情绪,你不妨继续坚持……对了,我还记得你说过,你的几个好朋友经常邀请你一起踢球,多参加体育运动不仅能锻炼身体,也能减少上网时间……"社会工作者和小峰的探讨无疑为他寻找到了支持力量和坚持改变的信心。

应该注意的是,在结案时,社会工作者也会感到满足、骄傲或悲伤、失望、生气等。社会工作者要意识到自身的专业角色和责任,以及自己的情绪和行为对青少年服务对象产生的潜在影响,应尽可能地避免不必要的分享。换言之,在结案前,社会工作者对如何表达自己的感受以及表达何种感受都要进行专业判断。

五、讨论以后的成长目标

结案时,社会工作者不仅应帮助青少年服务对象学会独立处理不同情境下的各种问题,还应帮助其明确以后的成长目标。社会工作者可以针对青少年的个人特点和当前状态,与之讨论以后要实现哪些成长目标以及如何实现。在讨论成长目标时,社会工作者可以鼓励青少年服务对象实现自我控制,运用学习到的知识和技能处理新的问题,逐步形成、巩固自主性和独立性。

社会工作者与青少年服务对象讨论的成长目标主要包括未来可能发生的有关个人、家庭、工作、社区环境等变化,以及如何适应结束工作关系后的新生活并处理生活中可能会出现的新问题。着眼于未来的讨论通过可以巩固服务效果,促进青少年服务对象继续发展。

六、邀请青少年服务对象对社会工作者进行评估

青少年服务对象对社会工作者的评估,一方面可以帮助其回顾整个服务过程,发现自身的变化,挖掘自身解决问题的潜力,增强面对未来和困难的勇气;另一方面可以帮助社会工作者发现工作中的不足,及时调整工作方法,提升专业素养,提高服务水平和服务质量。

案例 8-1 中，在结案面谈后期，社会工作者邀请小峰对社会工作者的表现做出评价。在回顾整个服务过程时，小峰提到在一次面谈中，当自己表示很难坚持控制上网时长时，社会工作者情绪反应特别激烈，他猛地站起来，对小峰大声说："你怎么能半途而废呢？……"当时小峰很难过，觉得自己一无是处，连社会工作者都不认可自己，仿佛被全世界抛弃。小峰表示，如果社会工作者当时的情绪反应不那么激烈，或者不那么快就给他贴上"半途而废"的标签，或许自己当时的感受会好很多。社会工作者真诚地表达了歉意，和小峰澄清，当时之所以反应强烈是因为担心他故态复萌，但是行为和语言确实有不妥。社会工作者表示以后会改正工作方式和方法。

实际上，社会工作服务过程也是社会工作者经验积累和能力提升的过程，社会工作者需要不断以自我觉察反思服务过程中的方法是否合理、语言和行为是否适当等。青少年服务对象对社会工作者的评估能有效弥补社会工作者自我觉察的限制，帮助社会工作者成长。

第三节 结案中的主要挑战和应对

案例 9-1 是一项结案实例的简要分析。[①]

案例 9-1

结案实例分析

社会工作者：Greg，你可能还记得，我们达成的共识是一起工作六个月。还有，在我们工作满三个月，也就是时间过半的时候，我们说好要对工作进展进行回顾。现在我们还剩下八个星期，也就是说，在结束之前我们还有八次会面。结束会是困难的，但是通过详细的讨论和对未来的展望，

---

① 案例引自〔英〕帕梅拉·特里维西克：《社会工作技巧——实践手册（第二版）》，肖莉娜译，格致出版社、上海人民出版社 2010 年版，第 174—176 页，本书在原案例基础上进行了简要分析和说明。

事情会变得更容易一些。在我们说到我们的工作还有八个星期就要结束时,你是怎么想的?

服务对象:我想我根本没有意识到只剩下八个星期了。我一直在算月份,而两个月看起来还很长。但是八个星期,或再见八次,似乎已经没有多少时间了。我早就觉得没有你的帮助我会很难应付。(社会工作者首先通知服务对象结案时间,并与他/她一起回顾之前的工作过程,从而帮助他/她进行分析和反思,提高他/她分析问题和解决问题的能力,并鼓励他/她表达自己的感受。)

社会工作者:很好,你一直了解自己的感受。让我们再进一步讨论。如果不再见到我,你最怀念的是什么?

服务对象:有人可以倾诉。我认识很多人但很难跟他们交谈。你让我想什么就说什么,从来不批评我,不说我是错的、愚蠢的,也从不叫我闭嘴。

社会工作者:对。我们共识的一部分就是通过一起工作帮助你相信自己的想法。当你不再担心被批评时,你的思维是很棒的。你知道自己想要什么,即使不一定知道怎么得到它。现在我们必须考虑的问题是,当我们的工作和关系结束时,你可以找谁来倾诉?(社会工作者帮助服务对象发现以往所产生的改变,并建议其巩固已有的改变。社会工作者鼓励服务对象减少对社会工作者的依赖,同时提出问题,让其寻找未来可以使用的社会支持网络并着眼于未来。)

服务对象:没有人。

社会工作者:让我们再试试看。在想办法找新的朋友建立新的关系之前,我们需要确认现在是不是的确没有人可以考虑。在你认识的所有人中,你觉得有谁比较容易沟通?

服务对象:我的朋友John。

社会工作者:很好。John的哪些方面让你觉得容易沟通?

服务对象:他从来不批评我。我父母总是批评我,他不这样。

社会工作者:嗯。他和我的共同点就是我们不批评你。

服务对象:是的。

社会工作者：你认识的人里还有谁不批评你？

服务对象：没有了。

社会工作者：让我们换一种方式。你还认识谁是不喜欢被批评的？

服务对象：我姐姐。她讨厌被批评，但我父母经常这么干。

社会工作者：很好。现在你找到了两个人，John 和你姐姐。当我们的工作快结束时，你可以跟他们讨论你认为重要的事。你也能够说出为什么他们容易沟通——因为他们不会那么多地批评你。你所说的非常重要。在接下来的八个星期里，我建议我们的一项任务就是帮助你加强和 John，还有你姐姐之间的联系——还有以后出现的、可能对你有利的其他关系——这样，当我们的工作结束时，你就有人可以倾诉了。（服务对象对结案表示出了担忧，认为结案后没有人能倾听自己。社会工作者争取的策略如下：首先，用同理表达对服务对象的理解，并没有批判或者否定这种情绪。其次，鼓励服务对象从已有社会网络中寻找支持，为将来的生活做好准备，从而提升自信心。社会工作者对服务对象表达了积极支持的态度，引导其制订将来的计划，规划将来的生活，并对结案前的工作进程以及结案后的目标进行了引导。）

如果 Greg 和 John、他姐姐的交往进展不顺利，那社会工作者就有必要考虑见见他们。见面的目的是找出那些妨碍 Greg 和他们建立关系的问题，并建议解决。

结案是一个转折性事件，意味着青少年服务对象接受社会工作者协助的结束和另一种新生活经验的开始。分离不可避免地会对人的情绪和行为造成一定的影响。服务对象在这一阶段可能出现两极情绪反应：一方面对即将结束服务而产生与社会工作者分离的失落、难过等负性情绪；另一方面是对未来充满兴奋、成就感和希望等正面情绪。可以说，即便是成功的介入在结束时也会使青少年服务对象感到一些不情愿和焦虑，因为其已经与社会工作者建立了积极关系。比如在案例 9-1 中，服务对象担心失去一位值得信赖的朋友，害怕独自面对新的生活和挑战。社会工作者应了解青少年服务对象在结案时可能出现的反应,适时表达自己对服务对象的信心和期望,并提供一些必要的支持。

一、结案时的正面反应

接受社会工作者的协助对青少年服务对象来说是一种特殊的人生体验,多数人都能在与社会工作者的合作中获益,因而在结案时会有正面反应,包括对获得成长与成功的欣喜,对整个工作过程带给他们新知识的肯定,感觉视野更开阔,对工作关系感到满意,对社会工作者的帮助充满感激,对未来充满信心……结案时社会工作者要对这些正面反应给予肯定并适当地进行强化,以增强青少年服务对象面对未来的信心。在以能力为取向和以解决问题为取向的干预模式中,服务对象在结案时通常有以下的正面反应:对获得成功和自身成长的欣喜;对整个介入过程正面的感受和经验;有更多的空间和独立感;对社会工作者提供真诚帮助的感激;对将来从事更多具有建设性意义的活动充满信心等。

在理想的情况下,社会工作者应该在和青少年服务对象都已认可的一个节点上结束服务,即目标已经达成,或者服务期满而服务对象也做好了结束的准备。周密计划的结案通常会有一个服务逐渐弱化的过程,如延长两次会面的时间间隔等。[1] 伴随这一过程,青少年服务对象能够较好地进行调整以面对结案,进而做出正面的积极反应。需要注意的是,社会工作者要避免刻意渲染离别气氛,以防止强化离别的伤感情绪,影响青少年服务对象正常的生活。

二、结案时的负面反应

青少年服务对象正处于"心理断乳期",结案意味着服务过程的结束。长时间和工作者的接触容易使其在结案时出现各种心理、行为的矛盾。长期接受服务的青少年服务对象更可能出现负面反应,他们对社会工作者的

---

[1] 〔英〕帕梅拉·特里维西克:《社会工作技巧——实践手册(第二版)》,肖莉娜译,格致出版社、上海人民出版社 2010 年版,第 174 页。

依赖性较强，对结案的意愿不高，甚至将结案看成一种创伤的经历而加以抗拒。社会工作者尤其要关注青少年服务对象的负面反应。

实际上，不管是对于哪一种介入和协助，服务对象在整个过程中都会感受到社会工作者的真诚、关注、尊重、接纳和肯定，这是专业社会工作对社会工作者的要求，也是专业关系的特质。由于结案意味着专业关系的终止，意味着服务对象要回到自己的生活世界，也意味着服务对象不再有社会工作者的陪伴与支持，因此面对终止关系，他们可能产生"分离焦虑"等感受，有时可能指责社会工作者，认为其判断是错的，出现愤怒、悲伤或者失望等情绪反应。结案时常见的负面反应如下：

（一）否认

否认通常表现为青少年服务对象不愿承认已到结案期，避免讨论关于结案的话题。否认不仅表现在语言上，有时也表现在行为上，例如青少年服务对象在会见中不准时、参加面谈或活动时心不在焉等。在第八章的案例8-1中，当听到社会工作者说还有五周就要结案时，小峰说："我们还有很多事情没有讨论，不应该这么快就结束！"这种反应即一种否认。

（二）倒退

倒退通常表现为青少年服务对象回复到以前的状态，以此拖延结案的到来。青少年服务对象的心理还处于发展中，社会工作者的撤出可能对他们的情绪、行为等产生影响，如对自己能否维持已有的改变不自信，甚至通过回复到以前的状态引起他人的关注。例如，在案例8-1中，小峰通过参加一系列的服务，已经逐渐能够控制自己的上网时间，并且能按时参加一系列的服务项目。但是得知服务即将结束后，小峰接连两次都缺席小组活动，并且其家长反映他上网时间明显增加。显然这是一种因为不愿意结案而出现的倒退现象。

（三）依赖

依赖通常表现为青少年服务对象对社会工作者的过分依靠。社会工作服务过程强调社会工作者与青少年服务对象的合作和共同参与，由于长时间与社会工作者的接触,青少年服务对象可能产生一些依赖性情绪,容易出现不愿意结束服务关系的情况。青少年服务对象一方面为自己的问题得到解决或者自己的能力得到提升而高兴,另一方面也会为结束一段可以信赖的关系而感到难过,或者因对自己的将来信心不足而感到焦虑。依赖可以表现在青少年服务对象的语言和行为等多个方面。例如,在案例8-1中,小峰得知即将结案后,表现得忧心忡忡,对社会工作者说:"如果没有你的帮忙,我以后可怎么办?"小峰在行为上也表现出一定的依赖性,如对上网时间无法自控等。

（四）抱怨

在结案时,青少年服务对象也会在情绪、语言或行为上表现出一些不满意,即抱怨的负面反应。如果社会工作者提供的服务没有得到青少年服务对象的认可,或者青少年服务对象认为自己的情况并没有得到改善,当听到社会工作者准备结案的提醒时,就有可能表达出对社会工作者的不满或者对服务过程中的某些事项的抱怨。需要注意的是,即使青少年服务对象的情况已有明显改善或社会工作者的服务已达成预期目标,青少年服务对象在得知结案时也会出现抱怨的情况,实际上是其不愿意结案的一种应急反应。

（五）愤怒

愤怒也是青少年服务对象对社会工作者的服务或者结案表达不满的一种方式,但是相对于抱怨,其情绪、语言或者行为表现更为激烈,甚至会出现攻击性行为。一些青少年服务对象对自己情绪和行为的控制能力较弱,在表达不满的方式上更容易出现极端情绪和行为。当然,结案并不必然引发青少年服务对象的愤怒。因社会工作者离职而结案的服务对象更有可能表现出愤怒,极端情况下可能会出现攻击性行为。社会工作者要及时觉察青少年服务对象愤怒中所隐藏的悲伤、难过等情绪,谨慎地处理这些负面反应。

（六）讨价还价

"讨价还价"主要表现为青少年服务对象寻找理由延长服务期限,有时还表现出倒退行为，即已经解决的问题又出现。有时，青少年服务对象以自己的问题没有得到解决或者觉得自己仍然没有能力面对以后的生活等为由，拒绝和否认工作关系的结束。例如，在案例 8-1 中，小峰得知即将结案后，每周上网的频次和时长明显增加。当社会工作者找到小峰，了解其对结案的态度和感受时，小峰对社会工作者说："我觉得我现在还没有能力完全控制上网的时间。要不咱们再延长两个月的时间吧。这样我就能表现得更好一些了。"

（七）忧郁

当所有延长结案时间的努力都无效时，有些青少年服务对象会表现出无精打采、失落而无助，对结束专业关系充满忧虑。

社会工作者应注意到，青少年服务对象在结案时表现出的负面反应本身是一种自我防御机制的外显。当一段服务关系结束时，不管青少年服务对象是悲伤、忧郁乃至愤怒，其背后隐藏的往往都是他们对未来的迷茫、无助。社会工作者应与其探讨引起负面反应的原因，并改善青少年服务对象被负面反应控制的无力状态。

三、社会工作者对结案的可能反应

社会工作者在面对目标实现的结案时，一方面会为青少年服务对象已经解决问题或提升能力感到高兴，希望服务效果能在现实中继续产生影响；另一方面会对自己的工作有自豪感，对未来的工作更加充满信心。但是，面对目标未能实现的结案，特别是中途需要离开、不能继续提供服务导致的结案，有的社会工作者会有失望、失落、负罪感等消极情绪。社会工作者应关注自身的负面反应。从某种意义上来看，这些负面反应背后有一定的积极意义，是社会工作者的责任感和专业投入的表现。社会工作者应及时调整自己的状态，为青少年服务对象传递信心和力量。当然，在结案时，作为助人一方的社会工作者的负面情绪经常会被忽视，社会工作者应避免负面情绪影响自身专业行为，必要时可以寻求同事或督导的帮助。

四、应对与处理方法

结案时,无论是社会工作者还是青少年服务对象,都有可能出现对结案的负面反应,这是工作中的经历,也是社会工作者在结案时面对的重大挑战。应对负面反应、处理离别情绪是社会工作者的重要任务,社会工作者可以从以下方面进行应对和处理。

(一)提前告知

社会工作者要根据服务计划掌握工作的进度和结案的时机,一旦确定了结案的时间,应提前告知青少年服务对象,让其有充分的思想准备,避免在其毫无思想准备的情况下结案。

(二)稳定并增强青少年服务对象已经获得的成绩

社会工作者应帮助青少年服务对象回顾整个服务过程,肯定其已经获得的成绩,如日后处理问题的能力、适应生活的能力等,增强结案后青少年服务对象面对问题的信心。同时,社会工作者也应让青少年服务对象了解,结案并不意味着服务关系的结束,后续社会工作者还会跟进,并在其有需要的时候提供某些帮助。

(三)探讨影响问题解决的因素

社会工作的目标是助人自助。在结案时社会工作者需要进一步与青少年服务对象讨论问题产生的影响因素,让他们更深刻地了解情况,协助他们认识之后要面对的处境,以对未来更有把握和信心。

(四)处理好分离的情绪

对青少年服务对象来说,处理离别反应的过程也是一次学习的机会。社会工作者要鼓励青少年服务对象表达结案的情绪和感受,与他一起回顾整个服务的过程,讨论结案的进度以及结案后的跟进计划等,让他明白并不是社会工作者放弃了自己。同时社会工作者要把握自己的情绪,过度的情感介入不但会影响服务对象的独立成长,还会伤害自己。

(五)改进服务方法

结案时,社会工作者不能过于认同青少年服务对象的悲痛或伤感情绪。社会工作者可以利用同理和倾听的技巧,使他们倾诉内心感受、舒缓情绪,但过分的认同可能导致他们丧失处理负面情绪和建设性规划的能力。社会工作者还需要坚守自己的专业原则和责任,不能完全表达所有感受,除非对青少年服务对象的改变有帮助,否则应该避免不必要的分享。如果在结案时,社会工作者感到难以处理个人的情绪反应,最好寻求督导或者经验丰富的同工的支持。

(六)安排结案仪式

一些青少年服务对象喜欢生活中的仪式感。仪式不仅可以表达内心的情感,也会强化对某一事件、某种信念或者价值的认识。社会工作者在结案时,可以安排结案仪式,例如邀请青少年服务对象及其家长一起参加聚会,或者为他们颁发参与证书等。仪式可以让他们意识到"今天的会面和往常不同",而社会工作者可以利用仪式强化服务对象及其家庭的改变。社会工作者还可以与青少年服务对象共同制作纪念册,一起回顾服务过程和收获,记录心路历程。

第四节 后续跟进服务

后续跟进服务是了解青少年服务对象生活适应情况以及巩固服务效果的一个重要阶段。通常,在结案后,社会工作者要在一段时期内定期对青少年服务对象进行跟踪和回访,了解他们的生活状况、服务中正向成长的持续情况以及是否有新的服务需求等。社会工作者应根据需要与青少年服务对象讨论结案后的跟进事宜,让他们自己找出适合自己的跟进方式。另外,对社会工作者来说,跟进也是持续评估工作绩效的一部分,如果在跟进中发现青少年服务对象离开社会工作者后仍能保持服务的效果,就在某种程度上说明服务起到了作用;如果青少年服务对象离开社会工作者后很快恢复了原来的状态,社会工作者就要检视服务过程、服务方法中是否存在需要改进的地方,并采取措施进一步巩固服务效果。因此,跟进计划是整个服务的一部分,而不是可有可无。但跟进的程度要根据青少年服务对象的需要和问题的解决情况而定。

有的青少年服务对象在结案后不能保持他们在介入期形成的正向改变,或者服务中形成的行为未固化为他们新的生活方式,而且原本的生活环境可能对他们维持正向改变产生阻碍。跟进服务不仅可以为青少年服务对象提供额外的协助,帮助他们继续巩固改变,开始新的生活,也可以评估其改变和成长的持续性,同时有助于降低结案带来的负面影响。

总之,跟进服务是社会工作助人过程的后援性部分,是在结案后对青少年服务对象情况的一种后续追踪,以了解他们在结案后的发展状况,评估介入的真正效果,并适时地提供必要的咨询和帮助。

一、跟进服务的实施方法

在理想情况下,社会工作者应将跟进服务纳入服务计划,并在结案后为所有的服务对象提供跟进服务。考虑到青少年服务对象的心理发展尚不成熟,其社会关系和社会环境的影响较大,跟进服务尤其重要。然而,在实际操作中,社会工作者要处理大量的服务案例,无法对所有已结案的青少年服务对象提供跟进服务。社会工作者可以从已结案的青少年服务对象中随机抽取跟进,或者跟进那些问题较为复杂、结案后回复到以往状况可能性较大的青少年服务对象。不管是何种情况,社会工作者都应注意以下方面:

(1)提前告知。一般情况下,社会工作者应和青少年服务对象在介入期讨论将来结案后的跟进服务,向其解释进行跟进服务的原因,使其明白跟进服务并不是认为他/她还有没解决问题,只是服务过程的一部分,是评估工作的一个衡量标准。提前告知可以使青少年服务对象早有准备,不至于产生抗拒心理。

(2)做出说明。在结案时,社会工作者要向服务对象说明,过一段时间会再次和其联系进行跟进,并告知他/她这是检验和巩固介入效果的阶段,也是评估成果的良机,此时不需要安排具体日期。

(3)进行预约。结案一段时间后,社会工作者可以通过书信或者电话的方式,询问服务对象是否有时间来机构面谈并说明,跟进服务中的面谈并非正式面谈,目的在于评估青少年服务对象结案后的情况,如是否巩固了已有的进步、是否需要其他服务来帮助其解决新问题等。

(4)选择跟进方式。社会工作者可以根据情况灵活选择跟进方式。通常,跟进服务的面谈不像之前那样正式,社会工作者应营造宽松的环境,和青少年服务对象交流的话题可以围绕其现在的状况和生活进展,也可以回顾过去介入时的情况,通过比较发现他们的改变或者生活中出现的新问题。

二、跟进服务的主要方法

(1)电话或社交软件跟进。在结案后一段时间内,社会工作者可以通过打电话继续联络,了解结案后青少年服务对象的情况。这种方式简便易行,虽不能亲眼见到青少年服务对象,但也能让他们感受到社会工作者的关心和支持。随着虚拟网络的发展,青少年成为各类社交软件的使用主体,社会工作者可以利用社交软件跟进。

(2)个别会面。在结案后一段时间内,社会工作者可以根据约定、在机构或者青少年服务对象家里与他们会面,了解情况。面对面的跟进可以让青少年服务对象感觉亲切,也可以了解更丰富的信息。

(3)集体会面。这种方式适用于小组跟进。在集体会面中,组员可以共同回顾小组的经历,分享小组结束后的情况,交流各自的经验,增强彼此间的关系,促进相互支持。

(4)跟进青少年服务对象的社会支持网络。社会工作者可以通过跟进青少年服务对象的社会支持网络(包括家庭、邻居、朋友、学校教师或者单位等)来了解情况,以便及时提供相应的服务和必要的支持。

在结案后,社会工作者的跟进服务可能遇到一些问题,需要根据具体情境进行适当调整。一些社会工作服务机构没有明确规定提供跟进服务，甚至在资金预算和服务评估的压力下，并不鼓励社会工作者对服务对象进行跟进。在这种情况下，社会工作服务机构和社会工作者应在专业价值和伦理的指引下，通过简便易行的方式尽可能地提供跟进服务。

本章小结

1. 结案一般是社会工作者在基本完成服务目标或基本解决青少年服务对象的问题的情况下所采取的有计划的行动。由于各种因素影响，也会出现一些无计划的结案。结案的目的在于总结提升助人经验、巩固青少年服务对象的改变、增强其自信、挖掘其潜力。结案应解除工作关系，做好结案记录，进行适当跟进服务等。

2. 根据结案原因可将结案分为目标实现的结案、按机构规定服务期的结案、青少年服务对象单方提出的结案、客观原因导致目标不能实现的结案、身份发生变化的结案等类型，社会工作者需要根据实际情况安排结案或转介（转移）。

3. 社会工作者应提前通知结案时间、与青少年服务对象回顾与总结工作过程、强化他们已有的改变、鼓励他们分享感受并表达积极支持的态度、讨论以后的成长目标、邀请服务对象对社会工作者进行评估等技巧方法，完成结案。

4. 结案是一个转折性的事件，可能导致青少年服务对象出现两级情绪反应：既有欣喜、自豪等积极的正面反应，也有否认、倒退、依赖、抱怨、愤怒、讨价还价、忧郁等负面反应。社会工作者应关注青少年服务对象负面反应中隐藏的迷茫、无助等，适当回应和处理。结案后，社会工作者可以采用电话或社交软件、个别会面、集体会面、跟进其社会支持网络等方法实现跟进服务。

主要概念

结案（termination）

跟进服务（following up service）

课堂活动

请闭上眼睛，想象你生活中最亲近、最重要的某个人，就好像此刻他/她站在你的面前，想象他/她正在跟你说话，告诉你他/她将要离开你，并且不再回来，你再也见不到他/她了。

1. 请辨识自己听到这些话时的感受，根据自己的真实感受，想象自己如何向他/她表达自己的情感。

2. 想象这个人站起来，走了当他/他真的离开时，你的感受是怎样的。在这种情况下，你会怎么做？你的需要又是什么？

3. 如果你是一名服务对象，面对即将到来的结案，你会怎样面对？你希望社会工作者怎么做？

课堂讨论

★ 案例 9-2

江风，男，二十岁，两年前从某职业学校毕业，沉迷于网络游戏已有二十个月之久，每天上网的时间长达十几个小时，作息时间颠倒。母亲几乎想尽了所有的办法，说教、请亲朋好友和居委会人员劝说等全都不起作用，她甚至想到过用自杀的方式来唤醒江风。但这些方式不仅没能让江风脱离网游，反而使得双方的矛盾更加激化。

江风的妈妈是一名中学老师，性格很要强，说话比较强势。江风的爸爸失业在家已经三年，身体欠佳。父母结婚时感情很好，当时江风的父亲在一家国企工作，一家人过得还算幸福。在江风八岁的时候，父亲有过外遇,曾经和母亲闹过离婚,母亲大受打击。为了给儿子一个完整的家,母亲忍辱负重,并且把自己的全部希望寄托在儿子身上,对江风的学习要求非常严格,从小就要求江风将来要考名牌大学,给妈妈争口气。父亲现在在家中地位很低,几乎没什么发言权。尤其是江风经常视父亲为"隐形人",也从不对外提及父亲。

江风上小学的时候,在母亲的重压之下,成绩在班里一直是名列前茅。初中后,江风开始叛逆,初二时早恋,后来逃课、在班里搞恶作剧,学习成绩一落千丈。他当时的感觉就是在报复爸爸和妈妈。母亲接受不了儿子的现状,精神大受打击,脾气变得非常暴躁,动不动就责骂甚至动手打江风,母子之间的冲突已是家常便饭。初中毕业后,江风去了职业学校就读,学习数控技术专业,但他对此专业并不感兴趣。后来一次偶然的机会,江风遇到了两个初中同学,并跟着那两个同学接触到网络游戏,从此一发不可收拾。

1. 在案例中,社会工作者应该采取哪些主要步骤完成工作目标?
2. 在案例中,服务对象江风有哪些社会支持系统?
3. 请自选一个角度,分析社会工作者应该如何介入、怎样介入?在服务结束时,社会工作者应该通过哪些方式巩固江风的改变?

思考题

1. 社会工作者在结案时会遇到哪些挑战?怎样应对?
2. 结合自身经历或者实习经验,探讨如何应对青少年服务对象在结案时的负面反应。

参考文献

库少雄编著:《社会工作实务(第二版)》,中国人民大学出版社2016年版。

李莉、李金红主编:《社会工作导论》,中国人民大学出版社2014年版。

〔美〕巴拉德福特·谢弗、查尔斯·霍雷西:《社会工作实务:技巧与指南(第十版)》,卢玮译,中国人民大学出版社2019年版。

全国社会工作者职业水平考试教材编委会编写:《社会工作实务(中级)》,中国社会出版社2020年版。

王思斌主编:《社会工作导论(第三版)》,北京大学出版社2021年版。

第三编

青少年社会工作服务项目规划与管理

青少年社会工作服务项目是为处理青少年成长困境或满足青少年成长需求而开展的、具有一定时间限制的专业性社会公益类服务。随着服务问责要求的不断严格,青少年社会工作服务项目的规划和管理规范化与专业化要求也不断提高。本编主要从青少年社会工作服务项目的中观层面出发,在服务项目规划理论指引下,详细介绍成效导向的青少年社会工作服务项目规划设计的流程与方法,明确青少年社会工作服务项目规划设计的程序逻辑,探讨如何界定服务介入范围、厘清服务理论观点、确定服务发展的目的与目标、描述服务定义、确定服务具体内容、完成工作流程图、设计服务表格、明确服务投入以及形成服务成效评估方案,并在澄清服务项目各要素基础上明确撰写服务项目计划书的要求。同时,明确青少年社会工作服务项目管理的具体要求,包括原则、流程主要任务与管理内容等。本编主要以济南山青社会工作服务中心承接的山东青年政治学院"新青年"高校社会工作服务项目为示范案例,通过部分项目文案从实践操作层面就青少年社会工作服务项目的规划与管理进行具体解析,提供有针对性的青少年社会工作服务项目规划与管理的实践操作参考蓝本。

第十章 青少年社会工作服务项目规划

随着基层社会治理体系建构与治理能力现代化的发展,政府通过购买社会工作服务让渡部分公共服务职能成为必然趋势。在政府购买社会工作服务的过程中,社会工作服务机构要提交专业社会工作服务项目规划,并在中标后以此作为开展社会工作服务的依据与指南。因此,科学、规范的项目规划设计能力,成为社会工作者与社会工作服务机构所必需的能力。

第一节 社会工作服务项目规划概述

社会工作服务项目规划要体现社会工作专业的特点,遵循社会服务项目规划的一般规律,明确社会工作服务项目的需求、理论与流程等。

一、社会工作服务项目的界定

社会服务项目是为回应某一社会问题,或满足特定目标人群的发展需求而进行的具有一定时限与要求的专项社会服务。社会工作服务项目兼具社会服务项目的基本特征,更为强调承接方/实施方的社会工作专业品质,即在社会工作专业理念指引下的专业理论逻辑分析框架和专业工作方法。尽管现实中的社会工作服务项目涉及不同领域,针对不同的问题,但是所有的社会工作服务项目都至少具备以下共性。

（一）社会问题/需求指向

社会工作服务项目都必须指向解决一定社会问题或者满足一定社会需求，其发展立足于以社会工作专业理论与方法回应社会发展的困境或者需要。

（二）阶段性

社会工作服务项目具有明确的开始和结束时间，并以之为基点确定具体工作内容。

（三）渐进性

社会工作服务项目的实施是不断向目标推进的过程，服务项目成效不断积累和完善，项目团队也不断积累和增强工作经验和团队凝聚力，从而形成项目发展的渐进曲线。

（四）实效性

社会工作服务项目要针对一定的社会问题，形成实质性的服务成效或者服务成果，这体现了其重要的社会价值。

（五）独特性

社会工作服务项目大多提供软性服务，其最终产出的产品、服务等成果，具有非重复性、独特性的特点，更多体现在服务程序/方法、服务设计等服务成果与服务成效方面。

（六）不确定性

社会工作服务项目的实施是一个将预期规划落实为服务实践的过程，是社会工作者在现实情境中为服务对象提供服务的过程。受多种因素的影响，其中存在一定的风险和不确定性。

（七）长期性

尽管社会工作服务项目有阶段性，其形成的产品、服务或者成果往往具有长期性、持续性。长期性是由社会工作"助人自助"的价值理念决定的。服务对象的潜力挖掘与解决问题能力的提升、服务情境中支持资源的整合与网络的建构、居民自组织的培育等都将对社会议题的回应形成长期性影响。

(八) 专业性

社会工作作为一个以社会学、人类学、心理学、管理学和本土化知识为理论基础的实践性职业,聚焦于"人在情境中"的困境分析与逻辑框架梳理,其实践内容受到专业学科理论对人与社会情境的科学分析指引,要求实务工作者运用社会工作专业价值伦理与技术方法进行服务回应,这一过程体现了专业性。

二、社会工作服务项目规划的界定

随着社会工作服务的专业化发展,依靠经验推进的服务已无法适应规模化的发展和要求。服务对象困境的复杂化以及社会工作服务资源分工的精细化,要求社会工作服务跳出单一服务方法而采用综融式服务方法。因此,社会工作服务逐步引入规划学、管理学理论,形成了社会工作服务项目的科学规划体系。

社会工作服务项目规划是社会工作者在"人在情境中"焦点分析的基本假设基础上,对为解决某一特定社会问题而开展的一系列有逻辑关系的社会工作专业服务活动的筹划、设计与安排。这是社会工作服务项目能够有效开展与取得良好实效的基础与前提。

三、社会工作服务项目规划理论

(一) 社会工作服务规划理论

社会工作服务规划过程之所以称为一个科学、系统的规划过程,关键在于其规划过程中理论对服务框架与服务过程的指导。著名规划理论学者安德里亚斯·法鲁迪(Andreas Faludi)指出,解决问题的过程包含"规划本身的理论"(theory of)以及"规划过程中所使用的理论"(theory in)。"规划本身的理论"指的是规划者所使用的程序,即如何解决问题。而"规划过程中所使用的理论"则试图为规划者提供对回应社会问题或服务需求的分析框架与理论支撑。① 两种理论的应用使规划过程进一步规范化、系统化。

(二) 社会工作服务项目规划理论的起源与发展

社会工作服务项目规划理论源于很多规划理论,有些甚至可以上溯到20世纪初。在20世纪之前,规划大多是因应当时的紧张局势发展而成,当时放任主义的经济制度使不受控制的发展成为经济、社会发展的常态,社会问题丛生,部分改革者开始强调针对社会问题进行相关调查,希望通过加强发展规划来改善无序的发展,城市或者社区发展规划以及公共行政规划逐步出现。

服务规划理论的另一理论源头则来自科学管理。1911年,弗雷德里克·泰勒(Frederick Taylor)在其《科学管理原理》中提道"规划的基础在于为达成所欲达成的目的,必然有一可行之最佳方法"②,强调以最低的成本达成目的,寻求需求、目的与手段之间最佳的平衡点,以及经由理性规划实现效率的重要性。赫伯特·西蒙(Herbert Simon)主张"局部最佳化",即相比于"全面最佳化"在检视所有可能性之后选择单一的最佳方法而言,决策者在管理过程中根据实际选取部分达成的目的解决手段,是一种更加务实、合理的标准。他进一步强调:决策者应追求能满足最低要求的做法。③ 查尔斯·林德布洛姆(Charles Lindblom)则引入了渐近主义的观念,并建议决策者应在实务中关心如何改善现存体系的缺失,因此项目设计规划的基本方法具有局部最佳化或渐近主义的特性,而非全面性罗列并分析所有可能的方法。④

(三) 社会工作服务项目规划的核心

作为指导服务规划的框架性理论,服务规划理论的核心在于,指导规

---

① 〔美〕Peter M. Kettner、Robert M. Moroney、Lawrence L. Martin:《服务方案之设计与管理》,高迪理译,扬智文化事业股份有限公司2013年版,第58页。
② 同上书,第62页。
③ 同上书,第63页。
④ 同上。

划者以最有效的工作手段形成最优的资源配置,促进目标的最优达成。在社会工作服务项目规划中,先要设定核心问题,而这个问题就是项目规划的起点,整个规划过程就是问题解决的计划建构过程。也有学者认为,项目规划应该以优势观点为起点,不应片面强调问题的解决,而需要增加更为积极、正面的发展趋向。例如,在社区发展过程中陈列"社区优势清单",从而提升社区参与和自主掌控性。[①] 随着规划理论的整合与深入,理论与实务工作者都越来越明确:无论是从问题还是从优势开始的项目规划,其核心都应取得问题与优势之间的最优平衡,即以最合理的费用提供最佳机会,以达成目标的方案。社会工作服务项目规划的核心则是形成以服务对象需求最大化满足、服务对象能力最大化提升为目标的规划方案。

第二节 青少年社会工作服务项目的定位规划

案例 10-1

山东青年政治学院为探索大学生思想政治教育的创新路径,决定由学生处引入社会工作服务项目——"新青年"高校社会工作服务项目(以下简称为"新青年"项目)。该项目要求以社会工作的服务理念、方法与技巧进一步丰富与发展大学生思想政治教育的内容与方法,发挥项目服务育人的隐性思想政治教育作用,将教育育人与服务育人有机统一,更好地落实高校"立德树人"的根本任务。

项目的定位规划是项目规划的基础和首要环节。在案例 10-1 中,济南山青社会工作服务中心接受项目实施邀请后,社会工作者首先与项目相关方进行服务讨论,进入服务项目的定位规划过程。

---

① 〔美〕Peter M. Kettner、Robert M. Moroney、Lawrence L. Martin:《服务方案之设计与管理》,高迪理译,扬智文化事业股份有限公司 2013 年版,第 66 页。

一、选择规划理论——成效导向的项目规划

无论是以问题还是以优势为起点的项目设计规划理论，都可以为服务项目的设计提供规范性框架。在设计社会工作服务项目时，社会工作者首先应根据实际要求和团队工作能力选择规划理论基础。之所以选择较为常见的成效导向的项目规划理论作为规划框架，主要因为：一是政府购买社会工作服务要求依据一定的服务成效对服务进行支持与管理；二是当前社会工作服务发展处于起步阶段，社会工作服务价值尚未得到社会的广泛认可，最大化地展现专业服务成效成为项目规划与设计过程中的核心任务，并可以为后续的相关实务研究提供实践证据。

（一）明确服务项目的实务程序

社会工作者应首先明确服务项目的实务程序，这是进行项目规划的前提与基础。实务程序分为四个环节，见图10-1。

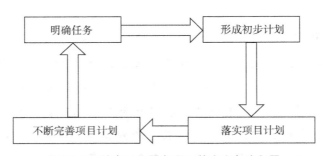

图10-1　社会工作服务项目基本实务流程图

1. 明确任务

明确项目要为谁提供何种服务，为何提供此种服务以及服务最终达成的效果。

2. 形成初步计划

由前期的设想形成一份完整的项目计划书，并以此作为内外沟通的工具，在团队内部明确工作方向，在团队外部争取和整合相关资源，以促成服务项目落地。

3. 落实项目计划

项目执行团队充分、有效地实施与推进整个社会工作服务项目。

4. 不断完善项目计划

通过社会工作实务的过程，对整个项目计划进行不断的校验与修正，并在项目评估基础上展示最终服务成效。

（二）明确服务成效

成效是指社会服务项目实施过程中以及结束后对服务对象或落地场域所产生的改变。服务对象的改变包括在知识、技能、行为、态度、价值观、生活方式等方面产生的变化；落地场域的改变包括该场域中回应特定社会议题的社会资本、社会组织培育、社会支持网络构建、社会政策完善等方面产生的变化。所以，以成效为导向的项目规划的核心是如何形成对服务对象改变有益或有效回应社会发展议题的项目规划。

（三）项目规划逻辑

在成效导向的项目规划中，服务项目最终的成效是指引整个项目规划的核心。因此，社会工作者首先要明确服务对象面对的问题或者需求；其次要思考项目能回应服务对象的问题与需求，以及希望达到的理想结果；再次要思考可能采取的策略与方法，以及所需投入的资源；最后要思考如何评估服务对象所产生的改变，包括计算服务的产出、服务是否/如何对服务对象产生改变，以及产生了怎样的改变。这一系列过程环环相扣，彼此之间具有较强的逻辑性及合理的因果关系（见图10-2）。

二、界定服务介入范围

在成效导向的项目规划理论框架下，社会工作者首先需要对项目的服务范围进行界定。社会工作者通过厘清项目邀请方或购买方希望解决的社会问题，了解服务的外部情境，针对服务对象开展综合性需求评估，并结合机构团队的优势与能力，界定服务项目的介入范围。

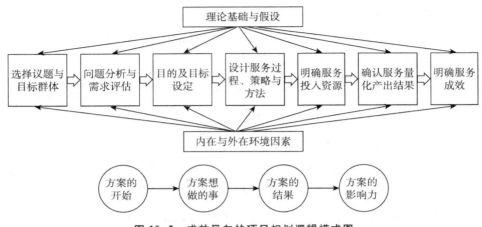

图 10-2　成效导向的项目规划逻辑模式图

（一）厘清服务对象

社会工作者要明确服务对象及其现实境遇，了解他们存在的问题及周围的评价，为设计服务项目奠定基础。在青少年社会工作服务项目规划的过程中，社会工作者需要更加谨慎地辨别服务对象是青少年还是青少年的重要他人，如青少年的家长、教师等。为谁提供专业服务，对项目的整体定位会产生重要影响。在案例表 10-1 中，学校邀请社会工作团队开展大学生思想政治教育创新服务探索的项目，社会工作者首先与学校相关部门以及部分学生进行无结构式访谈，了解其对"大学生思想政治教育"的理解以及当前困境，最终明确：本服务项目的核心服务对象为在校的本科学生，重点面向有学习行为偏差和社交参与困境的学生。在瞄准服务对象的过程中，尽管学生是核心的服务对象，但是教师作为重要他人同样也应进入服务视野。

（二）澄清服务需求与资源

1. 需求的类型

从心理学角度讲，需求是一种驱动力或产生驱动力的内在动机力量，这种力量是由特定的缺乏在人体内产生的不平衡或紧张状态所造成的。①马克思主义认为,需求产生于主体自身的结构规定性和主体同周围世界不可分割的联系,是人的生存发展对外部世界及自身活动依赖性的表现。②由此,在社会福利服务中,人的需求是个体"为了生存、福祉和自我实现而形成的生理、心理、经济、文化和社会要求"③。布拉德肖通过对社会福利服务的研究,将人类需求划分为四种类型:感觉性需求、表达性需求、规范性需求和比较性需求。④

(1) 感受性需求(perceived needs)。感受性需求是服务对象自述的自我感觉、觉察或体认到的需求。在案例10-1中,有学生表示"我觉得自己的学习很差,未来应该找不到好工作"。这类需求可以通过问卷或访谈的方法表达出来。但是这种需求具有较强的个人主观性,其表达往往偏重表面而非主因,可能会出现高估或者偏误的情况。

(2) 表达性需求(expressed needs)。表达性需求是指人们通过实际行动表达出的对某些服务的需求。在案例10-1中,该校每年9月18日都会以学院为单位,为大学生举行重温入党誓词活动,以这种形式表达对"九一八"事变遇难同胞的哀悼和爱国情怀,这种行为便可以视为"大学生有表达爱国情怀的需求"。在了解表达性需求时,社会工作者可以通过对现有同类服务对象人数的统计,掌握大学生中有此需求的人数,并在后期服务设计中进行分析与回应。

(3) 规范性需求(normative needs)。这是一种由专业人士、行政官员等在特定情境下所定义的需求,或者通过相关文献、专家的著作或研究获得的需求。在案例10-1中,在当前"大众创业、万众创新"的政策导向下,大学生也有"创业创新"的发展需求。因此该项目设计将之作为大学生的

---

① G. Thompson, *Needs*, London: Routledge, 1987, p. 13.
② 转引自姚进忠:《福利治理中的需要理论:内涵、类型与满足路径》,《学习与实践》2019年第2期。
③ David Macarov, *Social Welfare Structure and Practice*, Thousand Oaks, CA: Sage Publications, 1995, p. 18.
④ 转引自姚进忠:《福利治理中的需要理论:内涵、类型与满足路径》,《学习与实践》2019年第2期。

成长需求之一。值得注意的是,这些规范性需求是否符合项目所要服务的具体人群,要与其他需求评估结合起来考虑。同时,规范性需求虽然能够很明确地界定需求的范畴,但是容易受到知识、技术和价值等因素的影响,在具体的需求评估中仍要进一步鉴别。

(4)比较性需求(relative needs)。比较性需求是指通过比较两个相似情境中的社会需求满足情况而确定潜在的需求。例如,北京市高校社会工作专业的学生可以经常参加国际性的社会工作学术研讨会,相对而言,济南市高校的学生就没有如此的机会。因此,济南市高校社会工作专业的学生相对会有参加此类研讨会的需求。比较性需求必须同时考虑两个情境的相关结构性因素,如城市化程度、人口结构、社会环境、文化条件等。

青少年社会工作服务项目的需求界定要考虑青少年服务对象的主体性,社会工作者可以通过语言、绘画、故事、参与式观察等多样化手段,对他们的感受性需求和表达性需求进行澄清与了解。在面对部分权利缺乏保障的青少年群体,例如留守青少年群体时,规范性需求和比较性需求也是社会工作服务的基础。

2. 寻找优势与资源

无论是经典的优势视角理论还是新兴的资产为本的社区发展理论都强调,社会工作服务不能局限于问题的解决,还要挖掘服务对象自身的优势、潜能与资源,以服务对象为主体推动服务。因此,在项目规划初期,除了要关注服务对象的需求,社会工作者还要注重对服务对象以及利益相关方的优势与资源的评估。在青少年社会工作服务项目规划中,社会工作者尤其要通过需求评估,挖掘青少年服务对象自身的优势与潜能,关注他们的发展性能力建设的需求,从而在规划中体现出对他们的自决权与能力的尊重,以彰显他们的主体性。

(1)需求评估的内容。需求评估是对服务对象情况进行了解,确定其需求、需求满足情况及其原因,形成暂时性评估结论的过程。在评估工作中社会工作者要考虑:谁有需求,需求是什么,哪些地方有需求,需求量为何,供需比例为何,现有资源之运用情形如何,所需成本为何,如何赞助服务项目等。①

因此,在社会工作服务项目设计中,初期的需求评估主要围绕服务对象的服务需求和潜在资源。服务需求方面包括需求的内涵、需求不足或者问题的现状及其成因等;潜在资源方面包括个人、家庭、单位、相关群体以及社区等现有服务的利用情况及潜在的资源情况。结合服务需求和潜在资源,探索初步的服务思路与发展空间。在青少年社会工作服务项目的需求评估中,社会工作者要围绕青少年服务对象的需求现状、成因以及可能开展的服务情况,全面了解青少年服务对象的服务需求与需求量,青少年的家庭、学校、同伴群体与社区的基本情况及其对青少年需求的了解和服务提供情况,整理当前被运用及潜在的服务资源,并对未来的服务空间进行初步探索,使需求评估成为服务规划的有力支撑。

(2)需求评估的方法。为全面了解服务需求,社会工作者需要设计需求评估方案,采用多元化的评估手段,从定量、定性等不同角度进行相对完整的需求评估。下面仅就需求评估过程中的方法进行阐述。

第一,社会调查法。在社会工作服务的需求评估过程中,社会调查法的应用最为普遍。社会调查是以问卷或访谈提纲为工具,针对某种状况或社会议题收集来自服务对象的描述性信息。社会工作者依据专业理论对社会议题进行分析,建构可操作性调查样本框架,形成调查工具,科学选取样本,进行问卷发放与回收,开展访谈,对收集的资料进行分析,形成需求分析数据与观点,并将其作为社会工作服务项目设计的重要基础性资料。

社会调查虽然能够较为直接地确认服务对象的感受性需求,但也存在一定的限制。首先,一个较为完整的社会调查需要投入较大的人力和时间成本,需要充分、完整的样本数量才能够保证调查数据的有效性。但很多青少年社会工作服务项目在服务初期较难形成完整的样本框,如果没有充足的时间投入,社会调查很难实现应有的效果。其次,对于一些新落地的

---

① 顾东辉:《社会工作实务中的需求评估》,《中国社会导刊》2008年第22期,第43页。

项目，社会工作服务项目团队与在地服务对象以及社区缺乏良好的互动关系，因此大规模的问卷调查与深入访谈往往会无法顺利进行，所收集的需求信息容易流于形式，造成时间、人力与财力的浪费。最后，由于青少年自身认知程度和理解力的限制，复杂的抽样问卷有时会超出他们的理解范围。因此，在设计和使用社会调查法时，需尽可能考虑调查对象的认知特点、文字理解程度与注意力时间长短等，从而保证社会调查法的有效使用。

第二，质性访谈法。在青少年社会工作服务项目规划之初，社会工作者可进入服务现场对重点人员——"守门员"（服务对象中的领袖或者关键人物）进行质性访谈。因为他们往往更加了解当前情况、服务需求，并能够表达一定的意见。在确定"守门员"的过程中，社会工作者不仅要关注"合法的守门员"，例如学校的大队辅导员、班主任、家长委员会负责人、学生会干部、居委会主任等，也要关注一些"不合法的或自己任命的守门员"，例如学生团体中的意见领袖等。他们能够从各自角度为社会工作者提供较为深入的信息，这就对社会工作者的倾听与理解等技能提出了较高的要求。社会工作者需要把握"守门员"的背景与个人角色对其提供信息的影响。访谈过程也是社会工作者与"守门员"的双向互动过程，最终的访谈结果亦是两人共同建构的结果，社会工作者须警醒自己对访谈过程的影响。同时，社会工作者需要关注与青少年相关的重要他人对青少年需求或困境的看法。因此，在收集资料及最终分析资料时，应结合青少年的自我呈现，准确定位项目的需求。

第三，焦点小组法。在焦点小组中，社会工作者可以邀请不同的个体对服务需求以及发展空间进行讨论，通过观察不同参与者对同一主题的讨论表现，可以获得关于需要以及服务发展空间的多种视角和参与者之间的互动信息。作为一种较为直接、便利的需求评估方法，焦点小组能够在较短时间内收集到较多、较为深入的有效需求信息。在实际操作中，逐渐出现的开放空间技术、"世界咖啡馆"技术等不同的头脑风暴技术，也可为需求评估提供技术借鉴。青少年社会工作者在使用焦点小组访谈法时，一是社会工作者需要有较高的开放度、接纳度,并能够营造安全、开放的讨论空间,能够对谈话进行引导并鼓励参与者自我表达;二是小组带领者需要及时缓解群体压力,减少外部情境对参与者意见表达的影响。

第四,服务观察法。由于当前社会工作专业服务尚处在起步阶段,社会大众对之了解不多,加之传统文化中"家丑不可外扬"观念影响,人们真正的服务需求往往较难通过正式的问卷或访谈描述来表达。因此,在青少年社会工作项目规划过程中,根据青少年更容易在文娱活动过程中释放自我真实想法的特点,社会工作者可以通过组织或参与文娱类或宣传类的社区活动,观察他们的行为及表现,从而形成一定的需求评估数据信息。

第五,次级资料推估法。次级资料推估法是按照项目需要,对已经存在的统计资料与数据进行统计分析或者推测与估计。在青少年社会工作项目规划中,社会工作者可以收集利用传统服务或管理过程中的统计资料或数据,将其放置在社会工作专业理论与服务架构中进行重新整理与分析,从而形成服务项目规划。在当前的实际服务中,社区居委会、学校等原有的管理与服务统计数据,都可以作为重要的次级资料。

第六,现有机构的服务统计资料推估法。通过现有机构的服务统计资料,社会工作者可以了解现有服务的概况,并以此数据来推估青少年社会工作服务的需求;或将这样的数据与前述次级资料推估的结果做比较,观察两者之间的差距,以此来推估服务需求。

第七,文献法。阅读相关文献资料并进行分析、整理是探求规范性需求的重要方法。以此方法探求出的需求往往是社会工作者进行项目规划与评估的重要参考资料。此外,文献法与其他需求评估的方法相结合也是探索服务需求与资源的常用路径。由于青少年的文字理解水平不同,因此社会工作者在进行需求评估时,需要更加注意使用青少年听得懂、看得懂、理解得了的形式。

在案例10-1中,社会工作者给出的该项目前期需求评估方案见表10-1。

表 10-1 "新青年"高校社会工作服务项目前期需求评估方案一览表

评估方法	评估对象	需求聚焦	资源评估
社会调查法	教师群体 学生群体	(1) 针对"成长成才",学生理解的困惑与需求,老师认为的学生的困惑与需求;他们认为相关的原因及改善与满足的方式。 (2) 学生在大学期间的生活(住宿、吃饭),安全,学习,获得尊重、爱与归属感以及自我实现方面的需求现状,以及可能的服务空间。	(1) 本校学生在自我成长成才方面有哪些正面的自我意识、想法、期待以及行动能力? (2) 本校教师对学生的成长成才有哪些积极的思考与前期推进工作? (3) 本校学工系统针对学生成长成才曾有哪些良好的服务探索与成功经验? (4) 学校现有制度与工作机制中有哪些对于大学生成长成才提供的支持与服务?
质性访谈法	教师群体(老、中、青教师代表) 学生群体(学生干部、优秀学生以及学业预警学生)		
焦点小组法	学工群体 学生群体(不同专业、不同年级代表)		
服务观察法	学生群体	通过观察学生对课堂教学、校外实践以及学生活动的参与,观察与统计学生的表达性需求	
次级资料推估法	学生群体	通过收集与整理学校近三年的学生管理工作数据与档案,分析学生的表达性需求	
文献法	学生群体	通过对相关专家学者以及其他地方高校社会工作服务经验的整理与分析,获得学生的规范性需求和相对性需求及其分析	在文献整理过程中寻找可能的潜在服务资源

(三)明确服务情境

青少年社会工作服务项目落地以及后续的实施都在一定的情境之中。社会工作者在明确了核心服务对象之后,需要对服务的利益相关方进行分析，明确哪些部门、组织或者个人会对项目最终结果产生影响，可为项目提供资源或支持，对项目的期望和要求如何，衡量服务最终成效的标准以及他们的态度如何等，从而进一步聚焦服务规划过程中参与各方的投入资源、服务诉求与期待。社会工作者可以通过完成利益相关方分析矩阵完成服务情境分析，见表 10-2。

表 10-2 社会工作服务项目利益相关方分析矩阵

利益相关方	对项目的兴趣与期望	对项目的理解与态度	在项目中的价值与作用	如何处理与该群体的关系
×××				
×××				
×××				
×××				
×××				

在青少年服务项目规划过程中，社会工作者要特别注意对学校、社区以及其他提供青少年服务或者管理的部门/单位进行评估，形成利益相关方的分析矩阵，以利于项目实施者在实施过程中能够综合考虑服务情境，有效整合和利用服务参与各方的资源与优势。表 10-3 为案例 10-1 中的利益相关方分析矩阵示例。

表 10-3 "新青年"高校社会工作服务项目利益相关方分析矩阵

利益相关方	对项目的兴趣与期望	对项目的理解与态度	在项目中的价值与作用	如何处理与该群体的关系
学校	很有兴趣，抱有很大的期待	较能理解项目的发展思路，能够给予支持	项目购买方，对整个项目有决定的权力	紧密对接学校，积极沟通，获得学校对项目的持续理解、认可与支持

（续表）

利益相关方	对项目的兴趣与期望	对项目的理解与态度	在项目中的价值与作用	如何处理与该群体的关系
学工处	有兴趣，有一定的期待	能理解购买服务项目，但是也有困惑，态度较为中立	购买方的直接对接方以及项目的重要合作方，对项目有很大影响	紧密联系，并且充分沟通，使其了解项目运转与发展的情况，争取支持与认可
校团委	感兴趣，有一定的期待	对服务项目有一定的理解，但是也有困惑，不知道如何与购买服务方进行合作	作为大学生思想政治教育的重要管理部门，项目需要与其交流与合作	保持良好的互动与交流，从而整合相关资源，推动服务项目开展
二级学院	部分学院较为感兴趣，也有一定的期待；其他学院较为中立	部分学院因为有社会工作的专业师资或此前接触过社会工作服务，对服务项目较为理解，态度也较为开放、积极和投入；其他学院因为此前没有接触，处于观望状态	二级学院作为学生教学与管理的重要部门，对服务项目的落实与推动产生直接的影响	与各级学院尤其是学院中分管学生的领导及工作人员保持良好的工作联系，保证服务的落实与开展
高校教师	社会工作专业教师非常感兴趣，也抱有很大的期待；其他专业教师由于接触较少，还需要进一步通过服务形成良好互动	社会工作专业教师较为积极、主动，态度开放、投入；其他专业教师部分较为积极，大多数态度中立	教师是学生工作的重要一环，与专业教师的良性互动能够助推服务项目的有效开展	可以先与部分专业教师形成良好的合作关系，并定期公布项目进展，使教师了解项目情况，从而协助服务的落实与开展

（续表）

利益相关方	对项目的 兴趣与期望	对项目的 理解与态度	在项目中的 价值与作用	如何处理与 该群体的关系
机构理事会	非常感兴趣，也抱有很大的发展期待	完全理解项目的发展状态，态度积极、投入	机构作为项目的承接方，其全面的支持与专业保障是项目能够顺利完成的基础	与理事会保持密切联系，为服务项目的推进提供全面的专业支持与保障

（四）明晰工作团队的优势与限制

在项目设计之初，如何将团队能力与服务需求进行最佳匹配同样是社会工作规划的重要内容。社会工作项目规划者可以通过与未来实施该服务项目的工作团队一起，进行团队自身与需求评估的 SWOT 分析（如图 10-3），明确工作团队推进服务项目的优势、劣势、机会以及威胁，从而在项目规划中选择切实有效的服务内容。

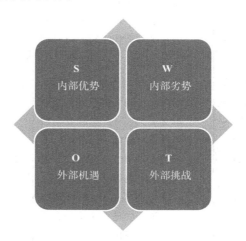

图 10-3 SWOT 分析图

在案例 10-1 中，针对即将开展的高校社会工作服务项目，社会工作服务团队在前期使用了 SWOT 分析法分析了团队的内部优势与不足，了解外部机遇与挑战，从而进一步澄清了工作定位，明确了发展空间，具体见表 10-4。

表 10-4 "新青年"高校社会工作服务项目 SWOT 分析

外部分析	内部分析	
	优势(S) (1) 具有优秀的青少年心理咨询和社会工作服务团队 (2) 社会工作者具有亲和力 (3) 社会工作者与大学生的年龄相仿,易沟通	劣势(W) (1) 社会工作者的实务工作经验较少 (2) 社会工作者对学校系统不熟悉
机会(O) (1) 国家的相关政策给了较好的服务发展空间 (2) 学校领导高度重视,并愿意以相关政策和资源进行支持	SO 战略 (1) 充分研读政策,探寻高校社会工作专业服务发展空间 (2) 在学校领导支持下,充分整合团队优势,形成服务项目在大学生心理困境解决和社会工作服务参与等议题方面的聚焦与突破,为服务的后续发展奠定基础 (3) 在学校支持下,专业社会工作者开展大学生同伴服务计划	WO 战略 (1) 增加社会工作者的专业督导、培训与外出交流机会,依托学校支持,促进项目中社会工作者的成长 (2) 在学校支持下,社会工作者尽快熟悉学校系统,确定项目发展空间
威胁(T) (1) 相关合作部门对专业社会工作者的工作领域与空间认识较为模糊 (2) 需要澄清专业社会工作者与学工处、心理咨询部门之间的合作与分工	ST 战略 (1) 依托优秀的专业督导资源,面向学校相关部门开展培训与交流,进一步澄清专业服务领域与空间 (2) 依托专业社会工作者,开展实际服务内容,与学校学工、心理咨询部门开展合作,在服务过程中进一步明确合作与分工的界限	WT 战略 (1) 组织专业教师为社会工作者进行督导,并邀请相关部门参加,明晰各自的项目任务 (2) 组织项目社会工作者与相关部门互动,学习学校社会工作的职责与工作范围

(五) 确定服务优先权

在厘清服务对象,澄清服务需求与资源,明确服务情境以及明晰工作团队的优势与限制之后,为更好地确定服务的优先次序,社会工作者还需要根据社会工作的专业价值观、机构的价值观与发展定位以及实际需求可被满足的情况等,确定服务的顺序以及青少年社会工作服务项目的服务范围。

1. 社会工作的专业价值观

在众多的服务需求中,哪些服务需求优先,要根据社会工作的专业价值观进行衡量,即社会工作的专业价值观是衡量服务优先权的第一标准。在青少年社会工作服务过程中,保障青少年的生命权、生存权优先于其他的权利,所以当青少年的生命权益受到危害或者威胁时,社会工作者必须优先介入。在日常青少年社会工作服务中,尊重与保障青少年的自决权也是服务优先的重要衡量原则之一。

2. 机构的价值观与发展定位

任何社会工作服务机构都有自己的价值观与发展定位,这在很大程度上影响着机构的资源整合力量与投放方向。因此,项目规划过程需要充分考虑机构的使命、愿景与价值观,从而以机构的最优状态支持服务实施。

3. 实际需求可被满足的情况

社会工作者项目规划的起点最好放在项目初期团队较容易实施并满足的服务需求上。因为在服务初期,服务项目会遇到来自购买方、合作方、服务对象乃至工作团队内部的不理解或困惑等挑战,当选择较容易满足的服务需求时,有利于使购买方和合作方看到服务成效,从而坚定未来的服务投入;服务对象较容易获得满足感和成长,从而增强改变的主动性;工作团队也较容易看到服务成果,从而更加坚定未来的服务方向。

在案例10-1中,社会工作者在与学校相关各方的交流沟通中发现:不同年级的学生在思想政治教育方面存在不同需求,不同的部门对不同年级的学生有不同的成长任务安排。社会工作者根据社会工作专业价值观的要求,将学校中的贫困学生、学业预警学生以及心理、人际方面相对存在困难的学生作为重点关注对象;根据需求满足的难易程度,将大一年级新生作为服务起点。

三、厘清服务的支持理论

在社会工作服务项目规划的过程中,社会工作者以何种观点或角度来看待服务对象的困难与需求,就涉及选择服务的支持理论问题。因为不同的理论会提供不同的视角,并直接影响社会工作者对服务项目中的问题与现象的理解,及其所采用的服务策略、内容、方法与成效评估等方面。

厘清服务的支持理论可以进一步明确服务的设计思路。社会工作者需要选择专业服务理论,明确该理论的内涵并将其转化为介入的策略与方法,进而转化为一系列的介入行动,形成项目服务策略的系统性设计。在案例 10-1 中,"新青年"项目的支持理论主要是"全人教育"与"体验式学习"。"全人教育"理念的指引,一是要促进大学生参与服务,在与他们一起探寻人生价值的过程中渗透社会主义核心价值观教育,促进他们对核心价值观的体认与内化;二是要促进大学生生活、社会、身体和创造力、精神等方面的发展。"体验式学习"的思路,要求服务通过个案工作、小组工作等直接方法,引导学生的参与和自我实践,促进其体验式成长与交互成长,从而实现项目的最终目标。

四、确定服务发展的目的与目标

清晰的服务目的与目标设定具有如下功能:第一,将服务项目聚焦于问题的解决或者需求的满足,而非仅限于活动;第二,将服务的过程与结果有机地连接起来;第三,能够为长期规划做基础性的准备;第四,为后续监督与评估提供过程性的参考架构;第五,可以作为分析成本效益及成本功效的资料库。可见,目的与目标提供了一个行动的架构。目的定出项目的大方向,目标则是项目所欲达成的各种明确期待,行动是待执行的特定任务。同时目的与目标也提供了监督、绩效测量和评估的参考架构。[1]

---

[1] 〔美〕Peter M. Kettner、Robert M. Moroney、Lawrence L. Martin:《服务方案之设计与管理》,高迪理译,扬智文化事业服务有限公司 2013 年版,第 174 页。

(一) 设定服务目的

服务目的是对项目试图预防、改善、消除的问题或困境的预期成果的陈述,或者是对服务问题和需求的一种回应,代表理想中或期望的结果。尽管项目的目的可能不只一个,但每一个目的都需要一组目标和活动的支撑。[1]

目的为服务项目提供整体的发展思路与方向。其陈述应该具有整体性,能够为后续明确的目标提供架构与方向;同时也应该体现价值观和偏好,是以书面的方式建立服务项目共识的重要形式。

(二) 设定服务目标

在以成效为导向的项目规划过程中,社会工作者需要澄清两个内容:第一,项目希望达成的效果;第二,达成这些效果所需要使用的方法。

项目目标一般分为成效目标和过程目标。成效目标是对服务所产生的各种最终效果的说明与陈述,或者是对项目的期待。过程目标是对所提供服务的描述,包括要使用的各种方法或手段。设定服务目标可以按照SMART原则,即目标必须清晰具体、可测量、可达成、相关、有时间限制。社会工作者也可以用下列问题检测各项目标:

(1) 使用清晰明确、不含糊的字眼:目标表述是否清楚明确?是否能让所有阅读者体会一致?

(2) 可测量的结果:目标是否写成了可以测量的形式?是否包含可测量的(数值)判断标准?

(3) 可达成性:从技术、知识、可使用资源的角度来看,目标是否切合实际?

(4) 预期的结果:目标是否明确指出了所欲达成的结果,例如服务对象的生活品质预期获得改善等?

(5) 时间架构:目标陈述是否标明了要达成目标的时限?

---

[1] 〔美〕Peter M. Kettner、Robert M. Moroney、Lawrence L. Martin:《服务方案之设计与管理》,高迪理译,扬智文化事业服务有限公司2013年版,第184页。

(6)绩效责任:目标是否明确指出了应当由谁负起达成目标的责任?

撰写目标时应包含以下五个构成要素:时间架构(time frame),改变的目标(target of the change),欲输出的成品(过程,process)或欲达成的结果(成果,outcomes),用以记录、监督、测量成品或结果的标准(criteria for measurement),执行与测量目标达成的责任归属(responsibility)。①

在案例10-1中,"新青年"项目第一年度的服务目的为:(1)为一年级新生开展直接服务;(2)聚焦于学校社会工作的工作机制建设,为未来的服务发展奠定基础。其项目目标如下:

第一,新生成长目标,包括:(1)通过新生适应小组,协助一年级新生基本了解学校的基本学生管理制度、生活设施以及生活、学习环境,基本适应大学日常学习与生活;(2)建立贫困及学业预警学生的个人成长档案,奠定重点学生的个案管理基础;(3)开展宿舍文化建设服务,使85%以上的新生初步融入宿舍,建立良好的宿舍文化和人际互动关系;(4)开展班级文化建设服务,使85%以上的新生对所在班级形成初步的归属感与认同感;(5)开展生涯规划指导服务,使85%以上的新生对即将开始的大学生活有较为完整的系统理解,并初步形成自我专业学业成长计划;(6)开展校园融入服务,使85%以上的新生对学校精神与文化形成初步的体验与认知。

第二,服务机制建设目标,包括:(1)建立山青社会工作领导小组,形成服务项目的有效行政组织架构,明晰项目与相关职能部门的工作关系与分工职责;(2)为辅导员团队提供服务培训与专业支持,形成项目团队与辅导员团队的有效工作协调推进机制;(3)在校团委和学工处的支持下,逐步形成以学生为主体的服务团队,承担服务项目中的同伴服务;(4)利用学校社会工作教研室和心理学教研室的师资优势,形成对项目工作团队、学工人员的专业督导与培训机制,从而支持服务项目的专业规范发展。

---

① 〔美〕Peter M. Kettner、Robert M. Moroney、Lawrence L. Martin:《服务方案之设计与管理》,高迪理译,扬智文化事业服务有限公司2013年版,第187页。

第三节　青少年社会工作服务项目的实施规划

在确定项目的规划理论,明确项目的介入范围、支持理论以及项目目的与目标之后,项目设计就开始进入实施的规划环节。社会工作者将在规划理论的指引下,针对服务对象的需求与特点,以理论支持观点为框架、项目目标为指向,确定服务的具体流程、内容与人、财、物的安排,最终形成系统、规范的项目计划书。项目定位与项目实施规划的区别在于,定位是在宏观层面对服务项目的方向性指导框架,而实施则涉及具体细微的服务内容,是对指导框架的补充。

一、描述服务定义

服务定义是指用尽可能简单扼要的一两个词句,对所提供的服务进行描述和界定。描述服务定义的目的是给所提供的服务一个正式的界定,一方面可以帮助社会各界对未来的服务形成共同的期待和理解,另一方面也使社会工作团队能够明确服务项目的服务对象与服务重点。在案例10-1中,可将"新青年"项目定义为"创新大学生思想政治教育模式的专业社会工作服务"。

二、确定服务具体内容

确定服务的具体内容主要应根据社会工作服务项目的目标体系所设计的各项具体活动,基于前期的需求评估,并在项目支持理论的框架之中,形成具有内部逻辑性与系统性的服务内容,以最终达成服务项目的目的。因此,所有的服务内容不是零散、随意的活动安排,而必须组成一个相互补充、支持与衔接的有机系统。

在项目的具体内容规划与设计中,社会工作者可以邀请项目的出资方、合作方以及社会工作团队共同参与,以保证服务项目未来落地实施的可行性和可操作性。在陈述服务具体内容时,要尽可能细致准确,并且对相应的活动进行排序等,尽可能保证项目执行者对项目的实施有更加准确的理解与把握。

在案例 10-1 中,"新青年"项目在 2015—2016 学年第一学期的具体服务内容安排如下:(1)服务项目将以提升学生服务社会能力为核心,面向全校开展成长性发展服务,以促进学生社会主义核心价值观内化,以"社会工作者+分管部门+核心学生社团"形式组成分计划实施团队,保证服务的全面开展;(2)同时,探索对高风险学生的个案管理服务,提供个案跟进服务,构建服务模式;(3)为提供专业服务支持并推动工作成果转化,本学期亦将开展专业督导培训与项目研究工作。

课外延伸

三、完成工作流程图

在确定服务内容之后,社会工作者可以依据实施内容的先后顺序,将服务内容之间的关系画成一套切合实际运作的服务流程图,作为项目执行的依据。通过服务流程图,项目的实施者能够更加全面、有效地把握整个项目的实施程序。案例 10-1 的工作流程图见图 10-4 和图 10-5。

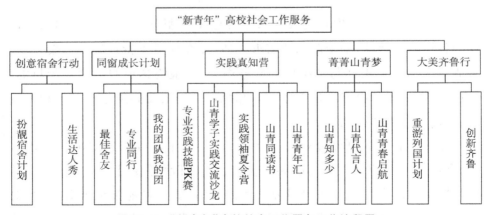

图 10-4 "新青年"高校社会工作服务工作流程图

图10-5 "新青年"高校学生个人成长计划流程图

四、设计服务表格

服务表格可以协助社会工作者有效记录服务过程和内容,并在服务评估时提供相关信息,以了解服务对象是否经由提供的专业服务而产生改变。因此,在服务项目设计的过程中,社会工作者需要根据服务目标与服务评估的要求设计具体的过程记录表格,对服务过程进行有效记录。

服务相关各方都对服务过程有所期待,因此在服务表格设计的过程中,社会工作者需要充分了解相关各方对服务的期待,并尽可能简洁、明晰地呈现整个服务过程。表10-5、表10-6为案例10-1中服务表格的示例。

表10-5 "新青年"高校社会工作服务项目工作表格清单

日常工作(Daily Work)记录表				
序号	表格名称	表格编号	订立日期	检讨日期
01	见习社会工作者工作日志	SHQ-DW-001	2014年4月1日	2014年7月1日
02	项目社会工作者工作日志	SHQ-DW-002	2014年4月1日	2014年7月1日
03	周计划表	SHQ-DW-003	2014年4月1日	2014年7月1日
04	月度工作总结报告	SHQ-DW-004	2014年4月1日	2014年7月1日
05	月度财务统计表	SHQ-DW-005	2014年4月1日	2014年7月1日
06	项目月度工作计划	SHQ-DW-006	2014年4月1日	2014年7月1日
07	工作会议记录表	SHQ-DW-007	2014年4月1日	2014年7月1日
08	个人年度工作计划	SHQ-DW-008	2014年4月1日	2015年4月1日
09	个人年度工作总结	SHQ-DW-009	2014年4月1日	2015年4月1日
10	项目年度计划指引	SHQ-DW-010	2014年4月1日	2015年4月1日

（续表）

序号	表格名称	表格编号	订立日期	检讨日期
11	项目年度总结指引	SHQ-DW-011	2014年4月1日	2015年1月1日
12	日常咨询电话记录	SHQ-DW-012	2014年4月1日	2014年7月1日
13	日常面谈咨询记录	SHQ-DW-013	2014年4月1日	2014年7月1日
14	日常媒体访问记录	SHQ-DW-014	2014年4月1日	2014年7月1日
15	日常政府视察访问记录	SHQ-DW-015	2014年4月1日	2014年7月1日
16	日常高校访问交流记录	SHQ-DW-016	2014年4月1日	2014年7月1日
17	机构印鉴使用记录	SHQ-DW-017	2014年4月1日	2014年7月1日

个案工作（Casework）记录表

序号	表格名称	表格编号	订立日期	检讨日期
18	个案接案记录	SHQ-CAW-001	2014年4月1日	2014年7月1日
19	个案计划	SHQ-CAW-002	2014年4月1日	2014年7月1日
20	个案合约	SHQ-CAW-003	2014年4月1日	2014年7月1日
21	个案服务过程记录	SHQ-CAW-004	2014年4月1日	2014年7月1日
22	个案阶段评估记录	SHQ-CAW-005	2014年4月1日	2014年7月1日
23	个案结案记录	SHQ-CAW-006	2014年4月1日	2014年7月1日
24	个案服务对象服务评估表	SHQ-CAW-007	2014年4月1日	2014年7月1日
25	个案转介记录	SHQ-CAW-008	2014年4月1日	2014年7月1日
26	个案统计表	SHQ-CAW-009	2014年4月1日	2014年7月1日
27	个案联系表	SHQ-CAW-010	2014年4月1日	2014年7月1日
28	个案回访记录	SHQ-CAW-011	2014年4月1日	2014年7月1日
29	咨询个案记录	SHQ-CAW-012	2014年4月1日	2014年7月1日
30	服务对象问题评估量表	SHQ-CAW-013	2014年4月1日	2014年7月1日
31	服务对象行为评估量表	SHQ-CAW-014	2014年4月1日	2014年7月1日
32	个案表格使用指引	SHQ-CAW-015	2014年4月1日	2014年7月1日

小组工作（Group Work）记录表

序号	表格名称	表格编号	订立日期	检讨日期
33	小组服务总体计划表	SHQ-GW-001	2014年4月1日	2014年7月1日

（续表）

序号	表格名称	表格编号	订立日期	检讨日期
34	小组服务单次计划表	SHQ-GW-002	2014年4月1日	2014年7月1日
35	小组报名表	SHQ-GW-003	2014年4月1日	2014年7月1日
36	小组签到表	SHQ-GW-004	2014年4月1日	2014年7月1日
37	小组成员基本资料表	SHQ-GW-005	2014年4月1日	2014年7月1日
38	小组过程记录表	SHQ-GW-006	2014年4月1日	2014年7月1日
39	小组总结评估表	SHQ-GW-007	2014年4月1日	2014年7月1日
40	小组成员参与度评估表	SHQ-GW-008	2014年4月1日	2014年7月1日
41	小组成员满意度评估表	SHQ-GW-009	2014年4月1日	2014年7月1日
42	小组工作员自我评估表	SHQ-GW-010	2014年4月1日	2014年7月1日
43	小组统计表	SHQ-GW-011	2014年4月1日	2014年7月1日
44	小组回访表	SHQ-GW-012	2014年4月1日	2014年7月1日

社区工作（Community Work）记录表

序号	表格名称	表格编号	订立日期	检讨日期
45	社区活动计划表	SHQ-COW-001	2014年4月1日	2014年7月1日
46	社区活动签到表/参与表	SHQ-COW-002	2014年4月1日	2014年7月1日
47	社区活动总结表	SHQ-COW-003	2014年4月1日	2014年7月1日
48	社区活动统计表	SHQ-COW-004	2014年4月1日	2014年7月1日
49	社区活动回访表	SHQ-COW-005	2014年4月1日	2014年7月1日

访问记录表（Visit Records）

序号	表格名称	表格编号	订立日期	检讨日期
50	宿舍探访记录	SHQ-VR-001	2014年4月1日	2014年7月1日
51	宿舍探访资料表（首次使用）	SHQ-VR-002	2014年4月1日	2014年7月1日
52	职能部门探访记录（首次使用）	SHQ-VR-003	2014年4月1日	2014年7月1日
53	职能部门走访记录	SHQ-VR-004	2014年4月1日	2014年7月1日
54	宿舍探访统计表	SHQ-VR-005	2014年4月1日	2014年7月1日

（续表）

序号	表格名称	表格编号	订立日期	检讨日期
55	职能部门探访统计表	SHQ-VR-006	2014年4月1日	2014年7月1日

志愿者（Volunteer）记录表

序号	表格名称	表格编号	订立日期	检讨日期
56	志愿者登记表	SHQ-VP-001	2014年4月1日	2014年7月1日
57	志愿者服务记录	SHQ-VP-002	2014年4月1日	2014年7月1日
58	志愿者培训/团建记录	SHQ-VP-003	2014年4月1日	2014年7月1日
59	志愿者统计表	SHQ-VP-004	2014年4月1日	2014年7月1日
60	团体志愿者登记表	SHQ-VT-001	2014年4月1日	2014年7月1日
61	团体志愿者服务记录	SHQ-VT-002	2014年4月1日	2014年7月1日
62	团体志愿者培训/团建记录	SHQ-VT-003	2014年4月1日	2014年7月1日
63	团体志愿者统计表	SHQ-VT-004	2014年4月1日	2014年7月1日

督导/培训记录表（Supervise Records）

序号	表格名称	表格编号	订立日期	检讨日期
64	个别/小组督导记录	SHQ-SR-001	2014年4月1日	2014年7月1日
65	督导评估反馈表	SHQ-SR-002	2014年4月1日	2014年7月1日
66	督导反思记录	SHQ-SR-003	2014年4月1日	2014年7月1日
67	督导统计表	SHQ-SR-004	2014年4月1日	2014年7月1日
68	机构培训记录	SHQ-SR-005	2014年4月1日	2014年7月1日
69	机构培训评估表	SHQ-SR-006	2014年4月1日	2014年7月1日
70	培训统计表	SHQ-SR-007	2014年4月1日	2014年7月1日

管理工作（Management Work）记录表

序号	表格名称	表格编号	订立日期	检讨日期
71	项目社会工作者绩效考核表	SHQ-MW-001	2014年4月1日	2015年5月1日
72	项目主任月度绩效考核表	SHQ-MW-002	2014年4月1日	2015年5月1日

表 10-6 "新青年"高校社会工作服务项目个案工作计划表

社会工作者姓名		接案日期	年　月　日	个案编号	
服务对象基本情况					
姓名		性别		年龄		学院		专业		班级	
辅导员姓名			辅导员联系方式		
家庭住址			联系电话	（固话）	（手机）

服务对象需求（根据重要性、严重性进行排列）

自述需求	
评估需求	

服务对象资源评估（显性资源、潜在资源）

机构可联系服务资源及限制

工作目标（按服务的重要性排序）

总目标	
具体目标	

计划介入系统

介入方法及行动

（续表）

评估时间及方式			
备注			
社会工作者签字		日期	年　月　日
督导签字		日期	年　月　日

在案例10-1中，为确保对服务项目的各项工作资料有效建档与留存，项目设计团队在规划初期即征求相关各方意见与建议，制作了项目工作表格清单，见表10-5。其中每一个服务表格的内容都是按照专业要求，并充分考虑相关方的资料留存及预期而制成的，比如从个案工作计划表10-6中可以清晰地看到，设计团队充分考虑到了对未来服务资料过程性信息进行留存。

五、明确服务投入

社会工作者要针对服务的具体内容，确定服务项目需要投入的资源和服务预算，即项目的可能收入与支出。通过审查资源投入，社会工作者可以确认项目的规模与财务状况。而服务投入情况是工作团队进行内部财务管控的重要依据，也是对外争取相关资源的工具。

在成效导向的项目规划中，社会工作者需要从服务对象、人力资源、知识与技术、物质资源、场地、设备、合作方与经费等八个方面进行综合考虑。

（一）服务对象

由于服务对象是改变的主体，因此成效导向的服务项目规划会将服务对象看作资源投入的一个方面。社会工作者需要对服务对象的资格进行详尽的描述，有效地预估服务的人数，并据此进一步估算项目所需投入的各种资源。

（二）人力资源

为达成项目目的与目标所需投入的人力资源，包括专职工作人员，如社会工作者、心理咨询师、行政助理等资格与人数，以及兼职工作人员，如兼职教师、志愿者等资格与人数。只有全面考虑服务投入的人员安排，并恰当估算出服务提供者的工作承载量，才能够确保服务品质。

（三）知识与技术

知识与技术是指社会工作者等在提供服务时所需具备的能力，例如个案管理、叙事治疗、音乐治疗等。有时需要聘任相应的专业人士，或是通过教育训练来提升工作人员的相关知识与技术。

（四）物质资源

物质资源是指直接提供给服务对象的资源，例如食物、衣服、玩具等。尤其是在救助困难群体时，要特别考虑物质资源的投入程度，这直接关系到项目的成本预算。

（五）场地

场地是指落实项目服务时所需使用的物理空间，例如开展咨询会谈服务的咨询室、开展课业辅导的教室等。选择项目的场地需要充分考虑可及性与使用便利性。可及性是指服务对象可以就近接受服务；使用便利性则指场地的设计需要充分考虑青少年服务对象的特点，尤其是场地的安全性，例如台阶的设计与墙角的安全性等。

（六）设备

设备是指提供服务时所需要的器材，例如青少年服务中的沙盘、电脑等，是社会工作者提供服务时必须借助使用的工具。

（七）合作方

合作方是指执行项目时所需要联系、合作的单位，包括跨专业团队或人员，需要合作的政府部门、私人企业等。

（八）经费

经费是指服务项目可能支出的所有资金。在进行服务项目规划的过程中,社会工作者要详尽思考执行每项活动所需使用的经费。

为了便于明晰所有资源投入,服务规划者可以使用表格呈现,示例见表10-7。

表10-7 "新青年"高校社会工作服务项目年度投入一览表

序号	投入分类	年度投入
01	服务对象	年度服务学校一年级新生××人
02	人力资源	全职社会工作者2人,专业督导4人,心理咨询师2人,学生志愿者××人
03	知识与技术	个案管理、历奇、小组服务
04	物质资源	图书、历奇活动物资
05	场地	学校投入建设办公及服务场地××平方米
06	设备	办公电脑4台,打印机1台,多媒体投影设备1套,音响及话筒1套
07	合作方	校团委、各二级学院
08	经费	××元

六、形成服务成效评估方案

社会工作服务机构需要接受社会的问责,专业工作团队经常需要在项目执行过程中与项目结束后提供相关报告,以呈现服务对象产生的改变,这也是专业成长和发展的要求。因此,为了能够较好地了解服务对象是否产生改变,以及产生哪些改变,社会工作机构就要在项目设计过程中对服务的成效评估有更为充分的考量。

服务成效评估往往在服务的后期甚至是结束后进行,但是许多支撑材料和服务信息来自服务过程,因此在项目设计过程中形成完整的成效评估方案可以有效达成最终的成效评估。

在服务成效体系中,服务的改变性成效和维持性成效所占比例较大,此外服务成效还包括服务的流程性成效。其中,服务的改变性成效主要是指服务对象经过专业服务后,在认知、情绪、知识、态度、技能、生活状态等方面的改善情形;服务的维持性成效是指服务对象在接受服务后,对其健康状况、生活环境、生活品质等方面恶化的延缓或者预防情形;服务的流程性成效则是指在整个服务过程中,服务对象是否感受到被尊重与被接纳,服务对象的隐私权等生存与发展权利是否得到保护等情形。

在青少年社会工作服务项目设计中,社会工作者需要根据整体项目设计,呈现青少年最终的改变,并将其转化为可观察和可测量的指标,明确需要收集的资料、时间节点以及人员安排等,以最大化呈现服务项目的发展成效。

（一）成效评估的逻辑

青少年社会工作服务项目的成效包括服务的产出（output）和成果（outcome）,是由服务所投入的资源与具体的服务活动推演而来。因此,在考虑服务的产出与成果时,需充分考虑前文中的服务内容设计与资源投入,以及与服务项目的目的与目标的对应性。在案例10-1中,"新青年"项目的长期成效目标为:以社会工作的专业理论与方法,改善当前高校学生思想政治教育的现状,助力实现"立德树人"的根本目标。因此,在服务项目的第二年,项目的目标设定是协助大学生参与志愿服务,从而营造"学习中提升,服务中成长"的校园文化氛围,提升学生的自我效能感、社会责任感和发展使命感,在服务实践中实现学生的品德养成教育,培养新时期有理想、有道德、有责任、有能力的"新青年"。为有效达成服务成效,项目设计团队可以制作逻辑框架图来澄清设计思路,详情示例见图10-6。

（二）确认指标

指标应是可观察、可测量、具体且明确的陈述,将较为抽象的成效转化为明确、特定、可观察和可测量的事项。具体而言:（1）指标必须是可观察与可测量的,具有可测性;（2）指标必须能描述成效发生时的情况;（3）指标必须使人们看后形成相同或相似的理解。

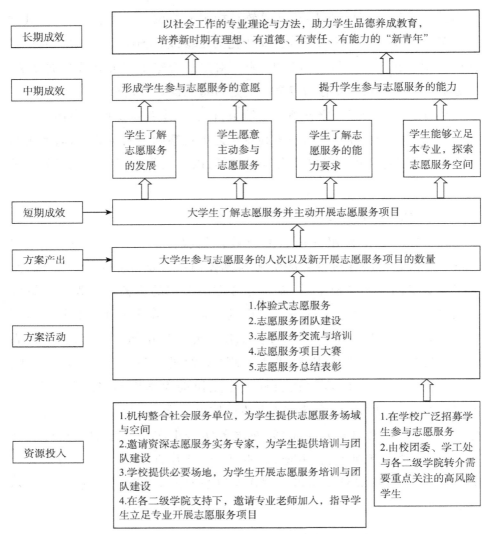

图 10-6 "新青年"高校社会工作服务项目成效评估的逻辑图(部分)

在青少年社会工作服务项目规划中,项目设计团队应充分按照专业要求,根据成效评估逻辑框架设定可操作化评估指标,并与项目相关方就最终服务成效指标进行协商,确保指标的合理性与现实性,从而形成服务项目评估具体指标列表。在案例 10-1 中,关于年度评估指标的具体示例见表 10-8。

表10-8 "新青年"高校社会工作服务项目年度评估指标一览表（部分）

最终成效		年度成效指标	过程性成效	年度过程性指标
助力高校思想政治教育改革，培养有理想、有道德、有责任、有能力的"新青年"	1. 学生发展性指标	1.1 90%参与服务的学生有积极、正面的自我认知与体验 1.2 85%参与服务的学生对国家与社会积极的社会参与认知 1.3 80%参与服务的学生有良好的社会责任体验 1.4 75%参与服务的学生形成专业学习动力 1.5 30%参与服务的学生获得各项优秀表彰 1.6 发展5—8个社会影响力，能够服务社会的大学生志愿服务项目	1.1 学生参与志愿服务意愿提升 1.2 学生参与志愿服务能力提升	1.1 开展学生自我认知及成长服务6—8次，改善学生自我认知，促进学生健康成长 1.2 开展面向学生宣讲及体验式学习活动6次，提升学生对国家政策的有效认知 1.3 组织面向学生的优秀青年人才分享与服务参与活动6次，提升学生对社会发展的积极认知 1.4 发展5—8个大学生志愿服务项目 1.5 组织社团工作与专业成长交流活动4次，指导学生参与社团工作中提升专业学习动力 1.6 组织学生志愿服务培训4次，内化学生的社会责任感，提升学生的社会服务能力
	2. 学生改善性指标	（针对各部分转介案例及项目中发现的高风险学生群体） 2.1 60%以上出现学业预警情况不再出现 2.2 70%以上出现违规违纪情况不再出现 2.3 20%的高风险学生困境得到有效改善，能够脱离高风险状态	2.1 学生参与志愿服务意愿提升 2.2 学生参与志愿服务能力提升	（针对各部分转介案例及项目中发现的高风险学生群体） 2.1 80%以上的高风险学生愿意参与志愿服务 2.2 为高风险学生组织针对性自我成长互助小组4个，协助其形成正面自我认知 2.3 为高风险学生提供学业帮扶一对一服务，有效改善其学业预警情况 2.4 为高风险学生提供个案管理服务，以个别化服务预防高风险出现

(续表)

最终成效	年度成效指标	过程性成效	年度过程性指标
助力高校思想政治教育改革,培养有理想、有道德、有能力、有责任的"新青年"	**3.工作机制完善指标** 3.1 形成校团委、学工处、思政部与高校社会工作服务项目的日常工作机制 3.2 形成各二级学院社会工作服务项目团队与专业教研室与高校社会工作服务项目的日常工作机制 3.3 形成高校社会工作服务项目的专业督导与培训工作机制 3.4 形成高校社会工作服务项目大学生志愿者管理与可持续发展工作机制 3.5 形成高校社会工作服务项目日常运行、管理与宣传等工作机制	3.1 学生参与志愿服务意愿提升 3.2 学生参与志愿服务能力提升	3.1 每季度召开一次学校相关部门工作协调会议,为服务发展提供机制保障 3.2 每月制作项目工作月报,向相关部门及二级学院介绍服务进展 3.3 每季度提供一次团队专业督导 3.4 专业督导每年为每位项目社会工作者提供不少于4次的个别工作督导 3.5 组织校内志愿服务项目大赛1次,为优秀志愿服务项目提供表彰和支持 3.6 组建校内志愿服务督导团队,为大学生志愿服务提供专业督导服务 3.7 为志愿服务团队提供不少于2次的团队建设服务,提升志愿服务团队的凝聚力和行动力

（三）收集资料

1. 收集资料的方法

在成效评估的过程中，收集资料的方法基本建立在社会科学相关研究方法的基础之上，包括定量资料与定性资料的收集方法。定量资料通常使用问卷调查与结构式观察等方法收集，而定性资料通常使用深度访谈法、焦点小组与服务资料分析法等方法收集。

2. 收集资料的工具

根据不同资料收集的要求与方法，社会工作者须在充分了解评估指标内涵的基础上，选择适当的工具收集相关资料，如录音笔、摄像机、量表等。

3. 收集资料的方式与范围

社会工作者选择收集资料的方法与工具之后，需要进一步落实谁、什么时间、在什么地方收集相关的资料，才能最佳保证相关资料的有效性与系统性。案例10-1中的相关示例见表10-9和表10-10。

表10-9　资料收集思考辅助表

	HOW	WHO	WHEN	WHERE
指标	方法和工具	程序		
		谁负责提供资料？谁负责收集资料？	在方案的哪个时间节点收集资料？收集资料的频率、次数？	在什么地方收集资料？

表10-10　"新青年"高校社会工作服务项目成效评估资料收集辅助表

指标		HOW	WHO	WHEN	WHERE
1. 学生发展性指标	1.1 90%参与服务的学生有积极、正面的自我认知体验	问卷、访谈、参与式观察	社会工作者、学工人员、学生志愿者	学年中期、学年结束	学校

（续表）

		指标	HOW	WHO	WHEN	WHERE
	1.2	85%参与服务的学生对国家与社会积极的社会体验与认知	问卷、访谈、参与式观察	社会工作者、学工人员、学生志愿者	学年中期、学年结束	学校
	1.3	80%参与服务的学生中有良好的社会责任体验	问卷、访谈、参与式观察	社会工作者、学工人员、学生志愿者	学年中期、学年结束	学校
	1.4	75%参与服务的学生形成专业学习动力	问卷、访谈	社会工作者、学工人员	学年中期、学年结束	学校
	1.5	30%参与服务的学生获得各项优秀表彰	档案或记录资料分析	学工人员	学年结束	学校
	1.6	发展5—8个有社会影响力、能够服务社会的大学生志愿服务项目	档案或记录资料分析	学工人员	学年结束	学校
2. 学生改善性指标	2.1	60%以上接受服务的高风险学生不再出现学业预警情况	档案或记录资料分析	学工人员	学年中期、学年结束	学校
	2.2	70%以上接受服务的高风险学生不再出现违规违纪情况	档案或记录资料分析	学工人员	学年中期、学年结束	学校
	2.3	20%的高风险学生困境得到有效改善，能够脱离高风险状态。	档案或记录资料分析、访谈、参与式观察	社会工作者、学工人员	学年中期、学年结束	学校
3. 工作机制完善指标	3.1	形成校团委、学工处、思政部以及高校社会工作服务项目的日常工作机制	记录资料分析、访谈	社会工作者	学年中期、学年结束	学校

（续表）

指标		HOW	WHO	WHEN	WHERE
3.2	形成各二级学院学工团队、专业教研室与高校社会工作服务项目的日常工作机制。	记录资料分析、访谈	社会工作者	学年中期、学年结束	学校
3.3	形成高校社会工作服务项目的专业督导与培训工作机制	记录资料分析、访谈	社会工作者	学年中期、学年结束	学校
3.4	形成高校社会工作服务项目大学生志愿者管理与可持续发展工作机制	记录资料分析、访谈	社会工作者	学年中期、学年结束	学校
3.5	形成高校社会工作服务项目日常运行、管理与宣传等工作机制	记录资料分析、访谈	社会工作者	学年中期、学年结束	学校

七、撰写服务项目计划书

在经历完整的项目规划设计过程之后，社会工作者需要根据前期所有的规划设计过程形成一份项目计划书，呈交服务相关各方。服务项目计划书是社会工作者向他人澄清项目内容、实施过程与预期成效的重要载体或工具，因此社会工作者需要以书面的形式说清楚、说明白要做的事情，而他人特别是服务的购买方与合作方，也需要以项目计划书为依据，判定是否投入资源。同时，服务项目计划书呈现了社会工作者希望完成的具体工作内容，所有可能参与项目的工作人员据此对整个项目有较为清楚的理解，这是未来工作推进的主要依据。

一般来说，服务项目计划书应包括以下几个部分。

（一）前言/服务缘起/服务背景

项目计划书开篇需要简要说明启动服务项目的原因和社会背景。初次开展的服务项目的计划书要说明项目落地的经济、社会以及政策背景，突出项目的社会价值和紧迫性。而对于已落地的服务项目，其计划书则要说明前期项目实施情况以及新发展空间。

（二）社会问题分析/需求分析

该部分主要围绕服务项目聚焦的社会问题及服务需求进行相关分析，说明服务项目定位与内容的精准性。社会工作者可通过前文所介绍的需求分析方法和项目定位分析角度，从青少年服务对象、利益相关方以及团队自身不断聚焦服务项目的问题和需求，从而厘清服务项目的核心定位。

在需求分析的过程中，社会工作者应注意四类需求的相互补充，服务项目中不仅要有感受性需求，也要有表达性需求、规范性需求和比较性需求。对于一些新落地的项目，由于缺乏前期实地调研资料的有效支撑，社会工作者可通过文献梳理、政策文本分析以及理论假设等判断规范性需求和比较性需求。

（三）厘清理论支持

社会工作者需要说明服务的支持理论及其核心观点和分析框架，并以此形成针对服务项目中社会问题/需求的系统性分析框架与专业逻辑体系。

（四）目的与目标

在充分的社会问题分析/需求分析基础上，社会工作者要在一定理论框架逻辑之下，明确项目的目的和目标。项目目标陈述应以凝练的语言，说明项目的未来发展预期，并以相应的定量与定性的方式呈现。

（五）服务策略与方法

服务项目的策略与方法需要紧紧围绕服务需求和项目的目标进行选择，充分考虑服务资源的利用与服务成效，确定服务流程的先后顺序，采用专业方法,并考虑服务的系统性、渐进性与成果的累加性。

(六)进度安排

社会工作者需要充分考虑目标要求、团队能力和服务风险预案等,安排进度,以时间为轴,理顺关键事件节点。

(七)预算

社会工作者需要根据财务规范要求安排预算。预算要保证项目策略与方法的充分落实,保障项目目标的有效达成。

(八)成效评估

在理顺整个项目的目标、策略、进度与预算之后,社会工作者需要从成效评估指标建构角度,回顾检视项目实施过程,并围绕最终成效评估指标的达成与呈现,梳理和明确成效评估资料的收集与分析的方法,明确资料的收集方式与时间节点,形成具有操作性的服务项目自我监测与成效评估计划。

社会工作服务项目计划书是项目规划的直接成果,也是社会工作服务项目开展的蓝本,必须涵盖以上八个方面的内容,并且表达要清晰、准确与具体。

案例 10-2 是案例 10-1 中的一份完整的社会工作服务项目计划书(2015—2016 年度第一学期)示例。

★ 案例 10-2

山青"新青年"高校社会工作服务项目计划书
(2015—2016 学年第一学期)

一、背景

"新青年"高校社会工作服务项目是山东青年政治学院创新大学生思想政治教育模式的专业社会工作服务项目。项目由山东青年政治学院出资,济南山青社会工作服务中心承接实施。项目在"全人教育"和"体验式学习"的理念指引下,以社会工作专业理论与服务方法,探索适合新时期大学生成长需求的思想政治教育新模式。项目自2014年10月落地以来,在校领导的直接领导下,在政治与公共管理学院的专业推进下,在学生处与各二级学院的大力支持下,顺利推进实施。截止到2015年8月底,服务项目累计服务在校学生超过12 000人次,为学生社团提供服务培训与指导90余次,为学生工作人员提供服务培训80余人次,并初步形成了新生适应小组、交谊舞小组等常规服务,"新青年"高校社会工作服务项目成为学生认可并信赖的服务阵地。同时,项目拓展了"Running man"探索山青活动、暑期"学'习'"实践团等创新服务活动,在学校归属感培养、学生实践责任提升等方面进行了有益探索和尝试,为服务项目下一步的深入发展奠定了基础。服务一年来,"新青年"项目得到了二级学院的工作认可,项目社会工作者与学生工作人员、学生社团之间的互动与联系密切,形成了初步的工作合作机制,为服务项目融入学校学生管理服务体制、形成学生成长特色平台夯实了发展基础。

二、需求分析

(一) 互联网时代给高校学生工作带来新挑战

互联网时代的到来,加快了个人信息化的交流与互动,带来了多元价值观并存。西方的民主政治模式、以个人为中心的资本主义价值体系以及一些腐朽堕落的文化、生活方式等,给大学生造成一定的影响。市场经济的进一步深化,冲击着社会主流思想意识和传统价值观念。有些大学生呈现出理想信念模糊、政治信仰迷茫、道德素质滑坡、诚信意识淡薄等倾向。随着高等教育不断扩招,学生数量不断增多,学生的差别性、个别化不断增强,带来大学生就业难等竞争压力,不少学生产生了或多或少的心理压力,有的学生甚至出现了很难适应学校和社会生活的现象。这些都给高校学生工作带来挑战。

(二) 新建本科高校给学生工作带来新挑战

2010年3月,经教育部批准,山东青年政治学院正式成为普通本科院校,日常在校学生包括本科学生和专科学生两个部分。由于学校刚刚升本,因此在如何分类管理并促进本专科学生共同发展方面,面临新挑战。此外,随着高校不断扩招,专科录取分数不断降低,有些新生对自我缺乏积极认知,容易形成"破罐子破摔"的消极情绪。同时,部分刚刚升为本科的专业中,相当一部分学生是调剂生,他们对学校和专业的认同度较低,部分人无法调整负面情绪和状态,这不仅严重影响个人成长,也会影响周边同学和学校教育目标的达成。

(三)学生的新特点需要高校学生工作创新工作模式

"90后"大学生大多为独生子女,他们价值取向、思想特点、成才意识、观察问题和处理问题的方式都有很大的变化。他们主流思想积极向上,但出现多样性的特点;民族精神振奋昂扬,但感性多于理性;价值取向健康向上,但有知行脱节现象;积极进取精神突出,但心理素质亟待增强。因此,新时代的学生工作要求我们必须把握"90后"大学生的思想特点,创新高校学生工作的模式。

三、服务项目定位与支持理论

(一)本学期服务项目定位

在"新荷"计划顺利完成基础上,本学期服务项目计划开展"微爱益行",着力"体验式学习过程中的思想教育与引领,以行动践行理想"的发展目标,围绕"理想责任"和"行动能力"的核心服务主题,以"青年志愿服务常规化、长效化发展",构建"新青年"思想成长资源平台,营造"学习中提升,服务中成长"的校园文化氛围,提升学生的自我效能感、社会责任感和发展使命感,在服务实践中实现学生的品德养成教育,培养新时期有理想、有道德、有责任、有能力的"新青年"。

(二)支持理论

1. 全人教育

"全人教育"强调教育的目的是人的整体发展,包括人的智力、情感、社会、身体、创造力、直觉、审美和精神潜能等的发展。"全人教育"关注人生经验,探寻对人生的理解和意义体认,致力于培养学生的探索精神和创造力,使其有充分的能力与方法应对未来的生活;相信人的不同能力相互支撑,生活能力、实践能力等能力的提升能够促进学习能力的发展。

因此,在本服务项目中,我们在"全人教育"理念的指引下,一方面促进大学生参与社会生活,在探寻人生价值的过程中渗透社会主义核心价值观教育,从而促进大学生对核心价值观的内化与体认;另一方面,促进大学生生活、社会、身体、创造力等各种能力的发展,实现大学生的全人成长。

2. 体验式学习

"体验式学习"又称"活动学习",是指个人通过在活动中的充分参与来获得个人体验和成长的学习方式。青少年个体参与活动必然要和同伴群体进行互动交流,这一交互影响的过程既是个人增强体验的过程,也是能力提高的过程。过程中的不愉快或者矛盾与冲突也是体验与成长的契机。如果加上导师的有效指导,体验式学习的效果更佳。

青年人内心渴望自我探索和成长,但是又因尚不成熟而需要更多学习。本服务项目将以"体验式学习"为重要介入思路之一,通过个案工作、小组工作和社区工作的方法,引导学生参与和自我实践,通过实践导师的指导,促进其同伴交流与共同成长,从而实现服务项目的最终目标。

四、本学期发展目标

(1) 累计服务在校学生6000人次,提高项目在学校的知晓度,提升项目的美誉度和社会影响力。

(2) 形成30—50人的核心学生团队,初步形成项目学生团队拓展的工作机制。

(3) 培育3—5个大学生志愿服务团队,初步形成3—5个特色志愿服务项目。

(4) 营造志愿服务的校园氛围,提升学生的服务参与意识。

(5) 形成大学生志愿服务培训与志愿手册一份,以志愿服务形式深化学生社会主义核心价值观。

（6）形成新生入学适应手册一份，为新生入学常规化服务工作提供专业指导与支持。

（7）与学工处、校团委等相关工作部门形成有效的工作推进机制，确保服务的持续、深入发展。

（8）形成阶段性项目研究成果一项，为服务项目的深化发展提供智力支持。

五、本学期核心服务

项目将面向全校开展成长性发展服务，以促进学生社会主义核心价值观内化、提升学生服务社会能力为核心，以"社会工作者+分管部门+核心学生社团"模式组成分计划的实施团队，开展服务。同时，探索对高风险学生的个案管理服务以及服务模式的构建。

为保障成长性发展服务与高风险学生的个案管理服务的开展，提供专业支持及转化工作成果，本学期亦将开展专业督导培训工作与项目研究。

（一）成长性发展服务

1. 服务内容

本学期服务项目以"直接服务+特色讲堂"的形式，针对不同阶段的学生开展不同特色的主题计划活动，辅以专业交流培训，从而使学生在实践中内化社会主义核心价值观与本专业实践知识，在交流培训中提升责任感，强化专业反思。

2. 服务团队建设

成长性发展服务将采用"社会工作者+分管部门+核心学生社团"的模式。社会工作者与分管部门沟通，采用指定社团或社团投标的形式，落实确定承接服务的学生社团，以项目化管理推进子项目的实施运作；专业社会工作者提供专业指导，分管部门提供行政支持，学生社团具体落实，通过服务过程提升学生社团的项目运作能力。

（二）高风险学生个案管理服务

本项目将通过学生心理普测筛查、学业状况调查与就业评估等，对在校学生进行高风险筛查。针对在学业、人际、行为等方面出现不良表现，严重影响个人成长以及周围学生正常学习生活的高风险学生，项目社会工作者将建立个案管理服务档案，与学校心理咨询部门、学生管理部门、社会工作教研室、心理教研室等组成个案管理服务系统，探索部门整合下的高风险学生个案管理服务机制，降低风险阈值，预防危机发生。

（三）督导培训工作

1. 项目督导工作

为保证服务项目的专业服务品质，本校社会工作教研室实践教师、全国首批社会工作专业领军人才、全国首批实务督导老师×××将担任项目督导，每月为项目提供专业督导三次，促进服务项目的专业化发展。

在服务过程中，依据服务项目发展需求，组织专业教师协助项目社会工作者为参与各不同子计划服务的学生/实习生提供专业指导及培训工作，从而保证服务的全面推进。拟安排教师×××担任新生适应小组督导；×××担任高风险学生个案管理服务督导；×××担任青年志愿服务督导；并安排山东省"12355"青少年公共服务平台主任、济南山青社会工作服务中心市中区地区主任×××担任项目的校外导师，协助整合校外资源与指导专业工作方法。

2. 专题培训工作

学期内，为学校学生工作人员与学生社团开展专题培训，一是普及社会工作基本知识，二是提升学校学生工作队伍专业化水平。

（四）研究工作与实务工作成果

在服务项目开展过程中，政治与公共管理学院将在实务基础上组织教师团队进行研究，分别从高校社会工作服务机制建设、模式建设与服务成效评价等方面进行专项调研，从而形成阶段性服务研究成果。同时组织专业教师与项目社会工作者共同完成《新生适应工作手册》等实务工作手册，形成实务工作成果。

六、进度安排

（一）成长性发展服务进度安排表

表 10-11　"新青年"高校社会工作服务项目成长性服务安排表

学生成长阶段	服务类别	服务计划	主要内容	预期开展时间
新生适应期	直接服务	新生适应小组	协助新生实现大学阶段的校园适应、学习适应、人际适应以及自我状态调试等，促进新生尽快融入大学生活	2015年9—10月
		Running man探索计划	与体育部合作，在探索山青校园的过程中检视新生的校园适应力，提升新生学校归属感	2015年10月
	文化建设服务	山青"新生"讲堂	结合新生适应小组形成的新生需求评估情况与学涯发展规划议题，邀请专家或积极青年代表组织开展对话式分享活动；协助新生初步形成对自我学涯和能力发展的规划与设想	2015年10—12月
校园成长期	直接服务	"山青益学"计划	在现有带班学长工作基础上，以专业为单位挑选优秀学长组成"同行学长团"，定期组织专业交流分享会，并针对本专业学生进行个别化帮扶，从而在服务过程中形成专业凝聚力，培养高年级学生的服务责任感，帮助低年级学生实现自我成长	2015年10—12月
		"山青益动"计划	指导学生在校园内针对学生安全、校园卫生、宿舍氛围营造等议题组织志愿服务小组，促进提升学生服务他人的意识和能力，构建和谐校园 指导学生面向社会中的困难社群和社会发展热点议题，组成专业化志愿服务团队，通过志愿服务内化专业知识，提升专业实践操作能力、社会责任感和使命感	2015年10—12月

（续表）

学生成长阶段	服务类别	服务计划	主要内容	预期开展时间
		"山青益社"计划	指导学生面向社会弱势社群和社会发展热点议题，依托专业组成专业化志愿服务团队，通过志愿服务内化专业知识，提升专业实践操作能力，强化社会责任感和使命感	2015年10—12月
		"山青益新"计划	为青年志愿团队开展志愿服务项目研发、项目实施、团队建设等服务培训，实现对志愿服务团队的能力建设	2015年10—12月
	文化建设服务	山青"树人"讲堂	邀请省内外志愿服务专家与资深公益人为学生开展主题讲座及培训，引导学生内化志愿服务精神，提升专业能力和核心价值观内化	2015年10—12月
毕业展翅期	直接服务	"研励"计划	与教学部门充分合作，为考研学生提供必要的专业指导、情绪支持等服务，协助备考学生较好地调试自我状态，获得充分的考研信息，顺利实现考研目标	2015年10—12月
		"职场达人秀"计划	以专业为单位，邀请本专业优秀毕业生为大四/大三学生提供就业指导，并尝试开展入职导向服务，协助准备就业的学生顺利进入职场	2015年10—12月
	文化建设服务	山青"梦想"讲堂	邀请道德模范与具有社会影响力的青年领袖为学生开展分享论坛，引导青年学生实现对理想、责任的思考与内化	2015年10—12月

（二）专题培训工作进度安排表

表10-12 "新青年"高校社会工作服务项目专题培训安排表

培训主题	培训对象	预期开展时间
学校社会工作与辅导员工作的整合	学生工作人员	2015年10月
体验式学习——历奇方法在青年成长中的运用	学生工作人员	2015年10月

(续表)

培训主题	培训对象	预期开展时间
服务项目定位与计划撰写	学生社团	2015年10月
社会工作专业督导	项目社会工作者及社会工作教研室人员	2015年11月
服务项目成效评估与展示	学生社团	2015年11月

七、预算（待定）

表10-13 "新青年"高校社会工作服务项目学期资金预算表

支出用途		金额（元）	预算内容
服务项目活动经费	服务宣传材料印制	××	服务过程中的宣传单张、宣传海报的设计工作可以交给相关设计院系完成，服务项目承担文印制作费用
	大型活动奖励	××	"山青益学"计划、"山青益动"计划、"山青益社"计划、"研励"计划、"职场达人秀"计划开展过程中，将对优秀志愿服务团队及优秀学生进行奖励，根据"物质奖励为辅，支持发展奖励为主"的原则，对于优胜者，以提供领袖培训和更多参与实践发展机会为主，辅以少量物质奖励；为每个子计划提供小额奖励
	讲堂专家邀请	××	"新生"讲堂、"树人"讲堂及"梦想"讲堂活动将邀请国内知名专家培训3—9次；根据财务要求申请相关费用
	服务耗材购买	××	服务过程中彩笔、颜料、白板笔、破冰游戏用品等活动材料的购买
心理咨询值班费		××	根据学工处相关规定落实参与教师的补贴
新生心理普测补贴		××	
项目培训经费		××	拟邀请校外专家开展主题培训5次；根据财务要求申请相关费用
督导经费		××	拟邀请校外专家督导不少于3次，机构专业督导不少于6次；根据督导制度标准申请相关费用

（续表）

支出用途		金额（元）	预算内容
研究经费		××	服务过程中开展的相关专业研究支出
人员薪酬		××	项目中社会工作者等人员的工资、保险、津贴等支出
其他服务费用	服务月报制发费用	××	每月制作工作简报，以电子形式发送至校内工作系统，并印制100份，用于留存和发放；学期内共印制5期
	服务资料文印费用	××	服务过程中各项文字材料、个案记录、服务记录、服务评估资料等的印制费用
	项目管理费	××	服务过程中工作团队的行政管理成本等支出
	服务应急费用	××	服务过程中不可预期的服务支出
合计：××××			

八、成效评估计划

根据本学期服务项目的主要推进过程，形成项目自我评估方案，见表10-14。

表10-14 "新青年"高校社会工作服务项目成效评估指标及评估方式一览表

指标			HOW	WHO	WHEN
1.学生发展性指标	1.1	90%参与服务的学生有积极、正面的自我认知体验	问卷、访谈、参与式观察	社会工作者、学工人员、学生志愿者	期中、期末
	1.2	80%参与服务的学生形成良好的社会责任体验	问卷、访谈、参与式观察	社会工作者、学工人员、学生志愿者	期中、期末
	1.3	85%参与服务的学生对国家与社会有积极的社会体验与认知	问卷、访谈、参与式观察	社会工作者、学工人员、学生志愿者	期中、期末

（续表）

指标		HOW	WHO	WHEN
	1.4 75%参与服务的学生形成专业学习动力	问卷、访谈	社会工作者、学工人员	期中、期末
	1.5 30%参与服务的学生获得各项优秀表彰	档案或记录资料分析	学工人员	期末
	1.6 发展5—8个有社会影响力、能够良好服务社会的大学生志愿服务项目	档案或记录资料分析	学工人员	期末
2. 学生改善性指标	2.1 60%以上接受服务的高风险学生不再出现学业预警情况	档案或记录资料分析	学工人员	期中、期末
	2.2 70%以上接受服务的高风险学生不再出现违规违纪情况	档案或记录资料分析	学工人员	期中、期末
	2.3 20%的高风险学生困境得到有效改善，能够脱离高风险状态	档案或记录资料分析、访谈、参与式观察	社会工作者、学工人员	期中、期末
3. 工作机制完善指标	3.1 形成校团委、学工处、思政部以及高校社会工作服务项目的日常工作机制	记录资料分析、访谈	社会工作者	期中、期末
	3.2 形成各二级学院学工团队、专业教研室与高校社会工作服务项目的日常工作机制	记录资料分析、访谈	社会工作者	期中、期末
	3.3 形成高校社会工作服务项目的专业督导与培训工作机制	记录资料分析、访谈	社会工作者	期中、期末
	3.4 形成高校社会工作服务项目大学生志愿者管理与可持续发展工作机制	记录资料分析、访谈	社会工作者	期中、期末
	3.5 形成高校社会工作服务项目日常运行、管理与宣传等工作机制	记录资料分析、访谈	社会工作者	期中、期末

本章小结

1. 社会工作服务项目是在社会工作专业理论指导下,解决某一社会问题或满足特定服务需求,运用相关的资源与专业方法进行规划并实施的服务活动。社会工作项目规划是对开展社会工作服务进行的一系列有逻辑关系的专业服务活动的筹划、设计与安排。社会工作规划理论分为"规划本身的理论"与"规划过程中使用的理论"。

2. 在青少年社会工作服务项目的定位规划中,首先要选择规划理论,在规划理论的指引下,明确服务成效和项目规划逻辑;通过对服务对象、服务情境以及工作团队的全面评估,界定服务的介入范围;厘清服务的支持理论,从而为服务设计确定行动框架;确定服务的目的与目标,为青少年社会工作服务项目明确项目定位。

3. 在青少年社会工作服务项目的实施规划中,社会工作者应通过服务定义的描述,确定工作团队内外对服务的理解与期待。在服务支持理论的指导下,围绕服务目标确定服务的具体内容,全面澄清服务的具体实施设计;完成工作流程图,使服务项目的运作过程更加清晰;设计服务表格,为服务实施提供过程性记录,为服务评估提供支撑;明确服务投入,为服务项目落实所有投入资源要素;形成服务成效评估方案,明确服务项目最后的服务成效与呈现形式。最终完成服务项目计划书,全面系统、有效地呈现整个青少年社会工作服务项目。

主要概念

社会服务项目(social service program)

服务成效(service effectiveness)

需求评估(need assessment)

服务目的(service goal)

成效目标(outcome objectives)

过程目标(process objectives)

思考题

1. 参考案例10-2,写一份大学生成长小组计划书。
2. 如果要在高校开展大学生自护教育,请列出你的服务规划,并做SWOT分析。
3. 对自己所在的宿舍做一次需求评估。

参考文献

童敏:《社会工作专业服务的规划与设计》,社会科学文献出版社2011年版。

童敏:《社会工作专业服务项目的设计——实践逻辑与理论依据》,社会科学文献出版社2020年版。

王世强:《社区服务项目设计》,中国社会出版社2017年版。

第十一章　青少年社会工作服务项目管理

随着社会工作的快速发展,越来越多的地区采用服务外包、项目购买等方式为青少年提供社会工作服务。青少年社会工作服务项目,不仅直接影响项目目标、服务品质以及青少年的健康成长,而且影响社会工作服务机构的生存与发展,影响社会工作行业的社会声誉。提高青少年社会工作服务项目管理的水准,将有效地保证服务的专业性与服务效果。

第一节　青少年社会工作服务项目管理的界定

有效的项目管理能够全面保证青少年社会工作服务项目的顺利执行与推进,且能够针对过程中的突发情况进行及时、有效的跟进与处理。这就要求社会工作机构的管理者能够在项目实施过程中,通过系统的行政管理规范项目实施过程、保证项目有序开展,通过社会工作专业督导的方式有效加强社会工作者的能力建设、保证服务的专业性,通过多角度的项目评估澄清和呈现服务项目的过程与成效,从而形成对青少年社会工作服务过程的专业监控与改进,达到项目管理的最优效果。

一、青少年社会工作服务项目管理的含义

在社会工作领域,项目是指在一定的时间范围内,利用一定的资源,按

照规定的服务目标和要求实施一系列服务活动,以满足服务对象需求、达成服务对象改变任务的过程。青少年社会工作服务项目主要是指那些具有明确的时间要求、特定青少年服务对象以及一定的预算安排的"社会工作项目"。这些项目通常由政府或社会组织提供资金保障,在一定的服务期间内具体回应青少年服务对象的某种需要或者某一问题。

青少年社会工作服务项目管理是指在特定的社会环境中,在一定的时限内,以满足青少年服务对象为核心的服务对象系统的主体需求为目标,调配项目相关的各种资源,把控项目实施及其成效的专业性管理行为。

二、青少年社会工作服务项目管理的意义

在当前强调绩效评估考核以及资源使用效益的社会服务发展背景下,青少年社会工作服务项目推进过程中的"项目管理"的价值日益凸显。无论是政府购买还是社会资金支持的青少年社会工作服务项目,都要在既定的时间内、有限资源投放的前提下,确保服务质量与品质,达致服务目标。因此,管理者就需要通过一系列科学的项目管理方法与手段,保障服务的有效实施与目标达成。青少年社会工作服务项目管理的意义如下。

第一,有助于提高社会资源的使用效率。

青少年社会工作服务项目管理可以增强青少年社会工作服务的时效性,达成既定目标。科学的项目管理可以对服务项目所需的时间、所要花费的成本、所拥有的资源等进行调配与控制,增强服务项目实施的计划性,为服务项目的实施提供规范的管理保障与支持,使青少年社会工作服务项目能够在有限的时间内实现资源的最大化利用。

第二,有助于保证服务项目的专业品质。

青少年社会工作服务项目管理并不是简单应用项目管理理论,而是要保证社会工作服务按照专业价值伦理和专业服务过程规范来开展专业服务,满足青少年及相关服务对象的需求。

第三,有助于提升青少年社会工作的社会影响力。

青少年社会工作服务项目不同于其他服务项目,其成效和影响往往不是短时间内就能看到的,因而社会上难免对其专业地位和价值提出怀疑和批评。科学、有效的科学管理有助于提高社会资源的使用效率、实现服务目标、提升服务质量,而这也将有助于当前社会工作专业树立自身专业地位、得到社会公众的认同、扩大专业影响力。

三、青少年社会工作服务项目管理的特点

一方面,青少年社会工作服务项目管理具有普遍性。

青少年社会工作服务项目管理与其他项目管理具有基本的一致性,即关注项目目标的实现,项目实施的效率、成效等,项目管理过程都涉及项目资金、完成时间、项目质量、人员管理等因素。这种普遍性要求青少年社会工作服务项目管理遵循项目管理的一般规律,借鉴已有项目管理的基本规范与原则。如对青少年社会工作服务项目任务的分解,要考虑和评估项目成员所具备的能力、项目的难易程度、配备督导的类别与层次等。

另一方面,青少年社会工作服务项目管理具有特殊性。

青少年社会工作服务项目管理主要涉及服务开展过程的相关人员,不仅包括社会工作机构内的工作人员,也包括青少年服务对象及其家庭、学校、社区以及其他相关部门的人员等。尤其是,青少年服务对象正处于生理、心理与社会性发展的过渡期,存在身心发展不平衡的情况,是特殊的人群。所以青少年社会工作服务项目的开展及项目管理过程更为复杂。同样,青少年社会工作服务项目的产出也比其他项目更为丰富。例如,青少年社会工作者不仅要改善青少年服务对象的物质生活,更重要的是通过服务,对青少年服务对象的认知、情感以及社会关系等诸多方面产生影响。

因此,青少年社会工作服务项目管理更加注重以下几个维度。

第一,注重青少年服务对象的需求评估和分析。

在青少年社会工作服务项目中,青少年的发展需求是项目存在的基础,促进青少年健康成长是项目的最根本目的。由于所处的环境与成长经

历等多方面因素,青少年会形成不同的认知与心理特征,产生不同的应对环境的方式与行为。所以青少年社会工作服务项目管理尤其注重对青少年服务对象需求的评估和分析,管理者要对项目人力资源进行相关的培训,并安排了解青少年群体特征的社会工作者。

第二,强调利益相关方的共同参与。

对于青少年社会工作服务项目而言,服务能否达成目标或者取得预期效果,首先取决于青少年服务对象的参与程度,如果参与不足,则无法实现预期;如果参与充分,则会出现积极的转变。其次需要考虑服务项目所涉及的其他相关主体的参与情况,如家长、同伴群体、社区工作人员、教师、政府相关职能部门人员等,他们的参与和支持影响服务的结果。因为青少年服务对象处于世界观、价值观、人生观形成的重要时期,处于其身心发展的重要阶段,良好的支持系统会对其产生直接的影响。最后要考虑承接项目主体即社会工作机构及社会工作者的专业能力。同时,社会工作服务项目出资方的预期、支持与合作等也会影响服务项目的持续性、稳定性与未来产出等。青少年社会工作服务项目管理者要根据青少年的特殊性以及社会工作服务项目的特点,注重对项目实施过程的统筹协调,强调利益相关方的共同参与。

第三,重视服务项目的社会效益。

青少年社会工作服务项目不仅要重视青少年服务对象的直接改变,而且要重视他们的生态环境的改善与其支持系统的构建;不仅要看项目直接目标的实现,而且更要看服务所带来的社会影响。服务项目不仅要推动个别或少数青少年服务对象的转变,而且要改善青少年服务对象所处的微观环境,关注具体服务项目带来的宏观效益,如青少年及社会工作政策倡导,良好社会氛围的营造。所以管理者必须明确青少年社会工作项目的社会效益,有效调配与控制成本,注重项目规划管理中的系统性视角。

四、青少年社会工作项目管理的原则

青少年社会工作项目管理需要以项目绩效为目标,根据青少年社会工作项目的特点,遵循如下原则。

(一)行政管理与专业督导相结合的原则

青少年社会工作服务项目需要在机构行政管理的框架之下开展。项目管理者要确定项目管理的基本规范、标准流程,并对项目人员进行规范性的培训和要求。同时要建构管理层级制度,明确和清晰不同管理层级所承担的管理责任。例如,在整个项目团队中,项目主任和项目社会工作者要明确各自的职责,遵从机构的管理规范,按照计划的服务流程与人员分工开展服务。如果遇到与计划不一致,尤其是突发情况,需要及时反馈项目主任,然后逐级上报。项目主任要协调项目成员,做好任务分工,把握服务进程,向项目成员提供专业、心理等方面的支持,有效整合团队力量。另外,为了保证项目服务的专业性,专业督导的跟进是必需的。

(二)绩效管理与专业性相统一的原则

青少年社会工作服务项目的绩效管理虽然也要考虑人、财、物等资源的投入和产出,考虑社会工作者的工作量,如活动次数、服务人次等量化统计指标,但由于青少年处于发育的关键期,因此还要考虑质性的内容,如社会工作者在多大程度上促进了青少年为核心的服务对象系统社会功能的恢复和发展,青少年服务对象在心态、看待问题视角等方面的转变,以及项目产生的社会影响等。青少年社会工作服务项目管理要将量化与质性指标有机结合起来,多关注质性的要求,侧重服务品质,要根据青少年及其系统的具体情况确定服务目标和内容。这种个别化的原则是青少年社会工作服务项目绩效考核指标确立的基本前提,也是选择评估方法的基本要求。当然,质性考核取决于管理者和评估者的专业水平与素质。总之,绩效管理要以项目原有目标为基础,在项目设计阶段就设定操作化的内容,同时要考虑专业性的质性目标,关注项目目标、项目成果与社会影响力。

(三)多维管控与创新性相结合的原则

青少年社会工作服务项目管理是一项系统的管控工程,要对时间、成本、质量、人力、项目实施的不同阶段等进行有效管理,不仅需要强化机构内部的项目管理,而且需要接受购买方的管理,或者引入第三方督导和评估。这样才能保证项目管理的质量,推进服务的开展。

科学管理也需要一定的创新性。项目团队可以将网络平台管理、制度管理、行政管理、专业督导等有机结合,形成多维管理体系,将机构管理者、专业督导、项目主任、项目社会工作者等多维管理主体构成管理与支持功能相结合的队伍,形成线上线下的联动管理机制,并采用相应的激励措施,激发项目人员的积极性。当然,创新管理是一个需要不断探索的现实问题。

第二节 青少年社会工作服务项目管理的过程

青少年社会工作服务项目需要借鉴科学的项目管理原理,并结合社会工作专业服务的通用过程模式,科学、有序地开展工作。管理者可以结合管理科学和专业特性,把握社会工作服务项目的过程。

管理学通常把项目管理分为五个管理阶段和九个管理模块,每一个阶段都有其独特的工作任务和目标,并且前一阶段的任务完成情况直接影响后一阶段的任务推进。其项目管理体系的基本框架如图11-1所示。

青少年社会工作服务项目管理同样要经历一系列的阶段,根据社会工作服务的通用过程模式,青少年社会工作服务项目过程分为四个阶段:需求识别、项目策划、项目实施与监控、项目评估与结项,如图11-2所示。这四个阶段既相互独立,又相互依赖。不同的阶段有不同的管理重点。例如,需求识别阶段要特别注意对青少年服务对象及其所处社会环境的分析;项目评估与结项阶段则要注重青少年服务对象的成长与改变、社会环境的变化等。四个阶段相互衔接,最终满足青少年服务对象及其他相关主体的需求,实现项目目标。

管理内容	管理阶段				
	启动	计划	实施	控制	收尾
集成管理					
范围管理					
时间管理					
成本管理					
质量管理					
人力管理					
沟通管理					
供应管理					
风险管理					

图 11-1 项目管理知识体系矩阵图①

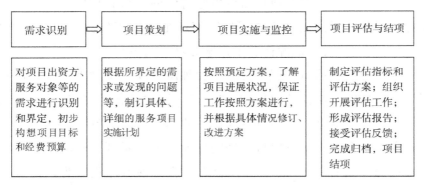

图 11-2 青少年社会工作服务项目管理过程图

一、需求识别阶段

需求识别阶段是青少年社会工作服务项目的启动阶段。这一阶段，管理者的首要任务是确定项目要解决的具体问题、项目的目标人群及其基本需求等，对项目的相关主体，如青少年服务对象系统、项目出资方、社区工

---

① 参见房西苑、周蓉翌：《项目管理融会贯通》，机械工业出版社2010年版，第15页。

作者等进行需求识别和界定,并确定初步的项目目标和经费预算。需要注意的是,项目目标主要是满足青少年服务对象的需求,兼顾出资方或服务机构的需求。需求识别阶段应围绕准确识别服务对象需求开展项目管理。

一般而言,需求评估主要有两种模式:第一种,由一线社会工作者主导、以了解青少年基本需求为目标的需求评估模式。通常情况下,一线社会工作者在日常服务中发现具体问题或者青少年服务对象的未被满足的需求,并提出项目的初步设想,通过各种科学的方法和程序来了解青少年的需求及其生态系统,进而形成需求评估报告,与机构负责人、政府相关职能部门或者基金会等相关方沟通后争取资金、人力资源等支持。第二种,机构承接政府相关职能部门或者基金会等的项目后,组织一线社会工作者等相关人员,按照相关要求对青少年服务对象做需求评估。这种需求评估受自上而下力量的影响,也会受规范性需求的影响。不管何种模式,青少年社会工作服务项目管理都应从需求评估阶段开始,有效地整合人力进行精准需求评估。

二、项目策划阶段

在项目策划阶段,管理主要针对制订具体详细的青少年社会工作服务项目计划,项目管理者需要明确青少年社会工作服务项目策划的具体要求,并且能够有效整合策划力量,做好项目策划与论证工作。其中的关键工作内容是协调团队资源,合理分配工作任务,把关定向,具体如下。

(一)确定服务范围和服务目标

管理者要组织项目策划团队,结合需求评估结果,了解项目相关方的规定或者要求,尤其要注意青少年服务对象的特殊需求,进一步确定项目所要解决的问题,界定项目服务的范围,并设定具体的服务目标,推动项目策划团队成员在服务范围、服务目标等方面达成一致。

(二)组织设计具体的服务内容与任务

管理者组织项目策划团队在项目服务范围、目的和目标的指引下,对具体的服务内容进行设计和规划;采取时间管理的方式,明确项目进展进度以及不同阶段所要达成的工作目标和效果等;分配工作内容,落实责任考核指标。

(三)论证服务项目实施方案

管理者要组织项目策划团队制订项目实施方案,综合呈现项目的目标、需求或问题、活动内容、进度安排、人力资源、财政预算、监测方法、评估指标和方法、风险管理等内容;与出资方、专家、实施团队对项目实施方案的合理性、可行性与专业性进行论证,优化实施方案。

三、项目实施与监控阶段

项目实施与监控阶段的管理主要是,通过科学的方式方法随时了解青少年社会工作服务项目的进展情况,审查具体任务的落实情况,并根据实际情况调整服务管理等。项目管理者、机构管理者、专业督导人员、出资方等相关人员共同承担管理工作,但各自的管理职责不同,主要任务如下。

(一)落实项目方案的具体工作内容

管理者按照青少年社会工作服务项目方案中对具体服务内容、服务进度、预算等事项的设计,进行项目团队分工,明确各自的任务与职责,开展相关服务活动,并根据项目监控中所发现的问题,及时修订或完善项目方案。

(二)实施项目系统管理

管理者应综合考虑项目内部运行、外部环境以及内外部沟通等方面的事项,对项目实施系统管理:既要做好组织内部的人力、时间、预算管理等基本工作,还要关注青少年服务对象的变化、项目外部影响因素等,例如新的问题或需要、政府相关部门的新政策或者新法规、服务对象所处系统变化等。管理者要注重建立组织内外良好的沟通关系,积极与相关方取得联系、保持沟通,推动项目进展。

(三)监控项目实施进度

随着项目的开展,管理者要监控项目的预算、服务活动的进展、服务对象的表现、相关方的评价等,以免项目实施进度、实际预算支出与服务目标偏离服务方案的基本要求,并及时纠正出现的偏差;当出现不可抗力因素时,要适时调整服务计划。

实际上,实施阶段包含项目的中期评估,是机构项目管理最重要的节点。中期评估可以由项目购买方委托第三方进行。对于第三方评估,管理者需要统筹迎评工作。对于机构的内部评估,可以参照末期评估的相关内容来执行。

四、项目评估与结项阶段

评估阶段可以看作项目的收尾阶段,是集中展现项目任务完成情况、目标实现程度、青少年服务对象的改变与发展以及相关社会影响的阶段,通常称为末期评估或终期评估。

管理者需要组织统筹内外评估:一是要求服务项目团队严格按照社会工作通用管理过程模式,对整个项目的服务进行内部评估,对服务过程进行总结、反思、改进。二是跟进项目出资方委托的第三方评估机构,对服务项目进行绩效评估与考核。此阶段的主要任务如下。

(一)制订评估方案

不管是内部评估还是外部评估,末期评估的主要内容都涉及青少年社会工作服务项目的效率、成果以及社会影响等。管理者在具体开展评估之前要制订完备的评估方案,包括评估指标、评估方法、评估进度、评估团队等。

(二)组织开展评估工作

根据评估方案的基本要求,管理者组织评估人员分工协作,通过多种方法,对不同的主体包括社会工作服务项目、社会工作者及其所属机构、出资方、服务对象、社区工作人员、其他利益相关方等各类数据、指标、评价等资料进行收集、评定,并形成评估结论。

(三)形成评估报告

管理者将评估阶段收集的有关服务项目任务完成情况、目标达成情况、青少年服务对象的改变以及满意度、服务的社会效益、预算执行情况等基本数据进行汇总和整理，形成项目评估报告，并组织项目分享会等总结经验教训，以推动社会工作者以及未来社会工作服务项目的发展。

（四）项目结项

当约定的服务周期期满时，管理者要组织相关人员，按照出资方要求，提供相应的资料，接受出资方或第三方的评估。根据服务项目的相关评定、意见或者建议，管理者要组织项目团队进一步省察与总结项目，甚至形成新项目构想；完成项目资料的整理、存档与成果展示；安排结项后的服务跟进工作等。

在青少年社会工作服务项目管理实际操作过程中，每个阶段虽然都有相对明显的特征、任务和时间，但是也会有重叠。如，项目需求识别和项目策划可以同时推进；而在项目策划阶段，也应着手项目实施阶段的相关工作。

第三节 青少年社会工作服务项目管理的内容

一般的项目管理包含集成管理、范围管理、时间管理、成本管理、质量管理、人力管理、沟通管理、供应管理、风险管理九个模块。在整个管理体系中，质量管理是整个项目管理的核心，范围管理影响全局，人力管理是整个项目的成效保障，沟通管理是项目推进的润滑剂，时间与成本管理相互置换，风险管理则须常备不懈。[1] 九大管理模块侧重不同的内容，但又相互配合，共同保障项目管理的质量和成效。青少年社会工作服务项目管理的内容也主要围绕这九个模块安排具体的内容。

集成管理是青少年社会工作服务项目的整体管理或综合管理，是对项目全局的统筹。为了实现整体大于部分之和的目的，需要综合其他八个管理模块的知识，并统筹理顺其中的关系。

范围管理是确定青少年社会工作服务项目涉及的所有工作的集合，是

---

[1] 房西苑、周蓉翌：《项目管理融会贯通》，机械工业出版社 2010 年版，第 45—49 页。其中，时间与成本管理相互置换，即在项目任务既定条件下，项目规定的时间越短，则需要投入的资源成本越多。

其他管理内容的基础。青少年社会工作服务项目的范围管理是基于服务需求精准分析基础,对服务项目范围的科学评核。只有清晰呈现项目所聚焦的服务范围,界定服务对象需求与议题边界,才能制订科学、专业的项目方案并分派任务。

青少年社会工作服务项目的时间管理可以确保项目在规定的时间内完成,并保证项目实施的逻辑性。管理者不仅要有效管理项目的执行时间,而且要把控项目的整体进度。

青少年社会工作服务项目的成本管理是指,在满足项目质量要求、出资方的时间要求等前提下,通过科学的规划、组织、协调、控制等具体手段,实现预定的成本和资金要求,并尽可能地降低成本费用的过程。青少年社会工作服务具有社会性取向,因而更关注项目的社会效益。

质量管理是为了确保青少年社会工作服务项目的质量而开展的一系列规划、协调、任务分配与控制等具体活动。

青少年社会工作服务项目的人力管理是指对项目中的人力资源进行有效管理和能力建设,从而保证项目在规定时间内达成既定目标,既包括对项目社会工作者的管理,也包括对志愿者的管理,同时强调项目团队的能力建设和能力提升。

青少年社会工作服务项目的沟通管理主要是对团队内外沟通信息的传递、发布等进行管理。由于青少年社会工作服务对象及相关主体更为复杂,因此沟通管理不仅要注重信息的传递、发布和保存等,也要注重视团队内外的信息沟通方式和机制等。

青少年社会工作服务项目的供应管理是对物资采购和落实、人员招聘与岗前培训等进行管理。政府购买的青少年社会工作服务项目在物资上有预算约束,并且项目团队所在的机构一般都有专门的物资采购等人员,物资供应管理相对较少。人员招聘与岗前培训等供应管理的内容要求和人力管理具有一致性,项目管理者可以根据项目团队的具体情况进行供应管理设计。

青少年社会工作服务项目的风险管理是指管理者要充分考虑内外不

可控因素或者风险因素,并推导其对项目成效/产品所产生的负面影响,从而预防、降低甚至化解风险的相关管理工作。风险管理包括风险识别、风险分析、风险管理计划、风险应对与风险监控等。

由于青少年服务对象的特殊性与青少年社会工作项目的专业性要求,项目管理者要根据项目管理过程各环节的不同任务,确定不同阶段的管理内容。

一、需求识别阶段

需求评估是青少年社会工作服务项目的重要开端。这一阶段,管理者需要重点关注以下内容。

(一)范围管理

在需求识别阶段,主导模式不同,范围管理也存在差异。如果社会工作者在服务中发现某一问题或青少年服务对象未被满足的需求,那么管理者需要决定是否针对这一主题进行深入了解和分析,如服务对象需要澄清与面临的问题、未被满足的需求、相关人员的观点等;如果青少年社会工作服务项目是政府购买或委托的,那么管理者要组织项目社会工作者等围绕出资方的相关要求和目标,准确把握所要解决的问题和需求。

不管是在由何种模式所引导的需求识别中,管理者都应该组织项目工作团队,针对特定问题识别相关需求,即了解青少年服务对象个人或群体在生存与发展方面遇到的困难、需要解决的矛盾或者未被满足的需求,挖掘他们相关的资源、优势与潜力。

(二)人力管理

在此阶段,项目管理者需要组建项目工作团队,并进行有效的管理。管理者要根据对问题和需求的预估,初步确定服务团队的规模、志愿者的数量、团队人员的专长等,同时着手寻求合作人员或者筹备志愿者招募活动。在项目初期,人力管理工作主要涉及项目团队人员的招聘、岗前培训、项目认知等基础工作。

(三)成本管理

项目管理者应该根据所掌握的基本信息,初步预估包括人力、场地设施、活动资料等成本在内的项目总金额,并大致形成项目所需经费的预算。

(四)其他管理内容

在此阶段,项目管理者还应该注意沟通管理,督促社会工作者实施需求识别,与青少年群体、可能的合作方、政府相关部门等建立密切联系,了解信息或展示已有的成果,准确把握问题和需求,为项目顺利开展奠定基础。

此外,项目管理者应该按照需求评估方案的要求,严格把控时间进度,落实各项具体工作,如规定的时间内完成资料收集、分析和撰写需求评估报告等。

二、项目策划阶段

在项目策划阶段,管理者需要整合项目策划者与社会工作者等,围绕青少年服务对象的需求或者某一问题,具体设计服务项目的目标、具体行动、主要活动以及财政预算、风险预估等内容。

(一)范围管理

在此阶段,管理者应该带领策划团队,明确青少年社会工作服务项目的具体服务范围,不仅要考虑项目能够投入的资源和规定的时间,也要考虑服务质量,并明晰服务项目所有的工作。在第十章案例10-1的"新青年"项目中,管理者根据项目的整体发展进程和人力、资金等成本投入情况,确定第一年(2014)的服务范围为:针对新入学的本科一年级学生,提供新生适应辅导,并对其中的家庭贫困和学业困境学生进行专项服务。项目范围对整个项目实施具有决定意义,确定项目范围有利于管理者确定项目团队人员,出台各方包括青少年服务对象都认可、没有歧义的项目章程,策划项目活动等。

在确定服务项目的整体范围之后,管理者还需要进一步分解项目,使之成为具体、可操作的项目任务。管理者可以根据"工作的分解结构"(work breakdown structure,缩写为WBS,示例见图11-3)来进行服务项目的具体任务分解,从而使团队成员对自己的工作有更加清晰的认识。通常,WBS包含项目目标、工作任务等几个层级,并且具体的工作任务都要指定到人、明确完成时间。

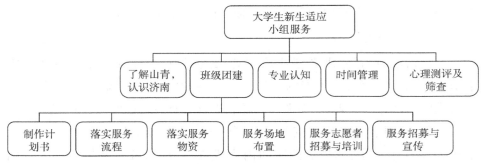

图 11-3 "新青年"项目中大学新生适应小组服务 WBS 图示

任务分解的原则包括:

(1) 将主体目标逐步细化分解,日常活动直接具体到个人;

(2) 每个任务要分解到不能再细分为止;

(3) 日常活动要对应到具体的个人、时间和资金投入。

任务分解的方法可以利用树状图或者其他结构图,以项目团队为中心,通过自上而下、自下而上的充分沟通,逐步分解。

要注意的是,策划阶段的项目范围管理要注意逻辑性、科学性和专业性。例如,项目应遵循要解决的问题或者满足的需求—问题出现的原因—解决的方式或途径—具体的活动或方法—取得的改变或成果的逻辑。如果管理者无法清晰地梳理出逻辑关系,就可能无法使项目出资方、潜在合作方、项目团队以及青少年服务对象认同其解决方案。

(二) 质量管理

在此阶段,青少年社会工作服务项目质量管理的主要内容是,规划质量管理的标准和指标体系,制定质量控制流程和体系。管理者应根据项目的目标人群、项目出资方的具体要求、政府主管部门的质量标准,制定完善的产出和成效指标,以此作为项目过程监控与项目评估的依据。例如,民政部发布的《儿童社会工作服务指南》和《社会工作服务项目绩效评估指南》的行业标准,可以为项目管理者提供直接的参考和指引。

(三) 人力管理

在此阶段,人力管理的主要任务是对人力资源进行规划,确定项目实施所需要的具体岗位、岗位职责、组织框架、合作机制等,形成人力资源管理计划。之后,管理者可以着手与上级负责人员进行沟通和协调,为组建项目团队做好前期准备。当组织内部人员无法满足项目人力需要时,管理者也应及时与机构沟通,确定招聘条件、待遇等,向社会公开招聘。

同时,管理者还要评估整个项目的志愿者需求,确定预计达成的目标,策划志愿者管理方案,并准备相关管理制度、文件和表格,例如志愿者的招募流程、招募标准与招募办法,申请表格,培训方案,服务记录表,奖励方案等。

(四)时间管理

在此阶段,管理者需要对整个服务项目的时间进行管理。首先要确定整个项目的完成期限,如一年内或两年内完成;其次要确定项目各个阶段的时间,如在两个月内完成某项活动等。

在青少年社会工作服务项目的时间管理中,"甘特图"和"里程碑"是较为常见的时间管理方法。甘特图的最大优点是能够提供一个多维的管理空间[①],将工作任务、时间要求、人力资源计划等直观地呈现在同一个界面,示例见图11-4。

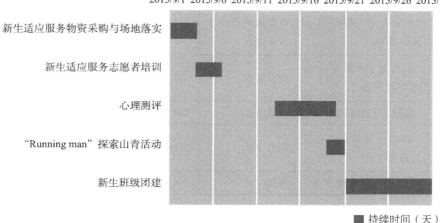

图11-4 "新青年"社会工作服务项目甘特图示例

---

① 房西苑、周蓉翌:《项目管理融会贯通》,机械工业出版社2010年版,第102页。

"里程碑"作为时间管理的工具,是指以具有特殊意义的事件为标志时间点,或根据项目的工作环节确定重大而关键的标志性事件,通常每一个里程碑代表一个关键事件,并有完成的时间。管理者可以利用里程碑的方式,根据青少年社会工作服务项目实施的需要,设置一些关键节点,明确时间要求,以便在项目实施过程中依据时间节点要求随时跟踪、检查工作的进展状况。当然,里程碑没有固定的模式,管理者主要根据项目的服务内容、相关方的要求、专业服务的阶段特点、激发和鼓舞士气的需要、项目管理需要等多方面因素,进行统筹设定,示例见表11-1。

表 11-1 "新青年"高校社会工作服务项目里程碑事件计划表
(2015—2016 学年第一学期)

序号	里程碑名称	工作周期	开始日期	结束日期	人力等
1	新生适应服务	19 天	2015/9/12	2015/9/30	略
2	"山青益学"学业成长服务	每周 1 次	2015/9/1	2015/12/31	略
3	"山青益动"校内志愿服务	每个团队每周不少于 1 次	2015/9/1	2015/12/4	略
4	"山青益社"校外社会实践服务	每个团队每周不少于 1 次	2015/10/8	2015/12/4	略
5	"山青益新"学生服务能力提升服务	每月 2 次	2015/9/1	2015/11/30	略
6	"研励"考研互助服务	每月 2 次	2015/9/01	2015/11/30	略
7	"职场达人秀"就业互助服务	每月 2 次	2015/10/10	2015/11/30	略
8	山青"梦想"讲堂服务	每周 1 次	2015/10/8	2015/10/31	略

(五)风险管理

在此阶段,管理者应该对项目全局的风险进行识别、分析,并初步制定应对策略。

1. 风险识别

风险识别是指识别出项目中可能存在的风险。青少年社会工作服务项目可能会遇到多种风险。常见的风险包括：

（1）成本——资金不到位；

（2）人员——项目工作人员离职、志愿者招募困难；

（3）服务对象——青少年服务对象参与热情不高、对项目缺乏认同或者突然出现身体不适，或青少年过于活跃，活动无法按照计划进行等；

（4）政治——政府相关政策变化；

（5）气候——极端气候导致活动无法开展；

（6）场地——缺乏合适的场地，如场地空间不够、存在安全隐患等；

（7）设备——由不可预知的原因导致设备损坏，活动材料准备不足等；

（8）信息——信息管理不当或未被正确理解等。

在识别风险时，管理者需要注意以下问题：完成项目涉及哪些方面的工作？其中可能会出现哪些问题或风险？项目的每项任务中存在哪些风险？在实现项目的每个目标中存在哪些风险？等等。也就是说，管理者需要根据项目策划的发展阶段、任务和目标以及每一个阶段的具体活动安排等，逐一检视、思考并发现可能存在的风险。

2. 风险分析

风险分析是指对风险的可能性及其影响进行分析。风险分析的主要内容，首先是风险概率，即风险发生可能性的百分比。评估风险概率具有一定的主观性，可以由熟悉项目的相关人员参与执行。其次是风险影响，指风险可能对项目造成的影响，可以用相对值的方式来表示，如将风险损失对项目计划的影响折算成时间；也可以按照影响的大小，分为高、中、低三个级别。

3. 风险的应对策略

通常，风险的应对策略有回避、转移、减轻和接受四种。回避是指修订或放弃执行方案，使项目免于风险影响；转移是指通过买保险、签订承诺书等措施，将风险转移给第三方；减轻是指提前采取预防措施，降低风险发生的可能性和影响力;接受是指制定应对措施,迎接风险。① 当风险发生的可能性和影响力都比较大时,可以采用回避或减轻的策略;当风险发生的可能性和影响力相对较小时,可以采用转移和接受的策略。

(六)成本管理

在此阶段,成本管理主要是指对整个项目的预算、成本和质量等进行综合平衡和考量,从而确保青少年社会工作服务项目在规定的时间范围内、按照预定的资金投入,完成项目的预定目标,并尽可能地降低成本费用的过程。

青少年社会工作服务项目的成本管理主要包括估算成本、预算成本两项主要任务。估算成本是对项目各项活动所需费用进行近似估算,可以采用自上而下估算法和自下而上估算法。前者指邀请专家,凭借其经验和知识,或者根据过往类似项目的实际费用,自上而下地估算所需费用;后者是指以工作的分解结构为基础,对其中的活动/工作包里的各项活动费用进行估算,得出所需费用。②

在此阶段,管理者要通过编制预算方案,对项目整体的资金进行计算和汇总。预算方案的内容通常包括四项,即员工薪酬与福利、活动经费、设施与设备、管理费用,各项具体的支持比例会因出资方的要求而有所不同,示例见表11-2。

表11-2 项目预算内容说明

预算内容	说明
员工薪酬与福利	基本工资、绩效工资、社会保险、住房公积金以及其他福利等
活动经费	活动物资、交通费、宣传费、人员补贴等
设施与设备	办公设备与耗材、场地租金、物业管理费、水电费、通信费、其他用品等
管理费用	行政人员的薪酬与福利、培训督导费、办公经费、税费、评估费用、审计费用、管理储备费用等

---

① 项目臭皮匠:《项目百子柜:一本社工写给同行者的工具书》,中国社会出版社2017年版,第214页。
② 同上书,第160页。

（七）其他管理内容

青少年社会工作服务项目的实施与管理必然涉及团队内部沟通与对外发布信息的工作，因此制订项目沟通管理计划是项目管理的重要组成部分。管理者首先需要明确项目沟通过程中的信息沟通的形式（口头汇报还是文字表述，电话还是面谈等）、沟通的渠道（单线沟通、交叉沟通还是全方位沟通）、沟通的程序（沟通的不同层级权限）以及信息沟通的格式（日常对话、正式公文还是报告或报表等），之后根据沟通的具体情况，落实沟通计划。

在此阶段，管理者需要在服务计划中明确从外部采购的物品和服务等，确定采购方法和采购管理制度，以保证项目实施中资源供应的稳定。同时，集成管理也是非常关键的环节。管理者要对其他领域的管理内容进行系统整合，建立项目运行的章程，制订包括其他各项管理内容的项目管理方案，保障项目的实施和推进。

三、项目实施与监控阶段

青少年社会工作服务项目的实施阶段是指开展具体服务、解决特定问题、满足青少年服务对象的具体需求的基本过程，涉及多种项目管理内容和管理方法。

（一）人力管理

1. 项目成员管理

（1）组织团队。项目实施初期，管理者应着力于整合和管理项目团队，提升项目团队的工作能力，包括协调配合能力与沟通能力等，以保证项目能够有效执行。团队负责人在团队形成之后，可以结合所在机构的日常管理工作，并通过制度、规范等形式进一步明确项目团队中人员的职责和分工。

（2）团队建设。项目管理者应根据项目进展情况，适时组织团队活动，通过培训、激励等机制，提高团队成员的专业能力，营造协作、互动、和谐的项目团队氛围。

（3）项目督导。项目督导也是人力管理的重要内容,主要关注社会工作者专业能力的提升、社会工作专业服务品质的落实、社会工作机构专业能力的建设等。从严格意义上来讲,项目督导应该在项目申请阶段便发挥作用,在人员的招聘、新入职社会工作者的岗位适应、项目工作方案的制定与项目团队的分工等环节以不同的形式参与。

在项目实施过程中,管理者需要随时跟踪了解团队成员的工作表现和服务产出,根据项目发展需要选用督导及其方式,以保证有效达成项目目标。专业督导一般包括定期督导和不定期督导。定期督导可以直接跟进重要环节,如项目开始、中期或结项阶段；也可以采用线上与实地督导相结合的方式,在固定的时间进行,如每月一次面对面督导、三次至四次网络督导。不定期督导是指机构根据实际需要,聘请专业督导就某方面问题进行专业支持的跟进。不管采用何种方式,最为关键的是,机构要形成专业督导的相关制度,对专业督导提出规范性的要求,包括专业督导的资质,督导次数、时间、记录等,以保证专业督导的效果。

从督导的功能和任务上来看,在项目实施阶段,支持性、教育性和行政性督导缺一不可,三者相互补充,才能保证项目的实施、任务的达成、执行团队的成长。

支持性督导主要关注社会工作者在实务中因为外部压力或干扰而产生挫折、不满等,通过关心、协助等减轻社会工作者的压力和困扰,强化其对专业和机构的归属感,从而提升士气和效率。例如,在青少年社会工作服务中,社会工作者可能由于实践经验较少,而对青少年的吵闹、不遵守纪律、回避服务等实际问题感到挫败或者沮丧,或者因为初入职场,缺乏与相关合作方沟通合作的经验,项目督导应敏锐地觉察他们的不良情绪和负面工作状态,并给予他们充分的理解、接纳和支持,肯定其工作的能力和价值等,从而使社会工作者从自我情绪状态走出来,直面工作中的问题。

教育性督导强调,督导要教授社会工作者服务所需的知识和能力,其目的是提高社会工作者的专业能力,以利于更有效地开展工作。

行政性督导的目的是,确保项目团队人员正确、有效、恰当地执行项目的任务,遵守程序规范。行政性督导基本上由管理者构成。行政性督导要结合青少年社会工作服务对象的独特性,充分考虑社会工作者的优势和不足,社会工作者和青少年服务对象在年龄、性别、种族、信仰等方面的适合程度,结合教育性督导和支持性督导,建立起服务项目及其工作团队与出资方、合作方以及社会工作机构的互动桥梁,协助、支持、推动社会工作者充分地内外沟通,全面把握服务项目的实施进度,从而实现项目目标。

(4)团队管理。管理者应通过工作记录、服务对象评价等跟踪团队成员的表现,同时依据机构的工作流程,对团队成员的工作表现给予反馈,并及时解决他们的各种问题和困惑,合理调解团队内部的冲突和矛盾。

管理者应敏锐觉察项目团队成员的工作状态,根据成员不同的状态选择不同的领导策略。例如对主动性不强的社会工作者,管理者就要加强指导和监控,不断明确工作任务和时间要求,并提供强有力的支持;而对工作热情高涨、积极主动且富有创造力的社会工作者,管理者就可以适当放权,发掘其潜力。

在项目实施过程中,管理者还应该对项目成员的工作进行监控。通常,项目管理者可以通过完善的人力资源管理制度,实现对项目成员的考核、奖励等,以激发他们的工作热情,提升服务项目的效率和质量。此外,管理者应该通过督导、工作统计表、项目会议、现场检查、活动总结等多种方式,了解社会工作者工作指标的完成情况、活动的基本成效、专业方法与技巧的使用情况等。对于未能完成工作任务的社会工作者,管理者需要及时与其沟通,一起寻找原因,并给予相应的措施建议,如果是环境或其他不可控因素造成的,可以适当延长时间、重新修订目标,如果是因为社会工作者本人的工作态度、专业能力不足,管理者就需要进行绩效处罚、警告、调整岗位等。

青少年社会工作服务项目的人力管理不能仅仅理解为一般项目意义上的管理、考核与激励,更要强调培育、引导、支持、发展等,尤其是当前青少年社会工作服务还处在发展的早期阶段。伴随全球化和信息化的快速发展,青少年的成长需求多样化,成长环境复杂化,相关的新的社会问题有所增加,传统的服务领域也迫切需要新的服务理念和方法。因此,青少年社会工作服务项目也在摸索、创新中不断总结和发展出本土的经验模式和服务方法、技巧等。从这一意义上来看,青少年社会工作服务项目的人力管理是项目目标达成的基础,应注重社会工作者的能力提升和自我成长,项目负责人、督导、机构管理者应通过督导、培训等多种方式,为社会工作者提供能力建设和发展支持。

2. 志愿者管理

在项目启动初期,管理者应启动志愿者的招募、培训、服务、督导与激励等工作。

(1) 志愿者招募。管理者要与项目团队一起,依据项目服务所需要的人力资源类型确定招募标准,采用多种方式,如志愿者相互推荐、互联网平台、服务宣传等进行招募,通过一定的程序,招募有服务热情、具备一定服务能力的志愿者。

(2) 志愿者培训。志愿者培训是保证实现服务目标、服务品质的重要环节。志愿者培训需要根据青少年社会工作服务项目的性质、目标人群、活动内容等进行具体设计,应包括志愿服务基础知识、社会工作服务项目知识、一般工作技巧、专业服务理念、专业服务特殊技能等内容,如表11-3所示。

表11-3 志愿者培训内容一览表

志愿服务 基础知识	社会工作 服务项目知识	一般工作技巧	专业服务理念	专业服务 特殊技能
志愿服务的性质 志愿服务须知	服务对象特征 服务对象需要 目标及活动	人际沟通技巧 活动设计技巧 服务策划技巧 办公软件使用 领导技巧	社会工作专业价值理念,尤其是为特殊人群服务的价值理念	家庭访问技能 小组带领技能 个案管理技能

管理者需要根据实际情况选择培训内容,即根据服务需要选择合适的培训主题,才能有效提升项目服务质量。从培训方法上讲,管理者也可以有机结合课堂讲授、角色扮演、案例分析、实践体验等多种方式,强化志愿者的学习效果。

(3)志愿者服务。管理者及项目团队需要根据社会工作服务项目的进程,调动志愿者参与的积极性,支持他们开展具体的服务。根据志愿者的不同参与形式,志愿者服务可以分为不同的类别,如支持赞助、参加活动、设计规划以及思考决策。① 支持赞助主要是以金钱或实物赞助,例如捐款、捐物资、提供场地等;参加活动是指志愿者亲自参加活动并承担部分任务,例如协助活动开展、主持、摄影、维持秩序、看管物资等;设计规划是指志愿者积极投入活动的策划与实施工作中,如策划活动、执行活动、对外联络等;思考决策是指志愿者参与决策性任务,并承担一定的责任,如成为理事会成员、义务顾问等。

管理者在志愿者管理过程中,应通过多种形式推动志愿者参与,博采众长地发挥志愿者的能力,提升服务效果。

(4)志愿者督导。随着志愿者参与服务过程的推进,管理者也需要对志愿者进行督导。志愿者督导与社会工作督导有相似之处,但也有差异。志愿者督导可以借鉴社会工作督导的相关形式,例如面谈、小组督导、现场督导等。但是志愿者与社会工作服务机构并没有正式的劳动关系,因此管理者不必严格按照社会工作督导的程序、内容来进行,而要根据志愿者的工作定位,增强志愿者的满足感和认同感,随时了解志愿者的服务情况,帮助他们解决一些现实困难,从而保障服务水平。

(5)志愿者激励。管理者应根据服务的进展,适时为志愿者提供激励。一是设立灵活多样的表彰奖项,开展志愿服务评比,使志愿者的服务行为及时得到社会的肯定;二是积极推广志愿服务中如"时间银行""公

---

① 项目臭皮匠:《项目百子柜:一本社工写给同行者的工具书》,中国社会出版社2017年版,第146页。

益存折"等多种形式,使志愿者以后在需要时能够得到帮助。具体的激励形式包括口头表扬、光荣榜、发放证书或者组织颁奖仪式等。在条件允许时,社会工作服务机构也应为志愿者提供用餐补贴和交通补贴,在外出活动时购买保险等。

(二)成本管理

在项目实施阶段,成本管理的具体内容就是监控项目成本,包括检查项目费用的实际执行情况,监测实际支出,确保核准变更预算,并通报相关方,适当采取纠正措施。当需要变更预算时,要同步启动其他控制过程的变更工作,例如当超支时需要同步变更"范围管理",减少提供服务以控制成本;同步变更"时间管理",加快项目进度。[①]

社会工作服务项目的资金来源有限,因此管理者应本着节约和量入为出的原则进行成本管理。管理者要清楚地记录项目的收支情况。收入包括政府补助或拨款、社会捐赠、服务收费等;支出包括场地租金、印刷费、道具和材料费、奖品费、志愿者补贴以及其他的款项支出等。

此外,项目管理者也应与机构人事主管和财务人员进行沟通和配合,通过考勤表、财务月报表、财务报销单等多种形式,控制项目成本。

(三)质量管理

青少年社会工作服务项目的质量管理要求管理者既要保证服务质量符合基本的社会公共服务标准,又要满足青少年服务对象的迫切需求(包括基本生存类需求和日益多样化的发展需求),还要兼顾如环保、安全、可持续发展等社会议题,以最少的经济投入获得最大的社会效益。

在质量管理过程中,项目管理者需要关注服务项目的进度,保证服务质量。质量管理大师石川馨提出的"鱼骨图",可以为项目管理提供系统的质量管理思路与方法。"鱼骨图"是一个形状似鱼骨的因果图,往往用于引导和鼓励组织内部对质量问题的思考和讨论,发现和揭示偏差变异的原

---

① 项目臭皮匠:《项目百子柜:一本社工写给同行者的工具书》,中国社会出版社2017年版,第160页。

因,分析各种变量共同形成的作用力,并推断事情演变的方向和结果,具体示例见图11-5。[①]

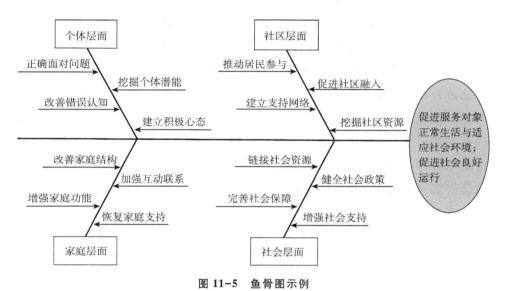

图 11-5 鱼骨图示例

随着项目的推进,项目管理者还要根据项目目标、对照项目质量指标体系,监测项目服务的成效与预期目标的实现情况,根据需要调整项目进度和具体的服务活动,以确保服务质量。

(四)风险管理

在此阶段,管理者主要负责风险监控,一是跟踪已识别风险的发展变化情况,包括风险产生条件和导致后果的变化,衡量风险减缓的程度,识别风险防范的需求;二是根据风险的变化情况及时调整风险应对计划,对已发生的事故、遗留风险和新增风险及时识别、分析,并采取适当的应对措施。

(五)沟通管理

在此阶段,管理者要处理项目团队内部与外部的各种复杂关系,实现有效的沟通管理。

---

① 房西苑、周蓉翌:《项目管理融会贯通》,机械工业出版社2010年版,第213页。

1. 内部沟通管理

良好的沟通机制、公开透明的信息是推动团队内部良性沟通的前提。在项目实施中,管理者应关注团队内部的有效沟通,了解沟通渠道是否顺畅,尽可能减少相互之间的摩擦和冲突,提高团队成员的合作与创新意识。同时,管理者应根据机构内相关沟通管理制度的要求,对项目进展的相关信息进行发布、储存和归档等,并组织、动员项目成员积极参与信息的获取、整理过程,主动扩展信息发布平台和渠道,对团队内部沟通进行有效管理和协调。在具体的工作中,管理者要通过"看、听、查、访"四种方式,定期走访服务和活动,汇总相关问题,并作为沟通的主要议程;利用新媒体,如微信群等,强化团队内部的沟通交流。

管理者应注重提高项目团队相关的专业知识水平,要从社会工作者等团队成员的工作日志、文档以及其他途径的信息中,提取出有鲜明特色、成效的知识和经验,做好本土青少年社会工作发展的经验总结。在案例10-1中,项目团队通过表格形式来澄清项目内部与外部的主要沟通方和沟通的内容、频次、地点以及方式等,从而在项目团队形成清晰的信息循环路径,以保证信息沟通的有效性,示例见表11-4。

表11-4 "新青年"高校社会工作服务项目沟通管理一览表

序号	沟通方	沟通内容	沟通频次	沟通地点	沟通方式
01	专业督导	服务进度专业服务困境	每月两次	项目办公室	面谈、网络
02	机构行政管理者	服务进度情况	每月一次	服务机构	网络报表
03	学生志愿团队	服务进度志愿服务困惑解决	每月一次	政管学院教室	面谈、网络
04	学工处	服务进展情况近期工作重点	每月一次	学工处	面谈
05	校团委	服务进展情况近期工作重点	每月一次	校团委	面谈

2. 外部沟通管理

随着项目实施阶段各种活动的有序展开,相关主体不可避免地要产生互动。青少年社会工作服务项目的管理者需要处理好与各相关方的复杂关系。

第一,做好信息的汇总和公开。管理者应及时向所属机构、服务购买方与社会公众披露项目相关信息,接受个体或社会组织的问询,总结和发布相关服务情况,适时公布项目服务的阶段性成果。如利用多媒体技术,通过公众号推送、新闻简报等多种形式公开信息。

第二,处理与相关主体的合作关系。青少年社会工作服务的开展,经常需要获得学校、社区、医院甚至司法部门的有效配合和指导,因而项目管理者要积极维护与外部环境的合作关系。尤其对于那些非社会工作专业背景的个体和机构,管理者需要站在对方的立场上,明确社会工作项目服务的目的、问题、成效等,处理与相关方的关系。因此,管理者要针对不同的需要进行信息处理和加工,确保相关合作方及时获得有效信息。

第三,加强对沟通的监督和管理。管理者要确保项目外部的信息沟通与分享及时、到位,从而为项目运行提供有力支持。具体的管理方式除了宣讲会、机构拜访外,也要建立明确的沟通质量管理方案。

(六) 供应管理

管理者要负责管理采购工作。对于采购金额较大的硬件、设备等,管理者要按照程序选择供应商,并签订供应合同。在项目实施过程中,还应该进行控制和监督,及时跟进合同执行情况,必要时根据情况进行调整。对于其他临时性的物品需求,管理者也应调动资源,尽快组织完成采购,以保证项目有序进行。

(七) 集成管理

管理者要根据项目管理方案与相关管理制度,对项目实施提供具体的指导,监控项目进展情况。当实施过程中出现了无法预期的环境、政策等因素时,要根据具体情况与服务机构或项目出资方等进行沟通,决定是否对项目整体运行进行变更或调整。

四、项目评估与结项阶段

在项目评估阶段,管理者需要对项目管理的各个阶段、各个领域的资料,进行收集、整理、分析和评价,形成对项目运行的总体评估,并撰写项目总结报告。与之前通用过程模式的评估不同,结项评估主要是针对社会工作服务项目的绩效进行评估,可以由项目所在机构评估,也可以由出资方组织相关人员评估。当前,在问责要求与规范管理的约束下,政府或基金会购买或支持的青少年社会工作服务项目通常都是由第三方独立评估来进行监管和考核,并将评估结果作为是否结项,以及是否继续购买或支持的重要参考依据。

管理者要明确青少年社会工作服务项目结项评估的过程要求。结项评估大致可以分为准备、实施、总结和应用三个阶段。在准备阶段,要明确谁来评估、评估什么、如何评估等一系列问题,并在此基础上制订一份科学可行的评估计划,评估组织者要与评估执行方签订评估协议。评估实施阶段是评估执行方将评估方案付诸实施的过程,主要工作包括组建团队、发出评估通知书、进入现场、收集和分析项目资料等。评估执行方在完成评估材料收集和分析后,就进入评估的总结和应用阶段。在这个阶段,评估执行方需要对已分析的资料进行组织,形成评估报告,并将评估报告加以运用。[①] 如果青少年社会工作服务项目是由第三方进行评估的话,管理者就要进行相应的跟进服务,提供相关的支持性服务;如果是机构内部进行的结项评估,管理者就要通过邀请评估专家或者组建评估执行团队,进行评估并监控评估过程,有效地利用评估结果。但无论是对于何种类型的评估,管理者都要掌握绩效评估的主要内容、相应的指标体系与评估方法等。

---

① 《社会工作服务项目绩效评估指南》(中华人民共和国民政行业标准 MZ/T 059-2014)。

（一）项目评估的主要内容和指标

评估指标是评估内容的具体化。通常，评估执行方根据评估内容，设定细致的评估标准或评估指标。评估标准或评估指标应该清晰、可行，并与评估目的紧密关联。

关于社会工作服务项目的评估指标，不同学者进行了不同的探索和建构。例如，顾东辉采用机构质量和管理的视角，强调评估指标的设定要侧重策划、组织、人事、领导、沟通、协调、决策等。[①] 朱晨海、曾群采用结果导向的模式，对评估指标进行了探索性研究，构建了输入、输出、效果、影响和效能五大内容，并建立了九个指标体系。[②] 刘江提出了以项目理论评估、监测评估、影响评估、成本-收益评估为主要形式的评估模型。[③] 在具体的评估实践中，有人还使用德尔菲法、平衡记分卡等管理学上经常使用的指标建构方法，进行具体指标设计，形成了较为完整的评估指标体系。例如，广东省深圳市现代公益组织研究与评估中心研究制定了一套用于深圳、东莞等地区社会工作机构评估的指标体系，并得到了广泛的应用。该体系主要包括组织建设、服务管理、财务审计、公共关系、服务产出等五个一级指标、34 个二级指标、120 个三级指标体系和三个附加指标。

在具体的青少年社会工作服务项目评估实践中，由于出资方要求不同、运行模式不同，评估的具体指标会存在一定的差异。但是，主要的评估指标可以参照民政部 2014 年 12 月发布的《社会工作服务项目绩效评估指南》（以下简称《评估指南》）进行设计，内容见表 11—5。《评估指南》是推荐性行业标准，对社会工作服务项目绩效评估的目标、内容、程序、方法等提出了指导性意见。《评估指南》规定了项目方案、项目实施、项目管理、项目成效等评估内容，每项内容又分解为更详细的具体内容。比如，项目实

[①] 顾东辉：《试论社会服务机构中的全面质量管理》，《社会福利》2004 年第 4 期，第 11—14 页。
[②] 朱晨海、曾群：《结果导向的社会工作评估指标体系建构研究——以都江堰市北馨居灾后重建服务为例》，《西北师大学报（社会科学版）》2009 年第 3 期，第 63—68 页。
[③] 刘江：《社会工作服务评估：一个整合的评估模型》，《社会工作与管理》2015 年第 3 期，第 51—56 页。

施包括专业人员配备与使用、物资配置、专业服务价值理念的运用、专业服务理论的运用、专业服务方法的运用；项目管理包括项目行政管理、专业规范性管理、项目进度管理、服务质量体系与督导、风险管理与应急预案、项目资金管理等。

表 11-5 青少年社会工作服务项目参照指标及指标说明[①]

一级指标	二级指标参考内容	指标说明
项目方案	服务项目策划的专业性和规范性	社会工作服务项目的策划是否专业、规范？
	服务计划的逻辑性和可操作性以及对需求和目标的回应	服务计划是否具有逻辑性和可操作性，是否有效回应服务对象需求和项目目标要求？
	服务对象界定的适合程度	服务对象界定是否符合项目基本要求？
	需求调查分析的专业性和规范性	对需求的调查分析是否准确？需求分析报告结构是否完整？是否能根据需求合理界定项目服务的覆盖范围和目标指向？
	预算方案的科学性和专业性	预算方案是否体现目标相关性、政策相符性、经济合理性、公益导向性的原则？
项目实施	专业人员配备与使用	专业人员配备情况；人员分工与配合情况
	物资配置	场地、设备、服务设施及相关物资是否能够满足项目运行需求？
	专业服务价值理念的运用	是否真正体现社会工作者"以人为本、助人自助"的价值观和"平等、尊重、接纳、保密"等专业原则？
	专业服务理论的运用	是否正确依据了社会工作专业相关理论？
	专业服务方法的运用	是否恰当运用了社会工作专业方法和技巧？

---

① 此表参照《社会工作服务项目绩效评估指南》（中华人民共和国民政行业标准 MZ/T 059-2014）进行汇总，内容有改动。

（续表）

一级指标	二级指标参考内容	指标说明
项目管理	项目行政管理	是否制定和执行了项目人事管理制度、财务管理制度、物资管理制度及保密制度？
	专业规范性管理	是否制定和执行了完善的社会工作专业服务规范和程序？是否全面、原始、真实保存了项目服务档案？是否制定了服务对象权益保障制度？
	项目进度管理	项目团队是否根据服务方案制订了总体工作计划和安排阶段性工作？是否制定了服务进度管理制度，并合理安排工作进度？
	服务质量体系与督导	是否建立了服务质量评估指标体系？是否建立了专业督导和培训机制？是否建立了意见反馈与投诉处理机制？是否有持续改进机制？
	风险管理与应急预案	项目执行机构是否对项目实施过程中存在的风险进行预估、制定项目应急预案？
	项目资金管理	项目资金使用是否符合预算执行方案和财务管理制度？
项目成效	目标实现程度	合同规定的服务目标、服务数量、服务对象、服务组织及其专业团队成长发展的情况
	满意度	评估服务对象、购买方、项目执行方对社会工作服务过程与成效的满意度
	社会效益	评估项目的影响力、可持续性、可推广性，包括社会反响：奖惩情况、宣传报道、研究成果；决策影响：对项目可持续发展的思考与建议被相关部门采纳；资源整合：组织参与、社会捐赠、志愿者参与等

上述评估内容不仅包括青少年社会工作服务项目的过程评估，也包括服务效果的影响评估与服务效益评估，体现出项目进展的时间顺序，有助于平衡项目评估中效率与成效、过程与结果的关系，具有专业和规范上的

指导性。

当然,《评估指南》只是提供了项目评估内容的指导性体系。实际的评估还要结合项目出资方的要求、项目服务购买模式等多方面因素,将评估指标进一步具体化到三级、四级指标,并为之赋值。

（二）项目评估的方法

青少年社会工作服务项目评估实质上是一个科学的研究过程,应综合运用各种不同的社会科学研究方法检验服务与目标的关系,以及衡量投入与产出比。总的来说,项目评估方法基本分为定量和定性两大类。管理者必须了解并掌握应用项目评估的方法,依据项目的逻辑框架和评估标准进行评估管理。

1. 定量方法

定量方法是对社会现象的数量特征、数量关系以及数量变化进行综合统计与分析的方法。其中,最典型的是问卷调查法,即由服务对象或其他社会大众填写问卷,获得服务效果的客观资料;收集有关主体对介入效果的主观感受、服务结果与服务介入之间因果关系等资料。在对服务对象或其他社会大众进行满意度调查时,问卷调查法操作简便、不需要花费太多时间和资源。管理者需要组织项目评估人员根据服务项目的内容,事先设计调查问卷,收集相关人员对服务介入效果的评价、感受等,并在此基础上得出有关满意度的基本认识。这种方法的优势比较明显但也有局限,如由于测量比较粗糙,且难以判断调查对象的回答内容的真伪;在大多数情况下,服务对象倾向给予积极的评价和正向的反馈,容易出现较大的误差。

社会工作服务项目评估调查问卷的设计,主要围绕项目参与、知晓、感受、评价等方面内容进行设计,以了解服务对象或相关主体对项目服务效果的评价或满意程度。

针对第十章中案例10-1,案例11-1为其中一份服务项目评估调查问卷示例。

案例 11-1

"新青年"高校社会工作服务项目评估调查问卷

亲爱的同学：

你好！首先感谢你参加"新青年"高校社会工作服务活动，以及你曾在活动中为项目所做出的努力。为更好地满足你们的需求，准确地评估服务活动的实际效果，我们需要了解你对项目实施效果的评价，希望你能够根据自己的实际情况回答。对于你的回答，我们将严格保密，资料仅用于项目评估。谢谢！

1. 你曾经参与过"新青年"项目的哪些活动？
_____

2. 你对所参与的活动是否满意？
(1) 很满意　(2) 较满意　(3) 一般　(4) 较不满意　(5) 很不满意

3. 你从中的收获如何？
(1) 收获很大　(2) 较有收获　(3) 一般　(4) 基本无收获　(5) 没有收获

4. 如果还有这样的活动，你还乐意参加吗？
(1) 不乐意　(2) 乐意　(3) 乐意，并会鼓励所认识的同学来参加

5. 通过参与活动，你有哪些收获？（可多选）
(1) 结交了更多朋友　(2) 更快适应校园生活　(3) 学到了更多知识　(4) 思想得到提升　(5) 其他_____

6. 你认为活动对你今后的学习与生活有用吗？
(1) 很有用　(2) 较有用　(3) 一般　(4) 很少有用　(5) 没有用，浪费时间

7. 据你了解，周围的同学对活动感兴趣吗？
(1) 很有兴趣　(2) 较有兴趣　(3) 一般　(4) 较没兴趣　(5) 完全没兴趣

8. 你认为参与活动后,相比于以前是否有变化?

(1) 变好了很多　(2) 变好了一些　(3) 没有变化　(4) 变差了

9. 你觉得服务活动有什么不足之处?(可多选)

(1) 服务不符合我的需要　(2) 活动内容单调　(3) 服务人员态度不好　(4) 活动时间安排不合理　(5) 其他_____

10. 如果以 10 分为满分的话,你会对这些活动打几分?_____

11. 你希望"新青年"项目可以增加哪方面的服务内容?

_____

_____

12. 你对"新青年"项目还有什么建议或意见?

_____

_____

在评估中应用定量研究方法,不仅需要科学、严谨的问卷设计,还需要掌握定量分析的工具和方法,这对管理者与评估人员的要求较高,但结果更具有科学性。

除了问卷调查法之外,基线测量也是常用的反映服务成效的定量研究方法。由于基线测量需要在介入开始时对服务对象的状况进行测量,因此更多用于内部评估(详见第八章)。但是在第三方评估中,由于评估的执行主体多是在项目实施后期接受委托的,因此评估的执行主体无法在项目服务开始时便进入项目服务现场建立基线,不易实施。

2. 定性方法

定性方法是对收集到的资料进行分类、归纳、比较,进而对某个或某类现象的性质和特征做出概括的一种分析方法。管理者在青少年社会工作服务项目评估中,可以使用以下几种定性方法。

(1) 访谈法。访谈法是以口头形式,根据事先确定的问题或大纲进行访问,收集被访谈者的相关资料,以准确地说明样本所要代表总体的一种方法。根据访谈中所使用的问题清单,可以分为无结构访谈、半结构访谈、全结构访谈等形式。

在青少年社会工作服务项目评估中,管理者与评估人员可以利用访谈法,收集青少年服务对象与相关人员对项目的满意度、服务成效以及具体实施方面的意见和建议。其中,焦点小组访谈是项目评估中经常使用的方法,其目的是了解参与人员对某个问题的看法与认识。不同年龄阶段的青少年在语言使用、行为表现等方面存在差异,所以管理者要注意协调评估人员与青少年服务对象焦点小组的访谈时间,应尽量简短,问题要尽量清晰、明确。

(2)观察法。观察法是指管理者与评估人员对每个项目的日常服务活动或活动过程进行现场观察,以了解项目具体服务过程和项目团队成员的表现。对于已经结束的服务项目,评估人员可通过观察与评估项目相似的日常服务和活动,从侧面了解项目的服务过程。

(3)资料分析法。资料分析法主要用于对项目完成情况、财务状况、人力资源、社会效益等内容的评估。评估人员可以对组织的基本信息(如组织章程)、与项目有关的组织制度文本(如项目财务管理制度)和组织日常工作记录(如理事会会议记录)等进行分析;对项目资料,包括项目计划(如项目标书、项目服务方案)、项目服务档案(如服务记录)、项目人员档案(如社会工作者档案、志愿者档案)、项目财务信息(如项目预算表、决算表)及与项目相关的各类管理制度(如项目行政管理、专业规范性管理、项目进度管理、服务质量控制、风险管理)档案等进行分析;对测评工具(如服务满意度问卷)、项目的各类统计文本(如服务满意度调查结果统计)和项目的各类工作报告(如项目中期报告、总结报告)等其他资料进行分析。

项目评估结束后,如果评估结果显示项目已经达成相关任务目标,那么项目管理者便可以申请正式结项,组织项目团队成员总结反思,安排后期跟进服务,着手准备下一个项目;如果评估结果显示项目需要进一步改进,那么项目管理者就需要组织项目团队成员进行限时反思整改,并申请结项检查工作。

本章小结

1. 青少年社会工作服务项目管理有助于提升社会资源的使用效率、保证服务项目的专业品质、提升青少年社会工作的社会影响力。具有社会服务项目的普遍性，还因青少年服务群体的特殊性与社会工作的专业性而具有特殊性。要遵循行政管理与专业督导相结合、绩效管理与专业性相统一、多维管控和创新性相结合的原则。

2. 青少年社会工作服务项目管理过程按照社会工作专业服务的通用过程模式大致划分为需求识别、项目策划、项目实施与监控、项目评估与结项四个阶段。每个阶段都要完成一系列不同的管理任务。

3. 围绕一般管理的集成管理、范围管理、时间管理、成本管理、质量管理、人力管理、沟通管理、供应管理和风险管理九大模块，青少年社会工作服务项目管理在不同的管理过程中所呈现的管理内容不同。

主要概念

青少年社会工作服务项目管理（project management of social work with adolescents）

青少年社会工作服务质量管理（quality management of social work project with adolescents）

青少年社会工作服务项目人力管理（human resource management of social work project with adolescent）

课堂讨论

案例 11-2

某社区新入职的社会工作者小王准备为社区青少年开展服务。小王听社区内的工作人员说起，社区内部分青少年有不同程度的健康问题，比如营养不良、贫血等。其中许多问题与日常生活习惯有关,如果能够及早地帮助他们改变不良的生活习惯,就会有效地预防某些疾病。

小王进一步走访社区和家庭后发现,这个位于城乡接合部的社区,附近有一所打工子弟学校,大部分学生及其家庭都是外来务工人员,他们常年在此租住。社区人口密度大,环境卫生较差,垃圾处理不规范,公共卫生设施也不完善。很多家长工作时间长,对孩子的关注不够。一些家庭没有良好的卫生和健康习惯,一些家长也存在健康问题,甚至部分家庭"因病致贫""因病返贫"。小王了解到这些信息后,决定针对青少年开展社区卫生健康服务项目。

如果你是机构的管理者,你如何调配力量支持并指导小王进行项目策划与实施?

思考题

1. 青少年社会工作服务项目管理有什么独特性?
2. 青少年社会工作服务项目实施过程中如何进行管理?
3. 青少年社会工作服务项目管理者如何进行自我定位?

参考文献

〔美〕雷克斯·A.斯基德莫尔:《社会工作行政——动态管理与人际关系(第三版)》,张曙等译,中国人民大学出版社2012年版。

方巍、张晖、何铨:《社会福利项目管理与评估》,中国社会出版社2010年版。

童敏、史天琪:《专业化背景下社工机构督导的本土定位和分工——基于厦门A社工机构的个案分析》,《华中理工大学学报(社会科学版)》2017年第2期。

后 记

经过两年多的策划、讨论、写作、修订，本书得以和广大读者见面。2012年我和其他高校老师共同编著并出版了《青少年社会工作》，受到社会工作专业师生的好评。在过去的几年中，青少年社会工作服务获得了极大的发展，尤其是2014年1月，共青团中央、中央综治委预防青少年违法犯罪专项组、中央综治办、民政部、财政部、人力资源和社会保障部共同印发了《关于加强青少年事务社会工作专业人才队伍建设的意见》，这标志着我国青少年社会工作进入了制度化、系统化、规范化的发展新阶段。与此同时，政府购买服务成为很多省（自治区、直辖市）的社会工作服务主要模式。尤其是在中共中央、国务院印发《中长期青年发展规划（2016—2025年）》后，青少年社会工作如何以切实有效的专业服务促进青少年的健康成长，成为社会关注的重要议题。在教学中，我们也对提高学生实务操作能力的必要性和重要性深有体会。在我的提议和召集下，来自六所高校的老师积极地投入了这一教材编写工作。

本书的很多作者参与过《青少年社会工作》的编写工作，也一直教授这门课程，热情参与实务且积累了较为丰富的服务、督导、机构运作与管理的经验。然而，编写一本好读、好用的实务教程，对我们来说仍是一项巨大的挑战。如何组织本书的框架，是按照过程性的视角还是根据领域来划分？如何理解青少年社会工作实务的内涵？如何让青少年社会工作的基本理论易懂好学？如何活灵活现地呈现青少年社会工作的方法和技巧？……围绕这些问题，在写作过程中，团队成员通过线下开会、网上交流等多种方式一次次地研讨，才最终完成了本书。这一过程中有困惑和艰辛，更有喜悦和成长。

我们编写本书的初衷是，希望能将青少年社会工作的理论与实务进行有效整合，为社会工作专业学生和一线社会工作者提供一个有用的实务指导工具。至于能否达成所愿，需要广大读者的鉴定。值得珍视的收获是，在本书编写过程中，我们团结了一批有志于推动青少年社会工作专业发展的高校教师和一线社会工作者，大家将教学心得、工作经验都融入了字里行间。同时，团队合作和分享也深化了我们对青少年社会工作理论、实务、价值等的理解和思考。这个过程给每个参与的老师提供了一次自我反思和成长的机会，将有助于提升我们自身的教学、科研、实务能力，从而也将推动青少年社会工作教育与服务发展。

本教材的分工如下：

导论：王玉香（山东青年政治学院）

第一章第一节：王玉香

第一章第二节、第三节：张　庆（山东青年政治学院）

第二章、第三章：张　荣（济南大学）

　　　　　　　　杨　克（山东青年政治学院）

第四章、第五章：宋　歌（山东财经大学）

第六章、第七章：赵记辉（山东女子学院）

第八章、第九章：孙艳艳（山东大学）

第十章：孙成键（山东青年政治学院）

第十一章：孙艳艳

　　　　　孙成键

　　　　　格根图雅（内蒙古财经大学）

王玉香、孙艳艳对本书的稿件进行了统稿，王玉香定稿。

感谢山东大学高鉴国教授的指导与大力支持。他对本书的大纲、章节内容等方面都提出了宝贵的建议,让我们感受到了陪伴成长的支持力量。感谢山东省济南山泉社会工作服务社、山青社会工作服务中心等机构及一线社会工作者的支持,他们无私地分享了自己的服务成果与经验。感谢所有支持本书编写工作的同人。从大家身上,我们感受到了"社工人"的情怀和坚持。这也鼓励和鞭策我们以更高的要求完成本书的编写工作,坚定了我们推动青少年社会工作发展的决心。

当然,由于本书各章节作者的背景、实务能力等存在差异和局限,本书也难以尽善尽美。比如,限于篇幅,从过程视角展开青少年社会工作实务的内容,就无法兼顾不同领域青少年社会工作实务的内容;要整合青少年社会工作服务项目过程和项目管理,就无法对项目管理做更深入、更详细的讨论……我们非常期待得到读者的批评和指正,这将有助于我们进一步修订和完善。

希望本书能够为社会工作专业学生和一线社会工作者提供一本实用的行动指南,更希望借此为蓬勃发展的青少年社会工作事业贡献我们的力量!

王玉香

2021 年 3 月 18 日

教师反馈及教辅申请表

北京大学出版社本着"教材优先、学术为本"的出版宗旨,竭诚为广大高等院校师生服务。

本书配有教学课件,获取方法:

第一步,扫描右侧二维码,或直接微信搜索公众号"北大出版社社科图书",进行关注;

第二步,点击菜单栏"教辅资源"—"在线申请",填写相关信息后点击提交。

如果您不使用微信,请填写完整以下表格后拍照发到 ss@pup.cn。我们会在 1—2 个工作日内将相关资料发送到您的邮箱。

书名		书号	978-7-301-	作者	
您的姓名				职称、职务	
学校及院系					
您所讲授的课程名称					
授课学生类型(可多选)	☐ 本科一、二年级 ☐ 高职、高专 ☐ 其他_____			☐ 本科三、四年级 ☐ 研究生	
每学期学生人数	_____人			学时	
手机号码(必填)				QQ	
电子信箱(必填)					
您对本书的建议:					

我们的联系方式:

北京大学出版社社会科学编辑室

通信地址:北京市海淀区成府路 205 号,100871

电子邮箱:ss@pup.cn

电话:010-62753121 / 62765016

微信公众号:北大出版社社科图书(ss_book)

新浪微博:@未名社科-北大图书

网址:http://www.pup.cn